U0567852

佛之主事们

—— 殖民主义下的佛教研究

Curators of the Buddha：
The Study of Buddhism under Colonialism

[美]唐纳德·S.洛佩兹（Donald S. Lopez，Jr.）编

中国人民大学国学院西域历史语言研究所 译

中国人民大学出版社

中国人民大学出版社
·北京·

目　录

导　论

唐纳德·S. 洛佩兹（Donald S. Lopez, Jr.）

魏寅 译　李婵娜 校

这本论文集里的六篇论文可以视为一部尚未写就的西方佛教研究文化史中的六个章节。每篇论文都采用对一些特定被普遍接受的观点（idée reçu）加以系谱学解读的方式，从不同的角度对重新认识佛教研究的历史做出了贡献。这些观点包括：禅宗归根结底只是一种体验；藏传佛教要么是被腐蚀污染了的，要么是原始而纯洁的；佛像艺术起源自古希腊或者古罗马；亚洲人性格偏于内向；古典语文文献取代了地方土语文献；抄本手稿取代了本地人的口耳相传。各篇论文详细地考察了形成上述那些持久存在的观念的历史条件。总体来说，它们通过挖掘建立佛教研究的富有争议的基础，给这一学科成为学术性学科的建立过程提供了崭新的深刻见解。

论文集考察了一些最为重要的"佛之主事们"——在西方世界将佛教作为学习和学术追求的对象而建立并维持下来的过程中，他们起到了举足轻重的作用。这些人包括：李斯·戴维斯（Thomas W. Rhys Davids）、朱塞佩·图齐（Giuseppe Tucci）、荣格（C. G. Jung）、奥里尔·斯坦因（Aurel Stein）、劳伦斯·奥斯汀·瓦德尔（Laurence Austine Waddell）以及铃木大拙。这些学者著书立说时，正是欧洲殖民势力统治大部分"佛教亚洲"的时期。但是，相对于指明"佛教研究是在这种殖民主义影响下产生并繁盛起来的"这一显而易见的事实，本书的副标题"殖民主义下的佛教研究"更着意于提出在更为宏大的殖民和后殖民文化研究范畴内来理解西方佛教研究史的重要性，从而在观察帝国意识形态的语境中佛教的学术性研究在欧洲和美国的兴起。

作为西方知识的对象的佛教诞生自"东方复兴"（the Oriental Renaissance）——雷蒙·史华伯（Raymond Schwab）注明该时段是 1680 年到 1880 年——的晚期。从 1837 年布莱恩·霍顿·荷吉森（Brian Houghton Hodgson）把装有梵文写本的包裹寄到尤金·布赫诺夫（Eugène Burnouf）手中的那一刻起，对佛教文本的持续性研究才在欧洲真正开始。那时，施勒格尔（Friedrich Schlegel）已经宣称"一切事物，是的，一切事物无一例外地都源于印度"[1]。但是，由于 1784 年卫金斯（Charles Wilkins）的英译本《薄伽梵歌》（Gītā）和 1786 年安克迭-都培龙（Abraham Hyacinthe Anquetil-Duperron）译自波斯语的四《奥义书》[Oupnek'hat（Upaniṣad）] 的缘故，佛教在很大程度上仍旧被排除在对印度智慧的热情之外。布赫诺夫直到 1844 年才出版了《印度佛教史序说》（Introduction à l'histoire du Buddhisme indien），而《妙法莲华经》（Lotus Sūtra）译本则在他去世的 1852 年才面世。当这些以及其他著作终于流传开来的时候，欧洲（特别是英、法两国）对于印度事物（things Indian）的狂热已经基本上冷却下来，尽管这波潮流在德国一直延续到了 20 世纪。[2] 印度取代埃及成为人们假定的文明起源的短暂时段就这样结束了；到 19 世纪中叶，这两种文明起源说都因对希腊的热衷而被忽视。于是，佛教研究作为浪漫主义东方学（Romantic Orientalism）的后来者，在印度学不再流行时成为其分支。在 1839 年鸦片战争和 1857 年印度兵变之前的 1800 年左右，将中国和印度分别描述为理性居所和精神家园——该观点曾经流行于启蒙运动和浪漫主义时期——的做法已经开始变迁。[3] 如今印度和中国被视为腐坏的、衰微的文明，这种看法在欧洲势力进行征服的时期里盛极一时。就是处于这样的环境之中，"佛学"在欧洲被创造出来了。

通过对荷吉森（1800—1894）学术生涯的简短回顾，那些在创造过程中发挥作用的要素将会更加清晰地呈现于我们面前。1862 年，马克斯·穆勒（Max Müller）写道："对佛教教义的历史性和批判性研究实则始自 1824 年。那一年，荷吉森先生公布了这一事实：佛教经典的原始文献曾被保存在尼泊尔的寺院里。"[4] 尽管穆勒可能有些夸大其词，但就一些重要方面而言，佛教研究确实是在荷吉森的影响下形成的，但此影响如今正日渐消退。现在，荷吉森之所以被人们记住，只是因为他给欧洲的那些见面礼——从尼泊尔搜集来的数百件梵文和藏文写本。时至今日，布赫诺夫的《印度佛教史序说》仍然为人称道，这要归功于荷吉森寄到巴黎的那 147 件写本，是它们为这本杰作打下了坚实的基础。荷吉森研究佛教的故事是值得考察的，因为它阐明了佛教研究史渗透到殖民历史中的种种方式。同时，它还表明了佛教研究从一开始就与其他看似相近的学科（比如古典学或者埃及学）的分歧所在，也就是要如何处理与那些声称拥有文本的本地人的关系。

荷吉森在任职大英帝国常驻尼泊尔助理公使期间，花费了大量时间来获取梵文写本。在对佛经手稿所在地的多次调查之后，他终于找到了帕坦城里的一位"老圣僧"。这位老僧人成为他寻找写本的向导。1828 年，他发表了一篇题为《基于尼泊尔僧人著作的佛教概述》（"A Sketch of Buddhism, derived from Bauddha Writings of Nepal"）的文章[5]，开篇即言其获取佛经的经过：

> 其间，因为巴特那法师（Pátna Bauddha）似乎非常睿智，我的好奇心又实难抑制，我就向他提出了一系列问题（约 1823 年），希望他能依据其著作为我解答。他确实这样做了，这些问题和答案就形成了这篇论文的文本。他在解答时引证了各种偈颂（slokas）；而这些偈颂出处的很多经文现在已为我所有，这使我很想检验一下他的引文是否有真凭实据。对此，研究结果总体上是令我满意的。但是，其著作的问题又引出了涉及相关年代和权威性的问题；若考虑到这些，那个法师的征引就不再可靠了。因此，我顺藤摸瓜地萌生了这样的想法：在老朋友及其著作的帮助下，写出一本关于佛教外神术语和总体特性的概述；我相信，这样一部概述虽不能说是尽善尽美，但也将对我的那些同胞们有所裨益；它可以引导他们开展对这一几乎未知的学科的详尽而精确的研究。[6]

在这里，我们看到了一种对本地人既信任又怀疑的矛盾态度，这一点后来成为西方佛教研究的特征。荷吉森发现自己处在两难境地，而日后的几代学者也常在这里重蹈覆辙：他本不情愿去相信本地学者的权威性，但倘若没有老法师的帮助，他又无法阅读文本。因此本地人仅仅被描述为对文本的补充，他们的解答必须经由他们所提供的原始资料的核实。荷吉森断定，被访者在回答关于教义的问题时值得信任，但是在勘定文本年代时不会有任何帮助。

在写于这段时期的文章中，荷吉森将自己描述成一个纯粹的文本搜集者。他将 423 件梵文写本分送给了加尔各答、伦敦、牛津和巴黎的图书馆，但他对解读梵文写本没有兴趣，即使他已经占有了语言文献学研究的必需材料。[7]与此同时，当欧洲学者没有充分认可他那些佛教研究论文的重要性时，荷吉森又不加掩饰地对他们报以怨言。[8]尽管对本地人的态度自相矛盾，但荷吉森仍旧为自己请教本地学者的这种研究方法而辩护，反对那些主张在图书馆里闭门造车地阅读写本的学者。到 19 世纪中叶，欧洲学府中职业的东方学家们已然声称他们的作品比那些旅行者的纯粹报道更具权威性。荷吉森嘲弄地将这样的学者——他特别提及的是雷慕沙（Abel-Rémusat）——称为"书房里的研究者"。在自我辩护时，荷吉森以咒骂似的话语含糊地褒赞了当地的被访者们："就让书房里的研究者在这一学科中适当地信任旅行者吧；而且，不管我们时代的东方人在智力上普遍有多么低等，或者每种多神论各自的变化多么灵活可塑，也请书房里的研究者不要误以为，佛陀的信仰者们不能积极回应那些对他们生死依存的宗教信条的质询。"[9]经过多年的资料核实，荷吉森仍然相信由那个名叫无量喜（Amrtānanda，也叫阿姆利达难陀）的老僧侣所提供的答案要比欧洲最受人尊敬的学者所搜集的信息更为精确和完整，同时，"回想起多年以前，几乎没有费力就从老朋友那里得来的解答——对佛教几近详尽而准确的描述，我不禁发出了一声叹息"[10]。不过，哪怕是荷吉森对他老友令人厌烦的褒赞，最终也会使人产生疑问。这是佛教研究史中的紧要关头之一（直到 20 世纪 60 年代的藏人流亡以前），在这一时期里，"直接地接触活生生的人"比仅仅接触文本更受人重视——只因荷吉森的梵文尚不足以满足研究的需要。

至少在短时间内，荷吉森还没有必要为他的研究方法进行辩护。他关于佛教的那些论文受到了那一代学者的广泛称赞。豪顿爵士（Sir G. Haughton）致信称："一个充斥着中文和蒙古文谜题的世界已经被你关于这一体系的总体性和一致性的概述解答完毕，但对这个概述来说，上述谜团将会继续挑战所有欧洲的俄狄浦斯情结（Continental Oedipuses）。"[11]布赫诺夫在致谢中把自己的《妙法莲花经》译本献与了给他提供梵文写本的荷吉森："献给印度公司国民服务处成员的荷吉森先生，一位通过文字和古迹来对佛教进行真正的研究的开创者。"[12]在荷吉森去世的 1894 年，《泰晤士报》写道："这个世界仍旧受到他的恩惠——是他带来了那个影响中亚文明的伟大的革命性信仰（the great proselytizing faith）的知识材料。"[13]

　　但是，欧洲学者们对荷吉森作品的评价，以及荷吉森对其老友的评价，都没能完整无缺地保存至今。所以，现在人们只有附带提及，或在证实一个句子或短语的时候会提到他，在其中他被誉为将原稿寄给了布赫诺夫的人。[14]然而，我们却不能将荷吉森的角色简化成一个资料的收集者和分发者，虽然他有时也这样看待自己。洛克什·钱德拉（Lokesh Chandra）在其《佛教造像学》（Buddhist Iconography）里哀叹道，荷吉森那些过时的构想"很不幸地，直到今天还仍在继续统治着佛教艺术史学家们的头脑"。而且钱德拉注意到了"无量喜的巧思妙想所捏造出来的产物已经渗透到我们的时代"[15]。或许最受诟病的是，荷吉森精雕细琢地描绘的四个佛教哲学流派——这一体系也曾被其他人高度评价过——已经被证明与历史上佛教思想的任何学派都毫无关联，而是无量喜犯下的错。[16]荷吉森似乎并未留心威廉·琼斯爵士（Sir William Jones）的警告，"借助本地人作为（文本的）解释者是极为危险的，因为无法依赖他们的忠诚性"[17]。然而，甚至荷吉森本人在首次拜访尼泊尔大师的 20 年后，重新整理他的论文时，也似乎在推翻自己此前研究的学术价值。在脚注中他写道："这一情况现在有了本质转变，因为我原有的权威（译本）已被普遍理解，它已不再需要现存的解释者。"[18]这意味着，一旦文本被收集齐全，语言被解读完毕，本地的解释者就是多余的了。因此，荷吉森只是作为一个将装着梵文和藏文写本的包裹从尼泊尔寄出的分发者而被人们记住，这些包裹的目的地是英国和法国的图书馆和档案馆。可能从那一刻起，佛教就被认作一个虽然浩瀚广大，但最终也能穷尽的文本世界（world of texts）。

　　到 19 世纪中期，由梵文是欧洲语言的共同祖先这一说法所引发的学术热潮已基本消散，语言文献学的新科学也转向了其他问题。然而，施勒格尔的观点却在德国学者中维持下来，并最终和种族理论联系在一起[19]：有词形（字尾）变化的语言（屈折语言），特别是梵语、希腊语、拉丁语、德语，要比闪族语系的语言和汉语高级得多。尽管在 18 世纪最后几十年间席卷欧洲的印度潮流已经过去，对印度文明的一种确凿无疑的爱慕却持续到维多利亚时代晚期。爱慕的对象不单是欧洲的雅利安（Aryan）祖先本身——这是一个白肤金发的种族，而他们这些征服者的伟业如今也在为其后代所重复——也包括了他们的哲学：

> 它兴起于一个先进而崇尚征服的民族，他们以自己的肤色和种族、成就和进步为骄傲。它主张的观点在很多方面都比过去所能达到的水平更高，更进一步来说，这种观点也比今日一般的哲学和宗教思想所达到的水平更高。它首先征服了一块被许多种族和持有迥异观点的人们所占据的大陆。确实，这些人们的首领通常都受过良好的哲学思维训练，但普通的大众却迷惑于各式无差别的泛灵论之中。它不久就蔓延至这些民族的边境，其中一些民族如今仍比当时最不文明开化的印度人更为野蛮。[20]

正如李斯·戴维斯在1894—1895年举办于美国的讲座中所描述的，这篇激动人心的讲稿里的"它"指的不是英国军队，而是佛教。该文论证了印度佛教最初几个世纪的历史是在何种程度上被用以展现古典印度文明的生命力的。这种生命力在印度消失了很长一段时间，近来却又在欧洲重新出现。佛陀被视为印度的雅利安历史中最伟大的哲学家。佛教有着一整套哲学和心理学体系，以理性和自制为基础，而与仪式、迷信和祭司制度相对立。因此，这种佛教能够作为维多利亚英国的替代性本我（substitute self）而派上用场——这一"本我"很早以前就置身于"东方"的核心位置。在与近代印度精神和感官上的异国情调的强烈对比中[21]，佛教也是一个被擢升于古典地位的合适候选者。因为它与古希腊、古罗马和古埃及文明的遭际类似，而与印度教的际遇大相径庭——在印度，佛教早就消亡了。这种古典的佛教以多个名称为人所知："原初佛教"（original Buddhism）、"原始佛教"（primitive Buddhism），有时也叫"纯粹佛教"（pure Buddhism）。

在这样的环境下，佛教（它的文本大多保存于欧洲图书馆中）能够被构建为一个客体，如菲利普·阿尔蒙德（Philip Almond）所言，其存在"能够抗衡并且超越那些如今被认为是以纷繁相异的方式来举证、揭示它的各种文化"[22]。这样一种观点可以借由寻求佛教文本将佛法（dharma）作为超越性真理的表达来得到支持——佛陀只是距今最近的佛法发现者。因此，佛教能被解释为一个超越历史的和自我同一性的存在。在历史的进程中，它曾善意地拜访过各种不同的文化，然而它的具体形式却总是没能达到尽善尽美。[23]此后，在欧洲，这种对真正佛教的创造借助于"古典"这一称号被自然而然地纳入历史进程中的一个阶段。将此一创造对象实体化，即称为"佛教"。因为它曾经为欧洲所创造，所以也能为欧洲所掌控。同时，若以该"佛教"为标准来评判近代东方的所有佛教，则会发现这些佛教的不足。在佛教的诸多分支之中，藏传的一支被视为最为堕落和最不可信的，甚至不配命名为佛教或是藏传佛教，而只能以"喇嘛教"称之。[24]

这似乎意味着因为佛教在欧洲的被建构和被理解，这在亚洲必然会有一些反映。比如，它肯定拥有一种比印度教更为稳定的本体论地位（ontological status）。[25]毕竟，曾有一个称作"佛陀"的历史人物，他有着称自己为佛徒（buddha）的众多信徒，那些信徒们将他的教诲称为佛法（buddhadharma）——在大多数语境下，这可以被确切地称为"佛教"。但是，大多数欧洲学者关心的佛教是一个历史化的推想，无一例外地源于写本和木版印刷品，这些以"哲学"为主的文本产生和流通于寺庙精英的小圈子里。[26]几乎无一例外，没有什么人对这些文本是怎样被亚洲佛教徒所理解的感兴趣，更没有人对这些文本是怎样用来服务于各种宗教仪式的感兴趣。因此，在很大程度上，佛教研究已经成了精英文本的历史，反而被它试图阐明的学术范畴所统治。萨义德（Said）称之为"范式的僵化"（paradigmatic fossilisation），这基于"古物收藏家和博物馆馆长以其知识背景所下的论定"[27]。以佛教研究为例，一个高度文本化的特定传统已经成为被称为"佛教"的知识的代表，而此处"佛教"被推定为某种整体性对象。[28]

学者们主要关注的对象是"古典时代"文本中佛教的抽象概念，而这些通常在佛教化亚洲（Buddhist Asia）的近代文化中难以发现。[29]因此，当西方学者和亚洲护教士在给西方展示佛教时，大多集中在被冠以古老智慧之名的哲学教义上（这源于后者在观念史中所具有的地位），却很少直接面对文本产生和流通的语境这一更为困难的问题。确实，佛教尤其作为与印度（或中国与日本）其他思想文化史不同的事物而被研究。[30]继而，一向受惠于印度学、汉学、语文学和考古学的佛教研究，也和这些学科分离开来，并且这种分离恰恰构成它作为"独立学科"身份和地位的核心要素。[31] 例如，研究印度、中国和日本的历史学家一般认为佛教是一个只有受教者（initiate）才能进入的神秘领域，而像荷吉森的尼泊尔受访者这样的佛学家（Buddhologist）则被视为对亚洲历史近乎可悲地一无所知。佛教研究倾向于通过多种方式去复制在佛教文本和制度中的各种实践、比喻（tropes）和奇思妙想（conceits），在此，佛教被描绘为一种"具有自我同一性的法"（self-identical dharma），它曾经从一种亚洲文化迁移到另一种之中，自身却在时间的变迁中始终如一。佛教徒和佛学家的共谋关系在这种普遍主义视野下还有待分辨。但是，佛学家将佛教研究看作一个专业和一门学科，这一假设依赖于（被建构的）佛教概念的永久性，这既是佛学家制造知识的基础，也是他们论证知识的目的。

这种知识绝大部分是在学术圈中产生的，但是其成果所处的由来已久的环境却已经改变了。正如我们所看到的，西方的佛教研究很大程度上是印度学的后裔，在这个意义上讲，第二次世界大战之前西方学术界里的佛教研究很大程度上是由能够兼读佛教文献的梵文学家（有时为汉学家）完成的。然而，这些学者所做的翻译和研究并非仅在一个封闭的学术圈里流传，他们的佛经翻译还被欧洲的多种团体用于商业牟利，比如神智会（Theosophical Society）和伦敦的佛教精舍（Buddhist Lodge）就曾经从他们所理解的佛陀神启中寻求灵感。在亚洲，佛教复兴运动的奠基者，像是中国的太虚和斯里兰卡的法护（Dharmapāla，达摩波罗），以一种在晚期殖民主义下受过西方教育的本土精英的标准方式，宣称佛陀是一个哲学家，他对伦理学和理性的造诣都可匹敌甚至超越欧洲伟大的思想家们。此后，这种"学术"和"流行"的互动也是佛教发展中的一个固定的组成。

在 19 世纪末 20 世纪初的美国，亨利·克拉克·瓦伦（Henry Clarke Warren）和尤金·柏林格姆（Eugene Burlingame）等学者翻译了巴利文文献；与此同时，热衷于此的伊文思·温慈（W. Y. Evans Wentz）和哥达德（Dwight Goddard）也分别出版了《西藏死亡书》（*Tibetan Book of the Dead*）（1927）和《佛教圣经》（*A Buddhist Bible*）（1938，其中包括《道德经》）。在第二次世界大战后的数十年中，美国学术界预见了一次巨大的改变，特别是在 20 世纪六七十年代，两个领域迅速崛起：亚洲区域研究和宗教研究。区域研究通过《国际教育法案》为广泛训练亚洲语言提供了联邦基金。同时，宗教研究从神学院转移到学院和大学，并在那里建立起了宗教学系。在通常情况下，该系以基督教神学院的教员安排为范式，分有"旧约"、"新约"、"教会史"、"近代宗教思想"、"伦理学"等课程，还可能有"世界宗教"课程。

越战时期，对亚洲宗教兴趣的风靡保证了"世界宗教"这门课程（有时也被宽泛地称作"宗教史"）在美国大学课程安排里长期存在，有的院系仅仅为此提供了一个教员的职位，而另一些有着充足资源的院系则为每一种非犹太—基督教的世界——比如伊斯兰教、印度教和佛教——宗教都聘请了旗帜性学者。在任何一种情况下，佛教学者的市场需求都相当大：作为这一唯一的"泛亚洲"宗教的研究者，他（或者极少时候会是女性学者）能权威地谈论印度、东南亚、中国和日本的宗教，因此，他也是这一特定院系中"世界宗教"最理想的教席人选。

对这些学者而言，制度基础已不再局限于东方语言学系之中了。美国宗教研究院（比如弗吉尼亚大学）和神学院（比如芝加哥大学）项目中的研究生课程已经囊括了佛教研究的训练。担负着为其他宗教学系提供教员的任务，教学科目也和欧洲模式大相径庭。因为佛教学者经常被寄予厚望，不单要研究佛教，也要成为"宗教"学者，所以语言训练的标准也发生了改变（有人或许称之为被侵蚀了）。对四种"经典语言"（梵语—巴利语、藏语、汉语、日语）的掌握被认为是早先学术巨人特质为人尊崇。但是当一个人被要求阅读威廉·詹姆士（William James）、马克斯·韦伯（Max Weber）以及伊利亚德（Mircea Eliade）的著作时，很难有足够的时间学习语言了。一部分出于这种需求的转变，另一部分出于区域研究地位的提升，佛教研究的训练被分化了，学生通常学习梵语和巴利语（有时附带学藏语），或者是中文（经常兼学日语）。但当学生试图掌握佛教文本隐喻（allusion）的互文网络[①]时，至少就专业词汇来说，

10

---

① 　互文网络（intertextual web），是对互文性（intertextuality）含义较为随意的应用。关于"互文性"的简要定义，请参考维基百科和百度百科。此处或指当学生试图理解某汉、藏佛教文本某术语的特定含义时，因汉、藏文本中一部分译自梵语文本，而此术语在梵语中有其特定的应用背景与指涉，其含义往往超越或不同于汉、藏译文的含义，则学生应依梵语语境理解该术语的含义。在此意义上，梵语被称为通用语言。——译者注

梵语仍是通用语言，对互文网络的掌握为衡量一个佛学家的学识提供了尺度，因为佛教的专业学习者正是以此定义自身的。

包括本论文集的作者们在内的当前一代佛教学者，都拥有一份特殊的人生经历，并属于各种需要致谢和详查的团体。但是，对于上一代欧洲的佛教学者们来说〔像是蒲仙（La Vallée Poussin）和拉莫特（Lamotte）等，他们中的大部分人都是虔诚的基督徒〕，为了"个人兴趣"而投资语言学习，通常是很少见的。然而，对那些越战时期的学生，今日北美地区的学者而言，很大程度上这些个人兴趣才是关键所在。其中一些学者曾用数年时光过着佛教僧侣的修行生活，当进一步成熟后，他们的个人兴趣有的渐增、有的渐消，有的公开承认、有的压抑自制，但是个人兴趣在近期佛教研究史中的重要性却不容低估。本论文集的作者们全部在该时期接受教育，正是对该学科的历史的深刻理解塑造了他们，因此具有了特殊的重要性。这部分是源于他们能应用那些曾经并在流行概念中仍被描绘为非历史的小部分材料。

在讨论法国殖民主义学术对阿尔及利亚的研究时，布尔迪厄（Pierre Bourdieu）写道：

> 今天，那些自命为判官，且对殖民时代的社会学家和民族学家加以褒贬的人，不如去尝试了解是什么妨碍了他们所指责的人中，最清醒、最怀善意的人对事情的理解，而这些事情如今对最不清醒、最怀恶意的人来说都显而易见。在一个时代的难以设想的事物中，不仅因为缺少能将这类事物运用于思考的道德或政治态度而难以思考，还因为缺少问题群、概念、方法、技术这类思考工具而无法思考。[32]

这本论文集并非想要简单地在一些叛逆的虚构表现中揭露铃木大拙、图齐、李斯·戴维斯、荣格、斯坦因和瓦德尔等前辈学者迄今未经核实或者被忽视的生活侧面，也不打算肆意褒贬、谴责一些人的东方主义思想，同时表彰另一些人的同情心，以一个另一时代的标准来评判那些佛教研究的开创者们。问题不在于学术伦理，而在于表达的逻辑；问题也不在于知识是如何被玷污的，而在于知识是如何形成的。因此，这本论文集是佛学家对自我身份认同中一些关键组成进行反思的结果，（这些关键组成）只有部分是不言自明的，我们需要尝试提出更多疑问以理解我们的历史。

在这个意义上，本论文集确实是一个探究佛教研究和殖民主义间错综复杂的关系的迟来的尝试，或许能把佛教研究引入一个更为广阔的后殖民文化研究的领域中来。爱德华·萨义德 1978 年出版的《东方主义》（*Orientalism*）自然是该领域内最受瞩目的开山之作。然而，佛教研究有理由不立即接受萨义德的批评。《东方主义》处理的是欧洲对中东的伊斯兰世界的表达，它不考虑亚洲过去和现在的各种文化。萨义德论断中的一个重要观点是，构成东方主义的部分恐惧和吸引力来源于（东西方）与伊斯兰世界的地理毗邻，这个世界直接地占据了西方和东方的想象中的边界空间，而这个边界已经被伊比利亚的摩尔人和维也纳门前的奥斯曼人所进犯。[33] 与之相反，佛教世界则处于地球的另一端，并未显示出这种威胁。

萨义德为 19 世纪的东方主义所刻画的直接政治角色在佛教研究中也没有那么明显，这类描述如欧洲势力利用东方文化的陈词滥调来殖民东方。在印度成为大英帝国的一部分时，佛教早已在那里消亡，只存在于贝叶经写本、石刻铭文、雕像和遗迹之中（在斯里兰卡和缅甸，情况明显不同）。大部分佛教学者都是古物研究者。很少有 19 世纪佛教研究的领军人物访问亚洲，更少有人曾供职于殖民机构，像李斯·戴维斯这样的是个例外。在英属印度和法属印度支那的统治建立之后，对印度的佛教研究并没有仅限于英国学者，对中国的佛教研究也并没有仅限于法国学者。事实上，德国、比利时和东欧的学者们都持续对这一领域做出了重要贡献，但以上国家没有一个直接在亚洲获得殖民利益。或许正是这样，如詹姆斯·克利福德（James Clifford）在研究德国的东方主义时所提及的，佛教研究"太没有利害冲突，所以在殖民主义话语的谱系中简直是非典型的"[34]。尽管如此，任何的"东方主义通史"（如果有的话）都会因纳入一部佛教研究的文化史而得以完善并且变得更为复杂。

从荷吉森寄出他的包裹的时候算起，欧洲的佛教研究大体上保持了其都市事业的形态，一直都在殖民地母国的图书馆、档案馆、大学和私人研究中进行。因此，它对东方主义的贡献并未过多地体现在对被称为"佛教徒"的亚洲诸民族明显的政治统治之中，而是体现在创造了一个被称为"佛教"的具体化实体并书写了佛教的历史之中；同时，佛陀传记的创造，使得佛陀作为东方心智之典范在备受推崇的同时也遭到诋毁，此亦是欧洲佛教研究对东方主义的贡献。伴随着对遗失的智慧的想象、对远去的古典时期历史的建构、对伊甸园语言的追寻和对近代东方的贬低，这种"佛教"和这个佛陀在萨义德所说的"浪漫的东方主义"中扮演着特殊的角色。

当然，对萨义德著作的批评已经屡见不鲜了，其中最重要的一种观点指出了萨义德对概念表达的狡猾多变，以及他对高度人文主义传统的永恒亏欠。[35]但本论文集所关注的是，萨义德基本上没有考虑到在"东方化他者的人"（Orientalizer）和"被东方化的他者"（Orientalized）之间也存在着一个互文网络，使得欧洲人和亚洲人之间反复发生着互动，而亚洲人在其中也充当着（东方主义）代理人的角色。正如阿赫迈德（Aijaz Ahmad）注意到的这一情形：

> ［有关非西方地区的］各种文本（textualities）也许已经被殖民地国家的知识分子所接收、承认、修正、挑战、推翻或者是再生产（reproduce）。这些知识分子不是没有明显特征的一般民众，而是被自身的抗争、矛盾、特定的政治和社会定位所驱使的，代表着阶级、性别、地区和宗教信仰等方面的社会代理人。[36]

为了对 19 世纪的佛教研究史进行文化分析，我们有必要考虑以下几组关系：（1）在特定时间和地点中，各种佛教文本实践之间的关系及其与非佛教文本实践之间的关系；（2）西方世界关于这些实践的知识与这些知识所产生的各种文本的认知；（3）各种文本在亚洲和西方的近代重构文本之间的关系。但就像阿赫迈德提醒过的，这些关系已经创造了"一个我们需要采取最审慎的方式和最精细的辩证法来分解其层次的镜像荒原"[37]。有人可能会愉快地判断本书的编辑目的之一，就是要漫游到这一荒原来考察这些折射层次中特定的个案。[38]

查尔斯·哈里希（Charles Hallisey）考察了欧洲学者以地方土语文献作为媒介研究东南亚佛教的兴衰过程。他注意到，在 1876 年版的《不列颠百科全书》（*Encyclopaedia Britannica*）里，李斯·戴维斯在"佛教"词条中给予了以地方土语写成的佛陀传记相当高的评价，而在 1910 年版的同一题目下，他却在实质上撤销了地方土语的元素。对哈里希来说，李斯·戴维斯对古代文献远胜于近代文献以及古典语文优于地方土语的评判，类似于如今常见的追根溯源之风及伴随而来的许多 19 世纪欧洲学术的历史主义传统（historicism）。这一时期写就的各个亚洲文明的历史通常以划分文明的起源时期、古典时期和衰落期为标志。而又名"近代阶段"的衰落期则被打上了腐化堕落的烙印，用以证明与之同时代的欧洲殖民主义（及其所生产的殖民知识）的正当性。东方学家们借助一个学术谱系来代替东方发言，其任务即是展现（represent）东方，因为东方无法自我展现。在哈里希论文所考察的个案里，近代佛教团体被认为没有能力完成欧洲学者预设的任务，也即无法撰写一部精确的佛陀传记。对经典与地方土语（文献）二分的假定是这一进程中的一部分。随着佛教研究训练的日益专业化，曾对欧美前辈学者意味重大的地方土语文献及其注疏开始贬值。

　　哈里希的论文论证了近代亚洲的一些话语模式已经沾染上了欧洲对佛教表达的痕迹，其中一部分就是殖民统治的结果。它的主旨是要求我们认真考察知识产生的环境条件，从而我们能够把对意义来源的期待从传统的各种起源转移到地方的具体事项上，比如那些使特定文本或者仪式实践的产生和持续得以成为可能的技术、实践和制度。这些环境要素曾被 19 世纪那些极具天赋的非职业学者所注意，却又被职业佛学家们从此置之脑后。

　　阿部贤次（Stanley K. Abe）的论文讨论了 19 世纪至今，围绕希腊、罗马艺术对印度最初的佛教造像的影响之争的来龙去脉。论文提供给我们一个"希腊影响"的概念谱系，借此揭示了一个原本简单明晰的事实——希腊人曾现身于制造早期佛像的印度地区——是如何和诸如种族融合、扩散、退化及对起源的占有等概念搅在一起。最终，这一理论不仅仅说明犍陀罗佛像受到了希腊艺术影响而被造出，同时提出它们还是最早出现的佛像；佛陀拟人化的表现形式源自希腊文明的力量。这些犍陀罗佛像被一些人视为不仅是最早的，更是最完美的佛陀的再现，而后来的所有佛像不过是拙劣的仿制品而已，是起源之作的退化品。希腊文明对东方的影响就像转轮王的法轮，一旦转动起来就无可抵挡。斯坦因爵士写到，希腊艺术的影响一直向东扩展到中国属中亚敦煌地区，有些人甚至还提出犍陀罗艺术是所有后世中亚和东亚佛教艺术的基础。

罗伯特·夏夫（Robert Sharf）考察了铃木大拙的"禅"，试图确定一个在西方广为接受的观点的起源，即，"禅"不是佛教的一个流派，甚至也不是一种宗教，而是认识一种超越历史的、非间接的体验。关于"禅"的知识并非经由西方的语文学家著作而被创造出来的，而是通过在一种动荡的政治环境中几种不同类型的人物之间的互动而建构形成的，其中就包括像铃木大拙这样的"禅"的日本辩护人，以及像保罗·卡卢斯（Paul Carus）这样的"科学宗教"的美国倡导者。那些辩护人大多和日本的禅宗寺院没有多少往来，他们所关心的也不仅仅是将"禅"传入西方，他们更重要的责任是把"禅"从明治时期对佛教的种种指责——诸如腐朽堕落、过时的迷信，及受到更严厉声讨的"禅"起源于外国说——之中拯救出来。近代日本的批评家们有意地将佛教解释为一个外来的"他者"，其目的在于建构起日本的自我认同，也就是在明治和后明治时期的本土主义意识形态（nativist ideology）中被称为"日本性"（nihonjinron，日本人论）的身份认同。夏夫认为，正是为了回应这种批评，被西方所熟知的那种"禅"诞生了。相对一些欧洲人宣称真正的佛教已从亚洲无可挽回地消失了，日本的佛教辩护人奋力争辩说，佛教的真正精神虽然已不见于亚洲的其他地区，但它却依然独一无二地在日本延续着。对佛教精神的这类认定（其中一部分为铃木所写就），恰好产生在日本自身变成一个强大的亚洲殖民势力的时期。这一殖民势力试图通过泛亚洲日本帝国（pan-Asian Japanese Empire）的建立为其亚洲近邻恢复佛教精神，而此一精神现仅为日本所有。

夏夫的论文同时还考察了1897—1909年当铃木大拙的"禅"作为一种完美地适应了近代环境的非二元论教学（nondualistic teaching）而逐步形成的时候，保罗·卡卢斯（他是铃木大拙在伊利诺伊州勒萨尔的雇主）所起到的作用。在随后的几年中，铃木大拙总试图轻描淡写那段在勒萨尔时光的重要性，同时还否认了卡卢斯对他的影响。他的伪饰隐藏了那个利益与企图的奇怪混合物，使得他能够把"禅"表现为一种纯粹而典型的日本产物。

将复杂的事物表述为简单，将混杂的事物表述为纯粹，正是"东方化"（Orientalizing）进程的一种典型特征。这也是把这篇对日本"禅"的辩护人的研究论文纳入关于西方殖民历史中佛教研究的论文集的原因之一。夏夫的论文不仅证明了显而易见的事实，即种族主义、本土主义和民族至上主义的各种意识形态也存在于亚洲，同时这些意识形态的源头已经被指向了西方。而且，他还追溯了凭借创造自我也在创造"他者"的过程，在这一过程中，认知暴力（epistemic violence）成为不可避免的结果，这一暴力被极大地应用于 20 世纪上半叶日本对其他亚洲国家的军国主义立场之中。这种与铃木大拙及其同代人所宣传的"禅"紧密相连的意识形态不只是"传统"与"现代性"之间想象层面冲突的结果，它更是殖民主义话语被纳入本土意识形态的一个范例——当东方人从西方回归故土并开始其自己的殖民工程时，这一殖民主义化的本土主义意识形态就变得空前强大。

将"禅"表述为与（西方）哲学没有任何关联，只有日本人才具有的纯粹的体验，代表了殖民主义晚期历史上的另一个重要阶段，即接受了西方教育的东方精英们尝试借助殖民者的种种分类来证明他们自己的文化产品的优越性。这样的表述总是被西方读者不加批判地拥护，尽管这些读者仅在某些时刻被需要，对此，夏夫和贝纳维德斯都在论文中展示出其毁灭性结果。

古斯塔沃·贝纳维德斯（Gustavo Benavides）讨论了 20 世纪最重要的藏学家朱塞佩·图齐的著作，并对他在墨索里尼（Mussolini）当政时期所发表的论文和演讲给予了特别的关注。其中的大多数文章都出现在一本名为《大和》（*Yamato*）的月刊杂志中（出版于 1941 年至 1943 年），该杂志致力于强化日本和意大利间的联系。图齐的这些作品在很大程度上倚重于铃木大拙，凸显了他深深着迷于"禅"影响下的武士信条（Zen warrior creed）——这是一种对现代主义所应承担责任的回应。贝纳维德斯的文章揭示了在图齐著作中，介乎于语言学的"科学"观察和"浪漫的东方主义"的怀旧论断之间的张力。文章亦说明了这种对东方的特殊建构是如何被法西斯主义者借用来攻击现代主义的；图齐并没有在自己研究专长的印度和西藏佛教中，而是在他从铃木大拙著作和日本民族主义空想家那儿学来的"禅"法里，找到了一种对生死如一的永恒国度的完美表达。

论文并未简单地将图齐视作佛教研究和西藏研究领域中的元老，而是将他作为一位参与过 20 世纪上半叶欧洲学术对宗教的讨论的相关人士。在这场讨论中，一种对业已消失的农耕世界的怀念引发了人造性（artificiality）和真实性（authenticity）等主题，此处真实性即对永恒的体验。"东方"在地理上与这个永恒国度相对应，图齐力图探索"东方"，以填满保卫国家的意识形态的军火库。

在题为《东方的智慧和灵魂的治疗：荣格与以印度为代表的东方》（"Oriental Wisdom and the Cure of Souls：Jung and the Indian East"）的论文中，作者路易斯·戈梅斯（Luis Gómez）通过探索荣格在面对大体上难以区分的"东方"［荣格似乎把非洲和普韦布洛印第安人（Pueblo Indians）也算在其中］时极端矛盾的心态，对其关于亚洲宗教［特别是佛教众所周知的"同情"（sympathy）］提出了质疑。荣格继承并精心修饰了 19 世纪欧洲关于东方心智（the Eastern Mind）的种族理论，这些理论构成了具有女性风度且保持沉默的东方话语的标准要素。荣格认为东方人"从来没有失去过与'东方'原始根源的联系"，因其被赋予了"集合内向的心态"，且培养（自身）"心灵上的本原性"，又回归到"自然的母体深处"。戈梅斯注意到，荣格假设了"一种特殊的心理状态将亚洲人的心智置于欧洲人常态的限定以外和以下"。借此，荣格坚持要为东方代言，尽管他常常在认同和异化之间举棋不定。他会同情佛陀的困境，因为佛陀和他自己一样，努力地让人们明白"大彻大悟的人甚至是他自己的神的老师和救赎者"。同时，他给亚洲的各种宗教涂抹上格格不入的异域情调，再三告诫欧洲人不要尝试修习定义不明的"瑜伽"。

戈梅斯的论文考察了荣格在对亚洲文本翻译的数次探索过程中怎样创造了他自己的殖民主义经济。他断定亚洲宗教的原始材料是有价值的，但是由于未经提炼，它们对欧洲人来说是无用甚至是危险的。因此，他将这些材料从相应的文化和历史语境中脱离出来，之后用这些材料加工出一些理论来治疗欧洲人灵魂中的缺陷。换言之，他把亚洲的材料加入集体无意识中，使得欧洲人能够对这种治疗方法既觉得富有异国风情又感到亲切。在他的著作中，荣格也把一些亚洲的象征［比如曼陀罗城（mandala）］"出口转内销"地输回亚洲，试图在准测量的意义上把他们自己的象征和精神的真正性质解释给亚洲人听。戈梅斯发现，对亚洲历史的陌生和文本精读能力的欠缺并未使荣格受到阻碍。自始至终，荣格都在利用他手中的亚洲文本的权威性来证明他拥有进入一种传统的特权，然后又借此强调他对这种传统具有（解释的）权威。（这样，真正的理解就只掌握在荣格手中。）亚洲的心理治疗能力只有通过荣格的理论才能生效，身处东方和西方之间的荣格所扮演的就是诊断者和医治者的双重角色。

　　我的论文讨论的是西方将藏传佛教作为研究对象的四个紧要时刻。一位曾在拉萨居住过的耶稣会神父伊波利托·德西德里（Ippolito Desideri），为了要向西藏喇嘛们证明他们信仰的教条的错误，认为自己应该首先理解藏传佛教中最深的教法。亚历山大·乔玛（Alexander Csoma de Kőrös）原本是来东方寻找匈牙利人故土的，最后却停住在了西藏的边界，编写了一部藏文文法和藏英字典。瓦德尔（L. A. Waddell）在锡金对西藏宗教进行了深入细致的研究，但仍觉得未能窥见宗教的秘密，除非自己能够亲履圣城拉萨。等到 20世纪 70 年代末，作为一个佛教研究的研究生，我像今日很多其他的佛学家一样，启程奔赴印度向那些流亡的藏人喇嘛学习，发愿要保存西藏的文化。在那时，维多利亚时代将藏传佛教表述为一个堕落衰退、最为远离佛教传统（佛祖所说的简单的道德哲学）的宗派的做法，已经走到了末路，取而代之的是，（藏传佛教是一个）保存了众多尚未翻译的佛教文本的宝藏。[39]

　　之所以说这是最后一个紧要关头，并非出于对这些文本的需求，而是出于对那些宝贵的且已处于危险之中的口述传统的需求。按藏人的说法，这个由解说和实践构成的独一无二的口述传统可以回溯到佛陀自身那里。因而，就像荷吉森所做的那样，我们有必要建立起那种和本地学者的关系。这种关系可被西方田野调查的神话和佛教的口头传承的神话认证，同时这两种方式也都承认口头表达的首要性。与一位既是信息提供人，又身为上师的本土学者合作的这类经验是当代从事亚洲宗教研究的学者们所共有的。如果第一人称的叙事形式在论文中显得像是自传或者掌故一样，那么它还提供了一种最有效的方法来表达我们面对文本的两则神话（藏式的与西式的）时两面派式的矛盾；同时它也是我们考察喇嘛清楚说出的言语如何不可避免地趋向（如果不是已经）文本化（textualization）的有效方法。这一对矛盾的表达并非要提出一些超越藏传佛教特性的将其污染或者净化的替代性解释，而是要揭示自 18 世纪起即开始塑造（西方的）西藏表述的浮夸的紧迫性（rhetoric of urgency）仍然存在。

　　同时，我们也有必要对这本论文集之所以姗姗来迟的原因进行一些思考。比如，我们可以追问，为什么迄今为止《东方主义》都已经出版 15 年了，还没有出现任何一部著作来考察萨义德的观点对于佛教研究的重要意义？当有关"方法"的问题被提出来的时候，佛学家们通常给出的答案是，对此类问题的审视还不适合引入到佛教研究中。以下出自爱德华·孔兹（Edward Conze）1959 年论文（"Recent Progress in Buddhist Studies"）的论断经常被反复引用或演绎："从数字上来说，大乘经典中的大约百分之五已经被可靠地整理过了，大约百分之二已经被翻译得易于理解。很明显，那些从我们掌握甚少的材料中得出的推论必定极为可疑。"[40]他所主张的是，佛教研究和圣经研究或者古典文学研究不同，后者的基础文本很久以前就已经牢靠地建立起来并且经过反复的翻译，而前者只有很少一部分印度的大乘佛学经典被这样有效地处理过，更不用提那些原生的中国、韩国、日本以及东南亚地区卷帙浩繁的佛教经典了。[41]在这样的知识情况下，我们还能自信地谈论佛教吗？因而，现在就沉迷于有关知识形成的理论性探讨，难道不是太早了吗？在尚未恰如其分地消化完研究资料的时候就考虑这些问题，难道不是太奢侈了吗？

这种关于佛学家任务的特殊观点，让人不禁想起"巴别图书馆"（The Library of Babel）。博尔赫斯（Jorge Luis Borges）曾写过一个短篇小说，描述了一个由六角形房间组成的有无限楼层的图书馆。除了书架外，每层都有两间小屋，一间为站着睡眠而设，另一间为处理消化出的垃圾而设。这个图书馆充满着各种形状、大小和长短相同的书，却没有任何两本是一样的：

> 全都在这儿了，包括：关于未来微历史（minute history），大天使（archangels）自传，图书馆的可靠目录，数千种错误目录，对这些（错误）目录的谬误的指正，对真实目录的谬误的指正，巴士底的诺斯替教（Gnostic）的教义，对此教义之注释，对此教义注释之评疏（Basilides），对死亡的如实记录，每本书的全部语言版本（所有书中对每本书的补充）。[42]

图书馆里所有的书第一次见时都会让人欢欣雀跃，但当计算出找出这些书的概率几乎为零时，紧跟而来的却是绝望；图书馆里藏有那么多珍贵的书籍，却根本找不到存放在哪里，这简直令人不可接受！这使得一些人想去剔除没用的书籍，结果使得数以百万的文集丢失散佚。然而那些为这些损失哀悼伤心的人们却忘记了，尽管每本书都是独一无二因而无可替代，"但是总可以找到成百上千不完善的摹本，而这些摹本间只相差一个字母或一个逗号"[43]。馆厅里的老读者们不能理解的是，"这个图书馆是这样一个范围，任何六边形都可以成为其至上的中心，而其周围却难以达到"。

　　有时，正是这种图书馆带给人的幻觉使佛教研究陷入困扰，仿佛研究的目的就是要编辑和翻译每一个文本。但是，不论佛学家的恋书之瘾有多么根深蒂固，这也不能当作不断推迟对理论的质疑或者没能反映本领域的研究历史的理由。这种恋书之瘾掩盖了一种目的论。每种文本都被翻译和消化之后，佛学家们得以向世界和佛教徒们解释佛教究竟是什么，这只能在凑巧的情况下发生。想必只有在幻想中这一终极目的的达成之后，我们才能处理这些相对于数据的保持和评估来讲更为次要的理论问题，可惜到那时，这些问题也早已变得无关紧要了。

　　正是在这个意义上，佛学家们是"佛之主事者"。首先，我们在西方学术机构中占有一席之地，在那里我们负责将佛教保持为研究和学术的探究的对象，以接受我们的监督与管理。在此一地位上，佛学家们通常为自己假定一个僧侣似的职能，作为主事者（curates），要比佛教僧侣和亚洲学者更能胜任诠释和保存的任务。因此，我们治愈了佛教，既是关心它，也是解放它、保护它，使它免于受到伤害（比如近代时期佛教就已堕落的中伤），使它恢复（难以定义的）古典时期时的形象。但是，这个人造的产物也不是没有对它的主事者产生影响，正如本论文集中几篇论文所提到的，用罗伯特·杨（Robert Young）的话来说，佛教也在"用一种使西方的位置错乱的方式"（a form of dislocation for the West）扮演着它自己的角色。[44]

　　博尔赫斯的图书馆中的学者花费了一生来找寻和研究，直到死于心脏衰竭或者自杀，他们的身躯才飘过楼梯栏杆，永远地坠入图书馆中心那无底空茫的空间，消散风中，再无痕迹。与其让佛教研究毁灭于这种宿命，"异想天开不再是心灵的财富……它由知识的精确性进化而来，而它的宝藏在文献中冬眠"[45]，也许更为恰当地是不要把我们的领域当成一个图书馆，而是当成一件档案。档案不是积累知识的贮藏库，而是一个陈述的领域，一个依照特殊的法则和实践而形成的陈述的系统。[46]档案既规定了能够谈说的内容，又包括了运作的系统；它决定了陈述如何"聚合在不同的形态中，根据各种关系而构成，它们维持原状，或者根据特殊规则性逐步模糊"[47]，陈述如何被塑造和转换，又是如何存在和被修改。对一件档案的描述和分析仅仅能在回顾中进行；我们不可能描述自己的档案，因为正是它为我们提供了言说所必须遵循的规则。[48]

我们只能在这样的语境下提出关于佛教研究的过去和将来的问题。我们将来不会再重蹈东方主义的覆辙，在道德上，承认这一点并无裨益。在此未来中，巴赫金（Bakhtin）的对话理论（dialogic）或者一些像是"施为"（performative）这样的概念提供了一种诊治前人留下的"病态遗产"的万灵药。前者选择性地重写了历史，后者满怀希望地遥望着未来，但都故意忽略了现在。同时，在这一刻宣称"往前走"或者"开工"都不足够；这样做仅仅是为了一个以前对佛教研究必不可少的目标，而去重复此一学科历史序列的实证主义言辞。问题并不像清除一些知识中的污物以使我们更好地理解"佛教"（借用一个佛教的比喻），通过除去眼中的白内障，我们对佛教的观察就会更接近真理，我们心中的佛教形象也会更趋真实（那样简单）。

如果人们觉得本论文集里各篇论文所尝试的对佛教研究史的文化分析还不够成熟的话，并不是因为我们没有翻译出每一个文本。这种评判依赖的问题在于，对佛学家们来说，是否能够有一个立场使他们能够从容地回顾过去，从而在一个被语文学、历史、宗教和区域研究所包围的更大的档案中描绘佛学的知识范畴。如果没有这样一种立场，那么佛教研究领域及与之相应的佛教建构或许都是殖民主义遗产的组成部分。倘若如此，因为此一对抗的结果不可消弭，对殖民主义和佛教研究之间关系问题的研究将会被推迟（而此后应服从推迟的版本）。这样的话，这个问题就会被压制，因为探访历史的损害太过巨大。只有在这个意义上讲，提出关于佛教研究在欧洲殖民史中的位置的问题才是太早而非太迟的；我们或许还没能够充分地挣脱出档案的束缚进而开始描述它。[49]

这本论文集不能描述这份档案，正如各篇论文所论证的那样，这份档案仍旧是我们身份认同的关节所在。更确切地说，本论文集是一个各种谱系的集合。[50]我们在这里试图创造出能够回应一个特殊问题的叙事。目的在于把这份档案中包含的一些特定的陈述和行为历史化，不是要建立它们的真实性，而是要通过追溯它们在过去的影响削弱其今日超然性地位的合法性。因此，本书中的论文一致反对提供各种"替代性选择"，反对预期未来，也反对假设会有一种后东方主义的佛教学，并描述它将会是什么样子。[51]

对佛学家来说，和圣·安东尼（St. Anthony）一样，异想天开的梦境不再是在睡着的时候出现；"梦幻的体验从印刷标志的黑白表面上，从一本合起而蒙尘的文集中（它以一段被遗忘的文字开篇）升起；幻想在寂静的图书馆里小心翼翼地展开，这里的书籍成行成列，标题对齐地摆放在书架上形成了一堵密不透风的围墙。与此相反，幻想处于一个释放出不可界分空间的范围中。现在，想象就居住在书与灯之间。"[52]正是从这里出发，这些论文试图进行一种批评，"（在这种批评中）理论和具体的历史资料都能够被用来反转知识和权力的统治结构，而不是简单地重复它们"[53]。

[注释]

[1] 引自 Raymond Schwab, *The Oriental Renaissance : Europe's Rediscovery of India and the East*, *1680—1880*, trans. Gene Patterson-Black and Victor Reinking（New York：Columbia University Press，1984），p. 71。他在其 1808 年发表的极具影响的著作《论印度人的智慧和语言》（*Über die Sprache und Weisheit der Indier*）中以一种更为拘谨的口吻陈述了这一观点："上古的复兴迅速地使所有科学恢复了活力；我们也许可以进一步地说，它唤醒并改变了世界。我们甚至可以说，如果这些上古事业被以今日般的活力开展并介绍给学术界的话，印度研究的影响将会仍旧伟大而深远"（引自 *Schwab*, *The Oriental Renaissance*，p. 13）。施勒格尔的文章绝非对古代印度毫无保留地赞颂。他在印度思想中发现了因最初启示的遗失而导致的"谬误的崛起"的证据。参见 Wilhelm Halbfass, *India and Europe : An Essay in Understanding*（Albany：State University of New York Press，1988），pp. 74 - 81。

[2] 参见 Sheldon Pollock, "Deep Orientalism? Notes on Sanskrit and Power Beyond the Raj," in *Orientalism and the Postcolonial Predicament : Perspectives on South Asia*, ed. Carol A. Breckenridge and Peter van der Veer（Philadelphia：University of Pennsylvania Press，1993），pp. 76 - 133。

[3] 对印度和中国的醒悟态度，有很多完全形成于 1800 年左右。参见

P. J. Marshall and Glyndwr Williams，*The Great Map of Mankind*：*Perceptions of New Worlds in the Age of Enlightenment*（Cambridge，Mass.：Harvard University Press，1982），pp. 169 - 182。

[4] Max Müller，*Chips from a German Workshop*，vol. 1，*Essays on the Science of Religion*（New York：Charles Scribner & Co.，1869；reprint，Chico，Calif.：Scholars Press，1985），p. 187.

[5] 荷吉森生于 1800 年。1816 年，他进入了东印度公司为其官员所开设的工读学校——位于哈福德郡的黑利伯瑞（Haileybury）学院。他在那里学习了两年，在古典、孟加拉语和政治经济学［师从马尔萨斯（Malthus）］等学科上成绩优异。之后他被送到东印度公司在加尔各答的 Fort William 学院继续学业。他在那里学习了两年的波斯语和梵语，后因肝病而不得不离开加尔各答前往库马翁的山中避暑地就职。在那里，他负责征收喜马拉雅山坡耕地的土地税。1820 年，他被委派到尼泊尔宫廷担任助理公使一职。在 1833 年被提拔为公使前，他还曾任邮局主管，在这个位置上他一直工作到 1843 年从印度退休为止。他的任期因两点被人所铭记，首先他成功地反抗了英国，为此尼泊尔宫廷艰难地尝试与所谓的印度土邦结盟；其次他阻挠了宫廷内部的对英主战派。他也因第一个提出将廓尔喀族人整编入英国军队而得到信任。对荷吉森充满崇敬之情的传记，参见 William Wilson Hunter，*Life of Brian Houghton Hodgson*，*British Resident at the Court of Nepal*（London：1896；reprint New Delhi：Asian Educational Services，1991）。

[6] Brian Houghton Hodgson，*Essays on the Languages*，*Literature*，*and Religion of Nepal and Tibet*：*Together with Further Papers on the Geography*，*Ethnology*，*and Commerce of Those Countries*［London：Trubner & pp. 35 - 36（引文页码与原版一致）］。"A Sketch of Buddhism，derived from Bauddha Writings of Nepal" 最早发表在 *Transactions of the Royal Asiatic Society*，vol. 2（1828），并在荷吉森的 *Illustrations of the Literature and Religion of the Buddhists*（Serampore，1841）一书中再版。1874 年，经过补充和订正后在《文集》（*Essays*）中再次再版。

[7] 他写道：

对我来说，为了进行更精确的调查发现材料并能使我的同胞得以接触到它们，是十足的快乐。借助这些材料，那些有着空闲、耐心以及事业所需的语言知识的人们，那些有着足以胜任此项工作的才能的人们，能够令人感激地担负起这样恼人但却又造福世界的工作。

参见 "A Sketch of Buddhism, derived from Bauddha Writings of Nepal," p. 65。在别处他评论道："我过去不曾有意，现在也无意去干涉那些没完没了又荒谬绝伦的佛教哲学和信仰。"参见 Brian H. Hodgson, "European Speculation on Buddhism," *Essays on the Languages, Literature, and Religion of Nepal and Tibet*, p. 99。

［8］他写道：

如此诡诈的不公正迫使我当着全世界人的面公开声称，我坚信无论那些法国学者手中的中文和蒙古文佛教文献包含怎样的内容，在我的文章出现之前，从这个母题中从未生发出任何明晰的观点，即使之后曾出现过，也是借了那些文章所给予的帮助。我曾得以接触佛教徒的原始梵文手稿，并且通过有学识的当地土人翻译给我，这些人此后所抱持的希望也是建立在我对手稿内容的准确理解之上。这也就难怪，假如我并未由此从用最文雅而丰富的语言所写成的精微而冗长的话题中发现许多令人费解的东西，而这些东西原本却隐藏在那些沦落为向野蛮人请教的翻译者手中，并且这些人从未得到让活着的圣人向他们阐述文字包含的隐秘意义的机会，他们该怎样才能从人间最令人困惑的迷途中迈出第一步。

Brian H. Hodgson, "Further Remark's on M. Rémusat's Review of Buddhism," *Essays on the Languages, Literature, and Religion of Nepal and Tibet*, p. 110.

24

［9］Ibid.

［10］Hodgson, "A Sketch of Buddhism, derived from Bauddha Writings of Nepal，" p. 36.

［11］引自 Hodgson，"Further Remarks on M. Rémusat's Réview of Buddhism，" p. 103，注释。

［12］Eugène Burnouf, *Le Lotus de la Bonne Loi*（Paris：1852），献辞。

［13］引自 Hunter, *Life of Brian Houghton Hodgson*，p. 278。

［14］参见，例如，J. W. de Jong, *A Brief History of Buddhist Studies in Europe and America*，2nd ed.，Bibliotheca Indo-Buddhica，no. 33（Delhi：Sri Satguru，1987），p. 19。

［15］Lokesh Chandra, *Buddhist Iconography*（compact ed.），Śatapi-taka Series，Indo-Asian Literatures，vol. 342（New Delhi：International A-cademy of Indian Culture，1991），pp. 55，57.

［16］他因误读了《佛所行赞》（*Buddhacarita*）中的一段文字，而将文中所述两个非佛教学派推导为两个佛教学派［被他称作自生派（Svabhāvika）和自在天派（Aiśvarika）］。他还因为错误地把两位泛佛教徒的教义具体化而理解为两个独立的学派，从而推知了另外两个学派［业因派（Kārmika）和修行派（Yātnika）］的存在。关于无量喜的捏造以及它们被数代欧洲学者毫无疑义地接受的讨论，参见 David N. Gellner，"Hodgson's Blind Alley? On the So-called Schools of Nepalese Buddhism，" *Journal of the International Association of Buddhist Studies* 13，no. 1（1989）：7 – 19。荷吉森曾意识到无量喜试探性地虚构了这些学派，它们的名字在佛教徒的论著中不曾出现。但是他仍然没有认识到这是他朋友的失误。"我们应当在编写这些摘录时接触主要教义，并且我想我们在这一方面成功了。"参见 Hodgson，"On the Languages, Literatures, and Religion of Nepal and Tibet，" in *Essays on the Languages, Literature, and Religion of Nepal and Tibet*，p. 23，注释。

［17］Sir William Jones, *A Grammar of the Persian Language*（1771；8th ed.，London：W. Nicol，1823），p. vii. 关于对本土学者的利用，马克斯·穆勒在 1862 年写道：

　　和在这个国家（英国），或在法国、德国的那些致力于学习婆罗门古代文学的人相比，住在印度的梵语学者具备可观的优势……很少有哪个城镇，我们在其中未曾遇到过具备一定学识的本地人……这些在以前依靠王公的慷慨和人民的迷信而生活的人们，发现自己在同胞中间越来越难以为生，并且很乐意被任何对他们古老文化感兴趣的平民或官员雇用。虽然他们并非我们通常意义上的那种学者，所以很难把他们视作语言教师。但对于较高级的学生来说，如果有能力分派这些本地人去做适合他们的那种工作并且能够审慎地监督他们的话，他们却极有用处。我们所有伟大的梵语学者，从威廉·琼斯爵士到威尔逊（H. H. Wilson），都完全承认他们从本土助手那里所得到的恩惠。他们曾在加尔各答、贝拿勒斯（Benres）、孟买工作，随身带着数名班智达（pandit），而不是欧洲学者们每阅读一篇艰深文章都要翻阅的那些语法书和辞典。事实上，如果没有那些本土学者慷慨的全力协助，梵语研究绝不会在不到一个世纪的时间里，不仅在印度，同时也在欧洲的几乎每一个国家都发展得如此迅速。

参见 Müller, *Chips from a German Workshop*，1：115‑16。

[18] Hodgson, "Further Remarks on M. Rémusat's Review of Buddhism," p. 110，note.

[19] 关于 19 世纪语言学和种族理论之间的联系，参见 Maurice Olender, *The Languages of Paradise: Race Religion, and Philology in the Nineteenth Century*，trans. Arthur Glodhammer（Cambridge, Mass.：Harvard University Press, 1992）；Martin Bernal, *Black Athena: The Afroasiatic Roots of Classical Civilization*（New Brunswick, N. J.：Rutgers University Press，1987），pp. 225‑40。

[20] Thomas W. Rhys Davids, *The History of Literature of Buddhism*（1896；Calcutta, Susil Gupta Private Ltd., 1962），p. 125（引用页码为1896 年版）。

[21] 关于这些对印度的描绘，参见 Ronald Inden, "Orientalist Constructions of India," *Modern Asian Studies* 20，no. 3（1986），and *Imagining India*（London：Basil Blackwell, 1990），特别是 pp. 85‑130。

[22] Philip C. Almond, *The British Discovery of Buddhism*（Cam-

bridge and New York：Cambridge University Press，1988），p. 12.

［23］关于佛教的晚期形式，李斯·戴维斯写道："但这些信仰每一个都多多少少被体系的精神所渲染，从这些体系之中，它们以相近的方式成长，而追溯其引起诸多不同结果的原因是最有趣的地方。"（*The History and Literature of Buddhism*，p. 126）

［24］参见我的《香格里拉的囚徒》（*Prisoners of Shangri-la*，Chicago：University of Chicago Press），即将出版。

［25］"Hindu"（印度人）这个名词源自波斯语中对印度河的称谓。它最终被穆斯林用来大体指代南亚人，尤其是那些没有转信伊斯兰教的南亚人。"Hinduism"（印度教）这个名词仅仅在 19 世纪的英国殖民者中得以通行，他们用它来指代不是穆斯林、耆那教徒、帕西人或基督教徒的印度人所信的宗教。只在这之后，"Hindus"才开始使用这个词来描述他们的宗教。

［26］参见 Gregory Schopen, "Archeology and Protestant Presuppositions in the Study of Indian Buddhism," *History of Religions* 31 (1991)：1-23。特别需要注意的是，现任国际佛教研究协会的会长 David Seyfort Ruegg 最近写道："佛教不只是哲学和/或宗教——至少不属于这些词的狭义范畴——它同时也是一种生活方式和存在方式，一种使世界广大范围内的佛教徒们在精神生活以外亦能构筑世俗生活的文化和价值系统。"参见 David Seyfort Ruegg, "Presidential Address：Some Observations on the Present and Future of Buddhist Studies," *Journal of the International Association of Buddhist Studies* 15，no. 1 (1992)：104。在同一篇文章中，Ruegg 强调"当东方学以及我们自己的学科不处于好古癖和某种相当轻率的实证主义阶段时，似乎常常发现它们自身在异域情调和种种尝试——这些尝试或是被潮流风气，或是被和亚洲通商贸易的考虑所激发——之间备受折磨"（p. 109）。

［27］Edward Said, "Orientalism Reconsidered", *Race and Class* 27, no. 2 (1985)：5, 14.

［28］改写自 Aijaz Ahmad, *In Theory*：*Classes, Nations, Literatures* (London：Verso, 1992)，p. 97。

［29］Edward Said, *Orientalism* (London：Routledge & Kegan Paul, 1978)，p. 300.

［30］就西藏来说，另一方面，佛教一般被描绘为和西藏文化密不可分（假如并非相同概念），西藏文化的代言人常常提出这样的观点，无论古今。虽然佛教学者只是在最近才开始考虑他们所研究的文本的产生和流通问题，但从人类学家的著作中他们还是了解到了很多东西，尤其是那些身在东南亚社会进行研究的人类学家（有人可以立刻想到 Stanley J. Tambiah 的著作）。然而，因为人类学家对古典佛教语言，以及他们由田野调查所获得的佛教实践中与教义相关的因素的忽视，他们的著作还是经常被佛教学者批评。参见，例如，因 Gombrich 对 Tambiah 的文章的评论引起的 Richard Gombrich（几个同时也从事田野调查的研究佛教文本的学者之一）和 Stanley Tambiah 之间的讨论，Tambiah 著作为《丛林中的佛教圣者与对护身符的狂热崇拜》（*The Buddhist Saints of the Forest and the Cult of Amulets*，Cambridge：Cambridge University Press，1984）——发表于《时代文学增刊》（*The Times Literary Supplement*）第 4278 号（1985 年 3 月 29 日）359～360 页上。

［31］这个短语是从《国际佛教研究协会章程和细则》（Constitution and By-Laws of the International Association of Buddhist Studies）的第一个句子中抽出来的。

［32］Pierre Bourdieu，*The Logic of Practice*，trans. Richard Nice (Stanford，Calif.：Stanford University Press，1990)，p. 5. ①

［33］正如 Ronald Inden 所写："奥斯曼人是欧洲人的一个危险的'他我'（Alter Ego）。他的宗教——伊斯兰教——是基督教的一个虚伪、狂热的表亲，并且持续着对东欧一些地区的统治。但中国人和印度人却是真正的外人。"参见他的 *Orientalist Constructions of India*，p. 424。

［34］James Clifford，*The Predicament of Culture：Twentieth-Century Ethnography，Literature，and Art* (Cambridge，Mass.：Harvard University Press，1988)，p. 267. 关于德国的印度学和东方主义的范围的问题，参见 Pollock，"Deep Orientalism? Notes on Sanskrit and Power Beyond the Raj"。

［35］在注意到萨义德对"欧洲"和"西方"的扼要阐释之外，这些批

---

① 中文版参见布尔迪厄：《实践感》，蒋梓骅译，8 页，南京，译林出版社，2003。——译者注

评的最复杂之处是使人们注意到，萨义德日后在其著作中背弃了福柯式批评的表达，这一表达赞同高度人文主义和给予经验范畴特权。比方说，他责备伊斯兰教历史学家疏于考察"它（伊斯兰教）在信徒体验中的真实存在性"。

萨义德还写到东方主义是如何"没能与人类经验融为一体"，并呼唤有关"真实观照所需的灵魂的超脱和慷慨"（*Orientalism*，pp. 299，328，259）这一（真正的佛教徒的）美德的培养。有关萨义德向人文主义倾斜的有用批评可以在这里找到：Clifford, *The Predicament of Culture*，pp. 255 - 76；Robert Young, *White Mythologies*：*Writing History and the West*（London：Routledge, 1990），pp. 119 - 40；Ahmad, *In Theory*，pp. 159 - 219。

　　[36] Ahmad, *In Theory*，p. 172. 应当强调的是，萨义德在他最近的《文化和帝国主义》（*Culture and Imperialism*）（New York：Knopf，1993）一书中继续探讨了这些问题中的一部分。Sara Suleri 表明了和阿赫迈德相似的观点，她认为，"假如能够寻求打破横亘在支配和从属之间稳固的分割线，假如它进一步质问殖民地冲突所预示的精神权利丧失，这个临界领域会被更好地对待。"参见 *The Rhetoric of English India*（Chicago：University of Chicago Press，1992），p. 4。还有人可能会在这里注意到李斯·戴维斯在1895 年颇为自得的预言，"……我大胆地设想，佛教文本的出版和翻译有可能在那些较有学识的东方人中间产生不小的影响，他们虽仍能自称佛教徒，但如今在很多方面，都已经远离古代信仰。"参见 Rhys Davids, *The History and Literature of Buddhism*，p. 143。他继续说道："比方说，当日本学生来到我们西方的学院，在受历史学派批评训练的教授的指导下学习阅读他们的巴利文和梵文书籍，他们回国时其认知的精确度若没有得到极大的提高，对佛教的看法若没有在一定程度上被矫正和改变，这几乎是不可想象的事情。"

　　[37] Ahmad, *In Theory*，p. 184.

　　[38] 这个因陀罗①网的宝石上反射着大量的其他映像，其脉络还有待仔

---

　　① 因陀罗网，梵文为 indrajāla，又叫帝网，上结宝珠，为庄严帝释天宫殿所用。一一宝珠皆映现自他一切宝珠之影，一一影中复如是，映现无尽。此处比喻佛教原始文本、西方认知、重构文本之前层层映现的复杂关系。又，缅甸毗婆舍那运动概况参考英文维基百科。——译者注

细勘测，诸如在西方佛教普及方面通神学会（Theosophical Society）所扮演的角色；英国的殖民统治在 19 世纪晚期缅甸毗婆舍那运动（vipassona movement）起源中所扮演的角色；在晚期殖民地佛教论述中如何安置"科学"这一类目：（用人类学家的话来讲）已经"开小差"了的德国佛教学家的作品，如向智长老（Nyanaponika Thera）和葛文达喇嘛（Lama Govinda）；被"比较哲学"这一事业提上日程的多种计划；现代日本佛学家——常常是那些接受了"西方方法"的禅宗和净土宗僧侣——对当代欧洲和北美学术的影响；导致将佛教归为"世界宗教"的分类情况；以及 19 世纪传教学说和当今"佛教与基督教对话"人文主义思想体系的联姻。

[39] 西藏人的恋书之瘾甚至在加德满都观察西藏朝圣者时的荷吉森眼中也颇为明显。他这样表达自己的惊讶：

> 在西藏这样一个地区，任何种类的文献应该都相当普遍；它一定是被传播得相当广泛，以至于满身污秽、身无分毫豪华奢侈品——至少在我们看来比书籍更为奢侈之物——之人也未曾被遗漏。
>
> 印刷也许是书籍（在西藏）广泛普及的主要原因，非此我无法解释，除非假设那些成群结队云集乡野的僧侣——世俗的和正统的——是被无聊乏味的生活所逼迫，才将他们的时间用于这些令人钦佩的地方。

28

引自 Hunter, *Life of Brian Houghton Hodgson*, p. 263。

[40] Edward Conze, "Recent Progress in Buddhist Studies," in *Thirty Years of Buddhist Studies* (Oxford：Bruno Cassirer, 1967), p. 19.

[41] 1974 年，狄雍（J. W. de Jong）写道："当然，佛学研究比语言学包含更多内容，但是语言学具备基础的重要性。文本一旦被适当地编辑、解释和翻译，研究宗教和哲学思想的发展就会变为可能。"参见 de Jong, *A Brief History of Buddhist Studies in Europe and America*, p. 86。

[42] Jorge Luis Borges, *Ficciones* (New York：Grove, 1962), p. 83.

[43] Ibid., p. 85.

[44] 他继续观察，"如果东方主义包括了一种东方被西方包含和合并的技术，那么那种包含将会导致它自己的分裂：东方（Orient）这一概念的创造——假如它不能真正代表东方（the East）——意味着西方来自自身的自我错位，内部的一种被呈现、叙述的东西，如同在外部一样。……我们可能会说，东方对欧洲的作用既像是毒素又仿佛是解药：它在对欧洲文明形成最大威胁的同时，也给西方已失去的精神价值开出了良方，点燃了欧洲来自亚洲的重生的希望"（Young, *White Mythologies*，pp. 139 - 40）。

[45] Michel Foucault, "Fantasia of the Library," in *Language, Counter Memory, Practice: Selected Essays and Interviews*，trans. Donald F. Bouchard and Sherry Simon, ed. Donald F. Bouchard (Ithaca, N. Y.: Cornell University Press, 1977), p. 90.

[46] 参见 Michel Foucault, *The Archaeology of Knowledge*，trans. A. M. Sheridan Smith (New York: Pantheon, 1972), p. 128。

[47] Ibid., p. 129. ①

[48] 福柯认为："档案的描述是在刚停止成为我们自己的话语的基础上展开它的可能性（和控制它的可能性）；它存在的界限是由把我们同那些我们不再可能说的东西和将我们同我们话语实践之外的东西隔开的那个断裂建立起来的。"（Michel Foucault, *The Archaeology of Knowledge*，pp. 130 - 131)②

[49] 根据福柯所说，档案的描述"把我们从我们的连续性中分离出来；它消除这种时间上的同一性，在这种时间上的同一性中，我们喜欢自我观察以避免历史的断裂；它中断先验的目的论的连续过程"（Michel Foucault, *The Archaeology of Knowledge*，p. 131)。③

[50] 福柯认为，谱系学是"历史的一种形式，可以解释知识、著述、客体域等等，并且不需要论及一个主题，不管是在涉及事件的领域时具有先验性，还是在贯穿整个历史过程的空虚单调性中运行"。引自 Paul Rabinow,

---

① 中文版福柯：《知识考古学》，谢强、马月译，144 页，北京，三联书店，2003。——译者注

②③ 中文版参见上书，146 页。——译者注

ed. , *The Foucault Reader*（New York：Pantheon，1984），p. 59。

［51］萨义德在对东方主义表述的五个特性归类时说，东方学者的一大功能是给他们的社会提供"在当时看起来最需要的东西"。参见 Said，*Orientalism*，p. 273。

［52］Foucault，"Fantasia of the Library，"p. 90.

［53］Young，*White Mythologies*，p. 173.

上座部佛教研究中已取和未取的道路

查尔斯·哈里希（Charles Hallisey）

李婵娜 译　魏寅 校

> 不管一代人赞成还是反对前一代人——在每个事件中仍会有前一代人的影子出现。

——荷西·奥尔特加·加塞特（José Ortega y Gasset）

　　我的题目浅涉了爱德华·萨义德的一篇文章，其中他致力于创造"一种有效的实践方法，即人们可以通过圈定某个对象的'临界场'（critical field）来指出其中的变化或缺陷"[1]。在很大程度上，萨义德的《东方主义》就是这种方法的实践，因为它要求学术团体的成员们不懈地与自己研究中的"临界距离"（critical distance）进行斗争。正如萨义德在《东方主义》结尾警告的那样："当东方学的行业传统控制着那些缺乏警惕的学者，其作为学者的个体意识对这一领域代代相传的'陈词滥调'（idées reçues）毫无警觉时，麻烦也就降临了。"[2]

　　问题甚至存在于我们这些试图把《东方主义》的见地扩展开来的学者们之中，我们在菲利普·阿尔蒙德《英国发现佛教》[3]一书中能够发现，无意识地再现一种实在是太容易再现的"潜在的东方主义"[4]。正如他将萨义德的犀利评论"东方主义之所以有意义，完全决定于西方而非东方"作为前提，阿尔蒙德把自己的论述建立在萨义德的基本论点之上，即东方主义话语是一种扎根于欧洲文化的表达系统。[5]但是，阿尔蒙德本人对这种话语起源

的细致研究引领他超越了东方主义的一些"原则",涉及了"维多利亚时代
的许多事情"[6]:

> 维多利亚时代的人们对佛教的解释,无论是关于它的创立者、
> 它的教义、它的伦理标准、它的社会实践,还是它的真理和价值,
> 在建构佛教的过程中都揭示了那个(维多利亚时代)世界的风貌……
> 关于佛教的话语为我们提供了一面镜子,它既能反映东方世界的形
> 象,也能反映维多利亚世界的形象。[7]

　　然而,值得一提的是,当阿尔蒙德提到东方的形象时,他并未试图重建
19 世纪亚洲的佛教思想与实践。这种学术空白似乎对于"保持东方主义与其
对东方观点的内在一致性"[8]有益,然而无法预料的后果却再一次具象化了
和强化了"西方"与"东方"的截然分离,而这正是东方主义知识建构的基
本前提。[9]这样一来,就好比西方只是制作了一个佛教谱系,却根本不提及
这些记录源于哪些人物和地点一样。[10]上述空白还有一个具有讽刺性的后果:
再一次否定了东方人在西方理解东方上的发言权,即使他们的意见可以帮助
西方人了解自己对佛教的看法是否符合事实。[11]

　　萨义德本人对西方与东方的截然分离感到不安,这点可明显见于《东方
主义》的末尾,他重申了贯穿全书的一个问题:"文化(或种族、宗教、文
明)差异这一概念是否行之有效?"

> 存在这样一些地域空间,那里生活着土生土长的、本质上与我
> 们"不同"的居民,可以根据与这一地域空间相契合的某种宗教、
> 文化或种族本质对这些居民进行界定……这一看法同样应该受到强
> 烈的质疑。[12]

　　萨义德曾指出,在不考虑东方的情况下定义近代西方是不可能的,这暗
示了这场"东西分立"争论中他的立场。谈及雷蒙·史华伯的著作时,他说
道:"他在《东方的文艺复兴》(*La Renaissance orientale*)论文中的观点很
简单:只有在考虑了 18 世纪晚期和 19 世纪早期的、有关东方在文本和语言

上的重要发现之后，我们才能理解什么是浪漫主义。"[13]萨义德的这种意见可
以帮助我们了解他的基本关切点，正如詹姆斯·克利福德所讲的那样："与
其说削弱本质上的东方的概念，不如说制造一个成问题的西方。"[14]近年来，
那些对公认的近代西方制度的重组，在很多人的参与下已经被延续下来，同
时"详述西方如何通过与其他地区的人接触而完成自身发展的过程……是通
往后东方主义思想史的重要步骤之一"[15]。19世纪，尽管在西方把自我形象
的对立面投射于他者身上，从而展示出"欧洲性"特征的做法已经取得了重
要进展，但是这种探寻的路径仍然是悖论性地将西方—东方的分裂作为范
式，而非是采纳对其质疑或者将其消除的方式。[16]

　　我们应从何处开始细致入微地描述欧洲与非欧洲之间的关系，才能够避
免一种摩尼教似的东—西方区隔，并提醒我们文化之间不仅是有差异也是有
联系的呢？我认为有一种方法至少能够给这种描述留有余地，那就是让这些
被称为"欧洲"或者"东方"的共同体相接触，展示彼此间旨趣的异质
性[17]，尤其是在那些东方学家之间。[18]

　　当然我们也可以直接寻找"西方"和"东方"之间的关系。这种关系不
是否定的或者对立的，恰恰相反，是类似于"跨文化模仿"（intercultural
mimesis）的关系。这就是说，我们应当考虑到，个人主观文化的各个方面都
可以影响调查者使用特定的风格描述某一文化。[19]这种实践并非是要推翻萨
义德"知识和权力的不平等间的联系为东方主义话语的产生提供了基本条
件"的论断，只是与其所言略有出入而已。

　　在本文的余下部分我会举出这种"跨文化模仿"的各种例证。这些例子
可见于李斯·戴维斯的著作。作为佛教学者，他的研究代表了欧洲佛教研究
的重要方面[20]，但为了获得更清晰的认识，我们还需要参阅与他同时代的、
影响稍小的学者的作品，如R. 斯宾塞·哈代（R. Spence Hardy）、保罗·毕甘
德特（Paul Bigandet）及阿德赫马德·勒克莱尔（Adhémard Leclère）。对相似
性模式的了解不仅有助于我们客观地理解那些为当代佛学家们所继承的东方学
遗产，还有利于我们从那些遗产出发，找到方法来超越前人的成果。假如确
乎如此，我们将会发现一条极少被上座部佛教的研究所采用，但是却可行的
道路。

李斯·戴维斯和佛陀传记

对于所有佛教学者来说，李斯·戴维斯（1843—1922）的名字都是耳熟能详的。[21]据理查德·贡布里希（Richard Gombrich）所言："这位'伟大的东方学家'在把佛教引入英语世界上做得比其他任何人都多，他的影响甚至波及到了讲英语的僧伽罗人佛教徒。"因此，"严肃的佛教学者将会使他的名字永垂不朽"[22]。但李斯·戴维斯绝不仅仅是个历史人物，他正是萨义德所谓的那种"开拓型英雄"，他"开创了一个研究领域和一派思想，而这些又反过来促进一个研究团体的形成，他们的学派传承、研究传统和学术抱负在内部能深入这一领域，在外部也同样拥有足够的声望"[23]。作为一个开拓型英雄，李斯·戴维斯近来却因宣扬"依据原始教义认识佛教之本质"的巴利圣典协会精神而受到批评。[24]尽管如此，我们不能忽略他的贡献，他为我们提供了研究所需的工具——《巴利语—英语词典》并编辑了诸多巴利语文本。这些工具即使在今天仍是无法超越和不可缺少的。他的努力还促成了一些机构如巴利圣典协会、亚非学院等创立，佛教学者仍然直接或间接地从中受益。更遑论他的许多观点不断地重现于他人的著作中，虽然没有被公开承认。这正暗示着，他的思想已经自然地融入到佛学研究的传统中。[25]

在李斯·戴维斯较次要的著作中有两条百科全书词条——"佛教"与"佛陀"，这是他在学者生涯的不同时期为《不列颠百科全书》撰写的。这些属于他无关宏旨、没有永久价值的作品之一，我们在此并不关心它们的具体内容。但是它们对我们来说却仍然受用颇深，因为由这类著述的性质，我们可看出李斯·戴维斯在写作时所使用的专业文献，而正是这些文献将我们的注意力吸引到了他作为学者的学术实践的一个方面，从中我们能找到一个"跨文化模仿"的例子。

李斯·戴维斯的第一个词条"佛教"写于1876年，当时他所接触的文献仅限于四部"关于佛陀生平的权威著作"，他将这些著作介绍给他的读者。[26]这四部作品分别是：R. 斯宾塞·哈代的《佛教指南》（*A Manual of Buddhism*），该书收集了中世纪僧伽罗文本的传记故事；主教毕甘德特《缅甸文本佛陀乔达摩的生平和传说》（*The Life or Legend of Gaudama The Buddha of the Burmese*），

35 乃译自一部较早的现代缅甸文本；华威斯柏儒（Fausbøll）根据公元5世纪的《佛本生经传》（*Jātaka commentary*）编辑的巴利文传记；富可士（Foucaux）根据藏文《普曜经》（*Lalitavistara*）——一部作于公元早期的梵文文本——翻译的法文文本。当25年之后李斯·戴维斯重新修订此词条时，欧洲佛教学者们已经收集到了足够的资料，这使李斯·戴维斯得以完成他在《不列颠百科全书》的第二个词条，这个词条只关注佛陀的一生。然而，这两个词条的区别并不仅是所获得材料的数量，还有李斯·戴维斯组织材料的思路。在第一个词条中，四部论著中有两部是土语文献——僧伽罗文和缅甸文，另外两部采用了（佛教）"经典"语言——巴利文和梵文。到了写作第二个词条的1910年，经典语言文本的数目显著增加，尤其是对李斯·戴维斯来说具有特殊重要性的典型巴利文献更是如此。此外，他也利用了《大事记》（*Mahāvastu*）和《佛所行赞》（*Buddhacarita*）这两种梵文原始资料，以及柔克义（Rockhill）在《佛陀传》（*The Life of Buddha*）中译自藏文文献（这些文献绝大部分译自梵文）的内容。相反，地方土语资料却几乎没有什么增加，李斯·戴维斯在其书目中只是补充了阿德赫马德·勒克莱尔在《柬埔寨圣书》（*Livres sacrés du Cambodge*）一书中对谷美尔语文本"第一觉悟"（*Pathama Sambodhian*）的法文翻译。与第一个词条不区分所引的四部作品的做法不同，第二个词条李斯·戴维斯区分出了两个不同的范畴：一是"近代作品"，在其中他把勒克莱尔、柔克义的作品和第一词条中的哈代、毕甘德特的作品划为同一组[27]；二是对佛陀生平的记载，这是他认为更权威的一种。这个分类法背后的意图在词条的内容中表达得很清楚：李斯·戴维斯将其注意力仅限制在经典巴利文文献中关于佛陀生平的记录上，这些文献数量巨大但却零碎，是由巴利圣典协会同时编辑和发行的。李斯·戴维斯的这种佛陀传记研究方法是他的学术研究仍然能被我们记住的一个原因[28]，虽然这种方法被认为是出于历史兴趣而采取的。同时，当代大多数佛教学者自信他们已经超越了这一研究方法。[29]

但是在另一方面，李斯·戴维斯研究佛陀传记的方法与目前学术界的共识之间却明显地一致。得益于E. J. 托马斯（E. J. Thomas）、让·菲利奥札（Jean Filliozat）、佛榭（Alfred Foucher）、艾瑞克·弗劳瓦尔纳（Erich Frauwallner）、拉莫特以及安德烈·巴罗（André Bareau）这些不同学者的研究，今天对佛陀传记感兴趣的学者会比李斯·戴维斯拥有更有利的条件来

探索佛教的早期发展。[30]不仅如此，整个佛教研究领域都受惠于对上述学者 36
作品的讨论，正如现在佛学研究受惠于早期学术研究的直接成果之——关
于历史上的佛陀（Historical Buddha）资料的交流。[31]但是在较晚的佛陀本
生传上，尤其是那些用斯里兰卡或东南亚土语写成的佛教本生中，当代的上
座部佛教学者，虽然比李斯·戴维斯晚了80年，却没有更多地接触到他们
的译本。

有多种原因导致了关于上座部佛教研究中对土语文本的忽视。最直接的
原因来自李斯·戴维斯。的确，对土语文献的漠视似乎是李斯·戴维斯的这
种佛陀传记式研究的必然结果：

> （那些土语文本）并非历史传记。弥尔顿（Milton）的《复乐
> 园》（*Paradise Regained*）的价值，不仅在于它向我们展示了英雄
> 的人生轨迹，还在于其有从古老文本中彻底重构一段故事的文学能
> 力。理所当然，只有不采纳后起的诗歌式评论才能真正衡量原始文
> 献的史学价值。对巴利文和梵文的诗歌我们也应该持这种观点，更
> 不必说像汉文和藏文对于梵文的重构作品。它们是文学而非史学作
> 品，即便它们有历史价值，也是以一种启示性的方式展现当这些作
> 品被编辑创造时，那些关于佛陀一生古老的观点在多大程度上被佛
> 教徒的那种不可避免的英雄崇拜情结所改造（或者被侵蚀）。[32]

我们在此勾勒的这种方法，实际上是将早期文献与后起的文献相剥离，
并以实证主义的观点探讨文献的起源。这也是盛行于整个19世纪的欧洲和
北美学术界的历史主义的典型做法。这种历史主义旨在消除对文本的误解，
通过运用"科学的历史"的批判性方法揭示文本在最初产生时的客观内容，
揭示其作者的初衷。[33]因此，要想理解那些被归为佛陀所著的佛教文本，就
必须了解佛陀生平的传记。于是，使用这种历史方法的历史学家们便心安理
得地忽略了僧伽罗语、缅甸语或高棉语晚期传记，因为它们本身不能够对揭
示佛教起源起什么作用。显然，李斯·戴维斯曾写道："唯一正确的过程就
是回溯到这些晚期文本之前的时期，找到三藏的真实文本，收集任何关于佛 37
陀生平、家庭以及个人环境的不经意的片段，然后整合成一个连贯的整体。"

此过程一旦完成，晚期传记的"客观"意涵也变得明晰：（它们）是常见而且是最常见的关于英雄崇拜的表达。[34]

值得注意的是，这种历史方法虽然没有什么特别的"东方主义"意味，但是它在殖民背景下的发展却明显含有政治意味。我们也可以从李斯·戴维斯的叙述中看到对于"东方主义"主观臆断的文化霸权。正如萨义德所说："东方主义的策略积久成习地依赖于这一富于弹性的位置优越（positional superiority），它将西方人置于与东方可能发生的关系的整体序列之中，使其永远不会失去相对优势的地位。"[35]因此，佛教徒写的佛陀传记从来都不是佛教徒与欧洲学者共同关心的对象。相反，它们总是被从欧洲人的传记中分出来，被当成晚期佛教团体不能获知佛教自身起源的证据。例如，在研究一部泰语文本中为何会存在一则异常完整的佛陀传记时，乔治·戈岱司（George Coedès）认为有下面的可能性："印度支那的佛教徒们可能（是）对佛经和传记的史实都不熟悉，但是（他们）似乎对完整的佛陀传记特别感兴趣。"[36]但如果我们把戈岱司这句话的主语由"印度支那的佛教徒们"换作"欧洲学者们"，这仍然是有说服力的。

李斯·戴维斯提倡的历史性方法是在另一个普遍的过程影响下形成的。此过程塑造了整个19世纪的佛学研究的特殊模式及东方学研究的普遍模式。在萨义德的"文本态度"（textual attitude）这一概念的基础上，阿尔蒙德将此方法描述为"文本化"理论，在此理论中，"对佛教本质的理解，并不能在'远在天边'的东方找到，而只能在西方找到，西方通过对佛教文本中历史的控制而掌握佛学本质"[37]。此文本化过程肯定了李斯·戴维斯用历史性方法研究佛陀传记：南亚佛教团体自身无力重新找到一部客观真实的佛陀传记，但是欧洲学者们却可以凭借文献学的研究来重建这个传记。因此欧洲人在佛教"创建者"的生平上有话语权，于是便认为他们对佛教的真实起源有话语权。他们在这项工作取得的明显成功强化了他们的印象：他们所见的佛教是一个长期衰退的过程的结果。

◎ 欧洲人脑海中的假想亚洲

自萨义德的《东方主义》问世以来，有人曾将李斯·戴维斯研究佛陀本生的方法解读为 19 世纪历史文献学的典范，但是这种方法带来的疑惑绝对要比解决的问题多。即使这样，限制任何对李斯·戴维斯更深入的东方主义式批判却是有好处的。确实，东方主义式批判会给我们造成疑惑和阻碍，使得我们难以认清在他的佛教认识里佛教文献的影响如何。如果我们更仔细地考察他在《不列颠百科全书》的"佛陀"词条中推荐的材料的话，我们就能更清楚地认识此影响的其中一个方面。在这些资料中间，我们暂时只考虑他推荐的其中三部关于上座部佛教的近代文献，另外我们暂时不考虑柔克义译自藏文的文献，虽然李斯·戴维斯在分类中将这部书列为"近代文献"。我忽略这本书原因很简单，因为它代表的是西藏文献而非上座部文献。但是，它被纳入李斯·戴维斯的"近代资料"说明了很重要的一点：正如我们将很快看到的，其他被纳入李斯·戴维斯的"现代资料"中的书都是对译本进行翻译，比如柔克义笔下的西藏传说。随着原始文献因某种原因在不同语言间不断流传，翻译始终存在于南亚佛教的文化活动中。然而李斯·戴维斯却不加区分地组织材料，他将造作的书面藏语（很大部分是为了翻译梵文文本的目的而引入的）与浅近的高棉语（为布道的目的而接近普通言语）材料组织到一起，结果就是，作为一种文化实践的翻译在不同佛教团体内的具体差异逐渐消失。与此相反的是，他在古典和土语文本之间却只建立了对立差异——这可能反映了 19 世纪以来大学课程中建立的"古典语言"和"近代语言"之间的区别——但是这在佛教中却是没有确切对应的。显然，在对佛教文化历史的解释中我们不应该想当然地做出这种区分，但是正如我们下面将要看到的，这种差别却为我们进行佛教研究指出了一条可供选择的路。

　　李斯·戴维斯推荐资料中的其他现代翻译家都对原始上座部佛教有广泛的接触。R. 斯宾塞·哈代（1803—1868）的书同时被收入到这两条词条的参考书目中。他是斯里兰卡的一个卫斯理（Wesleyan）传教士，且在以传教"解构"佛教的过程中起着重要作用。[38]他回到英格兰后，发表了两部文集，分别选自中世纪和早期近代的僧伽罗语文献。[39]虽然他声称他的书只是不同僧伽罗语文本的翻译，但实际上，他原创了一些作品，这些作品在僧伽罗语佛教文献中没有对应的内容。他的文集是按主题编排的，首先是宇宙论、众生次第，然后才是关于佛陀的材料。正如我们所知，在 19 世纪欧洲对佛教的起源有普遍兴趣这一背景下，哈代也将一则佛陀传记收入了他的《佛教指南》(*Manual*)。但是他与李斯·戴维斯不同，后者企图重建历史上存在的佛陀生平，而哈代的《佛教指南》则从佛陀的前世（previous buddhas）开始，对佛陀前世的出生进行描述，接着是乔达摩（Gotama）自生至死的传记。哈代同时还收录了关于"佛陀之尊严、道德和力量"[40]的传记性叙述，即使这明显与他的感觉相抵触。他解释这样做的原因：尽管它们没有能够增加任何关于佛陀有价值的信息，但它们却能展现"异端思想"的行动方式。[41]这样的评论使哈代对佛教的敌意更加明显，结果他的作品就算不是被一直批判，也被认为理应置之不理。[42]

哈代在选择文本材料时有着明显的自由，因为他可以从各种文本中选材而不是单独依靠某一本翻译来取材。但是，他的文集还是依照上面的方式，即利用这些文献进行自己的创作：哈代基本上使用了古巴利文解说中世纪僧伽罗语的译本，他从种类众多的译本中较为自如地选取材料，进行新的创作。[43]而且他强调，在佛陀本生的记录中，宇宙学在传统上座部佛教中占据了中心位置。[44]在这个问题上，哈代的传记与当代上座部思想尖锐对立，后者与中世纪文献相比较，明显地缺乏对宇宙学的讨论。[45]虽然哈代对佛陀传记的展现也能很精确地反映出传统材料，但是他的传记还是与之不同，因为他拼凑出了僧伽罗语文献中不存在的编年传记。这些僧伽罗语文本具有相对40 持久稳定的结构，但是它们也可以按照不同目的而重新安排佛陀的传记材料。但是哈代却没有注意到这些目的；相反，他感到沮丧：

> 我从未见到任何专门讲述乔达摩之生平的东方作品，甚至连能完整反映其面貌的也没有。他生命中早期的故事被一次又一次的重复，几乎是以相同的顺序，而且表达上少有变动；而在他担任了佛教教主之后，连贯的叙述消失了；至于在安排那些早期传说上，我不得不自己判断它们的先后顺序。[46]

在这篇选段中我们可以看到一些哈代"分裂的忠诚"。他明显想得到诸如李斯·戴维斯这样的学者对他的作品的认可，于是他会选择安排僧伽罗语材料的方式符合19世纪欧洲的传记惯例，比如叙述顺序上。但是显然他不愿走得像李斯·戴维斯那么远，他完全摒弃了僧伽罗语文本的结构，结果是，我们在哈代的作品中看到了比李斯·戴维斯作品中更多自行创造的痕迹。

李斯·戴维斯"现代资料"分类的另一部是缅甸阿瓦（Ava）和庇古（Pegu）王朝的名誉主教保罗·毕甘德特（1813—1894）的《乔达摩的一生》（*Life of Gaudama*）。[47]正如哈代对他的僧伽罗语文献所做的那样，毕甘德特在缅甸语文献的翻译中，似乎也效仿了哈代的自我创造的做法，并没有忠实于原本的内容。比起哈代的《佛教指南》，毕甘德特的《乔达摩的一生》是一部更有结构组织的传记，而前者只能说是一部文集。这反映了斯里兰卡和缅甸的佛教文献模式的一个重要的差别，从中世纪晚期起，在缅甸和东南亚其他地方，就有以巴利文和其他地方土语创作完整的（或扩充的）佛陀传记。[48]1858 年，毕甘德特翻译并出版了这样一部完整的传记——《似花饰（故事）集锦》（*Malālaṅkāravatthu*），并以"缅甸文本佛陀乔达摩的生平和传说"为题目流行于 19 世纪的缅甸。[49]1866 年，他出版了该书的第二版，但是在这个版本里，他嫁接了另一部缅甸语传记作品《主之赞颂》（*Tathāgata-udāna*）或《颂主之灯》（*Tathāgata-udāna-dīpanī*）的部分章节。[50]在这部书中，毕甘德特的作品反映出了他所翻译的缅甸语文献的风格，即他的作品和这些缅甸语文献都借翻译的幌子来进行创造。[51]

勒克莱尔（1853—1917）[52]是柬埔寨法国殖民地的行政长官，后来升为桔井（Kratie）地区的"法国居民"，比起毕甘德特，他似乎能更敏锐地意识到翻译家处理材料的自由。这种意识源自对他的译本 *Préas Pathama Sam-phothian* 的了解。*Pathama-Sambodhikathā* 明显是谷美尔语版本的泰语文献，而且已被亨利·阿拉巴思特（Henry Alabaster）翻译过。[53]在讲到以改编者（adaptateurs）的身份创作缅甸语和泰语佛陀传的僧侣们时，他称赞柬埔寨的翻译者（traducteur）"更严格地遵循原作的事实，［不像缅甸和暹罗的作者们那样，］他们在翻译中尽量避免加入自己的东西，且不掺杂其他文献的内容"。在这里，勒克莱尔似乎也是受他翻译的原材料的影响，他声称自己已经尽最大可能忠实于谷美尔语的原文内容，甚至保留了他认为是缺陷的内容。他说道："在此翻译中我想尽可能地准确、尽可能地客观。"[54]但是这些话表明，勒克莱尔可能与哈代、毕甘德特一样，都以研究者的身份谋求在东方主义这一较大领域内的一席之地。

我们应该看到，东方学研究，与其他学术领域一样，在当时就已经形成了一个严密的组织体制，从而使"门外汉"很难找到一席之地。[55]哈代、毕甘德特和勒克莱尔作为佛教学者，正是在上面的背景下进行研究工作的。[56]从他们为其作品的局限准备好的辩解以及学界对他们的出版物的评论中，我们能够发现他们作为"门外汉"而从那些以大学为基础的组织中受到的压力。[57]在这样的背景下，对哈代、毕甘德特以及勒克莱尔这样的研究者来说，有必要找到一条途径以给予他们的作品合法性，且能在这样的专业背景中赋予它们一些权威性。而他们三个都采用了同一条途径——强调自己的作品与其所翻译的原始材料之间有着紧密的联系。就像勒克莱尔希望在翻译中尽力保持客观一样，哈代在谈及其译作时，同样也隐藏了自己作者的身份：

> 为了在翻译上专门约束自己，我选择了作为一位作者重现内容能使用的最谦卑的形式。我原本可以写一篇长篇幅的文章，让它展现给我们一处富饶却几乎未被开掘的矿藏；或者原本可以删掉它过度铺张的部分，把它更有趣的部分连缀成流畅的叙述，让它变得流行起来。但是这两种方式都不能实现我的意图。它们至多能使我表达某一种观点，但我希望展现的则是一种权威。[58]

42　　然而，引人注目的是，这种"作者透明"（authorial transparency）① 的修辞策略也在这几位学者翻译的文本中被发现。哈代、毕甘德特和勒克莱尔翻译的每一种土语文献都将自身描述成另一部文献的翻译，这三个人通过建立与一个非中心地位但却后来被欧洲人使用的权威著作的联系来争取合法性。比如，《妙法宝典》也即《正法宝鬘》（*Saddharmaratnāvaliya*，英文名为 *Garland of Jewels of the Doctrine*）是 14 世纪一本基于《法句经》（*Dhammapada*）注释而成的僧伽罗语叙事文集，它的开篇就是一番关于作者透明和非中心著作的类似言论：

> 我们已经摒弃了巴利文的套路而只采用其主题来创作此作品。它可能存在缺陷和风格上的不足之处，但是（作为读者的你应该）

---

① 即作者的身份逐渐淡化。——译者注

忽略它们。请像天鹅一样将牛奶从水中区分出来，尽管牛奶和水是混合在一起的，或者像那些从地位卑下的老师那里获取知识和技能的人一样做，因为他们所关心的只是对知识的获取而非老师的地位。[59]

上述引文的作者很明显是在暗示，一种译文的权威性不是来自它本身，而是来自声称与一种缺失文本之间的关系。因此注意力被转移到这个缺失的文本上了，但同时，一些觉得有必要使用译本的人，却往往不能证实这种关系的准确性。尽管如此，这种方法仍然是可以被利用的，汉文佛教文本就是通过这样将自己定为梵文译本的。[60]

但是由于很多译著都会暗示或明示自己与某种缺失文本之间的关系而强调其权威性，因此自然而然地，佛教研究者们便开始运用我们在李斯·戴维斯那里见过的方法来找寻能够证实这种权威的原始文献。我引用了勒克莱尔为这种预期而作例证的话；但是在具体语境中，这段话却还表明，他还是没有像东方主义学者一样在专业领域内拥有自主发言权：

> 现在有必要对缅甸人的这个文本追本溯源，说一下我个人对其原材料的感受（而不是说我的观点）。在我看来，巴利、僧伽罗人同样启发了缅甸和暹罗的"改编者"（adaptateurs），但是柬埔寨的"翻译家"（traducteur）（他们一遍一遍总结，做得比缅甸人和暹罗人多）更严格地遵循着原作内容，而且在翻译中尽量避免加上自己的东西或者掺杂任何自己的文学内容……只在缅甸发现的文本里，一些小细节表明其有一个共同的来源。但是这个被缅甸、柬埔寨和暹罗翻译家们改写的原始来源到底是什么呢？我给不出答案，那是要留给那些在这场波及整个东南亚的雅利安化（l'Indo-Chine aryenne）的广泛传教活动中，能够指明第一手资料的专家们来解答的。[61]

我们可以将这样的评论解释为实证主义历史编纂学成为支配范式的进一步证据，在19世纪的所有文化研究中，只有这类编史学才能赋予早期文本以荣宠的地位。同时我们须记住，上座部佛教徒们自己至少时常赞成类似的"抽象的起源"(metaphysics of origins）观念。[62]这种对于传统的概念，从其自身来讲是历史主义的，为上座部文献中最常见的体裁（释论、翻译以及文集）提供了意识形态上的语境，所有上座部文献都倾向于从那些以"巴利"（Pāli）为名的文本中寻找权威和目标。[63]由此看来，注释和翻译并不是对一个文本的理解不断深入的记录，抑或几个世纪以来认识不断发展的积累；相反，它们是当前那些想准确复原过去意义的人的路标，它们具有一种作为工具的价值，但是其本身是没有实际意义的。

这说明在欧洲东方学中的实证主义历史编纂学与佛教的自我表达之间存在一些有效的"选择性亲和"（elective affinity）之类的东西。对于我们将佛学研究当成东方主义产物的理解最为重要的是，这种"选择性亲和"形成了下面这种方式，在其中佛学研究"成为一种常规性的活动，（在这个活动中）有着规范的信息交流、对所存在问题的共识以及关于研究及其结果的合理范式的一致看法"[64]。最初，欧洲的佛学研究先驱们在其研究中仿效了传统的佛教传授模式，当然这是有必要的。他们使用地方土语注释文献来帮助对更权威的经典的理解。例如，尤金·布赫诺夫这位佛学研究卓越的创始人，在他死的时候留下了大量对缅甸语注释文献（nissaya）的研究，他曾通过它们帮助对巴利文材料的研究。[65]在这里他并非特例。对土语注释材料的利用是第一代佛教研究者的常规路线。就连李斯·戴维斯，在其整个巴利文的翻译事业中，也利用了他在斯里兰卡担任殖民地公务员时所获取的僧伽罗语知识。例如，在他翻译的《弥兰陀王问经》（*Questions of King Milinda*）和《佛陀对话录》（*Dialogues of the Buddha*）的脚注中，他借助了僧伽罗语译本来理解巴利文中一段晦涩的内容。但是可能最重要的是，这些将关注点转移到过去的注释和翻译，鼓励读者将其作为通往更权威的巴利经典文献的临时途径去使用。

这种"选择性亲和"很快就开始起作用了，它在几乎每一个欧洲和北美大学佛学研究机构中都可见到。上座部佛教研究与巴利文经典研究逐渐变得等同起来，但是一个学生在从未读过一种上座部注释文本的情况下就能从佛学研究专业毕业，仍然是常见的现象。

像毕甘德特和勒克莱尔这样的学者们认识到，作为亚洲土语文本的学者，他们在东方学学界内部只占有二流地位，于是他们开始构筑一种研究模式，使注释和翻译成了真正的研究对象。比如，毕甘德特说道：

> 为了至少实现对佛教历史和教义的精准了解的目的，也许最保险的途径是对诸如在各个佛教国家里能见到的佛陀传说进行翻译，以及在这些翻译中对各国所持有、理解和信仰的不同教义做出解释。这份工作已经由杰出的东方学家们完成了，包括对藏语、梵文、锡兰语，以及汉语的文献的研究。由掸人、暹罗人、柬埔寨人，以及越南南圻人中的佼佼者完成的类似作品，对欧洲学者是相当有帮助的。后者已经承担起了解析佛教系统里错综复杂的形式的艰难任务，以期给予那个伟大宗教中所有的变化形态以完整、普遍和全面的形象。[66]

在考虑这类研究范式的含义之前，让我们先看看类似于跨文化相似性的另一个例子，是它塑造了李斯·戴维斯对佛教的理解。

◎ 李斯·戴维斯与仪式

除了因其研究佛陀传记的方法而被人牢记以外，李斯·戴维斯还因他将早期佛教描绘成几乎没有仪式而为人所知。因此我们就能理解，为何李斯·戴维斯在其百科全书词条中未提及当时他和读者们都能接触到的佛教仪式的翻译。但是事实上，第一批为欧洲所知的上座部文献就是来自各种"半经典"（paracanonical）文集的受戒文本（*kammavācā*）。这些作品早在 1776 年已被译成意大利语，然后依次被译成拉丁语、法语、德语，以及英语。[67]令人感兴趣的是，这批受戒文本可以作为一个没有明确经典地位却是权威文献的例子。但是在这段对受戒文本最初的兴趣之后，对它的关注就非常少了。[68]只是最近在法兰索瓦斯·比索（François Bizot）的《东南亚的出家传统》（*Les traditions de la pabbajja en Asie du Sud-Est*）一书中，它们才得到了作为历史资料应得的注意。[69]

与李斯·戴维斯研究佛陀传记的方法类似，对形成他早期佛教疏于仪式的看法的原因也有各种各样的解释。其中一种解释大致上与 19 世纪欧洲文化的模式相联系，而另一种则更具有东方主义特征，还有一种是从 19 世纪佛教本身的多个方面入手来解释那些使李斯·戴维斯以该方式展现佛教的原因。正如我上面说明的，19 世纪现代西方的自我定义经常涉及"对一个复杂且不断变化的他者的筹划、加倍、理想化，以及抛弃的游戏"[70]。这个复杂的过程涉及了对不同地域空间文化的定义，并在文化之间进行比较，而且并不总是导致"自我庆幸或者敌意和侵犯"[71]。欧洲与非欧洲文化之间的对立和否定高度依凭于臆测，他们臆测理性这一众所周知的人类生活基本模式和特征，在某些特定人群中间可能完全缺失。尽管这样，这些对立和否定有时确实为欧洲观察者们产生和扩大对人类生活场景的构想提供了条件，而且这种生活可以作为当时欧洲实际社会生活的替代品。早期佛教的观点就是以这样的方式运用的：它被定义为一种不可知论的、理性主义的、民族的运动，这激发那些欧洲人急切地寻找另一种宗教替代品作为日常生活的道德基础。另外，对那些关注理性个体与既定传统之间合理关系的人来说，被欧洲学术制造出的佛陀形象成了英雄典范。因此，正如理查德·贡布里希所说的，尽管"李斯·戴维斯是一位优秀的学者……他也本能地强调了佛教中的理性主义因素，因为这些理性因素构成了与基督教，以及……其他印度传统之间最显著的对立，而且〔可能因为〕他认为它们是最正确的"[72]。

　　贡布里希所提及的其他印度传统引入了一种更加明确的东方主义式解释，来说明为何早期佛教中不包括仪式。建立在宗教仪式的相对重要性上的佛教与印度教的对比，反映出一个东方学家对印度教宗教性的蔑视——印度教的社会活动被轻视为内在非理性的和政治上无价值的。[73]而且东方学家们宣称，除了能够正当化专制形象的方面——殖民主义统治是通过这种形象而被展示和理解的——目前仍然缺失外，他们已经恢复了印度历史中理性和实际的方面。

　　仪式被排除在早期佛教之外，并因此在当时本质主义假说里被排除在佛教本质之外，这是东方学家声称自己能复原佛陀真实法义之能力的关键。然而，欧洲人在与佛教世界接触的过程中得到的第一批文本就是受戒仪式文书，这说明那些给予这些文本的人都认为仪式才是理解佛陀真言的关键。对知识的领悟能力本身依赖于仪式的准备，在上座部佛教团体中一般指的是受戒仪式。在进入现代社会之前，佛教的一些最有特色的思想，比如对个体永恒的否定等，通常被认为与信众的生活无关，而东方主义对真理的理解完全建立在其他的标准上。它建立的前提是"客观"既是可能的也是值得拥有的：除了已知的事物，谁能知道一件事情不重要呢。通过强调佛教中那些与印度针锋相对的思想，像李斯·戴维斯这样的东方学家们，就会使这种理性主义像是在佛教中被发现的，而非是外界强加给它的。佛教拥有理性主义内核这一说法，还在和基督新教与天主教的比较之中得到强化，这是从新教通常将天主教描述为基督教堕落的角度得来的答案。

佛教与印度教的对比研究对当代佛教研究产生了一种影响：尽管这种（佛教与印度的）分立显得越来越不自然，但是南亚佛教仍被当作印度知识和文化历史之外的东西被研究，尤其是对仪式的研究。正如我们在比较佛教剃度、献祭仪式与印度开光、佛像加行仪轨时所见到的那样，不仅包括早期佛教仪式在内的所有佛教仪式都是彻底印度式的，而且很多印度的仪式看起来非常佛教化。这一点可以从印度敬神仪式中的礼拜仪式（pūjā）或者像吠檀多不二论（Advaita Vedānta）这样更哲学化的印度教思想中很明显地看出来。[74]

尽管有必要在将来的研究中将佛教历史与更广泛的南亚历史趋势相结合，李斯·戴维斯在描述佛教时对仪式的忽略则反映了现代上座部佛教的一个重要事实。李斯·戴维斯之所以会将早期佛教表现为理性主义、疏于仪式，不仅是自己的同情和东方主义式期望，还受到了他在斯里兰卡遇到的僧侣的观点和例子的影响，尤其是佛僧须菩提法师（Ven. Waskaduve Subhuti）和马南舍法师（Ven. Yataramulle Unnanse）的影响。他们是李斯·戴维斯巴利文早期研究的老师，也是他心目中理想佛教徒的形象。他们过着学者一样远离世俗的生活，因此无涉一些佛教团体的仪式。而在僧团里，僧人却是经常和世俗信众接触。有些仪式，比如生命轮回典礼以及善行，是像李斯·戴维斯这样的世俗人士能亲眼看见的；但是很可能接下来还有只面向僧人的一些僧团仪式。今天我们对须菩提法师和马南舍法师的隐修事业知之甚少，但因为他们给李斯·戴维斯以及另一位 19 世纪伟大的巴利文学者吉尔得斯（R. C. Childers）的深刻印象，对他们学术和隐修事业进行进一步研究还是有希望的。但是根据我们所掌握的信息，它们应该符合产生于 19 世纪中期整个上座部世界中的现代主义佛教的一般模式。

在斯里兰卡佛学研究中，普遍主张这种现代化是受西方文化和基督教的影响。加纳纳什·奥贝赛克拉（Gananath Obeyesekere）说道："现代上座部佛教历史中最吸引人的问题是，西方关于其定义已经被斯里兰卡的佛教徒所采用，当然他们也做出了许多修改。"这种采用西方定义的佛教被称为"新佛教"（Protestant Buddhism），并且已经成为重要的文学题材。[75]它主要关注对整个英国的抗议，特别是对基督新教传教士的抗议，这些抗议吸收了基督新教的特征，又转变为对传统的上座部佛教的抗议。

但是这种解释只是以近代斯里兰卡历史状况为背景，如果从泰国的情况来看它就显得不全面了。泰国佛教的发展历程与现代僧伽罗语佛教极为相似，除了没有斯里兰卡出现的殖民主义统治因素和佛教徒与基督新教传教士之间的尖锐冲突。从 18 世纪开始一直持续了整个 19 世纪，对佛教思想的理解出现了一个根本的转变：在佛教僧团领袖的鼓励和暹罗王权的支持下，出现了佛教的革新。[76]这次改革始于大城（Ayutthaya）陷落之后，是国王拉玛（Rama）一世发动的泰国社会改造的一个部分，怀亚特（Wyatt）称之为"温和的革命"（subtle revolution）：

> 拉玛一世的所有改革……是以将理性之人明白地置于历史舞台中央为核心的改革，他通过运用受人争议的能力从精神上控制自己的世界。虽然这只是一定程度上的转变而不是彻底的改变，但人们开始越来越自觉地、批判性地审视他生活的规则，并用对佛教真谛增进的理解来评判它们。[77]

这个重新理解的过程包括对佛教僧侣秩序的改革，一种对严格仪式、经典原教旨主义和纯正受戒的坚持，而且不像西方人在斯里兰卡那样，西方人到达泰国只是一种偶然。[78]在蒙固王（King Mongkut）主持的宗教改革中，这个过程得到了明确，蒙固王试图将泰国佛教中很多传统的修行剔除，因为它们只是"迷惑佛教真言的附加物"。蒙固王眼中的"真正佛教"需要"从以宇宙的观点看待世界，转变为以心灵来看待世界"，他还引发了"从以公共仪式为中心的修行到以自我修养为中心的转变"[79]。由拉玛一世和蒙固王表现出来的佛教，在很多关键方面与李斯·戴维斯构造的早期佛教相同，特别是他们都忽略了宇宙论和仪式而对个体理性和道德给予了重视。

泰国佛教发展明显不是由西方对手的存在[80]决定的。这一事实提示我们，在 19 世纪发生的上座部佛教改革中，我们应该避免过多地归因于"西方"（或是基督教、新教的假定，或是东方主义）[81]的影响。这些发展也说明在某些欧洲人和上座部教徒对现代性的回应上，可能在欧洲东方学家的实证主义历史编纂学与佛教式的自我表达（它形塑了佛教研究的组织方式）之间，存在一种富有成效的"选择性亲和"。通过对佛教遗产中的理性主义和伦理价值的强调，他们试图同时容纳和包含在现代性中发挥作用的理性，这种理性被证实能够灵敏地预测、控制以及解释这个世界。这是一个必然要以宇宙论和仪式为代价的一个改变，但是它却是一个在整个上座部佛教世界发生的过程。[82]

49

◈ 从东方主义到本土化意义的产生

本文对类似的上座部研究作品的比较，如李斯·戴维斯、哈代、毕甘德特以及勒克莱尔等作品中某些方面的比较，只不过是一种导向。而在他们的作品中常出现的"选择性亲和"的实际深度和"跨文化模仿"的程度，只有通过对 18 和 19 世纪上座部的文化、政治进行仔细考察才能得到证实。而在现存的学术文献中，能支撑对此方向进一步研究的资料却很有限。这些资料表明，上座部佛教的后期历史正被支配佛学研究的历史编纂模式所忽略。将来研究的一个方向是对佛学研究起步时期亚洲各地区那些一直为佛学研究的先驱们所利用的注疏和翻译的考察。佛学研究创建者们对它们的利用，使得我们可以通过它们加强我们对近代欧洲人与非欧洲人关系的理解，从而帮助我们更好地评估现代亚洲模式给欧洲佛教表述烙下印记的程度。

因此，这类对佛学研究史的考察将有助于对东方主义历史的研究，向前迈进以至超越萨义德。而从我们所知的少量信息看，尽管只是在一个很小的范围内，把"西方"和"东方"看作有本质区别的两个实体来加以讨论也将变得更加困难。但更为重要的是，上面的研究却可能使萨义德在批判东方主义表现内容时的基本假设站不住脚，因为它们使我们难以将东方主义的表达内容理解为主要嵌于欧洲文化中的。

50

　　当然，对晚期上座部文献的更多研究将会证明哈代、毕甘德特，以及勒克莱尔的著作的不足，并最终取而代之。尽管这样，回归到他们的翻译进行研究，也能对不断发展的佛学研究有直接的贡献，这里的佛学研究和东方主义式研究完全不同，它鼓励我们为学术研究制定一个完全不同的历史范式。我们从上文注意到，在专业东方学的背景下，土语文本的翻译者们显然不得不想方设法正当化他们的学术作品。他们为此而做的努力之一就是在他们的注解和前言中挑战那些更正统的佛教表述。他们通常都采取迂回战术，因为在那时候评判某部土语文献翻译的合理性标准，即以文本中为根据的佛教记录在过去被认为不足以全面地反映真正的佛教。比如，勒克莱尔在介绍他关于《柬埔寨佛教》（*Le Buddhisme au Cambodge*）的作品时说道：

　　　　该书不是对佛教的整体研究，也不是一部柬埔寨佛教的历史。它只是对柬埔寨佛教的一个简单调查。我曾经认为，在那些印度学家们——他们的目标是让梵文、巴利僧伽罗文、藏文、汉语、蒙古文，以及日文文本为人所知，并对它们进行综合研究——的令人钦佩和博学的作品旁边，是有一些半学术、半通俗作品的存在空间的。我还认为，调查佛教教义在民众中的现状及其在人们善恶观念中的地位不会是徒劳无功的。[83]

　　尤金·布赫诺夫也用了一种相同语调解释了他对于用缅甸语解说的佛陀前世故事的兴趣，他说："这些关于佛陀生平的小品文，虽然在历史上没有什么用，但却以其体现出来的价值观吸引了我。"[84] 勒克莱尔和布赫诺夫的这些辩解对我们是有价值的，因为我们从中看到了另一种历史之范式的萌芽，在这种新的范式下，我们从当地环境中寻找佛教文献的含义而并非从传统起源上寻找。这些辩解为佛教文献的全面范围研究创造了空间。

　　哈代、毕甘德特和勒克莱尔翻译的文本仍然能间接地证明佛教文献的含义是当地环境的产物。但是哈代在《佛教指南》中翻译的僧伽罗作品在现代斯里兰卡却几乎陷于废弃的状态。虽然它们曾经是第一批在斯里兰卡印刷的书，但现在绝大部分已经不再被印刷了，而还在重印的少部分都是作为大学课堂的文学文本，而非宗教文献。毕甘德特使用的文本显然也遭遇了相似的命运。[85]在《乔达摩的一生》中利用的两种文本之一——《如来优陀那》（或《如来自说经》）（*Tathāgata-udāna*），已经失去了它所有的权威性，甚至我们都不能确定是否还有一份它的手稿副本留存于世。[86]柬埔寨的社会和政治条件使得我们难以判断勒克莱尔翻译的文本是否仍然存留，但可以肯定的是，即便它确实还存在，它也必然不再像过往那般重要。19 世纪为哈代、毕甘德特和勒克莱尔利用的土语文献得来的研究成果，随着 20 世纪晚期他们被忽视或者消失的境遇，迫使我们发问："究竟是什么使得文本在现实中延续？又是什么让它们中的一些存留而另一些消失？"[87]

上述现象和佛教学者们经常研究的问题正好相反。人们常倾向于预先假定这样一个事实——文本文献应该得到保护，尤其在和上座部佛教一样保守的宗教传统中。但是假若我们将此问题倒过来问，即问对保护一种文本来说什么条件是必要的，那么一系列其他的历史问题就马上浮现了。任何一种文本的存留状况都不是自身能说清的，通常的情况是随着社会状况的变化，文本的重要性会随之而变化。那么我们需要弄清楚一直流传的文本是怎样被保存的。[88]在某些方面，这要求我们了解文本流传的方法，即利于流传文本的技术、习惯做法以及相关组织机构，但尤其要考虑的是那个对于有保存价值文本的挑选过程。为了找到此类问题的答案，我们需要调查文本的生产和保存在多大程度上依赖和独立于它的受众。在进行所有这些工作的过程中，我们不可避免地以必须重新思考而告终。过去我们把佛教概念化为一种有着悠久而自觉的独特历史的跨地域传统，但同时它又是一种依赖当地环境来产生意义的传统。这是后东方主义佛教研究中最紧迫的问题之一：理论上说，我们需要在与其他跨文化现象的比照中对佛教传统进行重新概念化（reconceptualization），而实际上，我们又不得不按照那个重构的概念过程来恢复和重构佛学研究中的学术遗产。

我们可以引用勒克莱尔的最后一课来进行总结：在任何一个将来可能建立的对佛教传统的表现中，均会有重要的局限存在。在一段很有感染力的文字中，他描述了当听到自己翻译的文本被大声诵读时的场景：

> 有两次我听见它在寺庙中被诵读，在聚集的信徒面前，信徒们不出声，而由一位坐于布道椅上的僧人来念诵。他按照仪式盘着腿，并

把在棕榈叶上书写的经典置于膝盖上。他的声音提得很高、很清晰，几乎是在歌唱，就像在诵读《歌集》（gathas，偈陀）或圣典的僧人们一样。对于散见于文本中的巴利文词汇，他小心地发音……你会觉得他认为当用谷美尔语字母再现出神圣语言的一个词的时候，它们将会具有另一种价值。

　　一件让我惊讶的事情是，那些集会和仔细观察的人都很安静，每一个信徒都全神贯注，即便孩子也一样。你会感受到这些非常有信仰的人很虔诚，并会严格地遵守宗教习俗，会感受到他们正在听的的确是大师、导师……人类救世主的生平。有一位老妇人在每一次念诵圣人的时候，都要将她合掌的双手举到头顶，然后鞠躬；另一位老妇人以前臂为支撑匍匐在地，双手合十，保持不动，将脸置于手上；一个年轻的女孩跟着僧人念诵，她的眼神不时地从僧人转移到一个巨大的圣人雕像上，雕像在青烟与香雾缭绕中，显出无比平和的微笑。我感觉她微微住进了这位伟大人物的世界里，且因她的忠诚，她不会奇怪她能听见他说话，或看见他动了他的嘴唇和眼睛。[89]

勒克莱尔对情境、讲经环境和文本的接受以及对参加的人的观察细致入微，完全可以成为那些研究从本土语境产生含义的榜样，而且他作为一个观察者所保持的距离，这对我们是很好的启发。当我们采用避免曲解自己的学术成果的方式实现对佛教理解的重构时，我们也应该记住，新的表达可能会使我们与自己所希望的理解之间产生距离。我们需要记得，就像使用谷美尔字母的僧人那样，在本土语境下产生的内涵，对那些产生和接受这些内涵的人们来说可能具有超越历史的价值。如果我们能这样做，我们就能避免我们的先辈们在佛学研究中所犯的错误，就像我们现在可以看到的，他们当时赋予了自己代言佛教的权利是有些操之过急和骄傲自大了。

[注释]

感谢泰拉·道尔、唐纳德·洛佩兹、瑞切尔·麦克德蒙、希尔顿·波洛克，以及乔纳森·斯宾塞对本文早期版本有益的评论。

〔1〕Edward Said，"Roads Taken and Not Taken in Contemporary Criticism，" in *The World*，*the Text and the Critic*（Cambridge，Mass.：Harvard University Press，1983），p. 140.

〔2〕Edward Said，*Orientalism*（London：Routledge & Kegan Paul，1978），p. 326.

〔3〕Said，*Orientalism*，p. 206："在一种（他称之为）隐性东方主义的几乎无意识的（当然也是不可触及的）积极性与（他称之为）显性东方主义的对东方社会之语言、文献、历史、社会学等各种共识的见解之间……做出区分。任何在对东方的了解中发生的变化几乎无一例外地能在显性东方主义中找到，隐性东方主义的一贯性、稳定性和耐久性几乎是不变的。"

〔4〕Philip C. Almond，*The British Discovery of Buddhism*（Cambridge and New York：Cambridge University Press，1988）.

〔5〕Said，*Orientalism*，pp. 21－22（引文见 p. 22）；同时见于pp. 5，12。

〔6〕Almond，*The British Discovery of Buddhism*，p. 5，与之相应的是 Thomas Tweed，*The American Encounter with Buddhism*，*1844—1912*（Bloomington：Indiana University Press，1992）；and Andrew Tuck，*Comparative Philosophy and the Philosophy of Scholarship*：*On the Western Interpretation of Nāgārjuna*（New York：Oxford University Press，1990）。特威德（Tweed）——美国宗教领域的一名历史学家——总结说："19 世纪欧美的佛教支持者与同时代的新教主流之间有着比同时代亚洲人更多的共同点。"（p. 155）安德鲁·塔克（Andrew Tuck），哲学史家，论证说，西方哲学观点对中观论（Madhyamaka）解读的影响到了如此程度以至有了一种更多地受西方哲学趋势而非佛教思想中任何因素支配的"连续的独特解释潮流"（p. v）。

〔7〕Almond，*The British Discovery of Buddhism*，pp. 5－6.

〔8〕Said，*Orientalism*，p. 5.

〔9〕Ibid.，pp. 2，43.

〔10〕萨义德，在《东方主义》一书的开篇批判这次行动："将东方总结为本质上是一种观点或一种没有与之对应的现实的创造是错误的。"（p. 5）

[11] 这几点是乔纳森·斯宾塞（Jonathan Spencer）向我指出的，属私人交流，1993 年 5 月 9 日。

[12] Said, *Orientalism*, pp. 322，325.

[13] Said, *Roads Taken*, p. 151.

[14] James Clifford, review of *Orientalism*, by Edward Said, *History and Theory* 19 (1980)：219.

[15] 希尔顿·波洛克（Sheldon Pollock）对《翻译东方：19 世纪欧洲对沙恭达罗的接受》（*Translating the Orient*：*The Reception of Sakuntala in Nineteenth Century Europe*）的评论，见 Dorothy Figueira, *Journal of Asian Studies* 51 (1992)：419。波洛克将高丽·薇思瓦纳珊（Gauri Viswanathan）（*Masks of Conquest*，New York：Columbia University Press, 1989）、萨拉·苏乐丽（Sara Suleri）（*The Rhetoric of English India*，Chicago：University of Chicago Press, 1992)，以及罗纳尔德·印德恩（Ronald Inden）（*Imagining India*，Oxford and Cambridge：Basil Blackwell, 1990）指为继续这条论证路线的人的典型。

[16] 这当然不局限于与亚洲的相遇。参见 Stanley Diamond, *In Search of the Primitive*：*A Critique of Civilization* （New Brunswick, N. J.：Transaction Book, 1974); and Adam Kuper, *The Invention of Primitive Society* (London and New York：Routledge, 1988).

[17] 这些建议是乔纳森·斯宾塞对我提出的，属私人交流，1993 年 5 月 9 日。

[18] 比如参见，大卫·柯普夫（David Kopf）对 *Imagining India* 的评论，见 Ronald Inden, *Journal of the American Oriental Society* (1992); and Brian Hatcher, "Yatna-Dharma：The Religious Worldview of Pandit Isvaracandra Vidyasagar"（未发表的博士学位论文，Harvard University, 1992)。

[19] Richard Burghart, "Ethnographers and Their Local Counterparts in India," in *Regional Traditions of Ethnographic Writing*, ed. Richard Fardon (Washington, D. C.：Smithsonian Institute Press, 1990), p. 266.

[20] 理查德·贡布里希说过李斯·戴维斯的书《佛教》（*Buddhism*），"最初于 1877 年出版，后又多次重印，据说标志着佛学研究先驱时代的结

束"（*Buddhist Precept and Practice*，Delhi：Motilal Banarsidass，1991，p. 61）。

［21］李斯·戴维斯的传记，参见 L. Ananda Wickremeratne，*The Genesis of an Orientalist：Thomas William Rhys Davids and Buddhism in Sri Lanka*（Delhi：Motilal Banarsidass，1984）。

［22］理查德·贡布里希对《一位东方学家的诞生》的评论，见 L. Ananda Wickremeratne，*The Indian Economic and Social History Review* 23（1986）：121–122。

［23］Said，*Orientalism*，p. 122. 特别有意思的是，我们注意到一些东南亚学者对当地缺少独立的东方主义传统表示遗憾，因为这妨碍了同时代学者团体的形成。参见 Frank Reynolds，"Southeast Asian Studies in America：Reflections on Humanities" and Karl L. Hutterer，"Epilogue"，均见 *Southeast Asian Studies in Balance：Reflections from America*，ed. Charles Hirschman，Charles F. Keys，and Karl Hutterer（Ann Arbor，Mich.：Association for Asian Studies，1992），pp. 61，141。

［24］Stanley Jeyaraja Tambiah，*The Buddhist Saints of the Forest and the Cult of Amulets*（Cambridge：Cambridge University Press，1984），p. 7 and *Buddhism Betrayed?*（Chicago：University of Chicago Press，1992），p. 3. 在后一部作品中，Tambiah 实际上指的是"巴利文本清教徒"。这正好将巴利圣典协会的耻辱消除了，但它也将批判的矛头从对某一部分文本的特殊强调转移到了更加含糊的道德上。

［25］例如，通过对李斯·戴维斯的 *Buddhist India*（New York：G. P. Putnam's Sons，1903）与罗米拉·塔帕（Romila Thapar）的 *A History of India*，vol. 1（Harmondsworth：Penguin，1966）中相似部分的比较，显示出两种记载中有很多紧密的却未得到承认的重叠之处。当然，李斯·戴维斯的观点在学术界仍然被明确地保存和维护着，参见 Richard Gombrich，*Theravada Buddhism*（London：Routledge，1988），p. 92。

［26］曾为阿尔蒙德所引用，见 *The British Discovery of Buddhism*，p. 55。李斯·戴维斯在其词条中引用的作品是：R. Spence Hardy，*A Manual of Modern Buddhism*（London：Williams & Norgate，1860）；Paul Bigan-

det，*The Life or Legend of Gaudama The Budha*［*sic*］*of the Burmese*
（Rangoon：American Mission Press，1866）；V. Fausbøll，*The Jātakas*
（London：Trübner ＆ Co.，1875）；and Philippe Foucaux，*Histoire du
Bouddha Sakya Mouni*（Paris：Benjamin Duprat，1860）.

［27］T. W. Rhys Davids，"Buddha," *Encyclopaedia Britannica*，elev-
enth ed.（1910），2：742.

［28］J. W. de Jong，*A Brief History of Buddhistg Studies in Europe and
America*，2d rev. ed.（Delhi，1987），p. 27.

［29］参见 Edward Conze，"Recent Change in Buddhist Studies," in
Thirty Years of Buddhist Studies（Oxford：Bruno Cassirer，1967）；and
Frank E. Reynolds，"The Many Lives of Buddha," in *The Biographical
Process*，ed. Frank Reynolds and Donald Capps（The Hague：Mouton，
1976），pp. 37 - 61。雷诺（Reynolds）将他自己的讨论上溯到孔兹的文章
（p. 58，n. 7）中，但是在内容上，雷诺的立场好像更多地受到法国印度学术普
遍趋势的影响，比如让·菲利奥札在《古典印度》（*L'Inde classique*）（Paris：
École française d'Extrême-Orient，1953）464～467 页中讨论的那样。

［30］E. J. Thomas，*The Life of the Buddha as Legend and History*（Lon-
don：Kegan，Paul，Trench ＆ Trubner，1927）；Filliozat，*L'Inde classique*，3：
463 - 92；Alfred Foucher，*La vie du Bouddha*（Paris，1949）；Erich Frauwall-
ner，*The Earliest Vinaya and the Beginnings of Buddhist Literature*（Rome：Is-
tituto Italiano per il Medio ed Estremo Oriente，1956）；Étienne Lamotte，"La
légende du Bouddha," *Revue de l'histoire des religions* 134（1947）：37 - 71，and
Histoire du Bouddhism Indien des origines a l'ere Saka（Louvain：Institut Orien-
taliste，1958）；André Bareau，*Recherches surla biographie du Bouddha dans les
Sutrapi taka et les Vinayapitake anciens*（Paris：École Francaised'Extrêm- e-Ori-
ent，1963）.

［31］参 见 *The Dating of the Historical Buddha*，ed. Heinz Bechert
（Göttingen：Vandenhoeck ＆ Ruprecht，1991）.

［32］T. W. Rhys Davids，*Buddhism*（London：Society for Promoting
Christian Knowledge，1877），pp. 88 - 89，加了着重号。

［33］参见 Tony Bennett， "Texts in History: The Determinations of Readings and Their Texts," in *Post-Structuralism and the Question of History*，ed. Derek Attridge， Geoff Bennington， and Robert Young （Cambridge: Cambridge University Press，1989），p. 69。

［34］引自 Rhy Davids，*Buddhism*，p. 89，and *Lectures on Origin and Growth of Religions Illustrated by Some Points in the History of Indian and Buddhism* （Hibbert Lectures，1882），pp. 122，128。 *56*

［35］ Said，*Orientalism*，p. 7.

［36］ George Coedès， "Une vie Indochinoise du Buddha: La *Pathamasambodhi*," in his *Mélanges d'Indianisme a la mémoire de Louis Renou* （Paris: Institut de Civilisation indienne，1968），p. 218.

［37］ Almond，*The British Discovery of Buddhism*，p. 3; see also pp. 24，37:

> 到 19 世纪 50 年代，对佛教的文本分析被理解成主要的学术任务。在西方对佛教文本的渐进式占有的过程中，在物质上它变得为西方所拥有；且通过这种拥有关系，在思想上也为西方所控制……因此，将 19 世纪作为一个整体，我们可以清楚地认识佛教的文本化过程。
>
> 佛教到 19 世纪中期已经变成一个西方学术机构的文本化对象。通过对古文本的编辑、翻译和研究的过程，佛教被完美地表达，于是我们可以将其与当代东方出现的佛教形象作对比。而佛教，正如在东方可以看到的，与西方图书馆、大学、殖民主义办公室，以及传教士协会中含有的理想的文本范例相比，并不占优势。那么就有可能，作为上述现象的结果，将西方文本上的佛教的正面评价与它的东方例子的负面评价联系起来。

［38］对 19 世纪中期斯里兰卡解构佛教的传教运动及哈代在其中的角色的更多记载，参见 K. M. de Silva，*Social Policy and Missionary Organizations in Ceylon*，*1840—1855* （London: Royal Commonwealth Society，1965），pp. 64 - 102。

［39］R. Spence Hardy, *A Manual of Modern Buddhism*（London：Williams & Norgate，1860），and *Eastern Monachism*（London：Partridge & Oakey，1850）.

［40］这是僧伽罗语文献历史中的一种主要的文献体裁，它不是按自然的生命过程——从出生到死亡——来组织佛陀的生平的，而是按见于佛陀德行表中的结构。此体裁的例子有 *Amāvatura*、*Butsarana*，以及 *Pujāvaliya*。此体裁不只限于僧伽罗语文献传统。而 *Tathāgataudāna*，毕甘德特在他的《乔达摩的一生》（*Life of Gandama*）中使用的文本之一，在范围上明显相似，参见 Pall Bigandet, *The Life or Legend of Gaudama The Buddha of the Burmese*，4th ed.（London：Kegan Paul，Trench，Trübner & Co.，1911）。

［41］R．Spence Hardy, *Manual of Modern Buddhism*，p. 360.

［42］在哈代死后仅三年，阿拉巴思特在作品中隐讳地评论哈代的翻译："要想翻译得一致，翻译者必须在一定程度上支持他所翻译的著作的作者的感情，而不是在丰盛的东方盛宴上对他们献上一份冷漠。"（Henry Alabaster，trans.，*The Wheel of the Law*，London：Trubner，1871，p. xxvi ）Wickremeratne，李斯·戴维斯的传记作者，通过与哈代的比较频频指明李斯·戴维斯的"无偏见"，参见 Wickremeratne, *Genesis of an Orientalist*，pp. 146，147，182，184 - 85。

［43］然而，Wickremeratne 将哈代对其材料的安排追溯到他对佛教的敌意上："斯宾塞·哈代，锡兰的卫斯理传教士，他专门用了多达七章的篇幅来详细描述佛陀生活的传说成分，而对此，李斯·戴维斯在其关于佛教的论文中，在几个表达清晰的段落中灵巧地处理了。结果是在斯宾塞·哈代的作品（一个典型的例子）中更有调查价值的佛教形而上学和伦理学却受到了不充分的关注。"（Ibid.，p. 182）Wickremeratne 也说："对李斯·戴维斯来说，佛教宇宙观念是不相关的，因为他清楚地抓住了佛教中居中心地位的东西……像斯宾塞·哈代这样的著者，却用不同的眼光来看待此问题。佛教关于宇宙进化论的观点会被强调为一个能表明佛教荒谬的简单而有效的策略，特别是看起来出自佛陀自己对宇宙秩序的观点的看法所取代。"（p. 185）

［44］参见 Frank E. Reynolds and Mani Reynolds, *Three Worlds according to King Ruang*，Berkeley Buddhist Studies Series（Berkeley，1982），pp. 11 - 27；

57

Craig Reynolds，"Buddhist Cosmography in Thai History，with Special Reference to Nineteenth-Century Culture Change，" *Journal of Asiane Studies* 35（1976）：203 - 20；Richard Gombrich and Gananath Obeyesekere，*Buddhism Transformed：Social Change in Sri Lanka*（Princeton，N.J.：Princeton University Press，1988），pp. 17 - 22。

〔45〕比如参见，Walpola Rahula，*What the Buddha Taught*（Gordon Fraser，1959）。

〔46〕R. Spence Hardy，*Manual of Modern Brddhism*，p. 355.

〔47〕除了在《乔达摩的一生》（*Life of Gandama*）中找到的翻译外，毕甘德特还翻译了一些寺院仪式文本（*kammavācā*）。他还在《基督教哲学年鉴》（*Annales de philosphie chrétienne* 27，1843）上发表了一篇关于《佛教体系要点》（Principaux points du système bouddhiste）的文章。

〔48〕参见 Frank E. Reynolds，"Many Lives of Buddha，"p. 53。

〔49〕*Malālankaratthu* 的流行是由以下事实表明的：两位欧洲学者在他们第一次接触佛教时发现了它，发表了它的翻译。贝内特，一位美国佛教传教士，恰好在毕甘德特之前发表了 *Malalānkāravatthu* 的翻译，刊于《美国东方协会会刊》（3，1853）1～164 页。该作品的一个重版可以在麦柯尔·爱德华兹的《源自缅甸手稿的佛陀生平》（London：Folio Society，1959）中找到。毕甘德特的《乔达摩的一生》已经有好多种版本，最近于 1979 年在 Varanasi 再版。

〔50〕这种合成的结果可以说是误导性的，正如 Heinz Braun 已经指出的："当把毕甘德特 *Malalankaravatthu* 的缅甸文手稿的翻译和印刷版本进行比较时，读者在缅甸语原文中发现不了一个日期，而在这些地方，毕甘德特却给出了详细的信息。"比如"在 Katsun 的满月之时，在一个星期二"。又比如，关于圆寂（*Parinirvana*），毕甘德特的"一些确切日期来自 *Tathāgataudāna*（手册，*dīpanī*），但他在翻译中没有明确对这两种文本做出区分"。见 Heinz Braun，"The Buddhist Era in the Malāla ṅkāravatthu，" in Heinz Bechert，ed.，*The Dating of the Historical Buddha*（Göttingen：Vandenhoeck & Ruprecht，1992），pp. 47 - 48。

〔51〕参见 Braun，"Buddhist Era，"pp. 46 - 47："毕甘德特持着这样的

观点，认为两种文本……都是巴利文作品的缅甸语翻译。当然，缅甸作家已经翻译了部分相关的经典和后经典巴利文文本，但实际上他们经常还以注释（*nissaya*）——即逐字翻译——的方式，把巴利文诗歌点缀到散文作品，或者用对诗歌的解释创作散文。"

[52] 勒克莱尔写了很多关于佛教和柬埔寨文化的作品，尽管与哈代一样，他对待其研究对象的谦虚态度让他暴露在批评的矛头之下。勒克莱尔的作品包括：《柬埔寨法律研究》（Paris：Challamel，1890），《柬埔寨公法研究》（Paris：Challamel，1894），《柬埔寨：故事和传说》（Paris：Librairie Emile Bouillon，1895），《柬埔寨：公众假日和宗教》（Paris：Librairie Hachette，1897），《柬埔寨佛教》（Paris：E. Leroux，1899），《仁慈的王 Vesandar① 之书》（*Le Livre de Vesandar，le roi charitable*）（Paris：E. Leroux，1902），《柬埔寨的火葬仪式》（Hanoi：F. H. Schneider，1907），以及《佛教和婆罗门教：三部简书》（Paris：E. Leroux，1911）。

[53] 阿拉巴思特（d. 1884）是"暹罗威严的女领事总管的翻译"。阿拉巴思特具体翻译了哪些作品还不清楚，有可能像哈代和毕甘德特一样，他对文本的实际结构行使了一些自主权。*Pathama-Sambodhi* 等待有人对它进行更仔细的研究。它在 19 世纪泰国的各种翻译中流行，尽管 H. R. H. Paramanuchitchinorot 的翻译版本已经在泰国文献中获得了经典的位置。参见 Frank E. Reynolds，"Many Lives of Buddha," p. 53。关于 *Pathama-Sambodhi* 的一个巴利文翻译的结构和内容的讨论，参见 Coedès，"Une vie Indochinoise du Buddha"。Coedès 将巴利文作为各种泰国文献翻译的来源，但这是很不保险的看法。

[54] Leclère, *Livres sacrés*, (Paris：E. Leroux, 1906), p. 9.

[55] Said, *Orientalism*, pp. 190 – 91.

[56] 例如，R. 斯宾塞·哈代抱怨道："在我的整个研究过程中，我不得不辛勤地工作；我只有一段短暂的休息，因为那时我距任何公共图书馆都有一段距离；我没有从任何协会，不管是文学的或宗教的，得到帮助，虽然我曾经试图请求过；我对欧洲知识的接触是有限的；且我对关于亚洲文献学

---

① Vesandar，佛的最后一个化身。——译者注

科的出版物只有很少甚至没有接触的途径。我受朋友的委托，带着很大的鲁莽，在没有助手的情况下冒险出版目前的作品。"（Hardy，*Manual of Modern Buddhism*，pp. ix – x）相似的叙述，参见 Alabaster，p. lviii；Bigandet，p. 2.151；Leclère，p. 9。

［57］比如，Finot、Huber 以及戈岱司对勒克莱尔著作的评论，参见《法国远东学院学报》（3，1903）：91 – 92；7（1907）：384 – 385；14（1914），47 – 54。

［58］R. Spence Hardy，*Manual of Modern Buddhism*，p. xii.

［59］Dharmasena Thera，*Jewels of the Doctrine*（Albany：State University of New York Press，1991），p. 3.

［60］参见 Robert Buswell，ed.，*Chinese Buddhist Apocrypha*（Honolulu：University of Hawaii Press，1990）。

［61］Leclère，Livres sacrés，p. 9.

［62］参见 Steven Collins，"On the Very Idea of the Pali Pali Canon," *Journal of the Pali Text Society* 15（1990）。

［63］关于巴利文是权威性文本而非一种语言之名的观点，参见 Oskar Von Hinüber，"Zur Geschichte des Sprachnamens Pali," in *Beiträge zur Indienforschung：Ernst Waldschmidt zum* 80。*Geburtstag gewidmet*（Berlin：Museums für Indische Kunst，1977），and "Dieälteste Literatursprache des Buddhismus," *Saeculum* 34（1983）. Von Hinüber 指出，"Pāli" 作为一种语言的名称是一个 17 世纪欧洲的"错误"，在上座部传统中只指一种"神圣"的文本。

［64］Said，*Orientalism*，p. 191.

［65］引自 J. W. de Jong，"The Study of Buddhism：Problems and Perspectives," in *Studies in Indo-Asian Art and Culture*，vol. 4，ed. P. Ratnam（New Delhi，1975），p. 21；William Pruitt，"The Study of Burmese by Westerners with Special Reference to Burmese *Nissayas*," *International Journal of Lexicography* 5（1992），294。

［66］Bigandet，*Life of Gaudama*，p. xiii.

［67］关于 *kammavācā* 文本首批翻译的记载，参见 de Jong，"A Brief History of Buddhist Studies," pp. 14 – 16。我们刚才见过了在专业化的佛教研究领域中，巴利文是怎样通过隐藏在该领域先驱舞台上扮演的角色，而变

得比土语文本更优越的。考虑到这些，早期翻译家们并不总是觉得有必要指明他们的研究来源于巴利文还是土语文本，这一点很关键。

[68] 它们被贬低为佛教文献的选集（例如，E. J. 托马斯 1935 年在《佛教经典》211～216 页中的翻译）和巴利文写成的教导书（例如，O. Frankfurter, *Handbook of Pali*, London and Edinburgh：Williams and Norgate，1883，pp. 141-50）。

[69] François Bizot, *Les traditions de la pabbajja en Asie de Sud-Est* (Göttingen：Vandenhoeck & Ruprecht，1988). 比索通过对毕甘德特上述研究范例的整体回顾来总结他的论证："贝叶经（如，*kammavācā*）的利用和研究状况的观察反映了出家（*pabbajja*）不同派别的存在，且表明僧伽罗佛教的引入半岛既不突然也不简单。"(p. 136)

[70] 克利福德对《东方主义》的评价。

[71] Said, *Orientalism*, p. 325.

[72] Gombrich, *Buddhist Precept and Practice*, p. 61.

[73] 参见 Inden, *Imagining India*, pp. 85-130。

[74] 佛教与不二一元论（Advaita）之间的相似性是众所周知的，它们否认了将商羯罗（Sankara）说成是一个"隐性佛教徒"的非难。关于佛教背景对于印度供献模式的讨论，参见 Friedhelm Hardy, *Viraha-Bhakti* (Delhi：Oxford University Press, 1983)；and Steven Hopdins, "Vedāntadeśika：The Bell of Tirupati：Hymns of a Śrīvaisnava Philosopher and Poet"（未发表的论文，Havard University，1994）。

[75] Gananath Obeyesekere, "Buddhism and Conscience," *Daedalus* 120 (1991)：219. 另外，他早期的一部作品，其中介绍了"新派佛教"一词，参见 "Religious Symbolism and Political Change in Ceylon," in *Two Wheels of Dharmma*, ed. Bardwell Smith, AAR Monograph Series, no. 3 (Chambersburg，1972), pp. 58-78. 还可参见 Kitsiri Malagoda, *Buddhism in Sinhalese Society*, *1750—1900* (Berkeley：University of California Press, 1976)；Stephen Prothero, "Henry Steel Olcott（1832—1907）and Construction of 'Protestant Buddhism'"（未发表的博士学位论文，Harvard University，1990）；Richard Gombrich and Gananath Obeyesekere, *Bud-*

dhism Transformed；John Holt，"Protestant Buddhism?" *Religious Studies Review* 17，no. 4（October 1991）：307 - 11。

[76] Charles F. Keyes，"Buddhist Politics and Their Revolutionary Origins in Thailand," *International Political Science Review* 10（1989）：123.

[77] David K. Wyatt，"The 'Subtle Revolution' of King Rama I of Siam," in *Moral Order and the Question of Change*：*Essays on Southeast Asian Thought*，ed. David K. Wyatt and Alexander Wordside，Yale University Southeast Asia Studies Monograph，No. 24（New Haven，Conn.，1984）. p. 40；quoted in Keyes，"Buddhist Pocitics," p. 124.

[78] Craig Reynolds，"Buddhist Cosmography in Thai History," p. 212.

[79] Keyes，"Buddhist Politics," p. 126.

[80] 克雷格·雷诺兹在《泰国历史中的佛教宇宙志》中说道："这两种情况——出现了倾向于探讨比较文化的西方人以及对寺院文化很重要的寺院秩序的改革——结合起来强加给更多暹罗人一种关于他们自身和其历史的新意识。"（p. 212）

[81] 有关斯里兰卡，Kitsiri Malagoda 已经表明很多在 19 世纪发生的事情都在前英伦时期已经发生过，参见 *Buddhism in Sinhalese Society，1750—1900*。

[82] 关于这个问题，我们将不得不提及与它有同一总趋势的维帕萨那（*vipassanā*）冥想运动的发展。参见 Gustaaf Houtman，"Traditions of Buddhist Practice in Burma"（未发表的博士学位论文，University of London，1990）。

[83] Leclère，*Le Buddhisme au Cambodge*. 同时参见 Alabaster，*The Wheel of the Law*，p. lviii。

[84] *Choix de lettres d'Eugène Burnouf Conservés a la Bibliotheque Nationale*，ed. Léon Feer（Paris：H. Campion，1891），p. 402. 布赫诺夫死时的论文中有一份 520 页的翻译关于 *Bhūridatta Jātaka* 之缅甸语注释的手稿、一份 416 页的关于 *Nemi Jataka* 的手稿，以及一份 449 页的关于 *Suvaṇṇasāmā Jātaka* 的手稿。这些研究从未发表过，但其高度至今无人企及。

61　　　[85] Ranjini Obeyesekere 在一篇自传性的评论（Dharmasena Thera，Jewels of the Doctrine，p. x）中已经讲明这一点：

　　　回顾我的童年，我意识到不管在学校中还是在家里，我们从未接受过这样的宗教指导。我们参与佛教仪式和庆典的方式，大多数是与众多的亲戚一起，在月圆之日（主要是在假期）去寺庙，然后听很多佛教故事。这就是我们学习成为佛教徒的方式。

　　　我认为《妙法宝典》和《佛本生经传》的传说故事，自从它们被译成僧伽罗语起总是起着这种作用。它们在佛教价值观和教义的传播中占据中心地位，由僧侣们不断地重复抄写，然后一代一代传下去。近年来它们扮演的角色减少了。佛教在全国涌现的学校、周日学校（Daham pasäl）中被当成一门学科来学习，因此我们可以理解孩子们在学习教义文本时，对它们是极端地厌恶的。而我们则是以一种更加兴奋的态度学习教诲。

　　　[86] Braun, "Buddhist Era," p. 47.

　　　[87] Said, "Roads Taken," p. 152.

　　　[88] 与总体文献相比，宗教文献能保存多久，这点我们不清楚。Robert Escarpit 已经观察到任何时期的人们了解的当代书籍大体上与古代书籍一样多，这表明在文化记忆中存在着一种持续的萧条，文学作品会被遗忘。他计算过，在一年之中，市场上 90％ 的新书已成为滞销品，然后，终有一天，剩下部分的 90％ 会消失（Jeffery Sammons, *Literary Sociology and Practical Criticism*, Bloomington：Indiana University Press, 1978, p. 98）。

　　　[89] Leclère, *Livres sacrés*, p. 10.

奇迹屋中：佛教艺术与西方世界

阿部贤次（Stanley K. Abe）

林蕾 译　梁珏 校

　　一个半世纪以来，人们都在探讨与争论希腊视觉形式对远在古印度西北部的犍陀罗佛教雕塑艺术的影响。[1]那些用片岩雕刻或是以灰泥塑造而成的犍陀罗式的形象，与在印度中部的遗址（如马图拉等）所发现的风格存在着显著的差异。自其发现之时起，许多西方学者认为这种艺术派生于希腊古典形式，并将其定义为"希腊式佛教艺术"或一种东西方形式的混合体。虽然领域内的所有学者实际上都认同某种西方影响的存在，但究其细节，如影响的程度、来源及传播等方面，却始终存在着争议，并且人们一直没能就这一晦涩的话题做出一个明确的解释。[2]简言之，艺术史还没能就西方如何影响犍陀罗佛教艺术的历史过程给出一个确定的说法。[3]

　　解读犍陀罗艺术的难点并不仅仅在于古典影响的来源和传播。犍陀罗风格的地理范围、该术语所囊括的风格的界定、许多作品的出处及其尤为棘手的年代推定问题等，也都是理解犍陀罗艺术的过程中会遭遇的困难。[4]本文并不能提供这些问题的解决办法。我的兴趣点在另一个方向上——探索诸如"西方影响"之类的概念是如何得以展开并权威化的，即犍陀罗艺术中的"希腊与西方影响"这一概念的来龙去脉。[5]

　　关于犍陀罗艺术的研究始于19世纪中期，并持续发展至20世纪早期。而这段时期，印度正处于英国的直接统治之下。各种各样的殖民政策与殖民话语实践的各个方面交织起来，层累地作用于希腊式佛教艺术。[6]但是，在谈及希腊影响的问题之前，我想先考察一段文字，它是 1901 年出版的鲁德亚德·吉卜林（Rudyard Kipling）的小说《基姆》（*Kim*）中的一段。在这本书里，作者以一名益格鲁印度人（印度英人社群的自称）的主观视角，展现了许多与希腊式佛教艺术密切相关的生动场面。[7]

奇迹屋

他无视市政府的规定，跨坐在那置于砖台上的狮吼（Zam-Zammah）炮之上，对面就是以前的 Ajaib-Gher——奇迹屋，当地人称之为拉合尔博物馆。谁掌握了狮吼炮——"喷火龙"——就等于控制了旁遮普（Punjab），因为这尊雄伟的青铜器总是成为征服者的首个战利品。[8]

《基姆》一开篇便是骑坐在拉合尔博物馆对面的大炮上的年轻主人公形象，而这一画面的耐人寻味之处在于，它将殖民权力和西方博物典藏二者各自的象征符号并置在了一起。[9]之后，基姆从"狮吼"[10]上下来，帮助了一位来自西藏的老喇嘛，并带领这位朝圣中的佛教徒走进了"奇迹屋"：

基姆推动那自动记录人数的旋转栅门，老人随他进来之后便在惊讶中停住了脚步。门厅里矗立着巨大的希腊式佛像。那些已经被人们遗忘了的工匠们（只有行家才知道从何时开始）塑造了这些雕像，而一种来历神秘的希腊式风格在他们毫不拙劣的工艺中展现出来。这里有成百上千件物品——带人像的浮雕带、塑像的碎片、满是人像的石板，它们曾经镶饰了佛塔的砖墙和北国的寺院，而现在，它们从地下被挖出并做上标签，成了这个博物馆的骄傲。（*Kim*，p. 54）

拉合尔的"当地人"把这座博物馆称为"奇迹屋"，而我们可以从多个不同的角度来理解这一名称。首先，"奇迹屋"的建筑水平超出了当地人的经验范围和专门技术水平，而这一称呼正暗示了人们心中对这座由殖民统治者建造的宏伟建筑的敬畏之情。我们将会发现，馆内存放的希腊式佛像在很大程度上满足的是殖民官员们对西方古典传统的偏好。之所以这栋建筑物中收藏着这些被当地人视为奇迹的物品，完全归功于殖民当局在艺术品收集与维护上所做的努力。这些来自远古的艺术品被视为奇迹的另一方面原因在于，其制作工艺甚至超过了当地人现今所能达到的水准。于是佛教艺术凸显了过去的文化高度，而相形之下，现今殖民地的贫困则显得越发难堪。

　　奇迹屋的一个神奇之处在于，它收集原物碎片，忽略其原始背景，并且在博物馆这样一个西方典藏机构的组织结构中重铸这些艺术品。[11]这是一个充满了超自然变化的地方，雕塑零落的碎片——这里一个头，那里一块有叙事内容的浮雕——在这里按照年代和风格的传承谱系被重构。奇迹屋把佛教艺术的残片放入西方分类学的秩序，意图使这些艺术品为西方人和现代的印度观看者所理解。作为一个博物馆，奇迹屋充当了一个"综合知识体系的清晰缩影，而英国霸权正是建立于这一知识体系之上的"[12]。

　　停驻在释迦牟尼的浮雕前，这位喇嘛情不自禁地说："他在此处！最上乘之法亦在此处！我的朝圣之旅有了一个好的开始。多好的作品！多好的作品！"（p. 55）随后，他向"白胡子英国人"馆长介绍自己。馆长回应道："那么，欢迎你，来自西藏的大喇嘛。这里有许多佛像，而我在这里是为了收集知识"（*Kim*, p. 55）。馆长"以信徒般的崇敬和工匠般的鉴赏直觉"（p. 56）带领喇嘛参观了佛教艺术藏品。每当一种希腊传统的出现使得喇嘛困惑不解时，馆长便会查阅"一大堆附有照片和复原图的法文和德文书"（p. 56），并通过这种方法来帮助朝圣者解读这些作品。当喇嘛询问此处是否存有中国旅行者法显和玄奘之记录的译本时，馆长为这位惊奇的朝圣者搬出了西方学者萨缪尔·比尔（Samuel Beal）和斯坦尼斯拉斯·朱利恩（Stanis-las Julien）的作品，并且其中还有一些部分已被译为乌尔都语。[13]

　　　这是他第一次听闻欧洲学者的研究成果，这些欧洲学者已经利用这些资料以及一百多份来自别处的文本识别出了佛教的圣地。接着，一张标有黄色点和线的巨幅地图展示在他的面前。喇嘛棕色的手指随着馆长的铅笔从一个点移到另一个点。这里是迦毗罗卫城，这是中土之国；这里是摩诃菩提寺，也就是佛教的麦加圣城；而这

里是拘尸那揭罗，佛祖逝世的悲伤之地。老人在地图前静默俯首了
一阵子，而馆长又点了一支烟。（pp. 56 - 57）

66 　　在审视了这些西方的学术成果之后，喇嘛解释起他此次朝圣的目的：找
到这样一条河的位置，它形成于年轻的释迦牟尼射出的一支箭坠落地面之
时，而人们可在这条河中洗尽所有的罪孽。[14] 尽管无法告知河流的位置，馆
长还是给喇嘛提供了物质支持："容我即刻获此荣幸。汝与吾同为匠人。此
为以白色英国纸制成之新本，此为两三支削好的铅笔——有粗有细，易于书
写"（p. 59）。然后馆长看了看喇嘛那严重刮伤的眼镜，发现度数跟自己的很
接近，于是把自己的眼镜送给了他，喇嘛对这副轻巧又清晰的眼镜也很是喜
欢。"此为bilaur即水晶制成，"馆长解释道，"不会被刮伤。愿其助君寻得彼
河，因其为君之物。"（Kim, p. 60）作为回报，喇嘛把自己的笔盒赠予馆长：
"这是古代的设计，中国式的，现在已经不炼这种铁了；馆长胸中的收藏家
之心一定会希望得到它。"（p. 60）

　　从这次西藏僧人和英国学者的会面中，我们可以看出19世纪末的佛教
艺术，包括其研究和收藏，都处在英国殖民话语的控制之下。[15] 博物馆这一
旨在整理艺术品的西式机构的设立是如此的关键，因为佛教艺术的知识将在
此处产生。馆长这样一个与吉卜林的父亲洛克伍德（Lockwood）密切相关的
角色，是博学的欧洲艺术史学家的典型：他如信徒般心怀崇敬，如工匠般具
有鉴赏力，能流利地使用当地语言，还是该领域的所有方面的权威。[16] 见面
不久，馆长便意识到这个喇嘛与其他当地信徒的不同，他"不仅仅是一个手
持念珠的托钵僧，更是一位学者"（p. 56）。这在西方世界是一个十分重要的
差异：学术的基础是保持了审视距离的科学客观性；而与之相对的，诸如宗
教信仰等是纯主观的表现。这个喇嘛被定义为一个特例，从而区别于博物馆
门口那些随处可见的托钵僧，因为馆长几乎已把他视为一位（西方）学者。
这一步骤使得喇嘛和馆长同时出现在（西方）学术的同一想象空间中成为可
能，而只有在这样一个空间当中，他们二人才能实现几乎平等的互动。如果
没有这一步，在19世纪晚期欧洲普遍将西藏的喇嘛教理解为佛教的堕落和
67 腐化形式的背景之下，一位知识广博的英国学者和西藏喇嘛之间惺惺相惜的
关系对于西方读者而言将是难以置信的。[17] 于是学术就这样被设定为一个能

够实现不同文化间相互理解的特权地带，而这种理解是一个完全基于西方自由主义传统的普世理想。[18]

吉卜林用天真的喇嘛形象作为绝佳的陪衬，突出了馆长的智慧与同情心。喇嘛接受馆长这样一个西方学者来指导他理解自己的宗教，并且最为重要的是，他还心存感激。虽然从表面上来看，这位喇嘛确实来自西藏，但他在某种程度上还是一个集朝圣者、学者、艺术家（他是一个曼陀罗画家）三种身份为一体的人物，这一理想的虚构人物代表了已不复存在的（本土）印度佛教徒。喇嘛对西方人如何理解佛教以及殖民的政治现实知之甚少，他被塑造为一个丝毫不曾察觉或关心英国长期以来在渗透西藏问题上的野心的人物，而这一野心在 1904 年荣赫鹏（Younghusband）远征并最终占领拉萨时达至顶峰。[19]馆长这样一个盎格鲁印度学者完全明白英国对西藏的阴谋，而吉卜林谨慎地把政治问题从两人的关系中剔除了。[20]

我们还可以在这次邂逅中发掘出一些殖民管理下的知识构建机制。喇嘛一见到馆长便被邀入办公室。在那里，馆长向他展示了一本巨大的图书以及一张喇嘛自己寺院的照片。喇嘛又惊又喜："没错，没错！……这就是我们在冬天到来之前搬运柴火所要进出的小门。而汝等——英国人——也了解这些吗？"（Kim，p. 55）有人会因为这个英国人在喇嘛毫不知情的情况下渗透并记录了他的住所而联想到边沁（Bentham）的圆形监狱——一种监视与管理的极端结构。[21]由于此刻展示出的这些图片证据，喇嘛再也不可能无视英国的知识触角以及英国人本身了，因为二者都可能深入他的世界的任何角落。[22]

在拍摄喇嘛寺院时所用到的摄影技术以幻灯片的形式，作为一种艺术史能利用的可复制人工制品被用来在西方展示佛教雕塑。于是，监控的范围通过知识的相似处理过程，延伸到捕捉佛教形象以及殖民对象上了。另外一种相关的技术发展体现在制图学方面，就"巨幅地图"这一具体形式来说，这种技术使得馆长可以通过为佛教徒确定"佛教圣地"而表现他对释迦牟尼一生的了解。制图科学在殖民地监控中不可或缺，而此处它服务于学术，作为一种将西方世界对佛教的理解确定在该博物馆的馆藏项目范围内的技术手段。[23]这些发展均出现于这样一个时期：由于有组织的人口普查的完成，以及"三角测量大工程"系统性地绘制了次大陆地图等基础，印度的具体化程度显著提高。[24]《基姆》所展现的摄影和制图技术说明了 19 世纪末西方技术在印度的殖民知识生产

68

中所扮演的重要角色。[25]

在馆长为喇嘛所挑选的礼物当中，与知识相关的器物是处于核心地位的：记录工具——白色英国纸和削好的铅笔，以及更好的观察工具——英国眼镜。[26]这位殖民者通过提供西方世界在探寻真理时所必需的技术手段，协助喇嘛对其真理的追寻。于是，这些深具现代性和西方性的先进工具，在探索和记录事实方面为喇嘛提供了指导。他对眼前礼物的欣然接受，再现了一种基本的殖民主义意识形态建构，即殖民关系为被殖民者们提供了他们自己没有能力制造的东西：西方的理性和技术，即实现现代化的工具。喇嘛以馆长最渴望的物品回赠，即笔盒——一件古董，而馆长可用它生产知识。馆长的礼物既现代又实用，其功能旨在未来；而喇嘛的笔盒，除了作为传统书写工具以外，仅仅是件属于过去的老旧的手工艺品，只有通过馆长所受的特殊训练以及介入才能产生价值。[27]

在奇迹屋的理想世界中，佛教形象从定义上来说就是外来而不同的。但在某些特定条件下，即借由恰当的诠释方式和学科工具，它们是可以被完全理解的。馆长掌握着数量可观的佛教艺术物质遗存和大批的欧洲书籍，并且身为一名经过专业训练的艺术史学家，他主导了对原本不可以既有标准来理解的佛教艺术进行改造的过程，并将其恢复成为西方人既有知识的一个版本。但是，这样一个过程的实现依赖于对本地因素（包括他们的历史和发言权）涉入的严格控制，甚至在必要的时候，这些因素将被完全排除在艺术史的语境之外。一方面，为了占有作为他者的佛教艺术，这一程序必须抹掉某些他者性的痕迹。另一方面，即使试图在艺术史上把佛教艺术纳入西方知识体系中，那些使佛教艺术之所以成为外来艺术的必要差异也必须得以保留。这是殖民话语作为一种权力机器的运行过程，它能"使得人们承认或否定种族/文化/历史的差异"[28]，而这种承认/否定动力的核心是一种矛盾心理，它制造了一种不稳定的分裂，而这种分裂将在日后作为希腊式佛教艺术的标志体现出来。

🌀 希腊式佛教艺术

因此说书人在故事中留下的痕迹与陶工留在黏土器皿上的手印如出一辙。

——瓦尔特·本雅明（Walter Benjamin）[29]

在小说《基姆》当中，拉合尔博物馆里那些深深地震撼了喇嘛的奇迹是来自犍陀罗的艺术品。根据吉卜林的描述，这些作品出自一群展现出"来历神秘的希腊式工艺风格"的工匠之手。什么是希腊式佛教艺术，它们又来自何处？希腊影响的来源一直被认为是与亚历山大大帝东征以及远至印度边境的希腊文化前哨的建立有关。作为前哨之一的大夏（Bactria）据传位于犍陀罗的西北，而正是大夏人将希腊文化传统延续到了公元前 1 世纪。[30]

19 世纪早期收集于印度各地的古钱币加强了大夏王国的希腊文和拉丁文史料证据。[31]大夏所在地区终于在最近对外开放之后吸引了大批考古学家，他们希望沿着亚历山大的足迹找到与文献记录中的地名相对应的古代遗迹。[32]这一行动使得詹姆斯·普林塞普（James Prinsep）宣称从大夏"我们可以满怀信心地期待大批的古希腊遗址被逐步发现"。普林塞普认为自己的角色应该是引导和激励该进程："首要的是激励那些有机会形成收藏的北方省份人士，这些我已经说过了，并且有坚持不懈的历史与文物调查者的成功典范——陶德少校之例在先，我已无法给出一个比他更强有力的研究和搜寻动机了。"[33]此处所指为 1825 年皇家亚洲学会接收的一份关于大夏钱币的报告，作者詹姆斯·陶德（James Tod）时任殖民军陆军中尉以及拉吉普特联邦的总督，他在 12 年中共收集了约20 000枚钱币。[34]普林塞普与其他一些学者（尤其是那些对古典时期感兴趣的学者）成功地推进了在西北地区考古调查研究。自 1830 年往后，殖民政府和军队的官员发掘出许多"塔"，它们被一些发掘者认为是皇家墓葬。[35]其中绝大部分后来被证明是佛塔，但尽管发掘者的主要兴趣在那些印有大夏王肖像和希腊铭文的钱币上，这些钱币为希腊的统治范围曾远及犍陀罗附近地区这一论点提供了毫无争议的证据。

70

殖民官员们探寻古迹和收藏文物的热情，既可以被理解为古典考古学作为一种科学探索的现代形式在得到发展的同时将其应用延伸到了印度，也可以被理解为伴随着该学科发展而来的 18 世纪晚期欧洲新古典主义复兴的结果。正如我们将会看到的，温克尔曼（Winckelmann）及其追随者们的浪漫主义和狂热的亲希腊主义也给在印度寻找希腊影响因素的实物证据的过程打上了烙印。[36]正是古典考古学的实证主义方法与艺术史对美学要素的关切的结合，为学术界在 19 世纪和 20 世纪早期对希腊式佛教艺术的研究制定了基本原则。

希腊的古典时期在西北地区考古发现的发展过程中所扮演的角色，在殖民背景下显得尤其恰当。除了作为一种古老文明之外，希腊古典传统在西方曾长期与政治权威和权力相联系[37]：

> 这与希腊在五世纪时的某种特定的自然主义的发展有关，这种自然主义能使人相信艺术的权威是基于自然的……如果人们相信一种权力并非仅仅由某种强制行为带来，而是其权威性本来就铭刻于自然当中——还有什么比这更合当权者之意呢？[38]

正如我们将会看到的，这样一种不证自明的自然力量被用以制造一种话语，这种话语能"发现"某未知且天然空白的对象——此处即犍陀罗艺术，让西方的古典希腊知识体系在它身上留下签名，并且同时抹去话语制造者可能留下的所有痕迹。[39]

1849 年英国吞并旁遮普后不久，一些犍陀罗雕塑从 1852 年开始被认为展现出了希腊特色。孟加拉亚洲学会副主席 W. 杰克逊（W. Jackson）在一份简短的报告中提到两个发现于白沙瓦附近的灰泥头像，是一位名叫贝克尔（Baker）的少校将它们带入了学会的视野。杰克逊在考证中保持高度严谨并且注重细节。例如，他指出，第二个头像顶部和背部的破损说明该头像原本是挂在墙上的，此外单个侧面的装饰的缺失，证明该头像被旋转过并且原本是被设计为从侧面观赏的。报告的其他部分还提到两个头像的不同之处。第一个头像被描述为厚眼皮、双眼微睁并且"眼角斜向上，向耳朵方向延伸"的"佛教式的"（Boodhistic）；其鼻子和嘴唇皆扁平而厚实；嘴大，神情平静而凝重；耳垂下坠到一个"难看得令人作呕的程度"；工艺粗糙，且其对头部的塑造不正确。而第二个头像在每个方面都优于前一个，鼻形良好，上嘴唇较短，两唇构型适宜；嘴呈现出智慧的神情；头发处理得十分利落；面容英俊而令人赏心悦目。报告的作者认为第二个头像显然不是"印度"头像。相反，它很像大夏钱币上那些表现了"某种希腊造型……但也不完全是一个纯种希腊人的相貌"的人像。人们一方面将第一个头像描述为"相当常见"且"与另一个头像并无关联"，另一方面加快了对第二个头像的出土地的探索。[40]

杰克逊的主要关注点在于雕塑的外貌，尤其是面部特征，而这些特性的价值非常引人注意。雕塑似乎是临摹而做，一个雕刻的头像可完全被解读为一个真人的面容。这样一来，我们便可以将形体特点（如嘴唇的厚度）、表情特征（如平静的神态），以及结构透视的准确性或制作的质量等方面结合起来对雕塑进行分析了。这样一种描述性的分析赋予那尊带有希腊特色的头像以明显的优越性，而这一现象说明，该分析过程给雕塑作品打上了西方的种族和意识形态话语的烙印。[41]在这个较早的案例当中，"希腊性"指明了欧洲殖民者在美学意义上的优越性。[42]

后来在1852年，一大批来自犍陀罗地区的雕塑被鉴定为兼具希腊和佛教特征的作品。[43]E. C. 贝利（E. C. Bayley）在他的报告中直面了一个被杰克逊巧妙回避的问题，即如何调和这些作品当中的希腊影响的纯粹性及其佛教特质之间的关系。正如贝利在文中通过迂回而复杂的论证所说明的那样，这个两难情形基于希腊风格的"纯粹性"。从钱币学证据出发，人们普遍认为西北地区的纯希腊风格存在于较早的时期，然后希腊元素开始与当地印度风格融合，便逐渐劣质化了。[44]在这一模型当中，佛教环境中的纯希腊风格便成了一种异常现象，而这种异常现象并没有让贝利想到任何希腊元素与佛教元素相结合的可能性。这一立场也与一些欧洲学者的理论不谋而合：不同的种族制造出了本质上无法相互兼容的独特的本土文化。回到古典元素对印度艺术产生的影响来看，古斯塔夫·勒庞（Gustave Le Bon）最准确地表达出这一观点："两个种族的差异太大，思想太不类似，艺术天赋太不兼容，以至于他们无法对彼此产生任何影响。"[45]我们可以从此处窥见希腊式佛教艺术的话语的一个自相矛盾之处：在此语境中，对二者不同之处的描述不得不遭遇对其相通之处的描述，前者维持着希腊艺术与印度艺术之间的差异性，而后者则是"影响"这一概念的一部分。

英裔印度或欧洲的学者们对这些早期的报告几乎毫无反应。[46]这样的情况一直持续到1870年，那一年G. W. 莱特纳（G. W. Leitner）——一位来自拉合尔的教育官员和考古爱好者——把一批犍陀罗雕塑藏品带到欧洲，并为它们创造了"希腊式佛教的"（Graeco-Buddhist）这一新的术语。学者们仔细考察当中各种各样的藏品，并且许多人为希腊式佛教艺术的发现而欢呼喝彩，认为这一发现为希腊艺术史翻开了崭新的一页。[47]莱特纳将"希腊式佛教艺术"一词引入欧洲学术界的事件具有关键性的意义，因为该词毫不含糊地将西方影响的来源置于了希腊和希腊文化的话语当中。但是，事实证明这些作品很难被归入希腊艺术当中。

其中一个问题就是，19 世纪的学者们并非全都认同佛教艺术中理所当然地存在着希腊因素的这一说法。比如威廉·沃克斯（William Vaux）于 1875 年写道：

> 近来，把希腊的影响延伸到大夏东部地区成为一种时尚，但我冒昧地认为，这种说法几乎没有可靠的证据简直少得可怜。于是我们被告知，某些由莱特纳教授或其他人从白沙瓦东北部带来的佛教造像（主要是用页岩雕刻的）显现出希腊艺术的痕迹。遗憾的是，我看不出丝毫此种征象。[48]

沃克斯提出了一个在后来批判希腊式佛教理论时反复出现的主题。这涉及一个概念和范畴的问题——什么才是在视觉上"希腊的"，又是哪种类型的作品能被定义为这样一种风格？在什么时间点上希腊因素消失了而非希腊的某个东西出现了？希腊文化的传播边界在哪里？即使将各个方面的视觉证据都纳入考虑，这些问题仍然是用实证方法难以确定的"事实"。

沃克斯等学者的怀疑遭到了其他人的驳斥，比如，文森特·史密斯（Vincent Smith）就曾说："犍陀罗雕塑中的希腊影响……在其他批评家看来是如此地显而易见，因此此刻没有必要对他毫无根据的怀疑论给予正式的反驳。"[49]对希腊式佛教艺术的概念来说，更为严肃的一个命题是将希腊艺术与犍陀罗艺术分隔开的时空距离，以及在其间起必要的调和作用的中间媒介（如大夏在希腊影响散播到犍陀罗的过程中所承担的角色）。问题在于，如何将分散的物质残留证据与历史记录二者组织到一起，从而得到一个连贯的希腊影响模式。

史密斯在 1889 年发表的文章中最早尝试弥合这一距离。他在希腊影响问题上所持的观点并不像他对威廉·沃克斯的反驳那样直截了当。史密斯提出，犍陀罗所受的西方影响可被划分为两个时期：前期主要体现为希腊的作用，而后期佛教的主要艺术派别是受到了罗马艺术的启发，"可能是由一个外国殖民地引发的"。同时，他对罗马艺术的理解仍然是以希腊为本位的："鉴于所有的罗马艺术都是希腊艺术的变体，我们不能说莱特纳博士所提出的希腊式佛教艺术这一名称是错的，但使用罗马式佛教艺术（Romano-Buddhist art）这一术语要合适得多。"[50]在这里，史密斯首次提出，罗马是希腊影响与犍陀罗的中间媒介。

史密斯的西方影响模式之所以能产生效力，其灵活性至少起到了一定的作用：在他的传播模式中，希腊艺术和罗马艺术二者的影响力都能得以承认。比如，他可以推出，关于释迦牟尼的出生的"传说""正像描绘它的雕塑那样"，来源于希腊，而又尤其与阿波罗在提洛岛出生的神话十分相像[51]；他还声称，佛陀涅槃图的基础"无疑是西方的"罗马石棺上的希腊宴会图。史密斯同时也承认如巴尔米拉（Palmyra）等其他媒介可能也对犍陀罗艺术产生了影响，并且他特别惊奇于它们与同时代罗马帝国的基督教艺术之间的联系："罗马或基督教题材已经被运用在佛教艺术当中，并且其形态（除了名称以外）几乎原封不动地移植到了印度。"[52]他在关于犍陀罗艺术的讨论中使用了大量的复合词，这些词包括印度—希腊文化（Indo-Hellenic）、印度—希腊（Indo-Greek）、印度—罗马（Indo-Roman）、希腊—罗马（Graeco-Roman）和罗马—佛教（Roman-Buddhist）。复合词和各种新词迭出的现象表明了殖民语境的自相矛盾，而关于西方影响作用的知识"永远如我们一直以来所了解的那样'存在着'，并应被反复重申"[53]。

我们可以将以上论证看作史密斯对作为"希腊艺术史上崭新一页"的犍陀罗艺术所做的阐述。但这一运用存在问题，因为史密斯同时认为犍陀罗的雕塑家没有能力把古典原型的审美价值融入他们的作品中。犍陀罗的仿制品"毫无生气或优雅，还比不上最差的希腊—罗马作品"。这是因为它们"仅仅是呼应了公元三四世纪的二流的罗马艺术"[54]。结果就是犍陀罗艺术理所当然地成为希腊艺术传统——一个西方世界的组成部分——的延伸；但与此同时，它又因无法与西方古典的成就相提并论而远远不够希腊。

在史密斯看来，几乎印度文明的所有领域都受到了富有创造力的"不灭的希腊精神"的影响。他在文章中无数次引述其他学者关于希腊在印度的戏剧、文学、神话、科学、哲学和宗教等方面的影响的学术作品。这数量庞大的引用文献提醒我们，希腊化佛教艺术的发现仅仅是一个将美学和艺术因素纳入19世纪晚期欧洲殖民主义意识形态的更大的话语体系中的一个方面而已。正如史密斯自己所说，这样的研究对早期天真的东方学家来说是一种矫正，那些东方学家"对印度大师夸张的故事洗耳恭听，并愿意为这种突然进入他们视野的奇异的文明及其大量文献冠以最尊贵古物和近乎绝对的原创性的名头"。史密斯接着赞扬"现代的历史批评与文学批评"，说它们"始终坚定不移地揭露着婆罗门教或伪传统（即'婆罗门教喋喋不休的谎言'）的虚假性"。结果（西方）学者被迫承认"古印度文明并不像它一开始看起来那么本土和自立"[55]。这些术语的确定，如将"希腊式"或"罗马式"与"佛教的"相连，可以被理解为将印度和"大师们"送回他们在西方文明和世界历史中应有的位置的过程。

虽然莱特纳在 1894 年承认史密斯的论文是"迄今为止在这一主题上最准确且具有最高学术水平的"作品，但关于罗马或基督教影响的言论并没有把他吓到。相反，他在描述这一新领域的研究范围时，谴责了欧洲学者的怀疑论："只有那些比一般人更能将希腊和东方知识基础结合起来的人，才愿意承认'希腊式佛教'一词不仅标志着一个艺术史上的时期，也标志着一个宗教史和通史上的时代。"更为重要的是，这种合并"纯"希腊影响和佛教艺术的行动本身就存在问题并且与贝利相冲突，但在莱特纳处却被重塑为普世主义的胜利：

> L. A. 瓦德尔博士指出，即使是要完全理解现代的喇嘛教也同样需要依赖于对希腊影响的理解。确实，佛教作为一个完整的整体，不能被那些只熟悉锡兰佛教的人的不公平的阐释混淆了概念，而是必须基于更广泛的普世历史来进行研究。而在这种历史当中，西方初次尝试通过希腊人把它的法律和文明传到了东方，同时吸收了东方的光芒，造就了一个重要的时代。[56]

在这里，希腊影响的范围被戏剧性地拓展，以至于把整个佛教都吸收了进来。莱特纳认为，这种对称而互利的东西方交流所产生的影响，天然地成为一种所谓普世历史的一部分。然而，我们不应忽视这样一个重要的事实，那就是莱特纳看到了这种影响在方向上的逆转。威廉·琼斯（William Jones）等早期东方学家已经大体上了解了印度对外输出的文化影响。

而自 19 世纪中期以后，印度越来越多地被认为是外来影响的接受者。[57] 尽管史密斯和莱特纳在犍陀罗艺术价值方面的观点存在着很大的分歧，但二人一致认为，西方影响的发现是将印度纳入西方知识和历史框架的重要时刻。

迄今为止在希腊式佛教艺术的研究中的影响最为深远的学术成果来自阿尔弗雷德·富歇（Alfred Foucher）。从早在 1900 年的文章开始，到其达到成就之巅的不朽之作《犍陀罗的希腊式佛教艺术》（*L'art greco-bouddhique du Gandhāra*）[58]① ，富歇展现出了他在该领域无与伦比的广博的佛教文献知识和艺术史学识。他也在对一尊站立佛像的描述中清楚地传达了他对亲希腊主义的传承，这尊来自纥逊马尔丹（Hoti Mardan）的佛像正是最著名的"西式"犍陀罗佛像之一：

> 从容地看着它。毫无疑问，你会欣赏它那梦幻而甚至有些娇弱的美；但与此同时，你不可能不为它的希腊文化特质所震惊……于是你的欧洲人的眼光不再需要求助于任何印度人，也能够调动你足够的知识来欣赏那环形的光晕、头发的波浪、硬朗的轮廓、眼睛的古典形制、嘴唇的弧度、身上飘逸漫卷的织料。这些技术上的细节以及（更重要的）整体上的和谐，以一种实在而可接触并且引人注意的方式说明，它可能出自一位来自某希腊雕塑工作室的艺术家之手……因此，与之类似的这批马尔丹雕塑是一种包含着某种折中的混合式的作品。如果不是"希腊式佛教"这一诡异的术语的迅速问世，这类作品在任何语言中都无法找到对应的名称。[59]

富歇认为，这个佛像对于欧洲观众来讲显然是一件很熟悉的作品。但是，在欧洲学者给予其身份之前，它只是一个没有名字的物件。关于佛教艺术的讨论绝非巧合地重现了西方殖民扩张的话语——"当地的"土地实际上空旷、无主、可供占用，并且产生这样的想法恰恰是因为对于西方世界来说它们是未知且没有名称的。正是命名的过程挪用并再创造了这件作品，使其

---

① 本篇中以下所注页码均出自此书。——译者注

成为某种当今西方人可以了解的东西，一件能供欧洲眼光欣赏的作品，而并非什么"他者"。

根据富歇的说法，这件雕塑所明显体现出的希腊特质证明了它是犍陀罗最早的艺术品之一。在这种情况下，富歇的理论吸收了之前关于较"纯"的希腊影响的存在，可以说明某作品制作于较早时期的这一假设，同时所有在此前已暴露出来的矛盾也都被排除了。富歇对犍陀罗雕塑的理解是建立在希腊文化通过西北地区的大夏等殖民地（自亚历山大时代到公元前1世纪）得以维系的基础之上的。于是犍陀罗的希腊文化殖民地区的艺术家们便有能力创作出如马尔丹佛像般最贴近希腊雕塑风格的早期作品。经过起步阶段之后，该流派出现繁荣发展阶段，希腊因素与印度因素在这一阶段更加全面地融合在一起。尽管承认来自罗马的影响，但这些作品被认为是衰落的希腊艺术。第三阶段和最后阶段的作品基本上是空洞的或者临摹性质的，并没有创造出新的形制来。[60]我们可以从这样一个对风格发展过程的构建过程当中读出一种目的论，即希腊元素以一种逐渐衰落的形式被佛教艺术吞噬了。

富歇相当老练地发展了早期学者们的假设。例如，在上文提及的佛教雕塑中"希腊文化的"种族特色的方面，富歇的讨论就比杰克逊委婉许多；在希腊元素与印度元素的融合可以得到赞扬的同时，这种衰落模式或犍陀罗艺术的"印度化过程"仍有效地维持了印度和西方艺术之间的等级关系。并且，正如我们将在下文所看到的，在莱特纳把"希腊式佛教艺术"纳入通史的过程中，富歇也贡献出了自己的力量。1852年，贝利面临一个佛教式头像和一个希腊式头像之间的不可比性的难题；而对于约半个世纪以后的富歇来说，当佛陀（Buddha）与古希腊（Hellas）的"精神"（ism）相遇时，东方和西方被联系在了一起。

❂ 佛像的来源

我们的一切都是希腊的。我们的法律、我们的文学、我们的宗教、我们的艺术，它们的根在希腊。如果没有希腊—罗马，我们的导师、征服者，抑或是先祖们建造的城邦都无法借其力量传播光亮，那么我们可能至今还是野蛮人或偶像崇拜者；或者更糟糕的情况是陷入一种停滞不前的、糟糕的社会制度里，就像中国和日本那样。

在希腊，人的形体和精神达至完美状态。这种完美亦体现在那些毫无缺憾的艺术作品中，以至于仅仅是它们的碎片也能使现代艺术因自惭形秽而绝望；并且这种完美能够通过成千上万种或明显或不易察觉的方式产生永不枯竭的驱动力，使人类变得更加高贵和愉悦，直至种族灭绝。

——珀西·比西·雪莱（Percy Bysshe Shelley)[61]

1905 年，《犍陀罗的希腊式佛教艺术》第一卷的出版标志着一个半世纪以来的犍陀罗佛教艺术学术研究达到顶峰，这在很大程度上打击了抗拒希腊影响理论的观点。[62]在证明了犍陀罗艺术中确实存在着希腊因素的种种"事实"之后，该话语系统的关注点转移到了西方影响的显著程度上。富歇和其他一些学者们开始越来越多地阐述希腊文化在印度佛教艺术发展当中的角色，而其中一个关键的命题即是佛像的起源。

19 世纪的最后 25 年，人们普遍认为早期佛教艺术不以人形来表现佛陀。与此相对，释迦牟尼的存在似乎是以诸如其脚印或法轮之类的象征符号表现出来的。这种类型的佛教艺术通常被称为"无偶像的"（aniconic）。有趣的是，无偶像主义（aniconism）这一概念（即佛教艺术史上回避对佛陀进行拟人化描述的阶段）正是最近的争论焦点。[63]

令西方学者感到棘手的一个问题是，佛像似乎是突然之间出现的。詹姆斯·弗格森（James Fergusson）是第一批提出佛像的拟人化制作是受到希腊造像传统的启示的学者之一。[64]文森特·史密斯对这一假说给予了比较谨慎的肯定："弗格森先生认为，对佛教创立者的偶像崇拜是从西方世界的北部引进的；在这一问题上，他的观点应该是正确的。毫无疑问，希腊化的影响力推动了雕塑艺术的发展，而很有可能正是后者激发出了偶像崇拜的行为。"[65]

然而，佛像希腊起源论最坚持不懈的拥护者是阿尔弗雷德·富歇。在1912 年的一次演讲中，富歇带领他的听众们走上寻找佛像那神秘莫测的起源的旅程。在讲到印度中部的早期佛教艺术缺乏拟人化手法之后，富歇回到拉合尔博物馆以及这座"奇迹屋"中的犍陀罗雕塑上来：

时至今日我仍愿坚持，已知的最古老的佛像即是我们在拉合尔博物馆里，也就是当地人口中的"奇迹屋"中所见到的那些。为了完成我们在地理方面的探究，这些佛像从何而来的问题必须得以解答。雕像的前守护者——鲁德亚德·吉卜林在《基姆》的开头用孝子之心描绘的人物——已无法开口告诉我们答案，我们遗憾地得知他已退休多年并于去年离世的消息。但是他的继任者会告诉你，所有这些雕刻原本都来自白沙瓦地区。[66]

富歇将这些同时具有希腊风格和佛教题材的犍陀罗作品定为最古老的佛像。在那当中，他选取了上文曾提及的来自纥逊马尔丹的佛像放入幻灯片进行展示，并赞其为"最美丽的同时也可能是最古老的佛像，而我获此荣幸与它们相遇"（p. 119）。

富歇的理论无疑隐含着这样一个假设，那就是在印度传统中存在着一种不愿意把佛陀描绘成人类形象的情绪。富歇所给出的关于印度艺术家为何不创造拟人化佛像的解释是，"他们没有这么做只是因为这不符合他们的风俗习惯"[67]。在这样的背景之下，只有来自外界（希腊）的影响因素有可能提供必需的刺激，并使之产生出新的形制。在富歇看来，这种富有革命性的创新自然地延伸到佛像的普遍肖像特征中，如他的僧袍或是佛顶（凸出的头盖）；而这些也归功于兼收并蓄的犍陀罗派的大胆创新（pp. 131 - 135）。以现代西方为蓝本，希腊文化传统就这样将创意和发明注入了僵直的印度佛教艺术之躯。

富歇及其他学者针对佛像起源的论述复制了一个殖民主义的重要前提，这一前提也包含在小说《基姆》里馆长与喇嘛的偶遇中：殖民主义以介绍西方文明的发明物的方式来刺激停滞不前的非西方社会。类似地，希腊艺术为印度提供其本身显然不具有的（西方）拟人造像法，以此裨益佛教艺术。这样一来，殖民统治和希腊影响便不再意味着一种入侵，相反成了启蒙教化和利他主义的化身。而与此相对，古典影响因素的缺乏被理解成为一种当地人的不幸状态，这一点可以通过富歇对爪哇婆罗浮屠（Borobudur）浮雕的评价得到证明：

这些浅浮雕最为主要和明显的缺陷在于，其作者始终没有能力塑造出具有个性特征的人物形象，尽管他们有着高超的手工技巧。就因为那些在遥远小岛上工作的艺术家们没有达至艺术巅峰水准而认为他们犯了错无疑是不公平的。此时的印度派对于那样的艺术的高度处于未知状态，而希腊也是在它最兴盛的时期才到达了这一高度。[68]

富歇提到的印度派即是本土派，这是与犍陀罗的希腊式佛教艺术流派相区别的说法。

那么是谁第一个创造出拟人化佛像呢？在排除印度本土艺术家的前提下，便只可能有一种合理的答案："那就是出自某个多少有点混血的希腊佬之巧手——也可能是在一位皈依佛门的希腊人或欧亚大陆人的命令下，谁知道呢？——最古老的佛像被打造出来。"（p. 128）早期学者将种族、文化和美学理论结合起来解释希腊式佛教艺术的这种研究方式，在断言希腊化艺术的原创力一定包含着希腊血统时，凸显了出来。

很重要的一点需要特别指出：富歇对印度传统在佛教艺术发展中的角色也绝非不敏感。[69]他的研究意图在于引起西方世界对佛教艺术的欣赏，以及对抗那些认为印度艺术毫无价值的想法。他认为自己对印度怀有很深的同情，而在其关于佛像的希腊起源的论文的结尾处，这种感情表现得最为真切：

直至最近，西方艺术高于劣等的印度艺术的说法仍不绝于耳，印度艺术更是被鄙视为仅仅是在捡那些别人脑子里现成的关于其宗教理想的认识。由于审美偏见或者民族敌意，目前竟然流行这种彻底丑化犍陀罗派最高贵的作品以使它为其明显的优越性付出代价的做法。对于以前那些充满了无根据的蔑视的批评，或是新近出现的有意针对外来文化的隐藏的恶意，我们都持否定的态度。不是父亲或母亲其中的任何一个，而是父亲和母亲共同创造了孩子。印度的心智在精巧的僧神合一的模型上所起的重要作用不亚于希腊的天才。在这个例子当中，东西方必须相互依赖，否则将一事无成。而

80

> 把我们自己与单一的对欧洲或亚洲的赞美或贬低关联起来（不管是
> 出于偏见还是叛逆），都是幼稚的行为。这是一个如此绝佳的人类
> 最伟大的创造之一——佛像的欧亚混合原型致以敬意的机会，因为
> 有了二者的合作，我们的人文世界才更加丰富多彩。（pp. 136 - 137）

富歇在他的佛像源头理论中并举东西方文化，表达了一种富有人文精神与普世价值的观点。在一个欧洲大众普遍认为文化融合即是堕落之开端的年代，富歇的立场显然是富有勇气和自由精神的。因此，在确立佛教艺术史中的希腊起源地位的过程中，他的角色不能被简单地概括为亲希腊的或是带任何倾向的。确切地说，富歇是在以他的方式努力把"希腊式佛教艺术"纳入世界艺术通史中，从而提高印度艺术的地位。[70]

然而，富歇的理论由于明显带有这一意图而引发了许多反对意见。一位早期反对者是欧内斯特·宾菲尔德·哈弗尔（Ernest Binfield Havell），他的基本立场是：在不了解印度的标准、意图，尤其是其精神内涵的情况下，人们不可能对印度艺术做出正确的评价。哈弗尔是一个反物质主义深入骨髓的人，和约翰·拉斯金（John Ruskin）和威廉·莫里斯（William Morris）一样，他认为印度艺术的价值在于它表现了印度哲学的主观与精神特质，这与西方艺术的功利性与具象性目标恰恰相反。从这层意义上来说，正是犍陀罗艺术缺乏印度的精神性这一事实，说明了这一艺术派别不可能创造出佛像这样一种能体现根本印度精神的艺术形式。[71]最为重要的一点是，哈弗尔不否认犍陀罗艺术包含希腊文化的影响。基本上他认为，该派别及其佛像的版本是一种变异：

> 犍陀罗派在印度艺术理想进化过程中的重要性被学者们极大地
> 夸张了，他们沉迷于这样一个想法：希腊的一切都必然优越于印度
> 的一切。只要犍陀罗艺术是希腊式的或罗马式的，它就是堕落而毫
> 无生气的；而它越是印度的，才越能焕发出活力。将犍陀罗派雕刻
> 艺术看成是印度神圣理想的基础模式上的附带装饰，便彻底误解了
> 印度艺术的哲学基础和历史发展进程。犍陀罗雕塑不是一个起始
> 点，而是后来的一个偶然事件……除了个别突出的工艺特色之外，

便再也没有留下什么持久的印象，也没有对印度理想造成任何影响。[72]

很明显，哈弗尔否定了早前的犍陀罗艺术史模型，即其美学价值伴随着希腊影响的式微而衰落。最重要的是，他反驳了认为在印度艺术的后续发展中希腊影响因素仍保留着边缘且微弱的作用的观点。

关于犍陀罗在佛教艺术发展进程中的相对位置的争论在 1922 年富歇的《犍陀罗的希腊式佛教艺术》第二卷的第二册出版后变得更加激烈。在富歇的评论中，维克多·格洛布（Victor Goloubew）利用他自己的理论来贬低印度中部马图拉遗址在佛教造像发展中的地位。而格洛布是第一个公开宣称印度中部现存的造像的年代要早于犍陀罗造像的人。[73]

但是，阿南达·库马拉斯瓦米（Ananda Coomaraswamy）加入佛像问题讨论时的言论是最为强势的。他于 1927 年宣称："我讨论它（富歇理论）的目的，与其说是继续这场争辩，不如说是要结束它。"在简单总结了富歇的论证过程以后，库马拉斯瓦米评论道："正如富歇先生自己所承认的那样，为了取悦欧洲研究者的偏见以及攻击印度的弱点，其观点是以一种经过精密设计的方式提出的。希腊以其富有创造力的天分提供了一个模型，而后来缺乏艺术天赋的种族将其野蛮化，并降低了它的格调。在后者的世界里，没有什么应称得上精美艺术的东西能得到褒扬。"库马拉斯瓦米继续断言，当"正统学术圈之外的各个分支表达出怀疑"之时，富歇"以他亲切的方式毫不犹豫地指出：欧洲研究者之所以抱有这些怀疑只不过是因为审美偏见；而印度学者们则是源于民族主义的怨恨"[74]。

库马拉斯瓦米的理论是，佛像出现所必需的所有先例都存在于犍陀罗之前的那些印度传统中，这些传统包括耆那教艺术或来自马图拉等遗址的佛教艺术。此外，他表示完全接受犍陀罗风格及其西方影响因素与印度早期艺术的"绝对力量"相比显得"毫无生气"的说法。[75]虽然他倾向于肯定马图拉在佛像发明中的显著地位，但他也声称，"我们没有充分的证据来建立一个把其中任何一派置于其他流派之上的理论"[76]。然而，库马拉斯瓦米在他的结论中坚持认为，几乎没有任何证据可以支持富歇的立场，并且"'佛教造像的希腊起源'这一词组简直就只能被看作一个语言上的修辞错误"[77]。

　　在殖民者与被殖民者双方学者所使用的透明的话语策略背后，双方阵营的交锋清晰可辨。库马拉斯瓦米出生在斯里兰卡，并有部分亚洲血统——他的父亲是泰米尔人，母亲是英国人，这些事实加强了原本就显著存在于佛像问题上的种族对抗。具有讽刺意味的是，库马拉斯瓦米的身世使他有条件成为富歇所说的希腊文化的欧亚人艺术家或买主。更具讽刺意味的是，在库马拉斯瓦米两岁时他的父亲去世了，此后他便一直生活在英格兰。他的一生中只回过斯里兰卡一次，待了五年。[78] 虽然他或许是以南亚艺术的坚定捍卫者之身份为世人所知，但是他的治学兴趣与方法却始终毫无意外地反映出他的西方教育背景和生活。[79] 正如库马拉斯瓦米自己所指出的那样，大多数对富歇表示怀疑的人是欧裔，而"印度（和日本）学者在他们完全地接受一切欧洲学术成果这件事情上表示出异常谦恭的态度，甚至显得有些战战兢兢"[80]。这里的关键点在于，在风格影响问题上的学术争论不仅是一场关于如何解释证据的争辩，更是关于西方如何描述东方的讨论。

　　库马拉斯瓦米的评论提醒我们注意到西方现代知识话语无处不在的力量，以及非西方世界对这些话语的不加批判的接受，而后者尤其体现在那些接受过艺术史等方面的学术训练的知识分子身上。这种状况的一个结果是，与殖民主义和种族问题如此深刻联系的关于佛像起源的言论，不可能按照种族类别或民族界限的线索进行整理。相反，这里存在着一个艺术史学科所创造的公共空间，在这个空间里，关于希腊式佛教艺术的各类命题包含有西方的种种认识论层面的假设前提和关注点。

　　从这一意义上来讲，只要犍陀罗的希腊式佛教艺术流派符合西方艺术史学术研究的关注点，对其进行概念化便是可行的。希腊式佛教艺术正是这样一个例子，它给那些正在为如何从审美角度衡量陌生的印度艺术，以及如何把印度融入世界艺术史而困扰的欧洲学者们，提供了很大的帮助。来源于希腊传统的印度艺术风格的发现，不管从其特点还是成就水平的角度来说，都为学者们提供了一个可参照的已知量。把犍陀罗艺术作为一个基点，詹姆斯·弗格森或者文森特·史密斯等学者不仅能从混乱的印度艺术中理出头绪，还能"以犍陀罗艺术作为顶点，创制出一个审美价值的降序标尺，这能使品评其他的印度风格变得更容易"[81]。这样的阐释以及富歇关于犍陀罗艺术渐衰的表述，可使印度的衰退与西方的进步在艺术史中得以并陈，而并非偶然地重现出处于殖民话语体系中心的二元论：西方的进步相对于当地的停滞。

西方世界在这类命题中所占有的中心地位可以从学者们的兴趣中观察到，即使是在如弗格森和库马拉斯瓦米般截然不同的人身上也能体现出来。弗格森首先是一个重要的当代西方建筑评论家，而当代西方建筑的原则是"不规则和非正常"[82]。他从印度建筑中发现了一组可供西方作为模范来学习的传统原则。尽管他认为当今的印度人口素质极度低下，但是真正有价值的建筑原则仍在被人们实践着。三十年前，威廉·莫里斯批判了英格兰在维多利亚时代的工业化；三十年后，库马拉斯瓦米从一个十分不同的主观视角加入了这一讨论。印度艺术尤其是设计领域，为库马拉斯瓦米以及其他一些认为英国工业设计正在走向颓废的人提供了一剂解药。于是需要捍卫的是像印度这样的传统社会；在这里，艺术通过与宗教和精神价值的融合得到滋养。[83]这不是把印度或希腊式佛教艺术的早期研究贬低到仅仅是在练习如何回应西方兴趣点那么简单；相反，在跨越艺术史研究、殖民主义、亲希腊文化主义、民族主义和犍陀罗佛教艺术品等方面的诸多命题之间，一个复杂的来回往复运动进行着。

一种表面上在生产犍陀罗艺术知识的话语开始将内部的关注点分配到对他者的呈现上。[84]关于欧洲文明的起源的辩论，可以说是 19 世纪末这类关注点当中最突出的一个。自前 1 世纪起，希腊一直被认为是西方文明一切高贵元素的来源。然而，正是在 19 世纪，为了构建一个有着纯雅利安来源的经典希腊文明，欧洲学者发动了一次复杂的早期知识颠覆运动。[85]类似的颠覆进程也运用于把亚洲作为欧洲文明源头的那些理论，比如用于削弱"就算梵文不是原始的印欧语言，也一定与希腊文和拉丁文属于同一语系"[86]之类的早期认识。以至于到了 1893 年，萨罗蒙·莱纳赫（Salomon Reinach）声称：

> 当讲述 19 世纪历史科学的进化史时，人们一定会强调正是在 1880—1890 年——刚开始时有些胆怯，但后来随着事实证据的加强而越来越坚定——一种反对"东方幻象"（mirage oriental）的行动正展开；这是欧洲权利的一场再平反，对象是在早期文明的模糊性中产生的亚洲起源论。[87]

19 世纪晚期关于证明希腊传统在早期佛教艺术中的起源角色的兴趣必须

（至少是部分地）被放在更大的背景之中来考虑，即欧洲正构建的上溯至纯雅利安希腊的文化世系工程之中。[88]在此处，消除西方世界中的非雅利安因素的行为便体现为断言希腊（雅利安）对犍陀罗的影响。[89]从这一意义上来看，犍陀罗的希腊影响因素的发现与西方在修正其内部错位和自我表现的需要之间，有着很大的关联，而这一联系的显著程度完全可以与该发现和佛教艺术作品的关系相提并论。

◎ 追寻希腊式佛教艺术

> 斯坦因只是许多此类旅人中的一个，他们探索连接西方与中国、东亚的古丝绸之路的各条线路，并使许多沿途的失落的佛教艺术和文化中心闻名于世。但他是其中最孜孜不倦的一个，他以最彻底而细致的方式发表了他的所有发现。
>
> ——罗德里克·惠特菲尔德（Roderick Whitfield）[90]

佛像的希腊起源论对于在佛教艺术中建立一个西方的存在具有十分重要的作用。然而正如我们所看到的，这一理论在哈弗尔的一系列批评面前显得如此脆弱。哈弗尔认为犍陀罗艺术中的古典元素并不重要，因为它并没有对后来的印度艺术产生影响。如果希腊式佛教艺术并没有将它的触角延伸到比犍陀罗更远的地方，那么它的繁衍能力或者它在世界艺术史上的重要性便无法得到证明。

我正是想要在这样的背景之下定位富歇同时代的考古探险家奥里尔·斯坦因的作品的价值。一个关于殖民主义的事实是，它为那些与殖民政权有紧密联系的学者提供了一个无与伦比的了解当地人语言、文化，以及历史的途径。在前文我已提及 1849 年旁遮普被吞并以后犍陀罗地区考古学的发展，以及考古学对于构建早期西方关于犍陀罗艺术的理解的关键性贡献。

可以说，斯坦因是探索从犍陀罗到中国边境之间这段广大地区的考古学家中最成功的一位。[91]他在印度的第一份工作是担任旁遮普大学的学生注册官以及拉合尔东方学院的校长。1899 年以前他一直住在拉合尔，在拉合尔博物馆馆长洛克伍德·吉卜林的指导之下，他在这十多年中养成了对印度考古学和古物学的浓厚兴趣。[92] 这便可以解释为何他对拉合尔博物馆中的希腊式佛教雕塑那么着迷，以及为何他最早涉入该领域是从犍陀罗附近地区开始的。[93]

例如，1896 年斯坦因和阿尔弗雷德·富歇被允许访问英国统治区北部的斯瓦特（Swat）地区。该地区的司令官哈罗德·迪恩（Harold Deane）上校对此次行程做出了安排，斯坦因把他描述为"最令人满意的主人，并且也是历史上有趣的一类人：懂得如何控制当地半野蛮部落的边疆政客"[94]。斯坦因在 1896 年 12 月写道：

> 我感觉自己身处古典土壤之上并享受着每一分钟。这些遗址如此广大，却已经不幸地遭遇了相当野蛮的雕塑盗掘者的戕害。尽管迪恩少校尽力保护，但几乎每一个对乌苌国的古代雕塑等古典制品感兴趣的官员，都找了人在寺院里和佛塔附近挖掘雕塑或浮雕。你可以想象，伴随着这些抢掠的，是难以用语言形容的巨大的破坏。富歇与我时常感到我们俩像耶利米（Jeremiah）① 一样，只能在这些遭遇现代人破坏的废墟前扼腕叹息。[95]

站在"古典"土壤之上的喜悦，是一种为多数在犍陀罗地区工作的欧洲考古学家所共有的情愫。[96] 文章另外还记录了在这一地区所进行的收集工作的特点。现在我们可以推测纥逤马尔丹的佛像是如何到来并被安置在糟糕的英国边塞驻军大厅里的了，用富歇的话来说，"靠着餐厅的墙，无法呼吸到任何信徒敬奉之香，只有一股雪茄燃烧发出的烟气"[97]。斯坦因所描述的这种随意挖掘，破坏了造像的考古背景，使得确定作品年代和次序几乎成了不可能的任务。这是困扰着富歇等学者的基本问题，但与此同时，也使他用来支持佛像希腊起源论的编年结构有了很大的发挥空间。

86

---

① Jeremiah，《圣经》中生活在犹大国灭国前的时期的希伯来先知。他因早已知晓犹大国未来的悲哀命运却无力改变，而时常作悲伤的神情，并因此被称为"流泪的先知"。——译者注

接下来的 11 月，斯坦因再次于斯瓦特接受了迪恩少校的殷勤款待，并且就是在这期间，迪恩少校向斯坦因透露了可能出征邻近的布内尔（Buner）以惩罚某次斯瓦特地区反英起义的支持者的计划。[98]迪恩建议斯坦因从布内尔开始与英国军队同行，此地有着数量未知的佛教古文物，而在此之前欧洲人并没有进入过该地区。[99]正是这一偶然的转变才使得斯坦因有机会调查此前欧洲学者从未见过的佛教铭文和雕塑。然而对于斯坦因和佛教学术研究来说，一个不幸的事实是由于"布内尔人"没有步枪，所以他们对英军的抵抗相当脆弱，占领时期出乎意料地短。斯坦因是这样说明其结果的：

> 由于最后一支军队就要返回英国的土地了，所以占领的时间被缩短到四或五天。这使得我们不可能对许多遗址进行全面勘察，而且我还因此被迫加快了本就匆忙的工作进程。令我感到十分遗憾的是，不久以后一张厚重的面纱将会再次覆盖在这令人着迷的山峦之上。谁能确定什么时候欧洲人才会再次造访这些佛教遗址呢？[100]

这些早期的探索为我们理解殖民主义、考古学，以及学术三者的随意性的交集提供了一些线索，而这种交集正是犍陀罗佛教艺术的发现过程的特点之一。

不久，斯坦因便把他的注意力转到中国境内对于英国的探索事业来说明显很合适的领域的中亚地区了。在那里他可以以一个英国官方探险者的身份，拥有更多从容的机会来进行他的探索。然而，在实现学术兴趣之前，他不得不克服一个整体变得更为复杂的印度国内外政治局势。在世纪之交，中国因为内部分裂而遭到严重削弱。正如布内尔的情况，一个无能的中央政府是无法给探索的道路制造任何严重的政治或军事困难的。中国背负着不平等条约与领土割让的包袱已经数十年，甚至更多的东部沿海地区的领土后来也被西方以"势力范围"的名义吞并。[101]中国的中亚地区远离中央省份，地广人稀，对于包围中国东部沿海的那些国家的探险者来说都是可进入的。[102]这一与世隔绝的地区处在俄英两国"大博弈"的广大区域之中。[103]每一次深入该地区的考察，表面上是作为一项考古或科学考察，实际则会引起竞争国家在很大程度上的怀疑；而每一个竞争国家都急切地想要扩大自己的势力范围。斯坦因和其他的东方学探险家们就是在这种高度紧张的政治背景下尝试着探索中国的中亚地区的。

斯坦因于 1898 年向英属印度殖民政府提交了一份关于资助其首次中亚探索的方案。我们可以从这份提案中一窥当时学术研究与国际政治之间纠结的关系，而这也是斯坦因中亚事业的一大特点。斯坦因大致描述了他在于阗地区的考古探索计划并指出："我的计划一经形成，俄罗斯帝国科学院便宣称已计划派遣三名专家对吐鲁番（新疆南部）进行考察，他们在那里发现了许多古代手稿。我也了解到斯文·赫定（Sven Hedin）博士的考察……很可能会恢复。"[104]至于探索这一地区的道德上的权利，著名的梵语学家鲁道夫·赫恩勒（Rudolph Hoernle）在其支持斯坦因提案的信中总结英国东方学者的要求时说道："我认为于阗和新疆南部对于英国的探索事业来说明显是很合适的领域。按现代的说法，它本来在权利上就属于英国的'势力范围'，因此我们不应允许他人来夺走本该属于我们的荣誉。"[105]

虽然，有人影射说许多进入新疆的探索者身兼间谍之职，但这中间大多数人可能并没有斯坦因那样作为一个有责任心的英国国民而如此忠于为官方收集情报。[106]关于这一点，斯坦因曾主导成立了一支调查小组，成员包括两名来自印度测绘局的当地测绘员，他们的地图绘制工作延伸到了很广阔的地域范围，我们可以从中管窥上述之性质。[107]在划分与组织殖民领土的过程中，地图绘制工作具有核心的作用。印度测绘局负责把印度及其周边区域转化为"一个蜂窝状的笛卡尔式象限网络"[108]。这类研究的政治意图很明显，因此调查和制图工作通常具有危险性，必须秘密地进行。例如，19 世纪英国人为测量西藏而发展出训练"当地人"的手段，他们伪装成佛教僧人，踏着等距离的均匀步伐并用穿着 100 颗珠子（而不是佛教徒的 108 颗）的佛珠计数，以此来测量并记录距离。[109]这些"大师"（英国人起的绰号）的文字记录常常被放置在原本应装着经文的西藏转经筒中。[110]印度测绘局和斯坦因一起完成的工作中并不包括此类秘密行动，尽管斯坦因的考察活动中有测绘局的出现只会增加英国在中亚有间谍活动的嫌疑。

在 1900 年所进行的第一次探险初期所发生的一件事情可以说明斯坦因考古探险活动的政治背景。上路不到五周，斯坦因便得知义和团起义的消息，之后立即将一批手枪和子弹送往身在喀什的乔治·马戛尔尼（George

Macartney），而此人是英国在中国中亚地区唯一的外交代表。[111]斯坦因常常把马戛尔尼的家当作休息的驿站，而马戛尔尼作为外交使者本身也是一个很有价值的信息来源，能够方便斯坦因在该地区竞争激烈的探索活动中顺利实施他的计划。[112]马戛尔尼还扮演了其他一些有用的角色："因为正如洛克伍德·吉卜林向斯坦因介绍希腊式佛教艺术的肖像学一样，马戛尔尼向他解释并传授了微妙的中国官场之道便可。"[113]8 月，当包括英国在内的殖民国家正侵入并抢掠北京时，马戛尔尼（当然是凭借其充足的弹药和装备）成功地从中国地方官员处骗取了对斯坦因进入于阗南部进行探索的批准。[114]

斯坦因进入中亚地区的目的之一是，帮助巩固建立在 19 世纪 90 年代零星出土的通过搜寻文本以及其他古文物之上的西方权威。[115]人们（尤其是佛教文献学者）日渐意识到当地人伪造欺诈的危险。针对这一现象，斯坦因建议"对那些陈述有待求证的本地寻宝人展开非正式调查"。可以很有把握地说，一旦其来源得以严格核实之后，以这种方式获得的古文物的价值将会上升。[116]而这一提升中亚文物"价值"（货币价格，还是学术价值，抑或二者兼有？）的核实过程被理所当然地认为应由一位训练有素的西方学者来完成。[117]

斯坦因看到了那笼罩在中亚佛教遗迹上空并日益迫近的毁灭与损失的阴霾，他受到了刺激："我的内心一直以来有着一个极大的担忧：所有的古物和遗迹都会受到来自自然以及人类活动的威胁，而后者尤为严重。这使得我的心中产生了一种急切的动机并因此而孜孜不倦地行动，不论工作条件多么艰苦。"[118]斯坦因很了解于阗的寻宝者们的所作所为，而这又使他想起那些通常由驻犍陀罗英国官员资助的"不负责任的挖掘"；但是，伊斯兰教破除偶像运动给佛教艺术所带来的损失才是西方人所铭记并时时提起的悲剧代表。比如，彼德·霍普柯克（Peter Hopkirk）在其流行的中亚探险史中就曾强调他作为英国陆军上校雷金纳德·朔姆贝格（Reginald Schomberg）大规模毁灭佛教艺术的"目击者"的愤怒。[119]1928 年，朔姆贝格描述了他到达库车附近的克孜尔（Kizil）中亚佛教石窟时的感受：

> 冯·勒科克（Von Le Coq）教授已经移走了大部分壁画——这真是不幸中的万幸，因为几乎所有剩下的壁画都被当地可耻的伊斯

兰教徒破坏了，只有那些人迹不可及的壁画得以幸免。无论如何强调欧洲考古学家力挽狂澜的作用都不会过分，因为突厥斯坦的任何一件佛教珍宝的保全都完全归功于他们，是他们使这些珍宝没有变成突厥人的宗教狂热和恶意破坏的牺牲品。[120]

具有讽刺意味的是，虽然就像朔姆贝格所言，阿尔伯特·冯·勒科克的德国探险队取走并拯救了部分壁画，但在第二次世界大战中同盟国轰炸柏林时，它们还是遭到了毁灭。[121]克孜尔石窟近期公布的资料证明，尽管残余的壁画带有不少伤痕，但依旧令人惊艳，而那些因德国人剥脱了壁画而留下的空白墙体却似乎更加突出而碍眼。[122]

一个最重要的关于保存的问题是，为了妥善地保管这些中亚的古文物，谁应持有他们？鲁道夫·赫恩勒在 1899 年支持斯坦因提案的那封信中简述了许多西方学者所共同持有的立场："我们应该牢记，一直以来只有欧洲专家在从事这些物品的学术研究，而他们要实际进入印度是有难度的；并且当地的具体情况将使得印度博物馆的收藏管理状况不稳妥。鉴于此，我认为大部分藏品都应被转移到大英博物馆中。"[123]我们可以从赫恩勒的叙述中总结出西方对待中亚古文物的主流态度。首先，只有西方"行家"对这些物品才有学术兴趣；第二，对于这些学者来说，印度是难以进入的；第三，印度博物馆存在着"不稳妥"的因素。其中最后一个问题可以从多个层面进行理解，其中包括：印度博物馆保存工艺品所使用的物资设备落后，收藏能力不足；当地可能发生地方叛乱而对文物造成威胁，并且印度有可能获得政治独立而使西方无法再进入该地区；或者就是一种作为印度殖民话语基础的不确定与恐惧。从欧洲行家的主观立场看，大英博物馆在保存考古物质遗存方面的优势是不言自明的：没有哪个远在印度的机构比大英博物馆更容易进入、更安全；而更为关键的一点是，在将从殖民地掠夺而来的物品转化为面向英国公众的教育展示方面，没有任何机构比大英博物馆更富有经验。[124]斯坦因对这一点表示同意并提出了一个折中的方案：由于殖民地政府资助了他的探险，因此所有其所得都应上交英属印度政府，并由其代为交给大英博物馆。[125]

鉴于斯坦因个人在古典影响方面的兴趣，收藏着埃尔金大理石雕（Elgin

Marbles）等众多希腊艺术品的大英博物馆应是这些希腊式佛教艺术品尤为合适的归宿："我们应对那些已披露的可靠证据怀有相当大的兴趣，同时也应关注这样一个问题：西方古典艺术在公元头几个世纪中渗透中亚时的边界究竟有多远？"[126] 他常常在遗址中发现古典艺术传播到中亚的证据，如他初次考察时的尼雅等遗址和第二次考察时的米兰遗址。并且，希腊式佛教艺术仍旧是检验西方影响的试金石，正如我们在米兰所看到的：

> 主题的性质毫无疑问是佛教的，但它所呈现出的所有本质细节都取自于古典原型，这样的场景就跟我们之前在犍陀罗所看到的希腊式佛教浮雕是一个道理。[127]

斯坦因在米兰的一段简短的铭文中发现了一位画师的名字——"Tita"。"'Tita'，"他论证道，"是'Titus'一名在印度梵语或俗语中的变体；在远离印度的某中亚地区，它被用于官方或宗教事宜。"斯坦因按照与富歇类似的路数，继续他对 Tita 一名来源的推测：

> Tita 是某种罗马欧亚人，从血统上讲主要是东方人，但却是在希腊文化传统中长大的。我可以在心里描绘这名画师兼装饰师的样子，他这个名字无疑从深受佛教影响的伊朗东部地区到中国的范围内都普遍存在。[128]

正如我们所看到的那样，在不同文化与种族的交界带中产生的命题深深地吸引着许多欧洲学者，斯坦因也不例外。他在考察期间收集了详细的民族学和人体测量学资料以满足他在此方面的兴趣。[129]

斯坦因显然因为自己在米兰发现 Tita 的作品而欣喜若狂：

> 看着他在墙裙处刻下的作品，我感觉已经没有必要再探究这些身披花彩装饰的快乐的人物都在表现些什么了。对于西方人来说，只要能感受到画面中所有人物所共同沉浸其中的生命之美与欢乐，并能从中获得愉悦，便已足够。

当我的眼睛注视着那墙裙时，我常常情不自禁地相信，我正身
处一座叙利亚别墅，或者罗马帝国后期某个东北部的省份的遗址之
中，而不是那些在丝国人（Seres）① 领地内的佛教殿堂。[130]

再次令欧洲考察者们感到由衷喜悦的是，在中亚的荒漠里竟能遇到"对
于西方眼光来说"很熟悉的艺术形式。终于，在敦煌——一个标志着中亚地
区东端与中国领土开始的地方——斯坦因震惊于那些"对希腊式佛教艺术所
发展出的容颜、身姿与垂坠的衣料的忠实的保留"，而更为重要的是，他被
古典的力量所震撼："当地人并没有擅自更改这些高贵宁静的人物，还有他
们简单却令人印象深刻的姿态，以及那些优雅而丰满的褶皱。移植到印度河
流域的古典艺术使如来显灵并以肉身形式出现。"[131]

斯坦因在希腊式佛教艺术话语体系中最重要的贡献，是他为希腊式佛教
艺术从犍陀罗到中国的连贯足迹提供了物质证明。虽然希腊式佛教艺术对印
度艺术的影响被一些人轻视，学者们还是可以利用斯坦因的作品来证明犍陀
罗艺术是其后所有中亚和东亚佛教艺术的基础。一个包含该做法的著名例子
是欧内斯特·费诺罗萨（Ernest Fenollosa）早期的艺术史研究《中国与日本
艺术的时代》（*Epochs of Chinese and Japanese Art*）。他在书中把中国和日
本的佛教艺术都定性为希腊式佛教艺术。[132]对于解释希腊式佛教艺术繁衍能
力的早期模式而言，这一说法的意义十分重大。

对古典传统外部界限的探索永远不会结束。也许这是一个不可能完成的
目标，因为对于像斯坦因和富歇这样的学者来说，古典传统的延伸根本没有
时空边界。一旦希腊式佛教艺术被定义为佛教艺术史的原始典范，它就会持
久地以一种佛像的无限序列的形式被复制并延伸至整个亚洲。从这一意义上
来说，中亚"那里"已经没有任何未被西方利益和需求所定性的东西留给斯坦
因去发现了。他在考古学研究方面所下的"苦功"可以被理解为希腊式佛
教艺术话语系统的巅峰，而这项工程最初开始于莱特纳，并在富歇的作品中
得以发展。作为一个话语程序被创造出来的东西成了考古证据般的现实。[133]

---

① Seres，古希腊和古罗马对中亚东部居民拉丁文的称呼，指中国或附近地区经
手丝绸的人群，原意为"有关丝的"。——译者注

🌀 结语

赝品和真品的本质区别在于，一个是假的，而另一个则是真的。
　　　　　　　　　　　　　　——李雪曼（Sherman Lee）[134]

1985 年，一座从前不为人知的犍陀罗雕塑作品———尊菩萨的立像——在克利夫兰艺术博物馆组织的一次展览中展出。两年后，这件作品在奈良国立博物馆的一次佛教艺术展览中也以尤为突出的形象出现。[135]当时就有人对这一展品，尤其是针对其表面保留下来的大面积镀金，提出了质疑；而关于它究竟是一件古代真品还是现代仿制品，人们意见不一。[136]日本艺术史学家田边胜美（Tanabe Katsumi）从外貌的不一致、工艺技术分析以及反常的镀金等角度，对这一雕像的真实性发起了最为严峻的挑战。[137]纽约艺术品商人威廉·H. 伍尔夫（William H. Wolff）于 1979 年在白沙瓦买下这件作品，并声称他被告知这尊雕像是在斯瓦特的明戈拉（Mingora）附近出土的。[138]田边推断该作品是一件"约成于 1978 年的仿制品，它由一名白沙瓦的古董商萨尔达·汗（Sardar Khan）先生订制。他制作了许多假的镀金犍陀罗佛像和菩萨像，并销往世界各地。其中超过十件于 1978 年前后被带到了日本，现作为独特的仿制品被保存在日本"[139]。

在克利夫兰博物馆的目录中，这尊菩萨像上的垂坠衣褶可在"希腊—罗马原型"一条中查到；但这场辩论的有趣之处并不仅仅在于这尊菩萨像是否为赝品。相反，这件犍陀罗艺术作品（毕竟，人们的争论并非针对其制作地点，而是针对制作时间的）代表了一类制作于相对晚近年代但采用古代风格的作品，并且这些东西被卖给那些与世界各地的博物馆和私人收藏家有生意关系的艺术品商。[140]这类造像只是仿制品，"在一个没有参照标准和边界的、不断循环的回路当中，它们不再以真品的价值，而是以其自身的价值被交易"[141]。此处所说的是这样一类沿着莫比乌斯环路径进行自循环式的相互参证的造像。作为仿制品，它们在某种程度上被理解为古文物"真品"的替身，颠覆了犍陀罗雕塑的本体地位，并"弱化了我们对真相的坚持，扭曲并篡改了我们对过去的理解"[142]。

这些仿制品代表了那些原本为了显示希腊式佛教艺术的"正统的权威"而必须加以控制、抑制和清除的真相的另一面。[143]尽管对犍陀罗风格的佛教艺术品的复制工作自从"当地人"认识到它们的价值时就已经开始产生了，但是对于作为一门学问的希腊式佛教艺术的稳定性产生威胁的不是最近的复制品，而是长期存在的遭遇赝品的可能性。[144]仿制品蜂拥而至的现象自然而然地引发人们对"当地人骗术"的恐惧以及加强监督管理的呼声，尽管学者们自信能够分辨出古文物的真伪，但这完全不能与人们的忧虑程度相提并论。[145]

具有讽刺意味的是，犍陀罗艺术赝品的出现与西方世界的参与密不可分。如果没有对希腊式佛教艺术品的需求与渴望，以及在遥远的印度一隅发现西方力量与权威时的快感，那么这些犍陀罗风格的复制品将一钱不值。一旦在希腊影响的历史中得到确立，西方权威和存在将会继续在当代学术界广泛地展现出诱惑力与繁衍力。[146]然而，即使希腊式佛教艺术的话语体系被当作普遍真理加以复制，这些仿制品也永远不会变成它们应该成为的东西，即古典（西方）认识的真实。而它们正以这样的方式模拟，甚至嘲讽这种希腊式佛教艺术的知识。

[注释]

我要感谢乔安娜·威廉姆斯（Joanna Williams）、朱迪斯·法科（Judith Farquhar）、罗伯特·索普（Robert Thorp）、松泽智子（Tomoko Masuzawa）、唐纳德·洛佩兹（Donald Lopez）、路易莎·沙因（Louisa Schein）、玛格丽特·服部（Margaret Hattori），感谢他们针对本文各版本所提出的批评和建议。

[1] 该地区今处巴基斯坦北部。

[2] 关于艺术影响的概念，参见 Michael Baxandall, *Patterns of Intension* (New Haven, Conn.：Yale University，1985)，pp. 58-62。巴克森德尔（Baxandall）提出，关于影响的讨论是建立在直接因果关系的理论基础之上的，如同一颗台球撞击另一颗时的情形。因此，"影响"意味着艺术的创造者是被动并且依赖于积极的外部因素的。影响理论有待彻底重审，尤其是其与扩散理论和佛教艺术的关系，而这超出了本文所要讨论的范围。

[3] 关于西方学术界对犍陀罗艺术的研究综述，参见 Rekha Morris,

94 “Prolegomena to a Study of Ghandhāran Art”（Ph. D. diss. University of Chicago，1983）。最近的综合性研究，见 Lolita Nehru, *Origins of the Gandhāran Style：A Study of Contributory Influences*，Delhi：Oxford University Press，1989。

　　［4］最为重要的年代是迦腻色迦开始统治贵霜王朝之时，学者们推定该时间点最早为公元 78 年，最晚则为公元 3 世纪。参见 A. L. Basham ed.，*Papers on the Date of Kaniṣka*，Leiden：E. J. Brill，1968。

　　［5］Michel Foucault，“Nietzsche, Genealoy, History,” in *Language, Counter-Memory, Practice：Selected Essays and Interviews*，tr. Donald F. Bouchard and Sherry Simon，ed. Donald F. Bouchard（Ithaca, N. Y.：Cornell University Press, 1977），pp. 139 - 64. 使用如“西方的”或“西方”等宽泛而模糊的术语是存在明显困难的。在这里，我只能借用迪佩什·查卡拉巴提（Dipesh Chakrabarty）在使用一个存在类似问题的词语“欧洲”时为自己所做的辩护：

　　　　思想解放的学者会立即站起来反对任何认为同质而无可争辩的“欧洲”概念经不起推敲的这一说法。诚然如此，但正如东方主义的现象不会仅仅因为我们当中的一些人对其持批判态度而消失一样，在被巨大的权力关系网络交织覆盖的世界中，具有某种特定含义的“欧洲”概念以现代社会诞生背景的身份而被人们具体化并得以颂扬，持续地支配着历史的话语权。分析推敲并没有使之消失。
　　　　［“Postcoloniality and the Artifice of History：Who Speaks for ‘Indian’ Pasts?” *Representations* 37（Winter 1992）：1 - 2］

　　［6］尽管话语实践是本文考量的核心，但笔者意在展现一种话语体系是如何通过种种渠道产生并成为“将语言与非语言内容包含于自身内部的整体”的［Ernesto Laclau and Chantel Mouffe，“Post-Marxism without Apologies,” *New Left Review* 166（November-December, 1987）：82］。

　　［7］Benita Parry，*Delusions and Discoveries：Studies on India in the British Imagination, 1880—1930*（Berkeley：University of California Press, 1973），p. vii. 鲁德亚德·吉卜林（1865—1936）出生于孟买，六岁

时被送往英国接受教育。1882 年至 1887 年他返回印度并在拉合尔工作，两年后离开印度。

［8］Rudyard Kipling，*Kim*，ed. Edward W. Said（1901；reprint，Harmondsworth：Penguin，1987），p. 49. 下文有同引自该文本的内容。

［9］现今位于巴基斯坦境内的拉合尔曾是 1849 年被英国吞并的旁遮普省的行政中心。19 世纪晚期的犍陀罗雕塑主要都收藏在拉合尔博物馆，这座博物馆于 1864 年以旁遮普省工艺美术博物馆的名义建立。以上资料源于 Vincent A. Smith，"Graeco-Roman Influence on the Civilization of Ancient India,"*Journal of the Asiatic Society of Bengal* 58（1889）：114。吉卜林的父亲洛克伍德 1875—1894 年任拉合尔博物馆馆长。

［10］萨义德在注释中提到，狮吼炮为 1757 年伊斯兰教入侵者用从每家每户掠得的作为"税收"的金属花瓶熔铸而造（Kipling，*Kim*，p. 340）。

［11］关于博物馆的发展，包括早期在印度、中国和日本进行的艺术品搜集，参见 O. Impey and A. MacGregor，eds. ，*The Origins of Museums：The Cabinets of Curiosities in Sixteenth- and Seventeenth-Century Europe*（Oxford：Clarendon，1985）。

［12］Thomas Richards， "Archive and Utopia,"*Representations* 37（Winter 1992）：118。

［13］关于萨缪尔·比尔（1825—1889）和斯坦尼斯拉斯·朱利恩（1797—1873），参见 Kipling，*Kim*，p. 343，nn. 57，58。关于来到中国的基督教传教士比尔，又见 Philip C. Almond，*The British Discovery of Buddhism*（Cambridge and New York：Cambridge University Press，1988），pp. 38，94。

［14］关于译文中这则释迦牟尼的生平轶闻，可见于萨缪尔·比尔的《释迦佛的浪漫传奇》（*The Romantic Legend of Sakya Buddha*，London：Trubner & Co. ，1875，p. 90），由中文《佛本行集经》译成英文；在阿尔弗雷德·富歇的《佛的一生》（*La vie du Bouddha* 1949；reprint，Paris：Adrien Maisonneuve，1987）84～85 页中也出现了相关内容，法语译文来自巴利文、梵文和古印度方言的文献，同时参考了印度佛教艺术的内容。富歇的翻译并没有提到这一水流，而它在治疗方面的功用则包含在玄奘关于这则轶闻的说明中。参见 Samuel Beal，trans. ，*Si-yu-ki：Buddhist Records of the*

Western World，2 vols. （1884；reprint，New York：Paragon，1968），2：23 - 24。

［15］最近关于吉卜林和《基姆》的殖民背景的批判性作品未曾处理该问题。例如，Satya P. Mohanty，"Drawing the Color Line：Kipling and the Culture of Colonial Rule," in *Bounds of Race*，*Perspectives on Hegemony and Resistance*，ed. Dominick LaCapra （Ithaca，N. Y.：Cornell University Press，1991），pp. 311 - 43；Richards，"Archive and Utopia，" esp. pp. 113 - 20；Sara Suleri，"Adolescence of *Kim*" in her *The Rhetoric of British India* （Chicago：University of Chicago Press，1992），pp. 111 - 31；and Gyan Prakash，"Science 'Gone Native' in Colonial India," *Representations* 40 （Fall 1992）：153 - 78。

［16］虽然《基姆》是在老吉卜林的帮助下完成的，但是作者特别声明他对拉合尔博物馆的"印象"完全来自他个人。见鲁德亚德·吉卜林自传《我自己的一些事》（*Something of Myself*，New York：Doubleday，Doran & Company，1937，pp. 149—150）。绝非偶然的是，洛克伍德·吉卜林对艺术史的接触与他的密友查尔斯·艾略特·诺顿（Charles Eliot Norton）有关，而后者是美国艺术史研究领域最具影响力的学科带头人之一（Kipling，*Something of Myself*，p. 136）。早在 1874 年，诺顿就在哈佛大学教授"美术"课程，他推动了 1890 年哈佛艺术史项目和 1895 年福格艺术博物馆（Fogg Museum）的建立。参见 Donald Preziosi，"The Question of Art History," *Critical Inquiry* 18，No. 2 （Winter 1992）：pp. 364 - 68。

［17］关于这一观点的简单概要，参见 Almond，*The British Discovery of Buddhism*，p. 95。同样，见本书中唐纳德·洛佩兹的文章。

［18］关于去殖民化和排他主义对普世主义自由话语的所提出的质疑的介绍，参见 Wlad Godzich，"Foreword：The Further Possibility of Knowledge," in Michel de Certeau，*Heterologies*：*Discourse on the Other*，trans. Brian Massumi，*Theory and History of Literature*，vol. 17 （Minneapolis：University of Minnesota Press，1986），pp. x-xii。

［19］一位参与者对这次考察的叙述，可见于 L. 奥斯汀·瓦德尔（L. Austine Waddell）的《拉萨及其奥秘》（*Lhasa and Its Mysteries*，London：John Murray，1905）。瓦德尔在他的叙述中提到了吉卜林以及他在 1892 年试图伪装进入拉萨失败一事。

[20] 早在 18 世纪 60 年代，英国特工在中亚和西藏地区所进行的秘密监视和测绘行动的成果便已时常见于各种英国官方出版物和学术期刊中了。参见 Derek Waller，*The Pundits：British Exploration of Tibet and Central Asia*（Lexington：University Press of Kentucky，1990），pp. 33ff. 。需要重点强调的是，在印度和英国两地人民都对殖民统治越来越感到不满的同时，印度的英国人著作仍对印度当地的民族主义或不满情绪绝口不谈，这一现象着实引人注目。一些相关事例，见 Francis G. Hutchins，*The Illusion of Permanence*（Princeton，N. J.：Princeton University Press，1967），p. 187；and John A. McClure，*Kipling and Conrad：The Colonial Fiction*（Cambridge，Mass.：Harvard University Press，1981），pp. 79 – 80。

[21] Michel Foucault，*Discipline and Punish：The Birth of the Prison*，trans. Alan Sheridan（New York：Pantheon，1977），pp. 195 – 228. 关于杰里米·边沁的圆形监狱和印度，参见 Ronald Inden，*Imagining India*（Cambridge and Oxford：Basil Blackwell，1990），p. 168。关于圆形监狱和艺术史，参见 Donald Preziosi，*Rethinking Art History：Meditations on a Coy Science*（New Haven，Conn. ：Yale University Press，1989），pp. 62 – 67。

[22] 瓦德尔的《拉萨及其奥秘》中最令人印象深刻的方面毫无疑问是它对西藏的视觉记录：三张彩色照片，每一张都认为是"取于自然"，110 张黑白照片，还有数不清的图画、地图和图表。

[23] 理查兹的"档案与乌托邦"就地图测绘工程以及有关帝国主义和西藏的档案展开了广泛的讨论。

[24] C. A. Bayly，*Indian Society and the Making of the British Empire*，The New Cambridge History of India，vol. 2，no. 1（Cambridge：Cambridge University Press，1988），pp. 169 – 94，198. 同样可参见 David Washbrook，"South Asia，The World System，and World Capitalism，" *Journal of Asian Studies* 49，no. 3（August 1990），and Mohanty，"Drawing the Color Line，" p. 328。

[25] 关于在西方帝国主义发展过程中技术的多种用途的概述，参见 Mi-

chael Adas, *Machines as the Measure of Men* (Ithaca，N. Y. ：Cornell University Press，1989)。感谢罗伯特·索普提供参考文献。

［26］在为《基姆》所作的序中，爱德华·萨义德暗示，通过馆长将自己的眼镜赠予喇嘛的情节，吉卜林象征性地将这位喇嘛置于"英国对印统治的保护圈"里（Said，Introduction to *Kim*，p. 15）。此外，我还认为眼镜与英国纸、铅笔在共同转喻西方认识论——是观察、记录与了解真相的方式。

［27］笔盒是中国式而非西藏式的事实，与吉卜林将喇嘛描绘为一种理想类型的亚洲宗教人士的做法是统一的。在对藏传佛教怀有负面态度的背景之下，作为馆长稀罕之物的是一件中国古董会更具可信性。

［28］Homi Bhabha，"The Other Question：The Stereotype and Colonial Discourse，" *Screen* 24，no. 6（November-December 1983）：23.

［29］Walter Benjamin，*Illuminations*，ed. Hannah Arendt（1968；reprint，New York：Schoken，1969），p. 92. 关于这一参考文献要特别感谢松泽智子。

［30］见 William Tarn，*The Greeks in Bactria and India*（Cambridge：Cambridge University Press，1938）。这是一部介绍大夏的经典著作。

［31］从次大陆上各地区汇集而来经鉴定的大夏钱币早在 1738 年就为人所知了，详见 H. H. Wilson，*Ariana Antiqua*（London：East India Company，184），p. 3. 威尔逊的开篇章节"关于大夏—印度钱币和古文物的探索以及对名为佛塔的宏伟建筑的观察的进展叙述"（Account of the Progress of Bactro-Indian Numismatic and Antiquarian Discovery，and Observations on the Edifices，called Topes）是关于该地区早期钱币和考古活动的完全记述。

［32］相关实例见于亚历山大·伯恩斯的报告《论旁遮普的佛塔与希腊遗迹》［Alexander Burnes，"On the Topes and Grecian Remains on the Punjab，" *Journal of the Asiatic Society of Bengal* 2（1833）：308 - 10］。他是一位探险家，同时也是孟买的陆军中尉。

［33］James Prinsep，"On the Greek Coins in the Cabinet of the Asiatic Society，" *Journal of the Asiatic Society of Bengal* 2（1833）：28.

［34］该报告的发表见 James Tod，"An Account of Greek，Parthian and Hindu Medals，Found in India，" *Transactions of the Royal Asiatic Society* 1

（1827）：313 - 42。

[35] Burnes，"On the Topes and Grecian Remains，" p. 310.

[36] Partha Mitter，*Much Maligned Monsters*（Oxford：Clarendon，1977），pp. 140 - 142. 关于温克尔曼的介绍，参见 Wolfgang Leppmann，*Winckelmann*（New York：Knopf，1970）。

[37] 希腊处于世界文明巅峰这一观念的隐含力量，持续地存在于多种不同的教育环境中。相关实例参见 Mieke Bal，"Telling，Showing，Showing Off，" *Critical Inquiry* 18，no. 3（Spring 1992）：569 - 71. 其中有对美国自然历史博物馆中希腊遗址的批判性解读。

[38] Henri Zerner，"Classicism as Power，" *Art Journal* 47，no. 1（Spring 1988）：36.

[39] 马赫穆特·穆特曼（Mahmut Mutman）将这一举动与东方主义进行对比描述，见 "Under the Sign of Orientalism：The West vs. Islam，" *Cultural Critique* 23（Winter 1992 - 93）：169。

[40] W. Jackson，"Notice of Two Heads in the Northern Districts of Punjab，" *Journal of the Asiatic Society of Bengal* 21（1852）：511 - 13. 史密斯提到一件于 1833 年在喀布尔附近发现的佛教艺术品体现出古典风格的影响（Smith，"Graeco-Roman Influence，" p. 119）。一份关于发现当时情况的报告可见于 *Journal of the Asiatic Society of Bengal* 3（1834）：362 - 63。其中有一幅艺术品的图画，但并不能显示出古典影响。

[41] 测量头骨并分析其形状是确定种族差异的一种方法，种族群体的相对智力是 19 世纪中期人种学最为重要的一个课题。参见 Stephen Jay Gould，*The Mismeasure of Man*（New York：W. W. Norton，1981），pp. 30 - 145。Marie-Christine Leps，*Apprehending the Criminal*（Durham，N.C.：Duke University Press，1992），pp. 45 - 48；Adas，*Machines*，pp. 292 - 97.

[42] 这篇报告还预示了后来 1866 年皇家亚洲学会号召为博物馆人种学部门收集人类头盖骨的行动。由于人们很快便观察到许多最为有趣的头盖骨在活标本上，于是举办一次人种学大会的计划被提上日程，其中"土著"的活标本可以被圈养起来进行展示，以便测量、拍摄，甚至提高科学的整体水平。参见 Prakash，"Science 'Gone Native，'" pp. 157 - 160。

[43] E. C. Bayley, "Notes on Some Sculptures Found in the District of Peshawar," *Journal of the Asiatic Society of Bengal* 21 (1852): 606 – 31. 这些由朗姆斯顿（Lumsden）和斯多克斯（Stokes）中尉收集的艺术品展览于水晶宫（Crystal Palace），而后在一场大火中被焚毁。据 Smith, "Graeco-Roman Influence," p. 120。

[44] E. C. Bayley, "Notes on Some Sculptures," p. 610.

[45] Gustave Le Bon, *Les monuments de l'Inde* (Paris, 1893), p. 10, as cited in Mitter, *Much Maligned Monsters*, p. 268.

[46] 史密斯认为，技术（或者更准确地说是技术的匮乏）起了重要的作用。他指责那些忽视贝利报告的观点，将它们看作"极端粗糙的解释模板"（Smith, "Graeco-Roman Influence," p. 120）。

[47] Smith, "Graeco-Roman Influence," p. 120. 关于莱特纳 1871 年所撰文的再版以及其他评论，参见 G. W. Leitner, "Graeco-Buddhistic Sculpture," *Asiatic Quarterly Review*, n. s., 7, no. 13/14 (January and April 1894): pp. 186 – 89. 关于对莱特纳收集的一组已得以说明的作品的评价，参见 "Dr. Leitner's Buddhistic Sculptures," *Indian Antiquary* 3 (June 1874): pp. 158 – 160。

[48] *Numismatic Chronicle* 15 (1875): 12, n. 7, 引自 Smith, "Graeco-Roman Influence," p. 120。

[49] Smith, "Gracco-Roman Influence," p. 120. 在史密斯发表 1889 年的文章之前，学术界就犍陀罗"派"已经进行了相当数量的研究。见 113～114 页的扩展脚注，包括拉合尔博物馆内重要佛教雕塑的描述清单。"是馆长友好地提供给我的，"史密斯也说明道，"拉合尔博物馆馆长吉卜林先生告诉我，他打算安排一组印度—希腊化艺术品的照片进行展出。"

[50] Ibid., p. 172.

[51] Ibid., p. 123. 最近一个类似的关于西方因素存在性的讨论，可见于 J. Duncan M. Derrett, "Homer in India: The Birth of the Buddha," *Journal of the Royal Asiatic Society* 2, no. 1 (April 1992): 47 – 57。

[52] Smith, "Graeco-Roman Influence," pp. 126, 190.

[53] Bhabha, "The other Question," p. 18, 巴巴在此处论及了本土的

殖民刻板印象。

〔54〕Smith，"Graeco-Roman Influence，" pp. 135，173.

〔55〕Ibid. ，pp. 186，195 - 96.

〔56〕Leither，"Graeco-Buddhistic Sculpture，" p. 186. 东方之"光"指的是德国浪漫主义对印度的理解——人类的神话源头。见 Wilhelm Halbfass，*India and Europe：An Essay in Understanding*（Albany：State University of New York Press，1988），pp. 72 - 73。详细研究可见于 A. Leslie Willson，*The Ideal of India in German Romanticism*（Durham，N. C.：Duke University Press，1964）。

〔57〕Dilip K. Chakrabarti，*A History of Indian Archaeology*（New Delhi：Munshiram Manoharlal，1988），p. 21. 在理解印度文明过程中出现的这一逆转，与 1857 年"兵变"以及随后英国对印建立直接统治之间的关系，仍有待进一步挖掘。

〔58〕富歇的《犍陀罗的希腊式佛教艺术》（*L'art greco-bouddhique du Gandhāra*）作为《法兰西远东学院出版集》 （*Publications de l'Ecole fraçcaisse d'Extreme-Orient*）的第 5、6 卷出版，实际上是总四卷之中的两卷（Paris：E. Leroux，1905，1918，1922 and 1951）。

〔59〕富歇的《佛像的希腊起源》（Greek Origin of the Image of the Buddha）见于其著作《佛教艺术的开端》 （*The Beginnings of Buddhist Art*，trans. L. A. Thomas and F. W. Thomas，1917；reprint，Delhi：Indiological Book House，1972）119~120 页。

〔60〕Foucher，*L'art greco bouddhique*，2：499 - 502，533 - 40，553 - 58.

〔61〕Percy Bysshe Shelley，Preface to *Hellas*（1822；reprint，London：Reeves & Turner，1886），p. ix.

〔62〕这并不是说反对意见没有得以表达。冈仓觉三（Okakura Kakuzo）认为，犍陀罗地区的贵霜统治者的蒙古背景是最根本的，并且"若针对犍陀罗艺术品本身进行更为深入而广泛的研究，我们将会发现更为突出的中国特色，而非所谓的希腊特征"（*Ideal of the East*，London：John Murray，1905，pp. 77 - 78）。文森特·史密斯回应如下："冈仓先生草率的断言不值一提，但从某个角度来说，他在书中试图打破亚洲与欧洲艺术典范之对立的努力是值得注

意的。"［*A History of Fine Art in India and Ceylon*（Oxford：Clarendon，1911），p. 129］但是，反对犍陀罗艺术中的希腊及欧洲影响论的呼声依然存在。例如，参见 H. Heras，"The Origin of the So-called Greco-Buddhist School of Sculpture of Gandhāra，" *Journal of the Bombay Branch of the Royal Asiatic Society* 12（1936）：71 - 97；更晚近的作品有 Ajit Ghosh，*Gandhāra and Its Art Tradition*（Calcutta：Mahua，1978）。

［63］对无偶像主义理论的评论，参见 Susan L. Huntington，"Early Buddhist Art and the Theory of Aniconism，" *Art Journal* 49，no. 4（Winter 1990）：401 - 7。同样的辩护见 Vidya Dehejia，"Aniconism and the Multivalence of Emblems，" *Ars Orientalis* 21（1991）：pp. 45 - 66。这一问题与佛像起源的问题有着不可分割的联系，因其过于复杂使得本章无法就此展开讨论。

［64］James Fergusson，*Archaeology in India*（1884；reprint，Delhi：K. B. Publishers，1974），p. 36，as quoted by Smith，"Graeco-Roman Influence，" p. 193.

［65］Smith，"Graeco-Roman Influence，" p. 193.

［66］Foucher，"Greek Origin，" pp. 117 - 18. 此据富歇 1912 年在吉美博物馆所作演讲内容整理出版。文本中有更多引用。

100

［67］Alfred Foucher，"The Beginnings of Buddhist Art，" in his *Beginnings of Buddhist Art*，p. 7.

［68］Alfred Foucher，"Buddhist Art in Java，" in his *Beginnings of Buddhist Art*，p. 251.

［69］例子之一是他曾指出一座弥勒佛造像的婆罗门教基调。参见 Foucher，*L'art greco-bouddhique*，2：232，as cited by John Rosenfield，*Dynastic Arts of the Kushans*（Berkeley：University of California Press，1967），p. 232。

［70］富歇作品中的富有人文色彩的一面至少在一定程度上导致了晚近学术界内明显的同情反应。比如 J. C. 哈勒（J. C. Harle）曾写道："当富歇没能在大夏找到任何希腊化的残留痕迹时显得如此失望，以至于连阅读都变得困难"（*The Art and Architecture of the Indian Subcontinent*，New York：Viking Penguin，1986，p. 497，n. 36）。

［71］Ernest Binfield Havell，*Indian Sculpture and Painting*（London：John Murray，1908），pp. 41 - 44，as cited in Mitter，*Much Maligned Monsters*，pp. 274 - 76.

［72］Ernest Binfield Havell，*The Ideals of Indian Art*（1911；2d ed.，London；John Murray，1920），pp. 20 - 21.

［73］Victor Goloubew， "Review of A. Foucher，*L'art greco-bouddhique du Gandbāra*，tome II，second fascicle," *Bulletin de l'École française d'Extrême Orient* 23（1923）：438 - 54.

［74］Ananda K. Coomaraswamy，"The Origin of the Buddha Image," *Art Bulletin* 9，no. 4（1927）：287 - 88，289.

［75］Ibid.，p. 314.

［76］Ibid.，p. 323. 一些支持的学者如保罗·穆斯（Paul Mus）在以后发展了库马拉斯瓦米的观点，认为犍陀罗和马图拉的佛像发展同时存在并相互独立。参见 Mus，*Barabudur*（Hanoi：Imprimerie d'Extreme Orient，1935），p. 19。

［77］Coomaraswamy，"Origin of the Buddha Image," p. 324.

［78］关于库马拉斯瓦米的生平，参见 Roger Lipsey，*Coomaraswamy*，vol. 3，*His Life and His Work*（Princeton，N. J.：Princeton University Press，1977）。

［79］Mitter，*Much Maligned Monsters*，p. 277. 库马拉斯瓦米也曾遭到批评，因他强调如"魔幻的"（magical）或者"幻象"（vision）等术语而加深了西方认为印度艺术非理性的刻板印象。参见 Mary F. Linda，"The 'Vision' of Zimmer and Coomaraswamy," *Heinrich Zimmer：Coming into His Own*，ed. Margaret Case（Princeton，N. J.：Princeton University Press，1994）。

［80］Coomaraswamy，"Origin of the Buddha Image," p. 288，n. 1.

［81］Mitter，*Much Maligned Monsters*，p. 258. 弗格森在一个广受认同的理论的推广上起到了重要作用，这一理论认为印度雕塑没有朝着欧洲艺术发展的方向进化，而是走上了一条持续退化的路径。参见 James Fergusson，*The History of Indian and Eastern Architecture*（London：1876），p. 36。史密斯最早将古典传统影响下的艺术看作一个可使印度艺术得到系统衡量的

标准。参见 Smith，"Graeco-Roman Influence，"尤见 p. 173。

〔82〕Fergusson，*History of Indian and Eastern Architecture*，p. 5.

〔83〕正如库马拉斯瓦米在他的《中世纪僧伽罗艺术》（*Medieval Sinhalese Art*，Broad Campden：Essex House，1908）v～vi 页中所论述的那样，引自 Lipsey，*Coomaraswamy*，3：34。

〔84〕罗伯特•杨在对爱德华•萨义德《东方主义》一书进行探讨之后做出了以下结论："如果东方主义意味着西方将东方囊括和吞并，那么这种囊括自身便会产生问题：如果东方的创造并不能真的代表东方，那它便说明，西方脱离了其自身（即西方所表现、叙述的样子）成了外界的实体。"〔Robert Young，*White Mythologies*：*Writing History and the West*（London：Routledge，1990），p. 139〕

〔85〕Martin Bernal，*Black Athena*（New Brunswick，N. J.：Rutgers，1987），特别见 1：1-38。

〔86〕Ibid.，pp. 229，372.

〔87〕Salomon Reinach，"Le mirage oriental，"*Anthropologie* 4：541，as cited in Bernal，*Black Athena*，p. 372.

〔88〕绝非偶然地，根据"古典作家的权威"，"阿里亚那"（Ariana）是早期对伊朗与印度之间的地区（包括大夏）的称呼（H. H. Wilson，*Ariana Antiqua*，p. vii）。

〔89〕许多研究佛教艺术的学者都对雅利安问题感兴趣。例如哈弗尔的《雅利安统治印度史》（*The History of Aryan Rulein India*，New York：Frederick A. Stokes，1918）；或者瓦德尔的《种族与历史的文明创造者》（*The Makers of Civilization in Race and History*，London：Luzac & Co.，1929），他在 vi 页中宣称："因为生物学家已经肯定地指出文明的建立基本上离不开较为优质的种族这一因素，并且古典希腊是在雅利安和北欧种族的统治之下才达到了文明的巅峰（它们至今仍是欧洲民族保持最为先进地位的决定性因素）。"

〔90〕Roderick Whitfield，"Buddhist Paintings from Dunhuang，"*Orientations* 14，no. 5（May 1983）：14.

〔91〕斯坦因主持进行了三次中亚地区考察：第一次为 1900—1901 年，第

二次为 1906—1908 年，第三次为 1913—1916 年。考察成果出版如下：第一次
为两卷本《沙埋于阗废址记》（*Sand Buried Ruins of Khotan*，London：
T. F. Unwin，1903）和两卷本《古代于阗》（*Ancient Khotan*，Oxford：Claren-
don，1907）；第二次为两卷本《沙埋契丹废址记》（*Ruins of Desert Cathay*，
1912；reprint，New York：B. Blom，1968）和五卷本《西域考古记》（*Serin-
dia*，Oxford：Clarendon，1921）；第三次为四卷本《亚洲腹地考古记》（*Inner-
most Asia*，Oxford：Coarendon，1928）。1930—1931 年的第四次考察在成果方
面比较失败，未能有出版物面世。

[92] Jeannette Mirsky，*Sir Aurel Stein*（Chicago：University of Chica-
go Press，1977），pp. 31 - 32，42.

[93] 斯坦因的生平体现出他对古典西方持续不衰的热情。早年，他把
亚历山大大帝视为英雄，并把主要研究精力放在了研究希腊和罗马历史当
中；后来，他把中国的佛教朝圣者玄奘戏称为"佛教的帕萨尼亚斯"（Pausa-
nias)①（Ibid.，pp. 16 - 17）。

[94] 来自斯坦因于迪恩上校家中所写的一封信，1897 年 12 月 27 日，
同前文所引，70～71 页。

[95] 来自斯坦因于斯瓦特的查达拉堡所写的一封信，1896 年 12 月 27
日，同前文所引，68 页。

[96] 例如，约翰·马歇尔曾宣称："自我上次考察塔克西拉（Taxila）
遗址已 40 年有余，但我仍记得当时看到被掩埋的古城时内心的激动。那时
我还年轻，对希腊的考古发掘兴致正浓，心中满怀着对一切希腊事物的憧
憬；而在遥远的旁遮普一隅，我似恍惚间突然遇见了希腊的本尊"［John
Marshall，*Taxila*，3 vols.（Cambridge：Cambridge University Press，
1951），1：xv，as cited in Chakrabarti，*History of Indian Archaeology*，
p. 133］。

[97] Foucher，"Greek Origin，" p. 119.

[98] 关于斯瓦特和布内尔地区"部族动乱"的背景，以英国"边疆之

---

① Pausanias，公元 2 世纪希腊著名地理学家和历史学家，著有《希腊志》。——
译者注

手的"视角进行了解，可参见 C. Collin Davies, *The Problem of the North-West Frontier* (Cambridge：Cambridge University Press，1932)，pp. 91 - 92。

[99] 来自斯坦因落款为"1898 年 1 月 3 日"的一封信，引自 Mirsky，*Aurel Stein*，p. 71。

[100] 来自斯坦因在布内尔的巴奇里营所写的一封信，落款为 1898 年 1 月 16 日，出处同上，72 页。关于报告全文，参见 M. A. Stein，"Detailed Report of an Archaeological Tour with the Buner Field Force," *Indian Antiquary* 28 (1899)：14 - 28，33 - 46，58 - 64。

[101] 例如，1895 年日本吞并台湾；1896 年俄国和法国在汉口设立租界；1897 年德国吞并青岛，日本在苏杭两地设立租界；1898 年英国吞并山东的威海地区，俄国吞并辽东半岛的大连和旅顺；1899 年法国吞并湛江地区，日本在厦门设立租界。值得注意的是，英国在 1840 年到 1860 年，基本上"稳住"了中国境内的大多数租界。雅克斯·格内特 (Jacques Gernet) 所作的摘要表，参见 *A History of Chinese Civilization*，trans. J. R. Foster (Cambrige：Cambridge University Press，1982)，pp. 584，601。

[102] 这些探险者包括瑞典的斯文·赫定、德国的阿尔伯特·格伦威德尔 (Albert Grunwedel) 和阿尔伯特·冯·勒科克、法国汉学家伯希和 (Paul Pelliot)、俄国的德米特里·克莱门茨 (Dmitri Klementz H) 和彼得·科兹洛夫 (Pctr Koslov)，来自日本的橘瑞超 (Tachibana Zuicho) 以及大谷使团的其他成员，还有兰登·沃纳 (Langdon Warner) 领导的哈佛考察团。关于这些考察团之间的激烈竞争的一个精彩的调查，参见 Peter Hopkirk，*Foreign Devils on the Silk Road* (London：John Murray，1980)。

[103] "大博弈"指俄国与英国在亚洲高地（即北至高加索山脉、南至印度的广大地区）所进行的政治与军事较量，其过程几乎贯穿整个 19 世纪。从吉卜林的《基姆》一书来看，这个名词有时被认为是在 1831 年出自一位英国军事情报官员，即亚瑟·康诺利 (Arthur Conolly)。参见 Peter Hopkrik，*The Great Game：On Secret Service in High Asia* (London：John Murray，1990)，p. 123。

[104] 摘自米尔斯基在《考古探险家斯坦因爵士传》一书的 79 页所引用的

斯坦因的提案。根据斯坦因的指示，吐鲁番明确地处在该地区的北边，是"中国新疆南部塔里木盆地"的一部分。这是一个值得我们注意的对地理空间进行创造性篡改的例子。通过这一做法，吐鲁番便被并入英国的"势力范围"之内。

［105］Ibid.，p. 84.

［106］从出生地的角度来看，斯坦因是匈牙利人，在第一次中亚考察结束几年后于 1904 年加入了英国国籍。斯坦因对殖民统治的支持看起来已经完成了。同上所引，333～336 页。然而，人们一定会好奇斯坦因在 1935 年对他的庞贝古城之行所做的以下描述是否是带有讽刺意味的："我几乎已把美妙的遗址留在了我心里……目前对废墟的维护十分有序，如同那不勒斯的情况一样令人印象深刻，当年它曾有乞丐聚集、秽物堆积的恶名。为了这一切感谢墨索里尼！"（Ibid.，p. 493）

［107］Ibid.，p. 31.

［108］Richards，"Archive and Utopia，" p. 109.

［109］Captain T. G. Montgomerie， "On the Geographical Position of Yarkand and Some Other Places in Central Asia，" *Journal of the Royal Geographic Society* 36 （1866）：157；and Survey of India Department，*Exploration in Tibet and Neighboring Regions*，pt. 1，1865—1879，pt. 2，1879—1892 （Dehra Dun，India：1915），as cited by Richards，"Archive and Utopia，" p. 110. 毫无疑问，《基姆》当中所描述的也是同样的手法，经过训练的秘密调查员必须远离"调查链"并"用念珠来步测距离" （Kipling，*Kim*，p. 218）。

［110］Waller，*The Pundits*，pp. 28，42.

［111］Mirsky，*Aurel Stein*，p. 129.

［112］例如，见斯坦因在落款为 1906 年 1 月 6 日的一封信中所概括的马戛尔尼的报告，出处同上，230～231 页。

［113］Ibid.，p. 137.

［114］C. P. Skrine and Pamela Nightingale，*Macartney at Kashgar* （London：Methuen，1973），pp. 115‑16. 关于对紫禁城的亵渎以及西方在镇压义和团问题上的反映的评论，见 James L. Hevia，"Making China 'Perfectly Equal，'" *Journal of Historical Sociology* 3，no. 4 （December 1990）：

379－400。

[115] J. W. de Jong，*A Brief History of Buddhist Studies in Europe and America*，2d ed.，Bibliotheca Indo-Buddhica，no. 33（Delhi：Sri Satguru，1987），p. 38.

[116] 来自斯坦因关于第一次考察的提案，落款为 1898 年 12 月 10 日，引自 Mirsky，*Aurel Stein*，p. 79。

[117] Stein，*Sand Buried Ruins of Khotan*，pp. viii-ix.

[118] Ibid.，p. xx.

[119] Hopkirk，*Foreign Devils*，p. 3.

[120] R. C. F. Schomberg，*Peaks and Plains of Central Asia*（London：Hopkinsom，1933），p. 142.

[121] Hopkirk，*Foreign Devils*，p. 5；and Benjamin Rowland，*The Art of Central Asia*（New York：Crown，1974），p. 154.

[122] 参见 Shinkyo Uiguru Jichiku Bunbutsu Kanri Iinkai and Haijoken Kijiru Senbutsudo Bunbutsu Hokanjo hen，eds.，*Kijiru sekkutsu*，3 vols.（Tokyo：Heibonsha，1983－85）。

[123] 引自 Mirsky，*Aurel Stein*，p. 84。

[124] 关于大英博物馆的评价及其在维多利亚时代的教育意义，参见 Inderpal Grewal，"The Guidebook and the Museum：Imperialism，Education and Nationalism in the British Museum," in *Culture and Education in Victorian England*，ed. Patrick Scott and Pauline Fletcher（Lewisburg，Pa.：Bucknell University Press，1990），pp. 195－217。

[125] 来自斯坦因 1898 年 12 月 10 日的提案，引自 Mirsky，*Aurel Stein*，p. 81。最终，斯坦因的材料被分藏于大英博物馆和印度。

[126] Stein，*Sand Buried Ruins of Khotan*，p. xviii.

[127] Stein，*Serindia*，1：502.

[128] Ibid.，1：530，531.

[129] 例如，斯坦因在他第一次考察后就和阗人的体格特征和种族起源写下了报告。参见 Stein，*Ancient Khotan*，1：143－50。于是他与大不列颠人类学研究院院长 T. A. 乔伊斯（T. A. Joyce）进行了合作，后者曾出版过

一本著作分析斯坦因在《于阗与和田绿洲地区的体质人类学研究》一文中所提出的证据，见 *Journal of the Anthropological Institute* 33（1903）：305 - 24。

[130] Stein, *Serindia*, 1：529.

[131] Stein, *Ruins of Desert Cathay*, 2：25.

[132] Ernest Fenollosa, *Epochs of Chinese and Japanese Art*, 2d ed. (New York：Frederick A. Stokes & William Heinemann, 1913), pp. 73 - 115. 文森特·史密斯注意到了同样的问题："在印度范围内，犍陀罗艺术并未得以广泛传播……但在印度之外，犍陀罗派因成为如中国新疆、蒙古等地，以及韩国、日本的佛教艺术之父而成就至高"（*A History of Fine Art in India and Ceylon*, pp. 129 - 30）。

[133] 斯坦因及其成就被持续地宣传着："谁会比无畏的斯坦因在《亚洲研究院学报》上举出的例子更能证明西方、中亚和东亚之间的内在联系？"（"Report," *Bulletin of the Asia Institute* 1993，3：1）

[134] Sherman E. Lee, introduction to *The Real, the Fake and the Masterpiece*, ed. by Mary F. Linda（New York：Asia Society Galleries, 1988), p. 11.

[135] Stanislaw J. Czuma, *Kushan Sculpture：Images from Early India*（Cleveland：Cleveland Museum of Art, 1985), catalog entry no. 113; Nara National Museum, *Bosatsu*, Catalogue of the Special Exhibition（Nara：Nara National Museum, 1987), catalog entry no. 9.

[136] 仿制问题持续地引发人们的讨论，尤其是围绕尼尔森·古德曼（Nelson Goodman）的观点：真品与赝品之间存在着美学差异。见 Nelson Goodman, "Art and Authenticity," in his *Languages of Art*（Indianapolis：Bobbs-Merrill, 1968), pp. 99 - 123; W. E. Kennick, "Art and Inauthenticity," *Journal of Aesthetics and Art Criticism* 44, no. 1（Fall 1985）：3 - 12; and Luise H. Morton and Thomas R. Foster, "Goodman, Forgery, and the Aesthetic," *Journal of Aesthetics and Art Criticism* 49, no, 2（Spring 1991）：155 - 59。

[137] Tanabe Katsumi, "Iconographical and Typological Investigation of the Gandhāran Fake Bodhisattva Image Exhibited by the Cleveland Muse-

um of Art and Nara National Museum," *Orient* (Tokyo)，24 (1988)：84 - 107. 一个针对该问题的特别研究委员会于 1987 年 6 月在奈良国立博物馆召集。参见 Tanabe Katsumi，"Pakistansei miroku bosatsu ritsuzo no gansaku hoho ni kansaru koan：Gandarabutsu kenkyu kyogikai ketsuron ni taisuru hanron" (On the production technique of a Maitreya Bodhisattva Statue forged in Pakistan：An objection to the opinion of the Committee for the Study of Gandhāran Sculpture)，*Kodai bunka* 39，no. 12 (1987)：549 - 62。我们又会因之想起犍陀罗艺术研究背后复杂的国际特征，哈尔布法斯将之描述为基于希腊论的全球知识欧洲化。参见 Halbfass，*India and Europe*，pp. 164 - 70。

[138] Tanabe，"Iconographical and Typological Investigation," p. 99，n. 2. 从分目录来看，该作品在克利夫兰艺术博物馆时期为伍尔夫先生所有，当它在奈良展出时被一个大阪的私人藏家买下。参见 Czuma，*Kushan Sculpture*，p. 203；and Nara National Museum，*Bosatsu*，p. 12。

[139] Tanabe，"Iconographical and Typological Investigation," p. 99.

[140] 印度创作的各种古代风格作品已广为接受。关于采用古代风格的新制作品（包括一个犍陀罗风格的石制头像）的讨论，参见 Joanna Williams，"A Forged Gupta Head," in Linda，ed. *The Real*，*the Fake and the Masterpiece*，pp. 33 - 36。

[141] Jean Baudrillard，*Simulations*，trans. Paul Foss，Paul Patton，and Philip Beitchman [New York：Semiotest (e)，1983]，p. 11. 虽然我使用"仿制品"（simulacrum）一词是受了鲍德里亚的启发，但我们俩对此词的把握和兴趣点并不相同。

[142] Mark Jones，ed.，*Fake? The Art of Deception* (Berkeley and Los Angeles：University of California Press，1990)，p. 16.

[143] 关于"正统的权威"，参见 Michel Foucault，"Truth and Power," *Power/ Knowledge：Selected Interviews and Other Writings*，*1972－1977*，ed. Colin Gordon (New York：Random House，1977)，p. 131。

[144] 1852 年，E. C. 贝利鉴定了"一个体现了相对晚近时期的工艺的佛像"（Bayley，"Notes on Some Sculptures," p. 621）。

[145]"识别赝品需要经过一个复杂的验证过程……而即使是广泛地与真   *106*
实性毋庸置疑的作品进行比对，最终也无法保证其结论的正确性。因为这些
参照物之所以被信以为真，或者是因为有文献记载其出土过程，或者是因为
博物馆在很早以前以很低的价格获得了这些藏品（在 20 世纪以前，我们几乎
对赝品一无所知）。"（重点强调）（Williams，"Forged Gupta Head，"p. 35）

[146] 例如，参见 Jean W. Sedlar，*India and the Greek World*（Totowa：
Rowman & Littlefield，1980），pp. 66 - 67，178 - 79；Sherman Lee，*A History
of Far Eastern Art*，4th ed.（Englewood Cliffs，N. J.：Prentice - Hall，1982），
pp. 93ff；Elfriede Regina Knauer， "The Fifth Century A. D. Buddhist Cave Tem-
ples at Yun - kang，North China：A Look at Their Western Connections，" *Ex-
pedition* 25，no. 4（Summer 1983）：27 - 47；Susan Huntington，*The Art of
Ancient India*（New York：Weatherhill，1985），pp. 125ff；*Harle，The Art and
Architecture of the Indian Subcontinent*，pp. 71ff；R. C. Sharma，*Gandhāra
Sculpture*，Album of Art Treasures，series no. 2（Calcutta：Indian Museum，
1987）；Frank E. Reynolds and Charles Hallisey， "The Buddha，" in *Buddhism
and Asian History*，ed. Joseph M. Kitagawa and Mark D. Cummings（New York：
Macmillan，1987），p. 40；Ahmad Nabi Khan， "Gandhāra Art of Pakistan，" in
The Route of Buddhist Art，exhibition catalog for The Grand Exhibition of Silk
Road Civilizations（Nara：Nara National Museum，1988），pp. 170 - 75；Patricia
Eichenbaum Karetzky， "Hellenistic Influences on Scenes of the Life of the Buddha
in Gandhāra，" *Oriental Art* 35，no. 3（Autumn 1989）：163 - 68；Nehru，*Ori-
gins of the Gandhāran Style*；and Derrett， "Homer in India：the Birth of the
Buddha"。

日本民族主义中的禅宗

罗伯特·H. 夏夫 (Robert H. Sharf)

李婵娜 译

如果我对此人之言没有领会错的话，这正是我在我的全部著作
中所一直想说的。

——海德格尔评说铃木大拙①

禅宗已经被吹捧为一种破除偶像崇拜和唯信仰论的传统，它反对经院式
的学习和仪式主义，而支持自然、天性与自由。在一些热衷者眼中，禅，准
确说来并不是一种宗教，至少这个词没有宗派或者组织这层意思。同样禅也
不是一种哲学、一种信条，抑或一种精神手段，相反它其实是一种"纯粹经
验"（pure experience）——一种超越了逻辑的"纯粹主体"（pure subjectivi-
ty）的非历史性和跨文化性的体验。于是，对禅悟的精粹表达——"公案"
（kōan），也就被相应地理解为一个非逻辑的或非理性的谜题，它可以预先阻
断我们的思维并带来一种"永恒的存在"（eternal present）。同时禅作为对生
命本身完整的、直接的体验，没有受到人类文明滋生物的污染，因此它是东
西方一切真正教义的根本源头。你可以说禅是佛教的一部分，但它同样还可
以是基督教、犹太教，或阿拉伯教的有机成分。因此，它特别适合作为跨宗
教信仰交流的基础。

---

① 参见李泽厚：《中国古代思想史论》，209 页，北京，人民出版社，1985。——
译者注

我已经在别处讨论过，上述对禅的流行认识，不仅在概念上自相矛盾，而且还是一种对禅宗传统思想的严重曲解——现存的丛林修行的一些情况就能全部驳倒这些观点。[1]参禅是禅宗丛林修行中最为仪式化的内容之一。"禅悟"绝不是一种跨文化和超历史的主观体验，而是在复杂编排并高度公开的仪式表演中形成的。"公案"这一类内容，并不是一种逃避理性的手段，而是一种高度复杂的经文言诠格式：要想掌握或"解决"某一特殊的"公案"，在传统上要求对经典教义和经典禅宗文献有着充足的知识储备。

虽然我不想在这个问题上多费口舌，但我还是希望重点探究一下禅的这个流行观点是如何起源的：西方人是怎么发展到将禅宗理解为超个人体验或"直接"个人体验的呢？而为什么西方的知识分子、宗教学者、基督教神学家，甚至天主教修道士们，会无视历史学和人种学上的大量反面证据，仍旧如此热衷于接受这种曲解呢？

为了获得满意的答案，我们有必要复原当代禅之话语的西方社会历史和思想意识背景。我们必须记住，禅在西方佛教研究领域中是一个相对较新的事物，它主要是通过日本卫道士的弘法活动而进入西方学术界的。相比之下，其他大部分的佛教传统则不是如此，它们是通过一些勤奋的西方历史学家和语言学家对经典语言的佛教经文进行编译和注解，被学者典型地介绍到学术界中的。[2]到了世纪之交，这些学者已经实现了对于佛教历史和文本的大量研究，同时还有很多西方人旅居亚洲或者有机会直接观察佛教团体的活动，他们也补充提供了很多实地研究报告。但是事实上，在19世纪可以见到的研究中，不管是文本学还是人种学研究，从来都没有真正关注过禅。[3]

禅不是像上面所说的那样通过西方的东方学家们被引入西方学术界的，而是通过那些具有国际眼光的日本知识分子和行走于全世界的禅宗僧人的精英圈活动。这些僧人对于弘法的热情通常仅次于他们对西方文化那种充满矛盾的迷恋。这些日本禅宗卫道士基本上诞生于明治时期（1868—1912），生活在由日本迅速西方化和现代化所引发的深刻社会和政治混乱中。在了解了早期禅宗弘法者的背景之后，有人或许会希望西方佛教学者应该用怀疑主义的眼光，或者至少采用谨慎的态度，来看待那些人"高尚"的宣言。但是事实并非如此。现在我们首先开始简单地回顾那些将禅西传的关键人物，并对他们登上历史舞台的那个时期的社会环境进行简单的考察。

🌀 明治佛教和"日本之灵魂"

明治早期是日本佛教的艰难时期。佛教已经成为最严厉的抨击对象，并成为排佛运动或称作"废佛毁释"（haibutsu kishaku）运动的迫害对象。政府的理论家们一度成功地将佛教贬为腐败的、衰退的、反社会的、寄食的和迷信的教义，并认定其对日本科学技术的进步极为不利。同时，佛教又被其反对者成功地重塑为一个与日本文化情感和内在精神完全对立的异域"他者"。[4]

明治早期佛教寺院受到的巨大冲击，不仅仅是政府排佛政策之成功的结果，而且也是急速现代化、工业化和城市化而带来的社会巨变的结果。佛寺必须得应付政府对营利性寺院财产进行的征缴。更糟糕的是，政府的迫害加上城市化的急速发展，还共同导致了教友系统（parishioner）的崩溃。而这种教友系统在整个德川（Tokugawa）时代曾经为佛教寺院保证了依附寺院的"成员家庭"给予的经济支持。

但是他们没有认输。相反，一批现代佛教的先驱者们不断涌现，并为佛教立言。[5]他们都是受过大学教育的知识分子，不怕承认德川晚期佛教体系存在的一些缺点，如腐败、衰朽和宗派间的高度敌视。但他们却坚持认为，这些问题只是反映了佛教在一定程度上迷失了纯粹精神之本，故问题不是出在佛教本身，而是出在那些使佛教沦为猎物的制度和宗派陷阱上。因此，解决办法不在于外部的持续宗教迫害，而在于内部的宗教改革。

在这个自我辩护的策略中，人们很容易看出，19世纪晚期的欧洲思潮已经弥漫于明治时期的日本大学校园里。那些日本知识分子们努力想将他们的国家带入"现代世界"，因此他们自然会注意到欧洲对机构化宗教的批判，这些批判是宗教改革中的反教会主义和反仪式主义、启蒙运动中的理性主义和经验主义、施莱尔马赫（Schleiermacher）和狄尔泰（Dilthey）等人的古典主义，以及尼采的存在主义影响下的产物。在其中，一些日本佛教领袖的主张有些过火，他们认为政府对佛教的镇压实际上是一种净化，能够清除佛教中的腐朽残渣，从而实现佛教向本真的回归。由于以上学者的努力，我们后来所知的日本"新佛教"诞生了，"新佛教"即一个"现代的"、"世界性的"、"人文主义的"和"有社会责任感的"佛教，这个重构的佛教以"真实"或者"纯净"的佛教为姿态，被构想为一种"世界性的宗教"，并时刻准备着占据普遍信条的地位。他们认为真正的佛教决不排斥理性；相反佛教还曾一度清除过所有的迷信成分，因此它是彻底经验主义和理性主义的，而且与现代科学研究的成果保持高度一致。据其辩护者所说，早期佛教实际上已经在多个领域中——比如物理学、天文学和心理学——参与了现代科学的发现活动。

在对其信仰的积极辩护中，佛教领袖们主动借用了政府宣传家和本土主义运动在思想领域的行动。他们自愿成为普及国体（kokutai）意识形态的帮凶，而这种思想旨在将日本描述为一个文化上同质的、精神上不断发展的、政治上统一于天皇的神圣统治的国家。[6]佛教弘法者们始终坚信佛教是日本人民高尚品德的栖息地，甚至不惜穿上神道教（Shintō）的长袍，在军部（kyōbusho）的支持下传播着民族伦理道德。[7]随着日本在亚洲军事和殖民势力的不断崛起，佛教的"异域性"由其软肋转化成了一种资本：佛教作为所有亚洲国家和地区文化遗产的地位，使得日本不仅确信自己与亚洲大陆的文化和精神是密切一致的，同时又断言自己在精神和道德上占有优越地位。新佛教的知识分子领袖们引用了世纪之交流行的宗教进化论模式进行论述，并认为日本佛教是佛教最高级的进化形态。实际上，还有一些日本人甚至坚持认为，作为亚洲精神之源的纯粹佛教仅仅存在于日本。因此在那个帝国主义野心和军事冒险主义膨胀的时代，日本就自封为东方精神和道德遗产的唯一继承者。

因此，这场成功的佛教辩护很自然地被日本禅信徒们接纳并进一步发展。他们宣称，禅并不在启蒙思想的宗教批评范围之内，因为它根本不是一种宗教；它严格意义上说更像是一种经验性的、理性的和科学的探究事物本质的方法。同时，禅之话语的重构早被意料到会建立在，或者说必然要根植于 19 世纪晚期和 20 世纪早期的日本国粹主义和帝国主义意识形态中。禅于其中被宣扬为亚洲精神的核心、日本文化的精髓，以及日本民族特质的关键。

在亚洲，日本取得了一系列令人震惊的军事胜利，尤其值得一提的是，它在 1895 年打败中国和 1905 年挫败俄国，随着后来日本的军事实力进一步扩展到朝鲜、中国的满洲和台湾，人们渐渐开始用 bushidō 或 "武士道" 来为大和民族在军事和文化上的成就做解释。这个被构想出来的古代 "武士准则"（samurai code），列举了无数广为流传的传说和神话里的英雄事例，宣扬一种自我约束、自我牺牲、思想专一、对主人绝对服从以及无畏死亡的精神。国体论（kokutai）的拥护者们提出，这些精神是全体日本人与生俱来的品质——"武士道" 即是 "日本性"。虽然前现代文学里几乎没有出现过 "武士道" 这个词，但这并没有阻止日本知识分子和宣传家们利用它来阐明和颂扬日本人在文化和精神上的优越性。[8]

并不只有日本人接受了这种对日本民族进行崇高化的罗曼蒂克式（romantic）观点。1900 年新渡户稻造（Nitobe Inazō）的《武士道：日本的灵魂》（*Bushido：The Soul of Japan*）、1906 年图仓角藏（Okakura Kakuzō）的《茶经》（*Book of Tea*）、1925 年杉本夫人（Sugimoto）的《武士的女儿》（*Daughter of the Samurai*）三本书的英文版出版，向英语世界介绍了 "日本人论"（nihonjinron）——一种刻意构造出来的关于日本独特性的理论——的种种狂想。[9] 而欧美那一代人就轻信了明治时期的这些夸张言论，将日本当成高尚无私并且审美触觉敏感的民族。而且更值得注意的，正是在这个时期禅第一次普遍地进入西方的视野。正如我们会看到的那样，第一本关于禅的英文作品强调的正是禅与 "武士道" 之间的密切关系。

◎ 禅与武士道

第一本关于禅的英文作品是释宗演（Shaku Sōen，1859—1919）写于 1906 年的《一位方丈的训诫》（*Sermons of a Buddhist Abbot*）。[10] 1893 年他参加了世界宗教大会，随后在美国和欧洲巡回演讲（lecture tour），并出版了自己的英文讲稿。宗演的这些努力，加上他的一些学生，特别是铃木大拙（1870—1966）和千崎如幻（Nyogen Senzaki，1876—1958）的付出，使他成为禅之西传过程中的关键人物。虽然他享有这样的地位，但我们应该意识到宗演绝非一个典型意义上的禅师（rōshi）：他是受过大学教育的知识分子，并在美国、欧洲和亚洲很多地方广泛地旅行，他还是一位公开的宗教改革家，他将他大部分青壮年生涯奉献在指导佛教信众上，而不是培养禅师上。

宗演的现代主义观点一定程度上受到了他的老师今北洪川（Kōsen Sōon，1816—1892）的影响。Kōsen Sōon 更广为人知的名字是 Imagita（或 Imakita）Kōsen，他是备受尊敬的但却不太正统的临济宗（Rinzai）的领袖，他从 1875 年起直到逝世的 1892 年一直担任圆觉寺（Engakuji）的住持（kanchō）。[11]洪川禅师受过很好的教育并对中西方哲学深感兴趣。他曾在明治政府中担任过很多职务，比如他于 19 世纪 70 年代曾在军部担任过"国家传教士"（kyōdōshoku）。[12]今北洪川也是明治早期佛教改革中地地道道的一分子，就这点而言他也是"无教派的"、"普遍的"和"社会化的"佛教积极分子。今北洪川积极地鼓励世俗人士参与佛教修行，并在圆觉寺为修行参禅的世俗弟子开设了一个新禅堂。

宗演 12 岁时即剃度出家，在到镰仓（Kamakura）接受修习之前，他曾在京都的妙心寺（Myōshinji）和冈山（Okayama）的曹源寺（Sōgenji）学过禅。在镰仓的圆觉寺，宗演在今北洪川门下完成了他的正规修行，并且年仅24 岁就取得了修习合格证书（inka-shōmei）。接着，他便走出了不寻常的一步——进入东京的庆应（Keiō）大学读书，这所大学创建于 1866 年，是主要研究西方文化的著名学府。[13]1885 年毕业后，只有二十来岁的宗演进入印度和锡兰学习佛经语言。从 1887 年到 1889 年，他在锡兰学习了两年巴利文，之后回国。然后于 1892 年他师傅圆寂之后被选为圆觉寺的总住持。作为住持，宗演继承了其师傅鼓励世俗禅宗信众进入寺院修习的做法，他还恢复了洪川专为训练世俗信男善女而在东京成立的一个坐禅（zazen）团体。[14]铃木大拙回忆说："那时候，去宗演老师那里寻求 sanzen（私人指导）的人，不管是僧侣还是世俗弟子，都是惊人地多。"[15]

1893 年，宗演成了第一位访美的禅师。在那里，他作为芝加哥世界宗教大会中的禅宗学派代表，带来了积极而持久的影响。宗演在世界宗教大会上的发言稿是由当时尚不知名的铃木大拙在作家夏目漱石（Natsume Sōseki）的帮助下翻译成英文的。世界宗教大会之后，宗演安排铃木到美国跟随保罗·卡卢斯（Paul Carus，1852—1919，参见下文）学习。反观这段历史，铃木可能是对宗演的禅之西传贡献最大的人。

宗演也在亚洲大陆的日本殖民领地上旅行。他首先在日俄战争的头几个月里到达满洲，担任军队的一个文员。[16]日本取得战争胜利之后，他开始了

113

他的环球旅程，并在美国、英国、法国、德国、意大利、锡兰和印度等地先后做过关于佛教和禅的讲座。1906 年回到日本后，宗演拒绝了长期担任住持的职务，选择了将他的全部精力投入到向世俗社会传授禅上。于是他花了几年时间走遍了日本，进行讲座并指导信众的禅修习。1912 年，应南满铁路公司之邀，宗演再一次来到满洲和朝鲜并向日本殖民行政机构的成员们讲授禅和日本文化。

宗演的佛学方法，是明治时期那群国际化和知识分子式的宗教领袖们所使用的典型新方法。他在 1893 年世界宗教大会上的发言有一种包容的精神，他将佛教描述成一种与世界上其他信仰、科学和哲学和谐一致的"普遍性宗教"[17]。但是他第二次美国之行时出版的弘法文集，却透露出他对那个时代的国粹主义和排外主义充满支持和共鸣。事实上，他 1912 年在朝鲜、满洲等地的系列讲座的题目——"大和民族的精神"——就道出了这点。而他也不对他的西方追随者们隐讳自己的国粹主义倾向。《一位方丈的训诫》这部论文集做了三小点总结，在诉说了战争带来的严重恐怖的同时，又为日本军队对满洲侵略的正义和光荣正名：

> 战争不一定都是恐怖的，只要是出于一个正义而光荣的原因，只要是为了维护和实现崇高的理想，只要是为了捍卫全部人类文明。可能会有很多人的肉体被毁灭，可能会有很多人的心灵遭受创伤，但是从更高层次的角度来看，这些牺牲就是在灵魂的圣火中涅槃的凤凰，他们将从残喘的灰烬中振翅而起，获得新生，变得高尚而且光荣。[18]

除了关心如何为日本的军事侵略正名之外，宗演在西方所做的佛教讲演也透露出他对"日本人论"的精髓——东西方思想方法的差异——感兴趣。人们总是说西方人是喧嚣的、浮躁的、迷恋财富的和挥霍精力的，总之是不适合东方的神秘学说的。而东方人则相反，他们是在不断强调"保持潜在的精力、及时补充和滋养精神力量之源泉"的必要性的过程中成长起来的。东方人的理想是"成为不可理解的、不可测度的、不可证明的甚至是一个绝对的存在"，因此，宗演认为东方人自然会亲近禅。[19] 与其他早期"日本人论"

理论家一样，宗演对大和民族精神不断地进行思考。这些理论家包括图仓角藏（1862—1913）、和辻哲郎（Watsuji Testsurō，1889—1960）、九鬼周造（Kuki Shūzo，1888—1941）、铃木大拙，以及田边元（Tanabe Hajime，1885—1962）。所有这些人在旅居西方期间或者回国之后都被鼓动在东西方差异上大做文章。我将会在下文讨论这一点。

出现的关于禅的第二本英文著作的题目是《武士的宗教：对中国和日本禅宗哲学和戒律的研究》（*Religion of the Samurai：A Study of Zen Philosophy and Discipline in China and Japan*），作者是曹洞宗（Sōtō）僧人忽滑谷快天（Nukariya Kaiten，1867—1934），他也是一名大学教授，还是铃木大拙的私交。[20]这部书是忽滑谷快天在哈佛大学旅居和演讲的时候写成的，出版于 1913 年。书中写道，佛教只存在于日本；禅就算不是最古老的也是历史悠久的佛教形式（*Religion of the Samurai*，pp. xviii‐xix）；"真正的'禅'"只能在日本找到（p. 1）；禅宗思想"与新佛教思想是一致的"（p. xix，n. 2）；禅对新崛起的军国日本来说是一个理想的信仰："禅是现代日本，特别是日俄战争以后的日本，为其崛起的一代人所准备的理想的信仰"（p. xii）。忽滑谷快天进一步论证说，禅的精神和道德标准，在本质上与武士的相同（pp. 35‐40），他还为那些"不仅在日本，而且在人类的历史上拥有独特的忠诚、智慧、勇敢和谨慎的"旧日本的大将们写过赞歌（p. 43）。

115

> 明治天皇复位后，禅就变得不怎么流行了，而且蛰伏了近三十年；但是自日俄战争起，它就开始复兴了。现在它已经是一种理想的信仰——不仅是一个充满希望和精力的国家的信仰，也是一个在生活的斗争中奋力拼搏的人的信仰。武士道，或说是骑士准则，不仅是战场上的战士们应该奉行的，还是每一个为生存而奋斗的公民应该遵循的。人之所以为人而非禽兽，是因为他是一名武士——拥有勇敢、慷慨、正直、忠诚的品质，富于男子气概，满怀自尊和自信，且同时充满自我牺牲的精神。我们可以从已故的乃木（Nogi）将军身上找到这样一种武士的化身。他是旅顺口（Port Arthur）之战的英雄，他的两个儿子在日俄战争中为国捐躯，之后他和妻子也为已故的天皇献出了生命。他没有白白地牺牲，因为我们都能够看

到，他那最后壮举所体现的坦率、正直、忠诚、勇敢、自制和自我
牺牲的精神，无疑会鼓励着新一代具有武士精神的人们，并从中产
生数百个乃木来。（pp.50 - 51）

这一曲乃木将军的动人赞歌所反映的是真实情况，载于1913年出版的
一部介绍禅的书上。1912年，日本的战争英雄和将来昭和（Showa）天皇的
导师乃木希典（Nogi Maresuke，1849—1912）将军做出了震惊全国的行
为——他与妻子一起在明治天皇的葬礼上切腹（seppuku）。尽管一些外国媒
体对这种震撼人心的武士道精神进行了褒扬，但乃木自杀的消息却在日本知
识分子中引起了巨大的迷茫和悲痛。他们觉得践行殉死（junshi，即对主人
誓死相从）是过时的、过度夸张的，而且对于一个寻求国际认同其具备现代
世界力量的国家来说，是一件很尴尬的事情。[21]

然而仅就忽滑谷快天来看，他从不犹豫对乃木的自杀壮举进行赞美。众
所周知，乃木自己对禅宗修行很有兴趣，他还从备受尊崇的大师和南天捧
（Nantenbō，1839—1925）那里接受指导和公案修行。而作为一位忠实的民
族主义者和日本军部的一员，和南天捧老师在回忆录里称自己曾在禅理上指
导过乃木。禅的本质，在和南天捧看来，即在于直接（jiki）这个词。它有三层
独立但相互联系的意思：（1）毫不犹豫地前进，（2）直接心对心地交流，以及
（3）"日本的精神"（yamatodamashii，大和魂）。[22]这种解释明显是为明治晚期
禅的卫道士服务的，有利于帮助他们将"禅的本质"同时等同于"武士道精
神"和"日本的精神"。上述这三个观念都充斥着帝国主义侵略和绝对服从天
皇的意味。[23]

🌀 铃木大拙与科学宗教

禅与普遍的日本文化，特别是与武士道有联系，这个观点借由铃木大拙
的作品而为西方禅学学者所熟知。铃木是禅之西传中最有影响力的一个人
物。然而，虽然铃木经常扮演"禅者"（man of Zen）的角色，但他在有生之
年始终未曾出家。他接受正规禅学训练的时间主要集中在1891—1897年，那
时他还是东京的大学生。铃木会在周末和长假中挤出时间，赶到镰仓，在今

北洪川和释宗演的指导下进行禅宗修行。[24] 因此在很大程度上说，铃木是明治新佛教的产物，因为如果是在之前数十年的话，一个中产阶级的俗人想要接受铃木在圆觉寺获得的禅坐和公案等的指导，几乎是不可能的。

描述铃木大拙生平的作品很多，尽管其中很多作品都是圣徒传类的，我还是首先对他的早期事业进行最简洁的回顾，以便集中讨论他的禅学。[25] 铃木于 1870 年出生于金泽（石川县），他对禅最初兴趣的产生是受到高中数学老师北条时敬（Hōjō Tokiyuki, 1858—1929）的影响。后者是今北洪川老师的一个俗家弟子。几乎同年（即 1887 年）铃木遇到了同校的西田几多郎（Nishida Kitarō），他们两个后来成了一生的挚友。1889 年铃木因为经济困难被迫退学。在担任了一段时间的小学英语教师之后，他于 1891 年进入早稻田大学（Waseda University）。之后不久铃木转学到东京帝国大学（Tokyo Imperial University），同时开始到圆觉寺向今北洪川老师学习，在今北洪川死后又跟随释宗演学习。铃木回顾说，宗演老师让他首先从"无公案"（mu kōan）开始学起，而他于 1896 年借由在腊八摄心（为纪念佛的启示而进行的为期一周的强化修炼）上获得的"开悟"（kenshō）而"完成"了无公案修习。

1897 年，他到伊利诺伊州的拉萨尔市，跟随《敞院》（*The Open Court*）的编辑保罗·卡卢斯学习。从此，铃木的生活发生了戏剧般的改变。他在拉萨尔待了整整 11 年时间，并在敞院杂志[26] 当翻译和校对员来维持生计，当然其间他曾为了担任宗演老师在旅美期间的翻译和助手而于 1905 年离职过一段时间。铃木在拉萨尔的职业生涯对他禅学思想发展的影响不容低估——最起码他从卡卢斯那里受到的指导，可以说在很多方面都与之前在日本进行的禅宗修炼同样的深入和持久。但是当代禅宗历史学家们似乎完全忽视了卡卢斯对青年铃木大拙的影响的程度和性质，这个影响甚至在铃木离开日本之前已经出现。正如我们下面将分析的，这种忽视可能一定程度上是因为铃木似乎有意淡化他与卡卢斯之间的关系，而歪曲了导致他去拉萨尔的情势。

为了避免跑题，我尽量对保罗·卡卢斯进行最简洁的描述。卡卢斯于 1852 年生于德国哈茨·伊尔森堡（Ilsenburg am Harz），是一位有名的改革派牧师的儿子。[27] 他接受了良好的德国式教育，并于 1876 年在图宾根（Tübingen）大学取得博士学位。然后他受到美国宗教和学术自由保证的吸

引，于 1884 年移居美国拉萨尔，为两份期刊——《敞院》和《一元论者》
（*The Monist*）——撰稿。前者创刊于 1887 年，是一份关于科学宗教的专业
刊物，所谓科学宗教，即“对宗教的科学性研究和对科学的宗教性研究”；
而后一种刊物也在不久之后发行，旨在刊登更多关于科学宗教的哲学性和学
术性的文章。

科学宗教是卡卢斯基于他的观点——科学真理和宗教真理没有本质的不
同，且宗教性的虔诚也适用于这个统一的真理——提出的。[28] 在“科学宗教
系列丛书”（The Religion of Science Series）第一辑的前言中，卡卢斯描述了
他的计划：

118

> 敞院杂志的工作……旨在提出、发展并建立科学宗教……而建
> 立科学宗教，绝不等同于革除旧的宗教，而应该是净化旧的宗教并
> 提升它们的潜在价值，以使它们的神话传说能被改造成为严格的科
> 学概念。我们的工作旨在保护旧宗教中一切的真和善，并通过破除
> 其中迷信的、非理性的元素，以及毫不留情地剔除其中的错误，来
> 净化旧宗教。（*The Religion of Science*，p. iii）

卡卢斯以“一元论”或者“实证主义”为题来阐明他的科学宗教的哲学
基础，通过这两个名字，他表明了物质与非物质、现象与实体本质的统一。
一切真理都归于通过理性科学研究而发现的统一体，而对这个真理的发现将
会为人类的一切问题提供解决办法。但是卡卢斯很坚决地反对物质主义、无
神论和不可知论等与经验主义和实证主义密切联系的理论。[29] 因此，卡卢斯
即会毫不犹豫地谈及上帝、灵魂和永生，又坚持认为只有以宗教的途径来研
究科学才会产生真理。[30]

19 世纪 90 年代中期，卡卢斯已经开始将佛教当作在精神上与他的科学
宗教最接近的宗教。佛教本质上既是实证的又是科学的，它“提出了一种不
变的一元论……（这）从根本上反对了形而上的假设和哲学上的推论，并将
宗教建立……在纯粹的经验事实上……在佛教中，理论微不足道，而事实胜
于一切”[31]。在卡卢斯看来，佛陀本身就是“第一个实证主义者、第一个人
道主义者、第一个激进的自由思想者、第一个破除偶像崇拜者，以及科学宗

教的第一个先知"[32]。卡卢斯对佛教近乎无止境的尊崇一定程度上反映了1893 年世界宗教大会的影响。他参加了会议，并在《敞院》中撰文庆贺。[33]卡卢斯对与会的亚洲代表们主动表示友好，而且他在接下来的数十年中，使用种种方法不断保持这次会议之精神的鲜活。[34]会后不久，卡卢斯编辑了《佛陀的福音》（*The Gospel of Buddha*），这部文集重译了所能接触到的学术文献，但很让卡卢斯惊愕的是，这些文献曾在当时受到不少佛学家的抨击。[35]《佛陀的福音》最早出版于 1894 年，是"科学宗教系列丛书"第十四辑，它至少发行了 13 个版本，而且被翻译成了日语（由铃木译）、中文、德语、法语、西班牙语、荷兰语、乌尔都语以及其他语言。[36]卡卢斯将佛教作为一种"与超自然的现象无关的宗教"，完全建立在"人类对事物本质的了解上，建立在可证实的真理上"[37]，这种说法总体说来对佛教现代主义者，尤其是对日本新佛教的拥护者来说，有强烈的吸引力。释宗演本人就称赞卡卢斯将佛教的极乐世界（nirvana，涅槃）展现成"与现世生活相关而且真实、积极、无私、相当乐观"[38]。宗演甚至表示卡卢斯编辑的作品比佛教经典本身更适合日本的佛学学生！[39]

119

卡卢斯还用刊物的很大篇幅来提出一种宗教达尔文主义："适者生存的法则也很适用于精神机构的领域。"[40]卡卢斯认为传教运动大有裨益，因为各种弘法团体之间的竞争可以促进宗教机构的健康发展。"不同宗教之间的竞争可以刺激它们的信徒发展最优秀的素质，并对自身的行为保持警觉。"[41]竞争的结果将会产生各种宗教的统一体，即科学的宗教。

卡卢斯的宗教进化论、宗教与科学之统一以及佛教进步性本质等理论，吸引了像铃木大拙一样学习西方哲学和禅宗的年轻日本学生。事实上，就在铃木翻译了《佛陀的福音》后不久，他就写信给卡卢斯介绍自己，并称赞卡卢斯"正确理解了佛教的本质"[42]。卡卢斯于 1895 年 4 月 11 日给铃木回信，并附上包括《科学宗教》在内的一些自己的书的复印件。然后，同年 12 月17 日，宗演为了铃木写信给卡卢斯：

> 我现在为了铃木大拙，也就是阁下的《佛陀的福音》的翻译者，而向您提出一个不情之请，希望能得到您的应允。铃木经常谈起，您诸多作品中随处可见的那种成熟的信念深深触动并启发了

他，因此他急切地盼望能够出国在您的指导下学习。如果您能感受到他远大的志向并同意指导他，他将会欣然地去做一切您吩咐的事，只要他能做到。[43]

卡卢斯立即回复了宗演，还附了一封极为礼貌的欢迎铃木到美国的邀请："我希望他的到来会对他有所帮助，从而使他能够更有效地为宗教和日本的进一步发展服务。我自己当然万分欣喜能与他会面，而且无论何时，只要我还有能力帮助他，我都会很高兴地去指导他学习。"[44]

这段记载与 20 世纪 50 年代晚期铃木的版本有严重出入。彼时铃木声称他被派往美国是应卡卢斯对于一位中文翻译的需求。[45] 这似乎是 20 世纪 50 年代的铃木，刻意将他在拉萨尔的身份改变成保罗·卡卢斯的合作者和敞院杂志东方事务常驻专家，而不是一个年轻的日本的哲学学生，到国外跟随一位相当古怪的德裔美国评论家学习科学宗教。但是按哈罗德·亨德森（Harold Henderson）的话说，所有证据都表明"最初推动铃木去美国的……不是一份翻译工作，而是卡卢斯的哲学"[46]。

在拉萨尔这个矿业小镇上，铃木为了维持生计，还担任了保罗·卡卢斯的总助理和男仆，我们可以想象，他在那里继续吸收卡卢斯的哲学一元论、宗教本质统一论以及纯粹的佛教本质上是理性、经验性和科学性等的思想。这种赋予佛教以民族性、历史性以及哲学性的略显天真的描述，来自住在美国边境的一位卓越的德国哲学博士笔下，不过这种天真在很多方面与明治新佛教的卫道士的观点完全相同。但这也许很正常：卡卢斯和明治社会中思想自由的同时代人一样，拒绝接受传统宗教体系下的僵硬的真理，但是却畏惧一个没有上帝的相对论宇宙。因此，他通过彻底的一元论来维持认识论上的确定性，这种一元论教条性地认为思想和物质是统一的，精神王国与科学真理是统一的，卡卢斯希望的就是开创这种能团结全世界人民的新的普遍性科学宗教。而这恰好也是明治时期佛教知识分子们的期望，他们极力宣扬，"纯粹佛教"具有新时代需要的那种科学的、非一元论的教义。然而，卡卢斯所信奉的宗教统一论与明治时期新佛教徒所信奉的教义之间有一个很重要的差别：对日本人来说，"各民族统一"的概念可以毫不含糊地解释为，对正在进行的、将东亚统一到神化的日本天皇精神统治之下的军事行动的支持。

1909 年回日本后，铃木在学院（Gakushuin）大学（1909—1921）和东京帝国大学（1909—1914）担任了一系列课程的英语讲师。1921 年他移居到大阪，担任大谷大学（Otani University）佛教哲学教授，在那里他创办了《东方佛教徒》（*Eastern Buddhist*）一刊。毫无疑问，这份刊物受到《敞院》和《一元论者》不小的启发和影响，从铃木撰写的第二期编辑评论里我们就能找到这样的证据："我们的观点是，大乘佛教应该被看成一个整体，是个性化的事物并且从中不能区分出教派之别，尤其没有派系的偏见，当然对一个根本真理的理解是存在多方面、多角度的描述的。从这个角度来说，佛教和基督教以及其他所有宗教信仰都只不过是深深扎根于人类灵魂中的同一种原始信仰的不同变体。"[47]

我们不会对铃木毕生那漫长而有魅力的事业，包括对他在欧美的长期旅居及其所著的数十种日文和英文书籍进行编年，否则我们便会偏离主题。这将使我们的注意力无法集中于下面的事实：铃木的注释计划——即他向日本和西方世界的世俗人群展示禅的计划——受当时西方思潮的影响程度，与其受到禅的有限熏陶的程度是不相上下的，因为他在东京学习哲学以及在拉萨尔担任卡卢斯的助理时曾广受西方思潮的熏染，而在其受到禅的影响上，他仅仅只是圆觉寺的一名俗家修行者。

铃木大拙的禅

铃木关于禅的第一篇英文作品是一篇随笔——《佛教中的禅宗》（"The Zen Sect of Buddhism"），于 1906 年发表在《巴利圣典协会学报》（*Journal of the Pali Text Society*）上，与宗演的《一位方丈的训诫》同一年发表。[48]事实上，铃木这篇随笔摘录了宗演《一位方丈的训诫》里很长的一段内容，此外还有摘自《坛经》（*Platform Sutra*）和其他禅宗文献的译文。而且有人可能会认为它还包含了对于禅、日本文化以及武士道三者之间关系的长篇讨论：

> 武士道的人生观与禅宗的人生观甚为相近。武士道所特别强调

的那种日本人在面对死亡之际显而易见的宁静甚至是心之喜悦、日
本军人在面对强敌时的无畏精神以及同对手的公平竞争，都来自禅
宗的精神修行，而不是来自某些人所想的东方特有的那种盲目的、
宿命论的观念。（"The Zen Sect of Buddhism"，p. 34）

随笔还包含了一些对中国佛教现状颇为负面的评论。铃木一面承认禅宗
是"彻底中国的"，一面又进一步说禅宗"作为一种存活的信仰，在那个垂
老而蹒跚的国家里跟其他任何东西一样死气沉沉"（p. 17）。这成为在他后来
的作品中重现的主题，我在下文会返回来讨论。

在这篇早期随笔中我们也能读到他后来对禅的其他许多特点的阐述。比
如禅是一种"神秘的"学说，只有那些拥有"内心灵魂之觉悟"的人才可能
意识到，"这个宗派不仅在佛教自身，而且我相信在整个宗教的发展史上都
是独特的。它的学说，广义地讲，是思辨的密契主义（speculative mysti-
cism），而且它们是如此奇特——有时候是那么的诗意，有时却像是谜一
般——被展现和论证，因而只有那些真正深入观察它们并在其体系下接受过
训练的人才能看到它们的终极意义"（pp. 8 - 9）。但是铃木虽然确实在强调
"实际的内在感觉的重要性，即西方哲学家称之为直觉或直接知识的重要性"
（p. 27），而且他提到的禅宗轶闻确实涉及了"觉悟"的那一瞬间，但在这本
书里却只有一处轻描淡写地提到了"精神体验"（p. 13），而觉悟（satori）这
个词却从来没有出现。

除了这篇随笔外，铃木这段时期的大多数作品都不是关于禅的[49]，相
反，当时大部分作品是关于大乘佛教的论战文章，他以此回应在美国期间所
接触到的西方学术观点。早期的欧洲"东方主义"学者（我们用萨义德那充
满争辩意味的术语）过于频繁地认为"真实的"或"纯洁的"佛教即为"早
期佛教"，他们或隐晦地或明确地认为"早期佛教"在亚洲早已消亡。具体
来说，他们认为巴利文经典文献中的佛教即为早期佛教，同时西方学者普遍
将东亚的大乘佛教视作衰落的、混杂的且腐朽的。铃木早年在旅美期间一定
受过这样的偏见，所以他将自己在拉萨尔的主要精力贡献在阐明和维护大乘
佛教上。

因此，铃木于 1907 年即将离开拉萨尔之际，出版了他的第一部重要的

英文著作——《大乘佛教概要》（*Outlines of Mahayana Buddhism*），书中丝毫未提及禅的任何内容，也没有专门强调"体验"本身。[50]（这里对宗教体验讨论的缺失之所以受到关注，不仅在于利用觉悟这一体验方式来解释佛教是铃木后来的主要特点，而且在于他后来回忆自己动身去美国之前的最后一次圆觉寺腊八摄心上，他已有了一次觉悟体验。）[51]取而代之的是对大乘佛教教义冗乱而且高度理想化的介绍，它类似于一种学术研究与护教学的诡异混合体，这有效地将大乘佛教表现得与卡卢斯的科学宗教十分相似。与其他日本新佛教的支持者一样，铃木坚持认为佛教不是一种僵硬的教条，而是一种能够勾起人们最深层的渴念的冥契主义，它与现代科学的发现完全一致："神奇的是，在其他所有宗教或者哲学思想还在不遗余力地追求那些僵化的、关于自我本质的迷信的时候，佛教明显预测到了现代心理研究的成果。"（*Outlines of Mahayana Buddhism*，p.40）不仅佛教与科学之间没有根本差别，基督与佛陀的教义之间也没有根本冲突："我坚信，如果佛陀和基督调换他们随机的出生地的话，乔达摩可能将成为基督，站起来反对犹太人的圣传主义；而耶稣则可能会成为佛陀，提出无我的教义、涅槃和法身。"（p.29）而且"那些不带有宗派偏见的人会毫不犹豫地承认只有一种真正的宗教，这种宗教会随着环境的变化而呈现出不同形式"（p.365，n.1）。此处体现的宗教统一性原理，是在铃木担任卡卢斯学生的那段漫长时期之末的时候写的，可能出自卡卢斯本人之手。

在回日本的途中，他去了巴黎并参观了法国国家图书馆所藏敦煌文献，由此铃木对日本禅和净土宗的兴趣不断增加。1913 年开始，铃木出版了一系列研究和翻译斯韦登伯格（Swedenborg）著作的作品，此项兴趣一直持续到接下来的几年中。这仅仅是他工作的一项补充，他的工作主要还有对禅和净土宗的护教作品不断增多的研究，对禅文献如《楞伽经》（*Laṅkāvatāra*）的哲学研究，以及编辑和研究那些被复原的、有关禅的早期敦煌文书。但是直到多年之后，"禅宗体验"在铃木研究中的地位才提升到像在后期作品中那样高。事实上对宗教体验的强调，构成了铃木后期一切研究的方法，从研究佛教般若（prajñā，智慧）到研究公案文献等的基础。这应该在很大程度上是受铃木的一名故交西田几多郎（Nishida Kitarō）的研究的影响。

1911 年出版的西田的第一部主要作品《善的研究》（*Zen no kenkyū*）翻

开了日本哲学的新篇章。[52]它不仅开启了同时利用西方和亚洲文献资源的日本本土哲学运动（后来以 Kyōto gakuha 或 "京都学派" 为人所知），而且还是日本佛教的新诠解模式的基础，这种诠解模式将 "纯粹的"、"直接的" 或 "一元的" 体验置于仪式表演或教义学习之上。西田同时还为新一代的 "日本人论" 思想者们提供了哲学灵感。这群人一直以来都希望产生一种新的思维模型，来理清日本与非日本民族之间的差异，他们将会断言日本人在人种上和/或文化上注定比其他民族的人们更能直接地体验世界（见下文）。

而西田毕生的工作都在围绕着对 "纯粹经验"（junsui keiken）这个概念的阐释展开。在他第一篇哲学专题论文的开篇，他介绍这个概念说：

> 体验意味着了解现实本身是什么。我们可以通过摒弃自我技巧而完全按照事实来获得。因为通常讨论体验的人实际上总将某些主观想法掺和到这个观念中，但 "纯粹" 即意味着完全按照体验本身的状况，而不能掺杂任何思考或辨别。比如说，看见某种颜色或听见某种声音的那一瞬间，在你能思考这是外部事物的功能还是自我的感觉之前，抑或在判断这是什么颜色或声音之前，体验就已经产生了。因此纯粹经验等同于直接体验。当一个人直接体会到自我意识时，就没有主观和客观之分了，认识与认识的对象完全是同一的。这就是体验最纯粹的形式。[53]

在此及其后来的作品中，西田继续发展他的 "纯粹经验" 这一概念及 "自觉"（jikaku）等相关的概念。虽然西田极力反对这些术语中潜在的 "心理主义"，但是西田赋予这种 "不假他物地体验世界" 的哲学价值却能帮助西田 "（抵制）外部世界鼓动日本的那种自我理解，即以科学的知识理论或哲学的存在论来认识自我和世界"[54]。正是这种既能套用西方关键概念，同时又能挑战西方在思维模式上的文化霸权的能力，使得新佛教的拥护者们对它产生了极大的兴趣。很快 "直接经验" 就被吹捧为整个东方精神世界尤其是禅的特性。考虑到 "宗教体验" 在世纪之交的弗里德里希·施莱尔马赫、鲁道夫·奥托（Rudolf Otto）、法赫（Joachim Wach）、威廉·詹姆士以及其他重要的西方宗教学者的作品中的重要性，我们就会理解，为何那些为濒临灭亡的宗教体制另找出路的西方积极分子们会强调，个人的、直接的、真实的经验是禅的特质中最具吸引力的一个。[55]

但是讽刺的是，关于宗教体验的重要术语——keiken 和 taike（体 *125* 验）——在现代社会之前的日本文献中很少出现。它们同时在明治早期出现，用来表述那些没有现成日语对应词的西方术语。Keiken，我不能在任何前现代的中文或日文文献中查到，但是却成为英语"experience"最普遍的对译词。Taiken 在宋代新儒家的作品中偶尔能见到，意为"直寻"[56]，它的现代用法却可以追溯到德文 erleben 和 Erlebnis 的对应词上。莱斯利·平长斯（Leslie Pincus）指出，后面这个新词义，经证明是容易引起误解的，因为复合词"体验"（taiken）涉及了物质实体的内容，这使得"日本理论家们更容易把体验与本质相结合，因此可以使它不受批判"[57]。

同样地，虽然 jikaku（自觉）这个词偶尔见于中国古代的佛教文献，包括禅宗文献中，但它并不带有它在现代日语中的认识论或现象学的意义；它只不过指"自我觉醒的"或者"唤醒自我"，是相对于唤醒他人而言。[58]事实上，在前现代汉语或日语中，要找到包含现象学意义的"经验"一词的对应词是徒劳的。而将这些禅宗专用词汇，如"悟"（satori）或"见性"（kenshō，看到某人的原初本性），解释为西田的"纯粹经验"意义中的某些直接的体验，也是不合理的。在中国传统佛教文献中，这样的词汇是用来表示对重要佛教教义，如空性（śunyatā）、佛性或缘起的充分理解与肯定。在中国和日本根本就没有用现象学的术语表达这样的顿悟瞬间的理论基础。确实，一般而言中国佛论家们，特别是禅论家们，都倾向于排斥任何形式的现象学还原法。

我们会发现西田对于直接经验或者其他经验的兴趣，更能溯源到同时代的西方哲学文献中，特别是在 20 世纪早期由铃木大拙介绍给西田的美国哲学家威廉·詹姆士的作品中。[59]但是西田将纯粹经验这一概念正好改造成了詹姆士批判的那种理想主义——存在论的基础能够保证认识论的确定性。这种理论迅速为日本哲学一支新的流派以及重构的禅宗冥契主义奠定了思想基础。[60]

虽然西田与他的京都学派追随者在当代禅宗话语的形成过程中起了关键 *126* 的作用，但我在此不对西田的哲学进行更仔细的分析了，因为这个话题太大、太复杂了。然而我们注意到，西田本人对大多数虚构的"日本人论"之推论是负有责任的。比如我们发现，他不断尝试将日本文化表述为一种"纯粹感觉"的文化，它比西方文化更感性化、更审美化、更社会化。而与之对比，西方文化则更知识化、更理性化、更科学化。[61]然而当西田身陷民族主义的统一和政治至高无上的国体论这一视角后，他将思考集中在以日本新佛教的意识形态及其进化论上优越的地位来论证东西方抽象上的差异。1938年，随着区域政治和军事紧张局面的逐渐升级，西田写道："在东方，虽然日本也和其他亚洲国家（比如与印度和中国共同受到了西方文化冲击），但只有日本人吸收了西方的文化并创造了一种新的东方文化。这难道不是因为那个自由而没有束缚的并能够'直达事物本身'的日本精神?"[62]然而就在他临死的前一年，西田在战争恐惧的阴影中这样写道：

> 现在的佛教徒们已经忘记了大乘佛教的真正含义。东方文化必须从这样的立足点上重新站起来。它必须为世界文化贡献出新的光辉。作为对"绝对存在"的自主决定，日本的国体论即是从这个角度出发的一项历史性的行动准则。上面提到的东方大乘的真义，今日只存留于日本。
>
> 如果人们认为宗教只是关注个体内心平静因而与民族问题不相关，就是大错特错了。绝对存在的世界总是与自主决定的形式一样，是历史性的和形式化的。它应当被称作民族的。民族是历史性世界自我形成的方式。国体论就是这样的个体形式。我们自身作为这个绝对存在之世界的个体是历史性的和形式化的，从这个意义上讲，我们自身应该就是民族性的。对国家的真正服从应该源自真正宗教性的自我觉醒，而只追求自己内心的平和则是自私的。[63]

西田与铃木互为彼此最重要的影响：西田通过铃木理解了般若、禅，以及净土宗[64]，而铃木吸收了西田的纯粹经验和绝对空无的概念。事实上，铃木认为西田提出了一种"禅宗哲学"，而缺乏禅的智慧的人是无法理解这种哲学的："我相信，如果不是对于一个很好地掌握了禅宗知识的人，西田的绝对空无主义哲学抑或个性是绝对矛盾的逻辑是很难理解的……（西田）认为他的使命就是让西方人了解禅。"[65]铃木不仅与西田同时强调体验——其结果就是，只有那些经历过真正的见性（kenshō）的人才有资格论禅——铃木还和他一样，以服务于似是而非的日本人论的方式来理解佛教历史和注释。

铃木从 1935 年开始真正关注本土主义和日本人论等相关问题，他明显是在区分日本和西方内在精神的差别。他在大约 30 年里，出版了一系列关于佛教、禅和日本族性的日文书籍。书名本身就很能说明问题：《禅与日本人的气质》（*Zen and the Character of the Japanese People*，1935），《禅与日本文化》（*Zen and Japanese Culture*，1940），《东洋的一》（*Oriental One-ness*，1942），《禅与日本文化续》（*More on Zen and Japanese Culture*，1942），《宗教体验的事实》（*The Facts of Religious Experience*，1943），《日本的灵性》（*Japanese Spirituality*，1944），《灵性日本的建设》（*Build-ing a Spiritual Japan*，1946），《日本精神的觉醒》（*The Awakening of Japanese Spirituality*，1946），《日本的灵性化》（*The Spiritualizing of Japan*，1947），《东洋与西洋》（*East and West*，1948），《复苏的东洋》（*The Revival of the East*，1954），《东洋的看法》（*The Oriental Outlook*，1963），以及《东洋的心》（*The Mind of the Orient*，1965）。[66]且铃木没有因其有意向他的英语读者们隐藏日本人论思想而受到指责。1938 年他以《禅宗佛教及其对日本文化的影响》为题出版了他两年前于英国和美国的一系列讲座的讲稿，并在 1959 年以《禅与日本文化》为题修订再版。再版的这本书作为鼎鼎大名的普林斯顿大学出版社"波林根丛书"（Bollingen Series）中的一本，成了对日本精神特征、武士道精神和禅宗佛教的经典英文阐述。[67]

铃木对禅之解释的详细内容和其对见性和觉悟的强调是众所周知的。简而言之，根据铃木的说法："学习禅就意味着要体验禅，因为没有体验就没有禅可供你学习。"[68]而且，禅的体验不仅仅是理解禅或者理解佛教的基础，还是东西方所有真正宗教思想的基础：

> 禅宗基本的观点是用最可能的直接方式来与我们的内心接触，而非诉诸任何外来的或后加的东西……禅自称为佛教的精神，但实际上它是所有宗教和哲学的精神。当一个人彻底理解禅的时候，他的心就能获得绝对的平静，而且他就能过上他应该过的那种

生活。[69]

虽然禅的体验是理解宗教真理的普遍基础，但是它还是一种独特的日本精神的表达。将禅多少看成在本质上是日本的，并是日本独有的，这种观点会造成逻辑混乱，因为铃木当然很清楚中国才是禅的源头。事实上，铃木的注解文章经常引用中国禅师的语录。然而，正如铃木说的那样："佛教根本上不是一种被传入的宗教。我认为无论是禅宗还是净土宗，都不是异域的。当然，佛教确实来自中国大陆……但是传进来的只是佛教仪式及表面装饰。"[70]

根据铃木在《日本的灵性》一书中的分析，中国禅与日本禅的区别在于，在中国，禅并没有渗入到人们的日常生活中："对中国人来说，北宗人物的思想和感受、自身具有逻辑性的善因善果的教诲，往往比南方禅宗思想更有效。"（Japanese Spirituality，p. 22）但是在日本情况就大不相同：

> 禅代表了日本的灵性。这并不是说禅在日本人的生活中有深厚的根基，而是说日本人的生活本身就是禅化的。禅的输入为日本的灵性的迸发提供了机会，而彼时日本人本身已经完全准备好了这种迸发。禅借助于中国思想、文学和艺术的浪潮到达日本，但是日本的灵性决不会被这些表面事物所诱惑。它与奈良时期（646—794）的佛教文献和思想的传入完全不同。奈良与平安（794—1185）时期的佛教仅仅在概念上与上层社会相联系，而禅却扎根于日本武士的生活中。它不断被栽培，并且在武士精神的土壤深处萌芽。这些嫩芽不是外来的附加物，而是从日本武士自身的生活中生长起来的。我刚才说它是"扎根"，但表达得不是很确切。更精确的说法应该是，武士的精神正处在即将破土而出的边缘，而禅帮助它清除了前行路上的那层薄土。不久之后，虽然日本的禅宗承认了中国文献的优越性，但日本人的禅式生活却在灵性里开出繁盛的花来。
> （Japanese Spirituality，pp. 18 - 19）

为了理解这段文字，我们需要忽略铃木所做的一些私人的、不太和谐的事情。首先，铃木想要证明的是，在佛教到来之前，日本没有真正的"灵性"："虽然神道教的各派也会被认为是日本灵性的传递者，但日本灵性那时尚未以一种成熟形式出现。那些贴着神社或古代神道教标签的传统，只是日本人对原始习俗的固恋，而不是灵性。"（p.18）其次，虽然佛教是从中国传到日本的，但佛教只有在日本才拥有了其终极意义："佛教……是日本精神觉醒的真正表现形式"（p.59）。再次，镰仓（1185—1333）佛教之前的日本佛教完全缺乏"真正的灵性"。铃木自信地告诉我们，"整个平安时代没有产生过一个拥有灵性或者宗教特点的人。即便诸如传教大师（Dengyō Daishi）［最澄（Saichō，767－822），日本天台宗的创立者］和弘法大师（Kōbō Daishi）［空海（Kūkai，774－835），日本真言宗的创立者］也没和土地有什么联系"（p.43）。这是因为"平安时期没有任何来自土地的东西"（p.45）。事实上，只有当中国的禅与镰仓的武士道文化接触时，我们才看到"真正的灵性思想"的绽放，因为武士阶层，"与农民阶层有直接的联系"，代表着一种"来自土地的"文化（pp.44－45）。[71]

在最后的分析中，日本的禅不仅构成了佛教的精髓，而且构成了日本精神的本质。它是一切日本正宗的、神圣的和文化上优越的事物的关键："今天，大约（禅兴起）后700年，（禅）已经在本质上成为日本性格、思想、宗教信仰以及审美的基础。有了它，我相信将来会产生一种影响全世界的新事物。这就是今天日本的使命。"（*Japanese Spirituality*，p.46）同时，禅的灵性是从全人类灵魂的土壤中产生的，而不仅仅是日本人的灵魂。由此我们自然便问，如果禅真的能够既与日本的灵性紧密联系，又能是所有宗教思想的基础，那么非日本人能够理解禅吗？对于这个问题，虽然铃木没明确地否认所有的可能性，但他确实宣称日本民族更具有进化论的优势：

> 一个民族如果在文化阶梯上攀升不到一定高度，是不能认识到灵性的。但从某种意义上讲，即便是一个原始的民族，我们也不能否认其意识中存在灵性的可能，虽然这种灵性的性质肯定是极其原始的。故如果把它看作纯正的、精致的灵性，则是个错误。即使一种文化已经进化到一定程度，我们仍不能说它的全体人民已经认识且拥有灵性。（p.16）

这样一来，虽然不是所有的日本人都能完整拥有"纯正的灵性"，但是这却是他们与生俱来的能力，"当日本人'明亮而纯洁的心灵'不滞留在意识的表层而开始潜入更深邃的部分的时候，当它无意识地运行，没有偏见、没有思想的时候，就能够理解日本的灵性了"（p. 22）。西方人，另一方面，却有着一个明显的劣势："在这里，我们关于禅唯一能说的就是，它完全是东方思想所独有的产物，它排斥被所有已知的目标划分，不管这个目标是一种哲学、一种宗教，或者是一直以来被西方理解的一种冥契主义。我们必须从西方哲学家们尚不了解的立场出发，来研究和分析禅。"[72]

在欧洲和美国进行了 50 多年的弘法事业后，铃木对西方人能获得灵性的潜力还是持悲观态度；似乎禅对于西方人来说是太深奥了。铃木的这一观点，明确表达于与久松真一（Hisamatsu Shin'ichi）的一次私人谈话中（见下文）。这段谈话于 1958 年录于哈佛大学：

> 久松：在你遇到或听到的众多（西方）人中，有没有你认为能够稍微理解禅的人？
>
> 铃木：一个都没有。总之现在还没有。
>
> 久松：我知道了，还没有。那么，有没有至少你寄予希望的呢？（笑）
>
> 铃木：没有。即便那样的也没有。
>
> 久松：那么，是不是在众多写过关于禅的作品的（西方）人中，谁也不能理解禅呢？
>
> 铃木：对。
>
> 久松：那么，有没有一些至少部分正确的（西方人的）书呢？
>
> 铃木：没有。据我所知还没有。[73]

自青年铃木赞赏卡卢斯"正确地理解了佛教教义"之后，半个多世纪已经过去了。经历了"文化低等"的西方势力对日本全部的军事凌辱后，铃木希望将他充沛精力的大部分，用来讽刺那群怀有东方觉悟之梦的西方知识分子的幻想破灭。铃木始终坚持认为，西方在文化和精神上的缺陷，事实上阻碍了西方人真正理解禅。人们由此怀疑，铃木毕生将佛教觉悟引入西方的努力已经不可避免地与后天对西方的鄙视联系在一起了，因为铃木对西方文化的自大和帝国主义倾向了解得十分深刻。

久松与日本艺术的禅

禅宗"西方主义"的发展，在部分程度上是日本对西方之"东方主义"的一个回应。在上文铃木谈话的对象久松真一（1889—1980）身上，这种回应在很多方面达到了顶峰。尽管久松在西方根本不如铃木有名，这个魅力十足而且多才多艺的人吸引了日本及海外一大批受过高等教育并有影响力的信徒。在久松身上，我们可以完整地综合以下三个理论：（1）西田的哲学及其"纯粹经验"；（2）禅是所有宗教教义的本质；（3）一种世俗化了的禅宗修行方式的发展。

久松出生于岐阜（Gifu）县的一个虔诚的净土真宗家庭。当他在高中接触到"科学知识"的时候，他便放弃了原来的信仰。当他提及此事时，认为这个事件是他人生的"一个转折点，从摒除一切理性怀疑的、简单的、古老的宗教生活改变为，基于自发的理性判断和事实证据来进行批判的现代人的生活"[74]。他在京都大学的西田门下学习哲学，西田又将他引见给妙心寺的禅宗大师池田湘山（Ikegami Shōzan，1856—1928）。如现代俗家禅学大师的传记套路那样，久松写道，他第一次跟随湘山进行腊八摄心的过程中就实现了开悟（rōhatsu sesshin）。[75]久松后来在京都大学教哲学，并在茶道和禅宗修习上指导了一小群颇有影响力的信徒。1944 年 4 月 8 日，随着战争开始对日本不利，久松与京都大学的一群学生组建了一个禅宗团体学道道场（Gakudō-dōjō），即后来 F. A. S. 协会的前身。这个团体定期聚会讨论宗教问题，并在妙心寺大寺院里的灵云寺（Reiun-in）中指导强化的禅宗冥想（sesshin）。

F. A. S. 由久松真一于 1958 年建立，当时他刚结束在美国、欧洲、中东及印度的旅行。此协会几乎没有什么正式的组织或机构框架，它应当被看作一个组织松散的学者和知识分子团体，这些成员们因为共同致力于禅这一抽象且理想化的概念而凝聚起来。"我们协会的名称——F. A. S.——是指人类生活的三个维度，即自己、世界与历史，是一个不可分割的整体。'F'象征着无相的自己实现自我觉醒，'A'象征着站在全人类的立场，而'S'则象征着创造超越历史的历史。"[76]

从1980年久松去世以后，F. A. S.继续时不时地举行静修，虽然没有之前那样的活力和明确的方向，但仍然每周进行例会，同时出版日文和英文期刊。与F. A. S.有直接或间接关系的人主要有杰出的禅宗历史学家柳田圣山（Yanagida Seizan）和阿部正雄（Abe Masao），后者在与欧洲和美国不同宗教团体间的对话中十分活跃。

久松及其F. A. S.的追随者，基本上采用了西田和铃木的宣传策略，他们也有意将禅描述成一种跨文化的真理，但同时他们又强调禅是日本独有的财富。他们认为，禅并不应该被当作一种宗教，而应该被当作一种必然的、跨文化的和一元的精神认知，它强调一切真正宗教的发心。阿部正雄在这一点上表述得很明确："禅宗里的对见性的真正体验，超越了历史和民族的差异，它在所有的时间、所有的人中都是一样的。"[77]久松、阿部及其他成员对禅的使用与对奥托的"神圣"或"超自然"等词的使用在结构上类似：在每一个例子里，他们都会通过声称其与普遍性传统的联系来证明自己特殊传统的合理性。因此，久松坚持认为禅"不是什么'特殊'的东西。根本上说，它是无特性而且完全无差异的；而从未在真正意义上转化为实物的东西是永远不能被物化的，禅本质上而且完全意义上是对象化之外的一个事物。简单地说，禅就是无相的自我认知"[78]。阿部正雄赞同道："（久松）没有选择将禅作为众多宗派中的一个，或者作为某一教派的修行方式。他既反对神中心论、他律论等宗教信仰，又反对人类中心主义、自律主义等理性，因此他追求的是一种没有上帝的宗教、一种无神论的宗教。这种立场能够超越宗教的绝对控制，而又不会走向相对立的理性绝对控制。"[79]

用一个不恰当的传统比喻，禅并不是指向月亮的那根手指，而是月亮本身。此语言表达技巧造成的负面影响是将它能接触的每一样事物都变成了禅。我已经在别的地方讨论过这种形式的"语言表达霸权"的性质，它曾以不同的面貌在中国的大乘和禅宗佛教里享有了长久而高贵的历史。[80]在这里我只想指出，在传统的佛教修行的背景下理解时，我们不需要弱化这一语言表达手法。然而，当同样的语言表达手法被从其常见的语境下剥离出来，并被运用在受到非议的民族主义中时，辩证的微妙之处就渐渐消失了。

久松的民族主义理论——具体来说是他对日本民族在精神上和文化上的优越性的信念——是很明显的。久松认为，即使西方历史上曾有少数的宗教圣人领悟了一元的禅宗真理，但这一真理永远不会与西方那些过于散漫的文化和宗教相配。最后，据久松所言，不管是由于天生的精神力量、文化条件作用，抑或甚至由于日语的句法特点，总之只有日本人拥有理解禅所需要的审美和知识感受力。因此，久松将此真理描述成"东方的无"（tōyōteki mu），并一直捍卫它的普适性：

> 很久以来我就在谈论"东方的无"……我之所以将它定性为东方的，是因为在西方这样的空无还从未被完全认识到，或还没有达到这样的认识水平。然而，这并不意味着它只属于东方。相反，它是人类最深厚的根基；从这个意义上说，它既不属于东方也不属于西方。只有在"自我的真正觉醒"这个问题上，西方才未有其实例，因而才有先前"东方化"的定性。[81]

据久松的研究，日本的传统艺术最明显地具有禅之敏锐的精神感受力（或"东方的无"），而日本传统艺术本身即是这种感受力的一种表达。久松和铃木〔在次要的程度上说，也和阿瑟·韦利（Arthur Waley）〕[82]一起宣传，认为禅是大部分日本美术的基石，当然这个观点是有争议的。因此，承接铃木的《禅与日本文化》，久松的《禅与美术》一书也认为，从中国山水画和书法到园林设计和傩戏（Noh drama）等一切，都是禅的体验。但是不幸的是，许多西方学者却全盘接受了他的观点，认为日本最精妙的艺术作品的都属于禅，而无视这个观点在意识形态上的招摇和史实上的疑点重重。

确实，在中古的大部分时间里，由政府批准的中古禅寺组织，即通常所说的"五山"（gozan）系统，是中国文人文化输入的主要载体之一。慷慨的达官贵人及幕府将军对五山寺的支持使它们变成了滋养中国艺术最繁盛的中心。由于五山禅寺与支持它们的上层社会之间联系紧密，很多中国艺术与禅宗之间也产生了联系。因此，我们发现在傩戏、茶道、书法以及其他艺术领域有影响的大师们，如世阿弥（Zeami，1363—1443）和千利休（Sen no Rikyū，1522—1591）等杰出人物，求助于援引大乘佛教教义作为其艺术品

134

的美学原则。在中古日本的大部分历史中，禅院一直依赖达官显贵的施护，并保持着品位上的雅正。

但是传统中国文人追求的是儒道释兼备。举一个简单的例子来说，所谓的禅宗庭院，实质上是日式的宋朝贵族中流行的中国山水庭院。这种庭院虽然在五山寺院的精英施主中间流行起来，但是没有证据表明，在现代社会之前它们已经被看作禅思想或禅悟的表达。确实，最早提出这一观点的是铃木大拙曾经的邻居洛兰·库克（Loraine Kuck），在 1935 年撰写的关于京都庭院的一则英文指南上，他认为与禅院有联系的"枯山水庭院"（dry landscape gardens）是禅之领悟的一种表现。[83] 同样地，对书法、绘画、诗歌以及茶道的培养和欣赏是中国文人的普遍遗产，不论他们的宗教和机构隶属什么。那些受过高等教育且文化上雅正的中国佛教徒很自然地会在日本讲道时力图向他们的日本施主和信徒推崇他们本土的文化遗产。

这就是为什么我们应当持怀疑的态度，来看待现代禅宗的卫道士们坚信的日本艺术是禅宗体验的表达这一观点。考虑到 20 世纪初期日本高涨的民族主义倾向，日本知识分子不愿意承认他们欠了中国一大笔文化债。相反，通过强调禅的作用，他们可以避开讨论日本雅正文化的中国起源，而将探讨的话题转移到超越民族界限的精神灵性起源上。在这个过程中，他们也将这些艺术形式从有闲阶级的纯粹爱好提高到了对终极真理的表达。通过宣称日本高雅文化与禅之间的深刻联系，日本学者力图将整个民族神化。[84]

正如我们在上面看到的，他们通过将禅定义为一种在逻辑上不能用任何形式来表达的"体验"，来为这项重构工作提供方便。产生对禅这种理解的日本社会和知识环境，与 19 世纪末 20 世纪初的西方社会在很多方面相似。韦恩·普苇德富特（Wayne Proudfoot）通过追溯施莱尔马赫的解释学，来探讨欧洲对"宗教体验"的兴趣的源起。施莱尔马赫"试图将宗教信仰和修行从一些要求——必须由非宗教的思想和行动来证明宗教的合理性，而且须事先预防宗教教义与俗世研究可能产生的任何新知识之间的冲突——中解放出来"，[85] 西田、铃木、久松以及他们的追随者们，如施莱尔马赫、奥托以及他们之前的詹姆士等，都回应了那些对见性之价值的冲击。他们试图重构一些宗教概念，以使精神与道德价值的核心可以在俗世哲学、科学和技术发展的急遽冲击下存活下来。因此他们断定存在着一个宗教的"本质核心"，并且它是一种个人的、真实的、无法言说的，且不能用经验主义科学分析方法表达。

◎ 禅与日本人论

我们已经看到，上述为西方构建禅学知识基础的学者，并不是从传统的禅的背景中成长起来的。相反地，他们是受过教育的后明治时期新佛教的倡导者，他们关心的是如何将佛教和禅表述得让社会和知识界都能接受。虽然这些人中很多得到了丛林修行的允许并可以参加集中静修，但他们大多还是世俗人，并决定不出家为僧。[86] 他们更多的是选择自悟禅机，以便当摄心结束之后，他们依旧可以保持禅机。当然，他们的禅有必要摆脱禅经常利用的制度和仪式形式。这些改革者认为禅并非仅是僧官的财产，这其实是他们为自己的利益而进行的争论。

136

而且，在西方，禅的那些日本倡导者大都是大学毕业生，并在自己的国家里取得了学术事业的成功。他们学习过并在其后执教的大学，大都是照搬了西方的教学体系。作为学生，他们接受了大部分西方现世思想，尤其是欧洲哲学；而作为老师，他们积极地寻求拟订一套应对西方文化、科学和技术挑战的回应方案。于是，他们认定并维护一种精神上的感悟力，并认定这种感悟力是日本独有的，或至少是亚洲独有的——这便是他们的回应方法。与日本 20 世纪早期其他的知识分子一样，他们对日本在现代世界中的地位和未来忧心忡忡，并试图保护本土的文化制度免受西方文明的冲击。简单地说，他们以日本人论为行动计划——这是一项普遍而涉及面广的工程，它致力于对日本人独特的性格进行描述和分析，因此又不可避免地宣扬文化同一论，以及日本民族在道德和精神上相对于其他民族的优越性。其他一些日本人论思想家们会通过日本的气候、语言、建筑或自然景观来解释日本的民族特性，而这些人诉诸禅作为其原因。他们认为日本文化、日本精神、日本道德以及日本审美都扎根于禅宗体验之中。

西田对"纯粹经验"的哲学阐释，包含了领悟的主体与被领悟的客体之间的一元性理论，为一系列全新的日本人论理论搭建了舞台，这些理论均建立在受到非议的观念上——日本模式的对世界的体验，比起其他模式更快捷、更直接，或更具一元性。因此，铃木绝对不是自己一个人坚持认为日本精神的特点在于其"直接性"或"直接前进性"，而这个特点与"没有内部条件干涉的最高度写实"又建立了联系。[87]但是当铃木、久松及其他禅宗卫道士们强调禅在日本思维模式中的决定性作用时，其他人则会关注从语言到家庭结构，从气候到建筑等一切具体的事物上。

137 汤川秀树（Yukawa Hideki）就是其中之一。他引用了和辻哲郎的著作，将日本的气候看作能够产生人与自然的统一的基础："广义上讲，西方的人类生活模式以对抗外部环境为特点，而东方模式则以适应环境为特点。"[88]这是因为日本人生活在气候温和的孤岛上："（西方人的态度）是与自然从对抗到调和。但是，在日本从一开始就没有诸如人与自然隔离之类的事情。"[89]

作家谷崎润一郎（Tanizaki Junichirō）则主张从日语的语言性质入手来做出另一种解释。这段分析后来曾被岸本英夫（Kishimoto Hideo）所采用：

> 在日语中，没有必要通过明显陈述"我"是否感觉孤独，或景色是否孤寂等来点明主题……分析来看，多愁善感是主体与客体相互作用的产物……日本语言的特质之一就是能够通过其直接而不加分析的形式侧面反映出人们的体验……比起日语，西方语言的句法结构则更需要明显地、完整地点明主客体关系。所以，我们可以预想在英语中会有对主体—客体关系的完整叙述，而日语中则更紧密地描述人们的直接体验。[90]

日本作家甚至认为，日本人对于主客体的统一倾向使日本人有条件成为更好的科学家，因为他们与自然世界更加"融为一体"[91]。因此我们能够很清楚地看出，日本禅宗卫道士关于日本的性格特点、日本的文化与禅宗一元性之间关系的语言表达，只不过是当时一个普遍的话题的变体。但其内部却有消极的一面：主客体统一的观念已经时刻准备着为国体意识形态服务，这种意识形态强调个人与国家的本质性统一、私人利益与公共利益的统一。[92]

日本人论很大部分是日本对现代化的一声回应——这是一种在风云变幻的大海上迷茫的感觉，是一种与过去扯断了联系、与历史和传统思想相隔离的感觉。自从明治改革起，日本知识界就不得不面对日本传统政治和社会体制的坍塌，面临着西方霸权主义话语的潜在的威胁。而作为回应，日本人则要制订一种日本化的概念，使自己至少可以在部分程度上与西方普遍化的话语相隔离。为了达到这个目的，他们坚持认为日本特点的本质在于一种日本独有的对世界的体验，这种体验对于外国人来说是不容易实现的。而这种体验，反过来又影响了一系列相互联系的为日本所独有的美学、精神以及道德价值观，这些东西始终与在日本人眼中最可鄙的和最有威胁性的一切西方事物相对立。

　　讽刺的是，日本人论的先驱理论家们由一群日本精英知识分子和作家组成，他们都曾长时间在西方旅居和学习过。莱斯利·平长斯在对其中一个人物九鬼周造的研究中指出："在欧洲，通常是日本的艺术家、作家和思想家最先向他们自己所谓的'遥远的岛国'的咒语投降。或者明白地说，九鬼及其同仁从欧洲环境里再一次接触了日本，并将之作为一个异域化的客体……不管有形的还是无形的，日本文化的瑰宝已被欧洲对外部文化的那种迷恋（或蔑视）烙上了不可磨灭的印记。"[93]之后铃木大拙也加入了图仓角藏、和辻哲郎、九鬼周造及田边元的行列。他们都直面了与强大的科技和军事优势紧密相连的西方文化的极端狂妄。当还在国外的时候，这些人就逐渐将日本的民族精神构想成一种与他们极为反对的西方文化——如极端物质主义、由机器大生产带来的非真实性、欠成熟的民主化、审美品位和价值观的低俗化，以及泛滥的灵魂疏离感——所对立的事物。不管怎样，他们在很大程度上借用了其西方导师的语言表现手法，表现了自己对"日本价值"的重新认识。尤其有一批日本人借用了海德格尔的现象学语言和方法，那种承认通过对体验的思考可以揭示现实的话语吸引了他们。然而日本人与海德格尔不同，他们会将体验从历史中剥离出来。[94]

　　日本人论思想正是以其与历史彻底无关的特征而显著的。个体的文化产品从它们的历史背景中被隔绝并剥离出来，然后被提升到日本精神圣像的地位。他们没有将一座寺庙庭院、一个茶壶或一次切腹自杀等文化产物解释为不断变化的符号象征，相反，它们却被当作永恒不变的日本性格的生动表现。这样一种激进的反历史立场为掩盖历史的真实情况——如迅速发展的技术与工业现代化提出的挑战、帝国主义的野心以及外交的失败等——提供了便捷的手段，日本人论话语就是在这种历史环境下繁盛的。

139
使禅之"纯粹经验"摆脱散漫的中介结构的语言手法,比起其他一切,更明显地渴望冲破历史可能性的束缚。确实,日本佛教徒会借助很多神话——这些神话以在家族内心对心的形式进行传播,从未被打破——来支撑他们诸如禅的体验之普适性和超越性的主张。然而这不会阻止他们将所有日本化的事物作为这种体验的表达。这不仅可以有助于美化日本文化,而且通过阐述日本文化及在独特的宗教体验中的思想,日本人还可以抹去他们欠中国的那一大笔文化债。

禅的诱惑

铃木、久松及西谷等提出的关于禅之体验的跨文化性的这些论断,一直被研究禅的西方著者们所重复。然而西方知识分子们竟然相信禅能够直接触及普遍真理,这有点令人难以置信,因为他们非常反对其他宗教传统中与之相似的基要主义主张。但更令人惊讶的是,同样是这些知识分子,竟没能辨识出隐藏在这些主张背后的日本人论辩论术。我们应注意到,这样的失误并不能单纯归咎于语言上的障碍,为了证明这一点,我特意引用了现成的英文材料,而不是铃木及其同仁们未经翻译的日文原著。正如我们预料的那样,大量的日文文献更能明显地袒露出文化沙文主义。

不可否认的是,在西方世界,铃木的禅对知识分子有着强烈的吸引力。哲学家和宗教学者被铃木的禅所吸引的原因,与他们曾被奥托、詹姆士以及昂德希尔(Underhill)的冥契主义所吸引的原因一致:它们都为在面临文化差异时产生的那些看似无法解决的相对主义问题提供了解决办法。伴随着对待文化差异时西方对文化霸权主义和种族主义的否认,文化多元化的认识诞生了,但它却可能有导致"任意性原则"的危险——没有什么合适理由使我们采用一种观点而非另一种来理解我们的世界。[95] 在冥契主义中,知识分子可以从历史偶然性和文化多极化的痛苦现实中找到庇护所;通过唤起一种不再散漫又直接的独特体验,他们可以大方地略过本体论指归的问题。

140
禅恰好在正确的历史时刻登上了舞台。禅的魅力在于,它似乎证实了奥托及其后继的知识分子提出的冥契主义理论。这是因为,拥有古老历史的真正的神秘主义传统能够清楚地阐明二者间的以下本质区别:(1)直接的神秘经验本

身，以及（2）用来表达它的、由文化决定的符号。而禅主张的反知识主义、反仪式主义及偶像破坏则充分证明了禅具有神秘性与经验性的双重根基。

那些被广泛推崇的禅的精神活力，对于那些希望重振冥想修行的天主教先驱们尤其具有吸引力。这些天主教徒欣然接受并认为，禅本身不是一种宗教，而是一种"精神技术"，它能够向人们灌输那种存在于所有正统宗教思想之源头的冥契主义体验。这些观念使得他们在亚洲禅宗大师的指导下修习禅宗冥想，并且自认为丝毫没有折损他们的基督信仰。

正如我们在上面看到的，讽刺的是，令西方如此醉心想象的禅，事实上是明治时期新佛教的一个产物。更为重要的是，禅中最吸引西方人的那些地方，如对精神体验的强调和对制度形式的轻视等，很大部分源自西方。西方的积极分子正如希腊神话的那喀索斯（Narcissus）一样，没能认出那都是呈现出自身的镜子里的影像。

事实证明，那些看起来很切合的东西方在知识和精神上的汇合之处，其实同时阻碍了东西双方辨认出那些历史性的玩笑，这些玩笑是彻底脱离历史背景的禅宗传统所造成的。亚洲的支持者们只是坚信禅已经严重地侵入了西方，却没有认识到禅已经在多大程度上被欧美的积极分子们所"治疗"，他们从一个佛教徒的角度，将禅作为问题的一部分而不是解决办法的一部分。而西方积极分子们也未能系统地认识到，现代日本人所构建的禅的背后隐藏着的民族意识形态。

总结

由于篇幅所限，很多相关的问题不得不在上文的论述中省略，比如，我没有对西田和海德格尔共同的学生西谷启治（Nishitani Keiji）做任何细节性的探讨。他的许多译著对西方的日本哲学、神学和"禅宗思想"的学者产生了持久且相当大的影响。而且，尽管我集中讨论了禅在西方构建的语言表达手法，但是我却避开了讨论西方对禅宗修习的独特理解。不消说，正如铃木和久松的作品不是对传统（即前明治时期）禅宗训释的反映一样，西方禅宗修习者们最熟悉的禅宗修行方式也只可以追溯到近些年的且在社会角度上边缘化的日本世俗运动，这些运动既没有现代临济宗或曹洞宗的约束力，也没有获得它们所得到的尊重。[96]

确实，所有那些在引起西方对禅的兴趣中起到实际作用的人，都有一个共同特征，即他们在日本禅宗确立过程中占着相对边缘化的地位。虽然铃木、西田，以及他们后继的知识分子们可能影响了西方人对禅的看法，但是这些日本知识分子对已经确立的日本禅宗各派的影响是可以忽略不计的。在这个点上，我们有必要确认一下日本禅宗修行制度确实还存在，虽然有些侨居国外的日本佛教徒对此观点进行尖锐抨击，他们坚持认为日本不存在真正的禅了。日本禅宗的三个主要教派一共经营着约 66 家僧堂，云水（unsui，初学的禅师）在这些地方不断接受着艰苦的禅宗强化修行。按照 1984 年的统计数据，日本共有 23 657 名正规的禅师，其中每人都完成了至少 2 年或 3 年的寺院修行，他们都被分配到遍布全国的 20 932 所注册的禅院中。[97] 这些真正行使职责的禅师大都不怎么知晓或不怎么关注铃木、西田或久松等知识分子的思想，因为在他们眼里，这些人是大学教师和外行，他们缺乏必要的修行和合法禅师（rōshi，老师）必须具备的一些资格。

当然，如果说所有的西方遵循者在精神上都按照那些自封的、所谓禅在西方的"代表"所教授的那样，不加批判地接受禅的民族主义构建，这显然是不公平的。我们发现，到 20 世纪 60 年代初，已经出现了对禅宗中准备向海外出口的、新生的沙文主义和民族主义倾向的警告。阿瑟·库斯勒（Arthur Koestler）在一篇戏谑文章中，严斥那些不加批判地将铃木的困惑和混淆当作禅宗的智慧的做法，并开玩笑地指出铃木的作品可能是精心设计的、用来迷惑西方知识分子的"骗局"，这篇文章后来受到了铃木大拙、韩瑞福（Christmas Humphreys）和卡尔·荣格的尖锐回应。[98] 同时戴密微（Paul Demiéville）和韦尔布娄斯基（R. J. Zwi Werblowsky）在评论铃木的作品时，给予了更为严厉的批评，两位学者都不满意铃木将禅置于一切道德因素之上的态度。[99] 作为同时代在东亚佛教领域或许最伟大的学者，戴密微批评铃木试图以禅为旗帜弘扬整个日本文化，以及他热衷于对东西方的思想方法轻率地进行比较。[100]

然而早在几十年前就提出的这些警告基本上没引起人们的注意。西方学者和世俗积极分子一道，继续将在具体层面上的禅宗和整体层面上的亚洲文化，描述为植根于万物的同一性体验中。近至 1990 年，被广泛推崇为禅学权威的杜默林（Heinrich Dumoulin）重申："东方人能够在运动中将宇宙把握成为一个整体，而他们自己则经历一种如同汇入大潮中的感受；而西方人努力寻求的则是能够定义他们生命意义的、与他们周围的世界及其赋予的义务密切相关的目标。"[101] 看起来，如果我们要想摆脱日本思想家们的日本人论思想的话，要走的道路还很长。

上面所探讨的禅之弘法者和支持者，不仅在佛教和日本文化的研究领域，还在其他一系列相关领域，如宗教史学、比较宗教学以及冥契主义研究等，都产生了明显的影响。这些学科，与其说建立在民族学的基础上，不如说建立在世纪之交西方学者对各自观点的探讨上，彼时参与探讨的西方学者大多数是基督教徒，也有亚洲文化传统的各方"代表"。当然这些代表们无一例外是欧洲式教育的产物，他们在欧洲的知识背景下构建他们对各自传统的理解。举一个早期但有影响力的例子，罗姆莫罕·罗易［Rammohan Roy，1772（或 1774）—1833］，印度改革运动梵志会（Brāhmo Samāj，即拜上帝者协会）的创立者，不断发展他的印度教理论，将印度教作为一种"普遍"和"人性"的宗教，并不断与其英国传教士老师进行讨论，反对偶像崇拜，提倡社会实践主义。而在 1893 年世界宗教大会上，分别作为印度教和上座部佛教主要代表的辨喜（Vivekānanda，1863—1902）和法护（Dharmapāla，也称达摩波罗，1864—1933）都是在英国传教士教育下的明显产物。此外，法护与神智学会有紧密的联系，而且大会很多的非基督教代表也同样拥有这一联系，包括日本佛教代表平井金三（Hirai Kinzō，神智学会京都分会的创始人）和印度教代表查克拉瓦蒂（G. N. Chakravarti，印度神智学会中的积极分子）。在此联系中，值得注意的是伊斯兰教代表亚历山大·罗素·韦伯（Alexander Russell Webb），他是一个西方的改宗者和神智学者。[102]

与明治新佛教的日本支持者一样，这些西式教育下的亚洲知识分子决心将他们各自的精神遗产展示为建立在对神圣真理之直接体验之上的，文明的、科学的、理性的、人文的，以及普遍的宗教纲领的楷模。[103] 宗教是学术研究的一种合理的、跨文化的对象的这一现代概念，正是直接从这场复杂的对话中形成的，西方研究者们在这场对话中一直被鼓励寻找他们自己关于真正或本质宗教的浪漫化概念，这些概念又通过他们的亚洲门徒们而反映到他们身上。由此产生了一个关于西方比较宗教学的世俗研究之真正基础的问题，但是我们不得不在今后再对这个牵涉面较大的话题进行完整的探讨了。

🌀 后记

自这篇论文最初发表在《宗教历史》上已经过去好几年了。在这段时间里，我有充足的机会来继续探究文章中提出的一些问题，并对此文章所受到的批评进行反思。我相当广泛地分析了当代禅的民族主义，因此我很期待有机会在这部论文集里重新出版这篇文章。

其中一个我打算深究的问题是斯韦登伯格主义（Swedenborgians）和神智学运动对年轻的铃木的影响——这些影响无疑鼓励铃木将禅描述为一种"宗教冥契主义"。众所周知，铃木对斯韦登伯格的作品有着极大的兴趣，他还推动了斯韦登伯格的思想在日本的传播。[104]相比之下，神智学运动对铃木思想的直接影响却不是那么清楚。铃木的美国妻子比亚特利斯（Beatrice Erskine Lane，1878—1938）在神智学运动中很活跃，而在西方，与铃木的道路相交叉的众多知识分子、学者和佛教世俗信徒也活跃在这一运动中。[105]〔有趣的是，在拉德克利夫（Radcliffe）时，比亚特利斯还与另一个神智学者威廉·詹姆士共同学习。〕20世纪20年代，作为一个星命组织分支的东方星命组织（the Order of the Star in the East）——与 Annie Besant 和 Krishnamurti 有关的神智学会的一个分支组织——在铃木的大阪家里被介绍给铃木，铃木个人活跃于其中。[106]然而，关于铃木与比亚特利斯的婚姻以及他对神智学的兴趣的描述至多是粗略的，在此问题上还有很多工作需要做。[107]

我很想探寻这类问题。然而，在我完成原稿之后的许多年里，已经出现了很多关于这一主题的重要研究，并且也都出版了研究成果。我之前还没有得知，原来傅瑞（Bernard Faure）也已经进行了禅和"逆东方主义"这样概括性题目的类似研究，而且我们现在已经能读到他这个方面的成果了。[108]此外，谷口（Taniguchi）基金会支持的1994年京都禅宗研讨会（Kyoto zen Symposium），主要研究"禅、京都学派和国家主义"这方面的问题，而16篇会议论文现在已准备发表。[109]很明显，这个话题的时机已经到来，而由于一大批来自不同学科的专家们不断涉入，我试图充实这个话题的努力也多少被视为多余了。同时又考虑到近来大量关于此话题的研究中，并没有驳斥我的观点，因此我很满意在重印时只稍微润饰我的初稿。

我的文章中的辩论基调毫不意外地导致了某些误解。那些最具批判性的回应来自两部分人：一是把我的文章当作对某些日本学者，最明显的如铃木大拙，在思维上的品质和特点猛烈攻击的那些人；二是将文章曲解成对西方现代禅宗修行的批判的那些人。但是我认为这两种理解都失之偏颇。

铃木大拙的确是一个杰出而鼓舞人心的人物，他是一个不屈不挠的禅宗拥护者，他除了影响到宗教学者外，还对一代哲学家、神学家、作家和艺术家也产生了持久的影响。虽然他的文字作品多是护教性质的，但也并非他所有作品的全貌；他事实上还是一个对佛教和禅宗学术事业做出重要贡献的、有能力的语文学家。他数量庞大的全部日文著作——全集大约有 32 卷——其中包括了关于敦煌禅宗文书的重要研究，他对一些重要文本的编校和研究一直为今天研究早期禅宗的学者所征引。正如上面提到的，他也为大乘经典，尤其是《楞伽经》的研究做出了贡献。虽然他确实没有主动阻止过在他晚年生活中的宗教膜拜之类的行为，但是我们仍不得不钦佩他在宣传禅和日本文化中的活力和真诚。总之，我个人认为他不应该因其对自己宗教传统的热情，或受那个时代背景的影响，而被责难。

照上面所说，我没有被诸如铃木和久松等人恣意的护教学说惊愕到，即使我怀疑他们的过度语言表达最终破坏了自己的事业。相反，我对那些西方学者们很失望，他们不加批判地将日本弘法者当成一种未受破坏之传统的活代表，同时又拒绝承认铃木等人的禅意识形态和修辞学等方面的观点。现在是时候在禅的研究领域进行如同其他宗教传统中的客观而不带感情的严格要求了。同时，我们需要用敏锐的怀疑眼光来分析和看待禅宗信徒们的特殊请求，否则他们会引导我们相信，禅，而且只有禅，能摆脱所有严肃学术中习惯性存在的诠释学嫌疑。

第二种对我的论点愤愤不平的那些人，是将我的文章误解为对当代西方禅宗修行的批判。但是我从来都没有打算进行这样的批判。除非佛教能够成功地适应现代西方的感受能力，否则它将不能在欧美存活。而佛教就是拥有这种能使自己适应当地风俗的内在能力，这种能力使佛教得以在多样化的亚洲文化中广泛传播并扎根。

在西方，很多人试图确认那些从中国和日本的"文化滋生物"中剥离出

145

的禅的本质"核心"，而且这些努力都逐渐趋同。信徒和学者们可能对于应该如何划分出这个核心，是否有必要鉴别出这样一个核心，以及当它传播到一个异域文化时是否会带来不可避免的传统的改变，是否会存在折中禅的品质和"精神基础"等问题，众说纷纭。（讽刺的是，按照大乘佛教的教旨，试图划出"精华"或"核心"是很困难的事，因为大乘佛教明确反对所有"本质"。）这些问题对当代修行者、佛教"神学者"以及那些对移植的亚洲宗教之社会学感兴趣的人来说，很明显是有重要意义的。

　　然而，此研究却又被引向了另一个论题。虽然关于禅的本质与"禅宗体验"的复杂对话，对今日的禅宗修行者来说，可能具有至关重要的意义，但我认为在这样的对话中所隐藏的认知是这些年才产生的，因此它对于那些有志于研究前现代禅僧之自我理解的学者们的价值是值得怀疑的。作为一个宗教历史学家，我最终关心的是着眼于中古佛教文本理解的解释学问题。虽然我认为当代禅学家们对历史问题的兴趣是值得佩服的事情，但我却认为，将这种对中古禅院制度进行学术性的重构并作为标准规范，以反对那些可能被用来评判当代禅宗修行之"正统性"和"纯洁性"标准的行为，即使不是有勇无谋，也可能是欠成熟考虑的。

[注释]

　　本文是发表于《宗教历史》(33)（*History of Religions* 33）一文的修订版，见 no.1 (1993)：1-43，芝加哥大学。初稿于1991年11月24日在堪萨斯举办的美国宗教学会年度会议上，以及于1992年5月2日在伯克利佛教研究院举办的"日本帝国主义体系与日本宗教文化"的讨论会上展示。我想向所有提供评论和批评的人们致谢，特别是古斯塔沃·贝纳维德斯、Tomoko Masuzawa、唐纳德·S. 洛佩兹、Galen Amstutz，以及游佐道子（Michiko Yusa）。我非常感激哈罗德·亨德森让我参考他的保罗·卡卢斯传记的部分章节，也很感激南伊利诺伊大学卡本代尔（Carbondale）分校的莫里斯图书馆特殊馆藏的文本管理员 Karen D. Drickamer，他使我得以看到敝院文集里的铃木—卡卢斯通信记录。

　　[1] 参见本人的 "The Idolization of Enlightenment：On the Mummification of Ch'an Masters in Medieval China," *History of Religions* 32，no.1 (1992)：

1－31；以及 T. Griffith Foulk and Robert H. Sharf，"On the Ritual Use of Ch'an Portraiture in Medieval China，" *Cahiers d'Extrême-Asie* 7 (1993－94)：149－219。

[2] 关于西方的佛教研究历史，参见 J. W. de Jong, *A Brief History of Buddhist Studies in Europe and America* , 2d ed. , Bibliotheca Indo-Buddhica, no. 33 (Delhi: Sri Satguru, 1987); and Philip C. Almond, *The British Discovery of Buddhism* (Cambridge and New York: Cambridge University Press, 1988)。

[3] 第一代探索日本文化和宗教的旅行家们，包括 Edward Morse、William Bigelow、Percival Lowell、Henry Adams、Lafcadio Hearn、Ernest Fenollosa，在他们的文章中很少提及禅。而小泉八云（Lafcadio Hearn）的例子尤其让人记忆深刻，因他曾写过很多关于佛教的论文 [合编于 *The Buddhist Writings of Lafcadio Hearn*, ed. Kenneth Rexroth (Santa Barbara, Calif. : Ross-Erikson, 1977)]。关于所谓的芬诺洛萨（Fenollosa）这个圈子，参见 Van Wyck Brooks, *Fenollosa and His Circle, with Other Essays in Biography*, New York: Dutton, 1962; and Carl T. Jackson, The Oriental Religions and American Thought: Nineteenth- Century Explorations, in *American Studies*, no. 55 (Westport, Conn. : Greenwood, 1981), pp. 201－21。

[4] 参见 James Edward Ketelaar, *Of Heretics and Martyrs in Meiji Japan: Buddhism and Its Persecution*, Princeton, N. J. : Princeton University Press, 1990, p. 55。关于排佛运动，还可参见 Martin Collcutt, "Buddhism: The Threat of Eradication, " in *Japan in Transition: From Tokugawa to Meiji*, ed. Marius B. Jansen and Gilbert Rozman (Princeton, N. J. : Princeton University Press, 1986), pp. 143－67。 *147*

[5] 在接下来对明治新佛教（shin bukkyō）的简要概述中，我主要借鉴了 Ketelaar 的深刻的分析（见前面的注释）。还可参见 Ikeda Eishun, *Meiji no shinbukkyō undō* (Tokyo: Yoshikawa kōbunkan, 1976); Murakami Shigeyoshi, *Japanese Religion in the Modern Century*, trans. H. Byron Earhart (Tokyo: University of Tokyo Press, 1980), pp. 54－58; Kathleen M. Staggs, " 'Defend the Nation and Love the Truth': Inoue Enryō and the Revival of Meiji Buddhism," *Monumenta Nipponica* 38, no. 3 (1983): 251－

81; Jackie Stone, "A Vast and Grave Task: Interwar Buddhist Studies as an Expression of Japan's Envisioned Global Role," in *Culture and Identity: Japanese Intellectuals during the Interwar Years*, ed. J. Thomas Rimer (Princeton, N. J.: Princeton University Press, 1990), pp. 217 - 33; and William R. LaFleur, "A Turning in Taishō: Asia and Europe in the Early Writings of Watsuji Tetsurō," in Rimer, ed., pp. 234 - 56。

[6] 关于国体思想的完整叙述，参见《（日本）国家政策的基本原则》(*Kokutai no hongi*)。此对日本历史、日本伦理以及日本民族性格的精神化记载，最初由久松真一于 1937 年起草，在第二次世界大战之前的一段时期内，成为政府意识形态控制的主要手段。完整的翻译可能见 *Kokutai no hongi: Cardinal Principles of the National Entity of Japan*, trans. Robert Kind Hall and John Owen Gauntlett (Cambridge, Mass.: Harvard University Press, 1949)。

[7] 完整的讨论参见 Ketelaar, *Of Heretics and Martyrs in Meiji Japan*, chap. 3。

[8] 德川国学派 (kokugaku) 学者山鹿素行 (Yamaga Sokō, 1622—1685) 经常被称赞为首先将武士道的法典化作为他 "证明武士的存在很大程度上是一个闲散的、白领薪金的阶层" 之努力的一部分，见 H. Paul Varley, *Japanese Culture*, 3d ed., Honolulu: University of Hawaii Press, 1984, p. 183。然而，该术语在现代的通用，却始于明治时期。关于武士道，尤其要参阅 Robert N. Bellah, *Tokugawa Religion: The Cultural Roots of Modern Japan*, New York: Free Press, 1957, pp. 90 - 98; and Peter N. Dale, *The Myth of Japanese Uniqueness*, Nissan Institute/ Croom Helm Japanese Studies Series, London: Croom Helm, 1986, pp. 210 - 11。

[9]《武士道：日本的灵魂》(*Bushido: The Soul of Japan*) 在第二次世界大战之前重印了 25 次，而《茶经》(*The Book of Tea*) 和《日本的女儿》 (*A Daughter of the Samurai*) 至少各有 15 种版本，见 Richard H. Minear, "Orientalism and the Study of Japan," *Journal of Asian Studies 39*, no. 3 (1980): 515, n. 14。

[10] 关于释宗演，尤其要参阅 Furata Shōkin, "Shaku Sōen: The Foot-

steps of a Modern Zen Master," trans. Kudo Sumiko，*Philosophical Studies of Japan* 8（1967）：67‑91；and Suzuki Daisetz Teitaro，*Imakita Kōsen*（Tokyo：Yūzankaku，1946）。 *148*

［11］今北洪川老师于 25 岁在京都相国寺（Shōkokuji）Daisetsu Shōen（1807—1855）门下剃度，而后在冈山县崇元寺（Sōgenji）的 Gisan Zenrai（1802—1878）门下继续学习。在嗣法于 Gisan 后，在接受圆觉寺任命之前，他是山口（Yamaguchi）县阳光寺（Yōkōji）的住持，在那里他在他的学生中间被推举为岩国（Iwakuni）领地以及很多武士扈从的主人［Miura Isshū and Ruth Fuller Sasaki，*Zen Dust*：*The History of the Koan and Koan Study in Rinzai*（*Lin-chi*）*Zen*（New York：Harcourt，Brace & World，1966），p. 224；see also Heinrich Dumoulin，*Zen Buddhism*：*A History*，vol. 2，*Japan*，trans. James W. Heisig and Paul Knitter，*Nanzan Studies in Religion and Culture*（New York：Macmillan，1990），pp. 406‑9］。

［12］国家传道者委员会是 1870—1884 年神道教领导者指导下的"伟大的普及运动"（taikyō senpu undō）的一部分。这些福音布道者们——不仅包括神道教和佛教僧人，也包括演艺人员、国学传教士，以及各种新宗教的代表——被指明在以"三乘教则"（sanjō kyōsoku）为题目进行国家意识形态的传播，即（1）服从命令尊敬神（kami）并热爱民族；（2）阐明上天的原则和人类的出路；（3）为天皇服务并忠诚地服从宫廷的意志（Ketelaar，*Of Heretics and Martyrs in Meiji Japan*，p. 225；Murakami，*Japanese Religion in the Modern Century*，p. 29）。关于 19 世纪 70 年代不光彩的宣传部及国家福音传布者的描写，参见 Ketelaar，*Of Heretics and Martyrs in Meiji Japan*，pp. 96‑122；and Helen Hardacre，*Shintō and the State*，*1868—1988*（Princeton，N. J.：Princeton University Press，1989），pp. 42‑48。

［13］根据铃木大拙所说，宗演违背今北洪川老师的意见而进入庆应大学（参见 Abe Masao，ed.，*A Zen Life*：*D. T. Suzuki Remembered*，New York and Tokyo：Weatherhill，1986，p. 8），但这与其他传记作者的说法相矛盾。

［14］今北洪川在明治早期建立了两忘协会（Ryōmō-kyōkai）——一个为俗家实践者服务的坐禅会（zazenkai）或"冥想协会"，后来由 Tetsuō Sōkatsu（又名 Shaku Sōkatsu，1870—1954）奉释宗演之命重兴。Tetsuō

Sōkatsu 及其学生 Sasaki Shigetsu（更为人知晓的名字是 Sokei-an，1882—1945）是最先把禅宗修行带到美国去的为数不多的先驱，他们到达加利福尼亚后不久，就在圣弗朗西斯科赛特街（Sutter Street）上建立了 Ryōmō-kyōkai 的一个"分支"（见 Rick Fields，*How the Swans Came to the Lake：A Narrative History of Buddhism in America*，Boulder，Colo.：Shambala，1981，p. 177）。Ryōmō-kyōkai 可能是现代日本第一家明确帮助世俗人士冥想的指导中心，而且它还是禅宗修行流行于西方时期影响颇大的城市世俗冥想中心的模范。

[15] Abe，ed.，*A zen Life*，p. 19.

[16] 宗演到满洲的旅程绝非寻常，其实它是遍及佛教所有门派的一项总政策的一部分——"（高举）佛教作为'国家保护者'的旗帜"并派遣禅师到军队中主持圣事（Murakami，*Japanese Religion in the Modern Century*，p. 54）。

[17] Fumta，"Shaku Soen，" p. 80.

[18] Shaku Soyen，*Sermons of a Buddhist Abbot：Addresses on Religious Subjects*，trans. D. T. Suzuki（New York：Weiser，1971），pp. 211 - 12. 此文本最初于 1906 年发表，来自 Manchuria 为日俄战争死难者发表的致辞。有足够的资料记载了宗演对日本战争的极力支持。参见他于 1904 年 2 月 5 日在日俄冲突之始写给 Zen'eki Kitamura 的一封信："既然日本与俄国之间的关系已经由外交谈判转变为战争行动，我们明显已经越过时机。国家未来 100 年的命运完全就在于这次冒险。在这样的关键时刻，我们日本人不应该有丝毫懈怠。我们不应该依赖于内阁或者军队，而应该依靠全体人民团结一致的努力。为了追求世界最终的和平，世界难免要不断地经历人类的劫难。因此，我们必须将我们每日的修行置于这样的环境下，而我们的同事们也直接地或者间接地在为此努力"（引自 Furuta，"Shaku Soen，" pp. 79 - 80）。我们可能会注意到曾被 Tolstoy 在反战文章中引用过的释宗演的论述："虽然佛教导我们不要杀生，但佛同样教导我们，一切有情的生命都能够通过对无限慈悲的训练而被团结统一起来，并因此能够获得最终的和平。而作为调和一切不和谐因素的手段，杀生又是必要的"（引自 Ketelaar，*Of Heretics and Martyrs in Meiji Japan*，p. 171）。

〔19〕Shaku Sōen，*Sermons*，pp. 153 - 54.

〔20〕Nukariya Kaiten，*Religion of the Samurai：A Study of Zen Philosophy and Discipline in China and Japan*，*Luzac's Oriental Religions Series*，vol. 4 （London：Luzac，1913）.

〔21〕参见 Carol Gluck，*Japan's Modern Myths：Ideology in the Late Meiji Period* （Princeton，N. J.：Princeton University Press，1985），pp. 221 - 27。

〔22〕Kasumi Bunshō，*Zen ni ikiru ketsusō：Nantenbō* （Tokyo：Shunjūsha，1963），p. 168. T. Griffith Foulk 报道说他于 20 世纪 70 年代中期，在 Kaiseiji 的私人指导（sanzen）家见过乃木的一幅肖像画，和南天捧从 1902 年直至圆寂一直担任此寺院的住持。

〔23〕这里应该还需提及一部由 E. J. 哈里森于 1913 年出版的有意思的书，同年忽滑谷快天的《武士的宗教》（*Religion of the Samurai*）也出版了。E. J. 哈里森的这本书《日本的战斗精神》（*The Fighting Spirit of Japan*，London：T. Fisher Unwin，1913）包含了一整章关于"日本的禅宗祭拜"的内容，我们可以看到对禅宗意义、花教、菩提达摩、四誓、公案、禅坐、道元（Dōgen）等的探讨（pp. 173 - 88）。哈里森也明智地论及禅之所以在武士阶层影响那么大主要是因为他们向受过教育的禅师寻求的是文学及其他高雅艺术的指导，而非战争艺术的实际训练。虽然哈里森对禅不是完全不同情，但他确实指责菩提达摩利用模糊作为"对无知的遮掩"（pp. 186 - 87），并进一步说"仪式最不让人称意的方面……应该是它非要发出一种会惹怒西方的知识分子的学究气。我曾遇到一个禅学学生，他完全无意识地使我产生了把他打得满地爬的欲望"（p. 187）。 *150*

〔24〕1909 年从美国回来后，铃木大拙与宗演老师重新开始了禅坐，并经常于东京和镰仓之间奔波。他一直坚持到宗演于 1919 年去世（Abe，ed.，*A zen Life*，p. 21）。

〔25〕关于铃木大拙生平的英文资料，特别参见 Abe，ed.，*A Zen Life*；Bando Shōjun，"D. T. Suzuki's Life in La Salle，" *Eastern Buddhist*，n. s.，2，no. 1 （1967）：137 - 47；and Margaret H. Dornish，"Aspects of D. T. Suzuki's Early Interpretations of Buddhism and Zen，" *Eastern Buddhist*，n. s.，3，no. 1 （1970）：47 - 66.

［26］关于铃木在拉萨尔与卡卢斯一起时的情况，特别参见 Bandō，"D. T. Suzuki's Life in La Salle"；and Larry A. Fader，"Zen in the West: Historical and Philosophical Implications of the 1893 Parliament of Religions," *Eastern Buddhist*，n. s.，15，no. 2 (1982): 122-45。

［27］关于保罗·卡卢斯，特别参见 Donald Bishop，"The Carus-James Controversy," *Journal of the History of Ideas* 35，no. 3 (1974): 509-20; William H. Hay，"Paul Carus: A Case-Study of Philosophy on the Frontier," *Journal of the History of Ideas* 17，no. 4 (1956): 498-510; Harold Henderson，*Catalyst for Controversy: Paul Carus of Open Court* (Carbondale: Southern Illinois University Press，1993); Carl T. Jackson，"The Meeting of East and West : The Case of Paul Carus," *Journal of the History of Ideas* 29，no. 1 (1968): 73-92; Donald H. Meyer，"Paul Carus and the Religion of Science," *American Quarterly* 14，no. 4 (1962): 597-607; James Francis Sheridan，"Paul Carus: A Study of the Thought and Work of the Editor of the Open Court Publishing Company" (Ph. D. diss.，University of Illinois，1957); Suzuki, D. T.，"A Glimpse of Paul Carus," in *Modern Trends in World Religion*，ed. Joseph M. Kitagawa (La Salle, Ill. : Open Court，1959)，pp. ix-xiv; Thomas A. Tweed，*The American Encounter with Buddhism*，1844—1912: *Victorian Culture and the Limits of Dissent* (Bloomington: Indiana University Press，1992)，pp. 65-67; *Dictionary of American Biography* (1928-36)，s. v. "Carus, Paul"；以及 1919 年 9 月 *The Open Court* 发行的纪念文集。

［28］Paul Carus，*The Religion of Science*，2d. ed.，revised and enlarged (Chicago: Open Court，1896)，pp. 6-7. 该书于 1893 年初次出版。

［29］参见 Jackson，"The Meeting of East and West"，p. 79。

［30］参见 Paul Carus，*God: An Enquiry into the Nature of Man's Highest Ideal and a Solution of the Problem from the Standpoint of Science* (La Salle, Ill. : Open Court，1943); *The Religion of Science*，pp. 33-62。

［31］Paul Carus，*The Open Court* 10 (March 12，1896): 4853; Cited in Jackson，"The Meeting of East and West," p. 80.

〔32〕 Paul Carus, "Buddhism and the Religion of Science," *The Open Court* 10, (March 12, 1896): 4845; Cited in Jackson, "The Meeting of East and West," p. 80.

〔33〕 卡卢斯对亚洲宗教的兴趣事实上可能追溯到数学家海尔曼·格拉斯曼（Hermann Grassmann），卡卢斯曾与他一起在 Stettin 的体育馆里学习。格拉斯曼因其关于扩张论（Ausdebnungslebre）或扩展微积分的作品而在数学家中广为人知，但他也是一个梵文学者，在那个时代因关于吠陀梵语文献的作品而知名（*Wörterbuch zum Rig-Veda*，Stettin，1872；参见 Hay, "Paul Carus," pp. 505-7; and Meyer, "Paul Carus and the Religion of Science," pp. 599-600）。

〔34〕 卡卢斯是 1890 年代和 1900 年代建立起来的一系列组织中的主要人物，这些组织的成立是为了在大会中保持不同特色的宗教团体之间的对话。他也曾试着组建一个可以使大会的一般化宗教理想具体化的"世俗教堂"，但是最后所有这些工程都以失败告终（参见 Jackson, "The Meeting of East and West," pp. 86-87）。

〔35〕 Ibid., p. 84.

〔36〕 Paul Carus, *The Gospel of Buddha* (Chicago and London: Open Court, 1915), pp. vi-vii。

〔37〕 Ibid., p. 12.

〔38〕 宗演给卡卢斯的信，3 月 17 日，2554（1894），敞院文集，专业文集，莫里斯图书馆藏，南伊利诺伊大学卡本代尔分校（后来被引用作敞院论文）。

〔39〕 宗演评论说："佛教的神圣经书太浩瀚了，初学者都不知道从何着手"，因此卡卢斯的书满足了一项真正的需求（宗演给卡卢斯的信，1894 年 11 月 7 日，敞院文集）。而且，据 1894 年 12 月 26 日来自日本 Omi 的 Ohara Kakichi 的一封信，敞院文集，柔道（Jōdo）和 Jōdoshin 组织均将《佛陀的福音》（*The Gospel of Buddha*）纳入它们的课程。

〔40〕 Paul Carus, *Buddhism and Its Christian Critics* (Chicago: Open Court, 1897), p. 11.

〔41〕 Paul Carus, *The Open Court* 13 (December 1899): 760; quoted in Jackson，"The Meeting of East and West，" p. 88.

[42] 铃木给卡卢斯的信，1895 年 3 月 10 日，敞院文集。

[43] 注意到此期间宗演与卡卢斯的通信经常已被翻译——如果不是由铃木本人实际撰写的话——成英文的，且这些信都是在铃木自己手里。

[44] 卡卢斯给宗演的信，1896 年 1 月 17 日，敞院文集。

[45] 我想要感谢哈罗德·亨德森给我指出两份记载的不同。铃木的记载，写在事情发生约 60 年后，内容如下："在《佛陀的福音》完成后，卡卢斯教授继续对东方的事物保持兴趣，并着手翻译老子的《道德经》。为了这个任务，他需要一个人与他一起阅读中文，他写信给释宗演，要他推荐一个人。这就是为什么我于 1896 年来到了拉萨尔，恰好是 60 年前"（Suzuki，"A Glimpse of Paul Carus，" p. xi）。留存的通信集没有为铃木的版本提供任何证据，而是证实了卡卢斯相信铃木是来学习哲学的事实。然而，对后来来自宗演的表述他对铃木经济福利关心的一封信，卡卢斯确实以向铃木帮助中文翻译提供报酬作为回复。

[46] Henderson，*Catalyst for Controversy*，p. 102.

[47] D. T. Suzuki，Editorial，*Eastern Buddhist* 1，no. 2 (1921)：156.

[48] D. T. Suzuki，"The Zen Sect of Buddhism，" *Journal of the Pali Text Society* (1906)：8-43.

[49] 在铃木所著或与别人合著的约 10 本书中，只有与释宗演合写的两三本小册子是专门关于禅的，比如铃木与宗演老师合著的《坐禅之意义》(*Seiza no susume*，Tokyo：Kōyōkan，1900)，以及宗演的《一位方丈的训诫》。

[50] D. T. Suzuki，*Outlines of Mabayana Buddhism* (London：Luzac，1907).

[51] 关于铃木 1896 年在圆觉寺的觉悟（kenshō）体验，参见他的"Early Memories，" in Ade，ed.，*A Zen Life*，p. 11。注意到这一文章最初在 1964 年，即 68 年后，发表在 *The Middle Way* 39 (1964)：101-8。1949 年铃木在题为"悟"（Satori）的一文中以坦率的断言开篇，他说道："为了理解禅，有过开悟的经验是很关键的，因为没有这一点你就不能获得对禅宗真谛的洞察力"（Abe，ed.，*A Zen life*，p. 27）。

[52] 《善的研究》作为西田的全集（19 卷）之第一卷重版（Nishida

Kitarō，*Nishida Kitarō zenshū*，Tokyo：Iwanami shoten，1965—66）。现在已经有两个英文全译本，一个由 V. H. Viglielmo 译，标题为 "*A Study of Good*"（Tokyo：Japanese Government Printing Bureau，1960）；另一个由阿部正雄和 Christopher Ives 译，标题为 "*An Inquiry into the Good*"（New Haven：Yale University Press，1990）。对西田思想的众多研究，特别参见 D. A. Dilworth，"The Initial Formations of 'Pure Experience' in Nishida Kitarō and William James," *Monumenta Nipponica* 24，nos 1 - 2（1969）：93 - 111；and "Nishida Kitaro（1870—1945）：The Development of his Thought"（Ph. D. diss.，Columbia University，1970）；James W. Heisig，"The Religious Philosophy of the Kyoto School," *Japanese Journal of Religious Studies* 17，no. 1（1990）：52 - 81；Thomas P. Kasulis，"The Kyoto School and the West：Review and Evaluation," *Eastern Buddhist*，n. s.，15，no. 2（1982）：125 - 44；John C. Maraldo，"Translating Nishida," *Philosophy East and West* 39，no. 4（1989）：465 - 96；and Nishitani Keiji，*Nisbida Kitarō*，Nanzan Studies in Religion and Culture，trans. Yamamoto Seisaku and James W. Heisig（Berkeley and Los Angeles：University of California Press，1991）。

［53］Nishida，*Nishida Kitarō zenshū*，1：9；译本来自 Dilworth，"The Initial Formations," pp. 95 - 96。

［54］Heisig，"The Religious Philosophy of the kyoto School," p. 57.

153

［55］关于西方对宗教体验的观点，参见 Wayne Proudfoot，*Religious Experience*（Berkeley and Los Angeles：University of California Press，1985）。

［56］该术语在 Ssu-ma Kuang（1019—1086）和 Chu Hsi（1130—1200）的作品中出现。参见 *Tz'u-yüan*，它将 t'i-yen 等同于 t'i-ch'a。

［57］Leslie Pincus，"The Allure of Difference：*Iki' no kōzō* and the Construction of the Japanese Spirit"（博士学位论文，University of Chicago，1989），p. 69。

［58］例如，参见 *Chin-kang san-mei ching*，其中认为 jikaku（自觉）指的是个人对如来（Thatāgata）的觉悟（*Taishō daizōkyō*，Tokyo：Taishō issaikyō kankōkai，1924—1932，273：9. 366c25）。还可参见鸠摩罗什（Kumārajīva）翻

译的《妙法莲华经》(*Saddharmapundarīka-sūtra*)(*Taishō daizōkyō*，262：9.11a14，19b26)，其中亦有相似的用法。在禅文本中，jikaku 一词经常或隐晦地或明确地指，与 takaku 相对并"启蒙他人"(*Zengaku daijiten*，Tokyo：Daishūkan，1985，p.417)。

[59] Dilworth，"The Initial Formations，" p.102.

[60] 参见 Dilworth，"The Initial Formations，" p.99；and Dale，*The Myth of Japanese Uniqueness*，p.224，n.21。詹姆士有一个非常具体的问题：物质本体论持续影响了经典的认识论，由此产生了难以控制的二元性，并背上了主观和客观的具体化的负担。他试图对可以避免主客观具体化的经验进行功能性的描述，来克服此问题。对詹姆士来说，当从纯粹经验的角度进行分析的话，思想与事物在存在论上就是同类的。詹姆士的工程与青年西田的相去甚远。西田试图将他对日本禅的兴趣，与被剥离了历史和知识语境的西方哲学概念相融合。末了，西田将纯粹经验转化成了一个具体化的范畴——与"存在"范畴对立的"绝对虚无"的范畴。尽管他做出过严正声明，但是毫无疑问，西田的纯粹经验概念已经超越了理想主义的边界："很多年来我想在纯粹经验这一唯一真实的基础上解释所有事物……随着时间的流逝我意识到，经验之存在不因为个体，但个体之存在却是因为经验。我因此想到经验比个体差异更重要，而且这样我就可以避免个人存在主义。"(Nishida，*An Inquiry into the Good*，p.30)关于詹姆士与西田的关系，还可参见 Andrew Feenberg and Yoko Arisaka，"Experiential Ontology：The Origins of the Nishida Philosophy in the Doctrine of Pure Experience，" *Intertnational Philosophical Quarterly* 30，no.2(1990)：173-206。

[61] 参见 *Tetsugaku no konpon mondai* 的结尾部分，我们可以了解到，日本文化建立在虚无观念基础之上，而西方文化则相反地建立在存在观念之上。由此导致的结论是，"（日本文化）的特殊性在于其成了一种情感的文化。它不会去看前方的外部因素。它永恒地从一个事物移动到另一事物，不会超越时间，它在时间内部行动。这就是日本文化可能被认为是一种季风文化的原因"(Nishida Kitarō，*Fundamental Problems of Philosophy：The World of Action and the Dialectical World*，trans. David A. Dilworth，Tokyo：Sophia University Press，1970，p.247)。还可以参见一些对西田的民族

主义的评论，如 Ichikawa Hakugen，*Bukkyōsha no sensō sekinin*（Tokyo：Shunjōsha，1970），pp. 225 - 53；and *Nihon fashizumu shita no shūkyō*（Tokyo：Enuesu shuppan，1975），pp. 101 - 6；and Maraldo，"Translating Nishida，" Maraldo，pp. 486ff。

［62］Nishida Kitarō，"The Problem of Japanese Culture，" trans. Masao Abe and Richard DeMartino，in *Sources of Japanese Tradition*，ed. Ryusaku Tsunoda，Wm. Theodore de Bary，and Donald Keene（New York：Columbia University Press，1958），p. 859. 该书是《日本文化的问题》（*Nibon bunka no mondai*）的一个选本，最初是以一系列讲座的形式在 1938 年发表的，后重印，见 Nishida，*Nishida Kitarō Zenshū*，12：275 - 384。

［63］Nishida Kitarō，"Towards a Philosophy of Religion with the Concept of Pre-established Harmony as Guide，" trans. David A. Dilworth，*Eastern Buddhist*，n. s.，3，no. 1（1970）：36，45（1944 年初版的题目是 "Yoteichōwa o tebiki toshite shūkyotetsugaku e"，后重印，见 Nishida，*Nishida Kitarō Zenshū*，11：114 - 46）。关于西田的 "民族主义" 问题，还可参见 Klaus Kracht，"Nishida Kitaro（1870—1945）as a Philosopher of the State，" in *Europe Interprets Japan*，ed. Godaon Daniels（Kent，Tenterden：Paul Norbury，1984），pp. 198 - 203；Yuasa Yasuo，"Nationalism and Japanese Philosophy，" *Obirin daigaku kokusaigaku rebyū* 2（1990）：9 - 28；Yusa Michiko，"Fashion and A-letheia：Philosophical Integrity and the Wartime Thought Control，" *Hikaku shisō kenkyū* 16（1990）：294 - 81［sic］；and "Nishida and the Question oif Nationalism，" *Monumenta Nipponica* 46，no. 2（1991）：203 - 9；and Pierre Lavelle，"The Political Thought of Nishida Kitarō，" *Monumenta Nipponica* 49，no. 2（1994）：139 - 65。总的说来，西田反对用战争的力量来谋求日本的利益，他也反对极端民族主义，特别是当他们的行为威胁到了院校的学术自由的时候。同时，西田与很多政治家以及与军事当局有关联的知识分子保持紧密的关系。由詹姆斯·海锡格和约翰·马拉尔多（参见本文后记）编辑的那本集子基本澄清了西田在民族主义和日本战时政策中复杂且经常暧昧不清的位置。

［64］Nishida，"Towards a Philosophy of Religion，" p. 146.

［65］引自铃木大拙为 Viglielmo 翻译的西田的 *Zen no kenkyū* 写的序言，pp. iii – vi。

［66］D. T. Suzuki，*Zen and the Character of the Japanese People*（Zen to nohonjin no kishitsu）（Tokyo：Nihon bunka kyōkai，1935），*Zen and Japanese Culture*（Zen to nihon bunka）（Tokyo：Iwanami shoten，1940），*Oriental Oneness*（Tōyōteki ichi）（Tokyo：Daitō shuppansha，1942），*More on Zen and Japanese Culture*（Zoku zen to nihon bunka）（Tokyo：Iwanami shoten，1942），*The Facts of Religious Experience*（Shūkyō keiken no jijit-su）（Tokyo：Daitō shuppansha，1943），*Japanese Spirituality*（Nihonteki reisei）（Tokyo：Daitō shuppansha，1944）；英文本由罗曼·瓦德尔翻译，名为《日本的灵性》（*Japanese Spirituality*）（Tokyo：Japan Society for the Promotion of Science and Japanese Ministry of Education，1972），*Building a Spiritual Japan*（Nihonteki reiseiteki jikaku）（Kyoto：Ōtani kyōgaku kenkyūsho，1946），*The Awakening of Japanese Spirituality*（Reiseiteki nihon no kensetsu）（Tokyo：Daitōshuppansha，1946），*The Spiritualizing of Japan*（Nihon no reiseika）（Kyoto：Hōzōkan，1947），*East and West*（Tōyō to seiyō）（Tokyo：Tōri shoin，1948），*The Revival of the East*（Yomigaeru tōyō）（Tokyo：Yomiuri shinbunsha，1954），*The Oriental Outlook*（Tōyōteki na mikata）（Tokyo：Shunjūsha，1963），and *The Mind of the Orient*（Tōyō no kokoro）（Tokyo：Shunjūsha，1965）。

［67］在《禅与日本文化》一书中有"禅与武士""禅与剑客""爱自然"等章节。

［68］D. T. Suzuki，"An Interpretation of Zen Experience," in *The Japanese Mind：Essentials of Japanese Philosophy and Culture*，ed. Charles A. Moore（Honolulu：University of Hawaii Press，1967），p. 123.

［69］D. T. Suzuki，"A Reply from D. T. Suzuki," *Encounter* 17，no. 4（1961）：44.

［70］Suzuki，*Japanese Spirituality*，p. 18.

［71］由此断言，禅，且只有禅，组成了日本灵性的中心，这似乎给铃木造成了一个问题，因为这暗示着日本民族的"本质精神"直到镰仓时期才

出现。如果是这样的话，我们难以认为这种精神对日本来说是至关重要的，因为它出现的时间相对较晚。因此，铃木几乎是专门针对此难题，而宣称日本精神在奈良和平安时期"萌芽"，而在镰仓时期以武士文化和禅的形式"兴旺起来"（*Japanese Spirituality*，pp. 46ff.）。

[72] Suzuki, "An Interpretation of Zen Experience," p. 141.

[73] 引自 "Zen in America and the Necessity of the Great Doubt: A Discussion Between D. T. Suzuki and Shin'ichi Hisamatsu," *FAS Society Journal*（Spring 1986），pp. 19 - 23。这篇文章摘引了铃木与久松的一次谈话内容，这次谈话发生在 1958 年冬天，久松任哈佛神学院访问教授之时。

[74] Hisamatsu Shin'ichi, "Gakkyū seikatsu no omoide,"in *Tōyōteki mu*（初版于 1969 年），重印于 *Hisamatsu Shin'ichi chosakushū*,1：418；英文译文来自 Hisamatsu shin'ichi, "Memories of My Academic Life," trans. Christopher A. Ives, *Eastern Buddhist*, n. s., 18, no. 1 (1985)：11。

[75] Hisamatsu, "Memories of My Academic Life," pp. 25 - 26.

[76] "FAS gakudō no shiori," trans. Jeff Shore as "The F. A. S. Society," *FAS Society Journal*（Autumn 1987），p. 18. 关于 F. A. S.，还可参见 Gerald Cooke, "Traditional Buddhist and Modernization in Japan," *Japanese Journal of Religious Studies* 1，no. 4（1974），pp. 288 - 309。

[77] Abe Masao, "Hisamatsu's Philosophy of Awakening," trans. Christopher A. Ives, *Eastern Buddhist*, n. s., 14, no. 1 (1981)：33.

[78] Hisamatsu Shin'ichi, *Zen and the Fine Arts*, trans. Gishin Tokiwa [Tokyo：Kodansha, 1971；1957 年初版时以 *Zen to bijutsu*（《禅与美术》）为题]，p. 48。

[79] Abe, "Hisamatsu's Philosophy of Awakening," p. 34.

[80] 参见我的讨论："Buddhist Rhetorical Hegemony,"in "The *Treasure Store Treatise（Pao-tsang lun）* and the Sinification of Buddhism in Eighth-Century China"（博士学位论文，University of Michigan, 1991），pp. 88 - 93。

[81] Hisamatsu Shin'ichi, *Zen and the Fine Arts*, p. 50.

[82] 韦利 1922 年出版《禅宗佛教及其与艺术的关系》（*Zen Buddhism*

and Its Relation to Art）的小论文（重印于 London：Luzac & Co.，1959）。尽管韦利对经典的禅宗文稿相当熟悉，但他对此主题的研究方法却是理想化的；他将禅同时与教友派和当代心理学作比较，然后相信通过禅，人们可以达到"普遍意识，根据某些现代的研究者的说法，这种普遍意识深藏于个人意识之下"（p. 25）。因此，他赋予了禅在理解"艺术生产之心理状态"（pp. 21 - 22）时的优越的能力。然而，韦利的"禅宗艺术"观念还远比铃木和久松保守，且他也不会宣称佛教是日本文化背后的创造力量。

[83] 有一篇探讨日本山水庭院之禅学解读起源的文章，可见 Wybe Kuitert，*Themes，Scenes and Taste in the History of Japanese Garden Art*，trans. Japonica Neerlandica，Monographs of the Netherlands Association for Japanese Studies，vol. 3（Amsterdam：Gieben，1988），pp. 150 - 160。据 Kuitert 讲述，在库克的英语语言指导之前，完全没人提过庭院设计是禅宗哲学或禅宗意识的一种表达。确实，完全没有证据表明，负责设计和建造这些庭院的工匠们受过任何佛教教育。最早提及日本"禅宗风格庭院"（zenteki teien）的是 1957 年久松的《禅与美术》（Kuitert，p. 153）一书。

[84] 或明确地或隐晦地表明此主张的作品太多了，在此无法一一列举。我们已经提到过两部有英文版的经典：铃木的《禅与日本文化》以及久松的《禅与美术》。最近更详瞻的研究是禅学家柳田圣山（Yanagida Seizan）的《禅与日本文化》（*Zen to nibon bunka*）（Tokyo：Kōdansha，1985）。西方普遍流行着日本艺术本质上是"禅的"观念，参见 Helmut Brinker，*Zen in the Art of Painting*，trans. George Campbell [London and New York：Routledge & Kegan Paul，1987；初版题为"Zen in der Kunst des Malens"（《油画艺术中的禅》）（Berne and München：Barth，1985）]；and Richard B. Pilgrim，*Buddhism and the Arts of Japan*（Chambersburg，Pa.：Anima，1981）。

[85] Proudfoot，p. xiii.

[86] 铃木没有正式的禅宗弟子——确实，他没有资格招收学生，因他自己从未获得过任何官方认可。

[87] Suzuki，*Japanese Spirituality*，p. 21.

[88] Yukawa Hideki，"Modern Trend of Western Civilization and Cultural Peculiarities in Japan," in Charles A. Moore，ed.，*The Japanese*

Mind，p. 54. 汤川秀树关于气候对文化影响的强调，源自和辻哲郎的《风土：人类学的研究》（*Fudō ningengakuteki kōsatsu*）（Tokyo：Iwanami shoten，1939）。

［89］Yukawa，"Modern Trend，"p. 55.

［90］Kishimoto Hideo，"Some Japanese Cultural Traits and Religions，"in Charles A. Moore，ed.，*The Japanese Mind*，pp. 110 - 11. 铃木也玩文字游戏，比如，在自传性回忆录中，他提出西方思想的缺陷被植入了英国语言的结构中："（在英语教学中，）我们总是完全照字面意思去翻译，我记得我当时被英语'*A dog has four legs*'或者'*A cat has a tail*'的表达方式所困惑，因为在日语中表达'有'的动词不是这样用的……后来我想到西方思维中这种对拥有权的强调，意味着东方思维中缺乏的对权力、分割、竞争的强调"（Suzuki，"Early Memories，"p. 6）。

［91］在《日本独特性之神话》（*The Myth of Japanese Uniqueness*）中，彼德·戴尔探讨了围绕日本灵长动物学的 nihonjinron 辩认法，由此得出的断言是，既然日本人不明确区分主体和客体，那么日本灵长动物学家就应该能够精确地辨认出各种猴子，而不像西方科学家那样，不对猴子们进行文身就不能分辨出哪只是哪只（pp. 191 - 98）。戴尔引用 *Umesao Tadao* 的话来说，"日本灵长动物学的发展得益于当地人与猴子之间的亲密关系。对欧洲人来说，当然，人类与猴子王国之间有着不可跨越的鸿沟"（p. 193）。因此，日本人不需要进化论，因为"在日本，人与猴子组成了持续的链接……因此我们的思维模式本身就是进化论者的，而不需要一种形式上的理论修饰"（Kamishima Jirō；Peter N. Dale，*The Myth of Japanese Uniqueness*，p. 19）。

［92］参见 Dale，*The Myth of Japanese Uniqueness*，pp. 209 - 10。在 *Kokutai no hongi* 中时常重复的观点是个人与国家本质上的同一性："我们国家元首与臣民之间的关系决不是如统治者与公民之间那种肤浅的、平行的联系，而是从超越这种联系的基础上生长出的，是一种不会丧失基础的'毁弃自我，回归至（那）一'的联系"（*Kokutai no hongi*，trans. Robert Hall and John Gauntlett，in Tsunoda et al.，eds.，*Sources of Japanese Tradition*，p. 788）。

［93］Pincus，"The Allure of Difference，"p. 83.

［94］20 世纪 20 年代，在海德格尔门下学习的日本人中有和辻哲郎、田

边元、西谷启治，以及九鬼周造［Steven Heine，"The Flower Blossoms 'Without Why'：Beyond the Heidegger-Kuki Dialogue on Contemplative Language," *Eastern Buddhist*，n. s.，23，no. 2（1990）：61］。

[95]"任意性原则"一词来自 Richard A. Shweder，*Thinking through Cultures*（Cambridge，Mass.：Harvard University Press，1991），p. 121。

[96] 确实，活跃在西方的一些早期老师是临济宗的今北洪川禅师的传人，包括执教于加利福尼亚的两位释宗演的达摩后嗣：Tetsuo Sokatsu、Senzaki Nyogen。而 Shaku Sokatsu 的弟子佐佐木指月（Sasaki Shigetsu）（Sokei-an 曹溪庵），于 1931 年在纽约建立了美国第一家禅宗学会。但更有影响的是曹洞宗的原田祖岳（Harada Daiun，1870—1961）和安谷白云（Yasutani Hakuun，1885—1973）的老师，包括山田耕云（Yamada Koun，1907—1989）、H. M. Enomiya-Lassalle（1898—1990）、Philip Kapleau（1912—　）、Robert Aitken（1917—　）、前角博雄（Maezumi Taizan，1930—　），以及嵨野荣（Eido Tai Shimano，1932—　）等人。安谷基本上把全部精力花在训练世俗人士上，他中断了与当时禅宗组织之间的联系，是为了建立他自己的禅宗学派三宝协会（Sanbokyodan），他的精神传人们大部分隶属于该组织。关于三宝协会及其对西方禅学建设的影响的全面分析，我想放在将来的文章中论述。有足够的证据表明这些老师教授的禅宗修行是针对世俗实践者的，与传统曹洞宗训练大异其趣。

[97] 我们将日本文化部（Bunkachō）搜集的数据，按如下方式分派到三个主要的禅宗学派：临济宗（Rinzai）共计 38 座僧堂、5 754 座寺庙以及 6 196 名僧人；曹洞宗（Sōtō）学派有 26 座僧堂、14 718 座寺庙，以及 16 705 名僧人；黄檗宗（Ōbaku）学派有 2 座僧堂、460 座寺庙，以及 756 名僧人。参见 T. Griffith Foulk，"The Zen Institution in Modern Japan," in *Zen：Tradition and Transition*，ed. Kenneth Kraft（New York：Grove，1988），p. 158。

[98] 在征引了铃木关于禅、剑客与茶之间关系的一个相当复杂的观点后，库斯勒评论道："有一个挽救的可能性：所有这些胡话都是故意迷惑读者的，因为禅明确宣布的目的之一即是使理性的头脑困惑且错乱。如果这个假设是对的，那么铃木教授专为此目的而写的至少多达百万字的大量著作，就会表现出真正是哗众取宠的戏弄之辞的一面，而被嘲笑的是那些赞同这些

言辞的西方知识分子"［Arthur Koestler，"A Stink of Zen：The Lotus and the Robot（II），" in *Encounter* 15, no. 4（1960）：24；再版见 Arthur Koestler, *The Lotus and the Robot*（London：Hutchinson ＆ Co. ，1960），p. 255］。韩瑞福、荣格等的回应，分别见 Christmas Humphreys，"No Stink of Zen：A Reply to Koestler," *Encounter* 15, no. 6（1960）：57 – 58；Carl Jung，"Yoga，Zen，and Koestler," *Encounter* 16, no. 2（1961）：56 – 58；and Suzuki，"A Reply from D. T. Suzuki," *Encounter* 17, no. 4（1961）：55 – 58。相关探讨见 Larry A. Fader，"Arthur Koestler's Criticism of D. T. Suzuki's Interpretation of Zen," *Eastern Buddhist* 13, no. 2（1980）：46 – 72。

［99］戴密微对铃木大拙的评述，参见 Paul Demieville, Zen and Japanese Culture *Orientalistische Literaturzeitung* 61, no. 1 – 2（1966）：92 – 94，再版于他的 *Choix d'études Bouddhiques*（Leiden：Brill, 1973），pp. 496 – 97；韦尔布娄斯基的评论，见 R. J. Zwi Werblowsky，"Some Observations on Recent Studies of Zen," in *Studies in Mysticism and Religion Presented to Gershom G. Scholem*，ed. E. E. Urbach，R. J. Zwi Werblowsky and Ch. Wirszubski（Jerusalem：Magnes Press，Hebrew University，1967），pp. 317 – 35。

［100］同样很有意思的是，对铃木之哲学地方主义的批判，见 David Dilworth，"Suzuki Daisetz as Relational Ontologist：Critical Remarks on Reading Suzuki's *Japanese Spirituality*," *Philosophy East and West* 28, no. 1（1978）：99 – 110；阿瑟·韦利对铃木将"宗教"和"历史"简单地一分为二的做法的评论，见 Arthur Waley，"History and Religion," *Philosophy East and West* 5, no. 1（1955）：75 – 78。

［101］Heinrich Dumoulin, *Zen Buddhism in the 20th Century*, trans Joseph S. O'Leary（New York and Tokyo：Weatherhill，1992），p. 8。

［102］关于会上的神智学内容，参见 Jackson, *The Oriental Religions*：pp. 251 – 52。

［103］这方面我们还应注意拉达克里希南（Sarvepalli Radhakrishnan，1888—1975），与西田同时代的印度人，其作品在某种程度上试图将印度宗教思想带入西方哲学话语的范围。

［104］除了将斯韦登伯格的众多主要作品翻译成日语之外，铃木还是

1910 年伦敦国际斯韦登伯格会议的官方代表，而且在 1914 年他帮助发起日本斯韦登伯格社团。参见 Eugene Taylor, "The Swedenborgian Roots of American Pragmatism"（美国宗教学会年会上展示的论文，D. C. 华盛顿，1993 年 11 月 20 日）。

[105] 在 1911 年嫁给铃木并移居日本之后，比亚特利斯对真言宗（Shingon）表现出积极的兴趣，撰写了关于此主题的十几篇文章和小册子，其中很多是为《东方佛学》（*Eastern Buddhist*）写的。这种对真言宗的兴趣——日本版的"佛教神秘学"——无疑部分地源自她的神智学背景。文章有：Beatrice Lane, "Kōbō Daishi, the Saint of Shingon," *Eastern Buddhist* 3, no. 1 (1924): 70 - 75, "The Shingon School of Mahayana Buddhism, Part 1," *Eastern Buddhist* 5, no. 4 (1931): 291 - 311, "The Problem of Personality, according to the Shingon School of Buddhism," *Young East* 6, no. 2 (1936), "The Shingon School of Mahayana Buddhism, Part 2," *Eastern Buddhist* 7, no. 1 (1936): 1 - 38, "Ceremonies for Lay Disciples at Kōyasan: Part I: The Bosatsukai; Part II: The Ango," *Eastern Buddhist* 6, no. 2 (1933): 157 - 75, 等等。其中的一些文章后来收录于她的书《大乘佛教印象》（*Impressions of Mahayana Buddhism*, Kyoto: Eastern Buddhist Society; London: Luzac, 1940）。

[106] Krishnamurti 于 1929 年 8 月 3 日退出了"世界导师"和组织元首的角色，紧接着东方星命组织解散，但是大阪小组以"大乘分会"的名义继续在铃木家中聚会。参见 Waida Manabu, "Daisetsu T. Suzuki and the World's Parliament of Religions," *Reitaku Journal of Interdisciplinary Studies* 1, no. 2 (September 1993): 1 - 13。

[107] 我会将神智学对西方佛教研究发展的影响记载到 20 世纪的上半叶。W. Y. Evans-Wentz、Alexandra David-Neel、Christmas Humphreys 和 Edward Conze 只是众多与神智学运动关联的佛教学者和推广者中的一部分。

[108] 参见他近来出版的一本书的第一部分，*Chan Insights and Oversights: An Epistemological Critique of the Chan Tradition* (Princeton, N. J.: Princeton University Press, 1993); and "The Kyoto School and Reverse Orientalism," in *Japan in Traditional and Postmodern Perspectives*, ed. Charles Wei-

hsun Fu and Steven Heine（Albany：SUNY Press，即将出版）。

　　［109］研讨会于 1994 年 3 月 9 日至 13 日在新墨西哥的 Santa Fe 举行。论文即将发表，见 *Rude Awakenings*：*Zen*，*the Kyoto School*，& *the Question of Nationalism*，ed. James W. Heisig and John C. Maraldo（Honolulu：University of Hawaii Press，1995）。

朱塞佩·图齐与法西斯时代的佛学

古斯塔沃·贝纳维德斯 (Gustavo Benavides)

梁珏 译　林蕾 校

> 因此，这就是我玩的游戏，直到我的存在的微小之波，在生命之海中被机缘短暂地搅起，又为了让位于其他短暂的涟漪，而再次消逝在没有尽头的深井中：这是我小而无害的游戏，就像别人用更加费心而危险的消遣来取悦他们自己一样。
>
> ——朱塞佩·图齐[1]

　　作为一个佛教学者，朱塞佩·图齐的研究几乎囊括了佛教中的所有文化领域与思想层面。从印度到中国和日本，从量学（佛学逻辑）到密乘（Tantras，密教），从文献的编订、翻译到考古学的研究，图齐的成就如此之大，即使只是其中一小部分，也足够使多数学者满意。[2]然而，在看到其大量学术成果的同时，人们还认识到，图齐对于佛教与非佛教的亚洲的观念，在严格的文献学准确性和一个很大程度上受东方意识形态控制的解释之间摇摆。文献研究与意识形态间的紧张关系，在19世纪30年代早期已经十分明显，到了战时的40年代早期到达巅峰，战后则逐渐缓和。如果图齐的研究仅限于中观学（Mādhyamikas），或者甚至仅限于因明学，他在意识形态上将会表现出或者仅仅是政治机会主义，或者脱离正轨的倾向：在任一情况下，这都可以被认为是伟大的语言学者因历史的局限而产生的盲目性。从另一方面来看，如果他的研究对象仅仅是密宗，密宗对于"二即一"（coincidentia oppositorum）和解脱的理解的观念——或许只是比喻性的，或许是实际存在的——例如肉体的享乐，不会与对一个不曾被现代化的冷风所触碰的世界的期望产生矛盾。但是，图齐就像他研究的那些著作的西藏学者一样，对于作为争辩规则的神秘的经验和建构知识的有效性的方法很感兴趣，因此，人们若仅仅将他视为一个永恒哲学的（philosophia perennis）反现代性、极权主义、反理性主义的清晰的典型，则未免失之偏颇。

所以，我们的任务是，通过图齐研究中表现出的自相矛盾之处，探索这一对东方的特殊解释背后的成因。然而，我们最终将较少地关注作为一个人和学者的图齐，而更多地着眼于大量西方学者对旧欧洲社会秩序的终止，以及总是备受争议的现代性扩张的反应。对于我们而言，这些学者所培植的关于"东方"的观念是有趣的，因为在多数情况下，这个"东方"是一块他们用以投射自己对于"西方"的理解的银幕：不是得意扬扬地发现西方优越于东方，就是忧郁地认识到东方拥有一种在西方已经不复存在的魔力——或者是更为常见的，轻视与渴望的暧昧混合。这些学者中，很多人的研究对象是宗教，这并不令人吃惊，因为"宗教"[3]一词是给予那些实践与预设的一个名称，这一名称对于局内或是局外人来说，都有着无限的可塑性（或延伸性），并明确表达了一种文化——或者只是其中的精英——对于自身的无法言说的理解。在我们所要处理的这个特殊的事例中，一位佛教学者也是很容易被理解的，因为佛教——也许比其他宗教更为明显地[4]——建立在一系列概念之上，这些概念看上去总是濒于消失在不再能被概念化的领域，因此也能被不受限制地注解，并使之与一个人特定的哲学与意识形态观点相符合。[5]

永恒与经验

在图齐早期关于印度的研究中，最引人注目的是他的印度唯物主义历史，该书分为两个部分，分别于 1923 年和 1929 年出版。在这本书中没有"东方主义"；与之相反，读者们被告知，没有比认为印度不过是一片在充满神秘的狂热中，将自己同世界隔离开来的白日梦者和苦行者的土地这一观点更为谬误和陈旧的了。[6]事实上，《印度唯物主义历史大纲》（*Linee di una storia del materialismo indiano*）不仅是对印度哲学中非唯心论流派的一次彻底梳理，还是对神秘印度的鼓吹者们所必然忽视的关于权力与政治的思辨在印度哲学中的核心地位的论证。例如图齐提到戏剧《觉月初升》（*Prabodhacandrodaya*）中的一个角色斫婆伽（Cārvāka）①，他认为只有一种学问，那就是权术之学（daṇḍanīti）②，即国王进行统治的学问。[7]同样地，在他关于佛学的专门研究中，除了寂天（Śāntideva）的《入菩提行论》[8]（*Bodhicaryāvatāra*，其本质上是一本祷告书）以外，他还翻译了圣天（Āryadeva，提婆）的《四百论》[9]（*Catuḥśataka*）和《百论》[10]（*Śataśāstra*），在这两本论著中，作者对解脱（liberation）的概念进行了严格的逻辑分析，以至于在中观派（Mādhyamika）文本中任何对"神秘主义"（mysticism）一词的随意使用，都必定成为可疑的，除非人们将"神秘主义"理解为对意义形成过程的界限的一种探索（an exploration of the limits of the process of signification）。[11]

在 1934 年发表的《当代文化中的东方》（*L'Oriente nella cultura contemporanea*）中，图齐再次谴责了那些不能面对现实——他希望法西斯主义能够攻克这一弱点——而在其他民族的文化中寻找妄想③的人，他正确地断言，东方生活将终止这些妄想。但他也认为，亚洲是很难被理解的，因为亚洲人的生活不像西方生活那样更多地停留于表面层次，而是以内观（inner vision）为中心，这使得世界被认为是对宗教与神秘的"真实"的一种瞬时、扭曲的投射。[12]这种内观集中于自身，不能通过概念来交流，只能被感觉和再体验。在像这样的段落中，出现了一种对于东方的暧昧态度（ambiguity），因为现在，随着对亚洲文化中的真俗二谛——这可以被认为是借来的一个佛学概念——的介绍，表层被当作世俗的：人们在此间的生活既艰苦，又不神

---

① Cārvāka，斫婆伽派是印度哲学的最古老的一个派别之一。——译者注

② daṇḍanīti，西方学者常解释为"texts on law and politics"（Amod Lele，*Political Quietism Today*），"science of government and politics"（Prem Pahlajrai，*Doxographies - Why six darśanas? Which six?*）等，供参考。——译者注

③ 希腊神话中狮头、羊身、蛇尾的吐火怪物。——译者注

秘；然而，人们也能将生活维持在潜藏着某种内在而神秘的"真实"的较深的层次中。但是这种二重性的关键，并不在于这种真俗二谛的方法，使得同时保留西方的技术优势和东方神秘的独特性成为可能。因为在现实中，东方能利用西方的科学天才已经创造的成果，但后者却无法在精神道路上追随前者。[13]图齐的结论表现为一种常识的模型：所有的可能无非是合作，它不是像全人类朝向一个超验的目标那样的合作，而是简单地在彼此理解和共同协作的意义上。[14]同时，抛开这种只适用于"世俗谛"层面的（表面真实的）常识不谈，一个精神的王国已经建立，这是一个对于西方来说，只有在特殊情形下才能进入的"天堂花园"。

对一个极度理性（cold intellect）不曾占据绝对统治地位的世界的怀旧和对西方不能追随通过图齐的著作不断再现的东方的苦行与神秘之路的认识，这二者之间的紧张关系，常常通过屈服于时间的限制和生活于一个永恒的王国之间的对立来表达。例如，1942年在布达佩斯为了纪念乔玛（Csoma de Kőrös）所作的演讲中，图齐谈到了意大利、匈牙利与世界屋脊的神秘深处——西藏之间的奇妙联系。[15]他写道，进入西藏给他一种回到过去的感觉，好像通过咒语一样：一种愉快的感觉，因为它很适合那些试图逃离"现在"的禁锢的人们。[16]西藏处于时间之外，因为在作为东方人的西藏人身上有一种像是第二天性的东西，使他们能感知到世间万事的短暂和虚幻，并有着感受远离世界自然变化的天然倾向。[17]处于时间之外的西藏人，被描述为拥有孩子一般的纯真的宁静。[18]

时间和永恒之间的对立——特别是在关于宗教和神秘主义的讨论中——当然是一种陈词滥调。但它是在关于异国情调和浪漫主义的常常难以分辨的讨论中，由于伴随着西方工业化进程而来的对时间的认识和测量的真正改变，才变成这样的。[19]因此，对时间的认识（perception of time）——不仅作为走向终止和死亡的动因，也作为掌控生活中每个细节的专横力量——是与东方人与原初民（primitives）所谓的"永恒"相对比而言的，这并不奇怪。如同这种类型的大部分结构一样，这种对立有着双重作用：它能作为与一个被全面规范着的世界中每日单调沉闷的工作相反的乌托邦的地平线[20]，或者是实现殖民主义意识形态所要求的疏离功能[21]；又或者，正如在这些情况下常常发生的，它能够在意识形态和乌托邦之间游移。在图齐的研究中，我们

应该不时回顾的"永恒",扮演着一个摇摆不定的角色，因此，除了令他得
以逃避欧洲无意义的俗事之外，在需要时，永恒还能和宇宙或国家中不可言
说的经验一起，为军事斗争的胜利而服务。永恒和纯粹经验，作为"填充
物"（placeholders），即当操作者计划达到他们所应描绘的结果时[22]——正
是因其内容的缺失——能使人们所承担的职责神圣化。因此，这些神秘的概
念也能在有利于法西斯意识形态的决定论[23]范畴中发挥功能。

另一种在宗教研究中常常出现——更不用说神秘主义系统——的命题，
是对组成宗教核心内容中经验的、独特的、难以言说的因素的坚持。[24]经验
被认为是先验的，信仰和仪式的系统也围绕它产生，关于仪式的部分主要被
认为是对原初的领悟的程序化——如果没有完全退化的话。[25]在图齐的研究
中，人们常常看到知识和觉悟（realization）间的对立，知识由语言来传达，
而语言不能包含难以定义的生命之流，就如真实只能被经历与感受，而不能
被公式化一样。[26]他声称，印度与西藏思想的所有形式都是建立在独立赋予
这些形式以内容和真正价值的经验之上。[27]另一方面，谈到西藏人的实修时，
图齐认为"喇嘛教"[28]是对一位印度先知的崇拜仪式在形式上的机械模仿，
这位先知曾经与希腊和中亚的先知们有着相同的梦想和向往。[29]对他而言，
喇嘛教目前的状态是一种混淆（obfuscation）的结果，一种从神秘的沉思到
对寺院里宗教仪式感到麻木的过渡状态。在一个可能使那些想要将1951年
之前西藏僧侣的生活浪漫化的人们惊讶的系统阐释中，图齐断言，没有哪怕
一个神圣或博学的人，从那些曾经照亮了生命和信仰的伟大寺院中产生。不
论——或者实际上正是因为——寺院制度的巨大发展，西藏的信仰不再富有
创造性。西藏的寺院制度是一种禁欲主义的象皮病，它的清规戒律已经扼杀
了心灵（spirit）。在僧团中，心灵被耗尽了，而文字成为至高无上的统治者，
话语因其不再被理解而变得神圣。[30]图齐想要在时间与永恒被根本对立起来
的表达中，有效地描写各种体验，他确实也描写了体验，只是这些体验不仅
无法言传，还无处可寻，因为即使是在西藏这样一片处于时间之外的土地
上，现实生活中的"永恒"，也不再是从前先知时代的那种永恒了。对于那
些认为西藏是块神秘的土地的西方人，他回应说，或许几个世纪之前是这样
的；如今则正好相反，神秘主义在西藏与印度同样罕见。[31]

图齐这种对西藏佛教现状的尖刻却矛盾的态度，扩展到了西藏人的生活

方面。在描绘了他们的贫穷后，他谴责了古代中国的统治以及当地僧侣对人民的利益漠不关心并且畏惧革新。[32]然而，即使是这种贫困——因其泯灭了人和动物间的界限而被描绘成悲惨、落魄和羞耻的——人们至少在回顾时，是将它精神化了，并认为正是由于这种贫困，才产生了西藏的精神财富。[33]同样地，由于东方与西方的本质区别是围绕人和宇宙之间的不同关系而产生的，而人和动物都是自然的一部分，因此，一度被认为是退化的标志的动物性，在同一篇文章中又被用作正面的含义。当图齐写到一位藏医更多依赖直觉而非科学来鉴别药材的能力时，他选择药材就像生病的动物找到能治愈自己的药一样确定。[34]

印度人也是自然的一部分。1940年在罗马作为演讲首次发表的《现代印度的精神危机》（*La crisi spirituale dell'India moderna*）中，印度人仍被看作自然界一部分的原初存在（primordial beings），印度则至少是部分地生活在另一个时空中。印度人，不像用科学支配自然的欧洲人，他们参与到直接无隔阂的众生平等的自然当中。[35]但是，至今仍活在梦境中，沉迷在冥想的宁静里，从来不为善恶的问题所困扰的印度，正在被西方所唤醒，被迫进入了时间的王国。[36]现在，印度有两个灵魂，一个存在于乡村，在那里人们仍像数千年前那样生活；另一个存在于城市，那里人们的生活充满怀疑，在传统和变革间摇摆不定。[37]事实上，英国对一个没有历史、由宗教和种姓制度组成的印度——相对于由城市组成的新的、不合常理的印度——的虚构，最终成为相对较近的、所谓的1857年"大叛乱"（Great Mutiny）的产物。[38]但即使在城市和乡村的对立被神圣化之前，印德恩（Inden）已经认识到，解构作为国家的印度，并构想一个乡村的、随时可以被英国人占有的印度，是势在必行的。[39]但是，对图齐来说，重要的是保护传统的印度，使其远离其他东方国家发生的不幸危机。[40]他建议印度仿效日本的例子，让知识界（intellect）以西方的方式发挥作用，但在他们的运作和精神生活之间设置界限。[41]毕竟，就如我们之前所看到的，科学技术诞生在西方，因此发展它们也是西方的特权：只有到了最近，并且是在欧洲文化的影响下，东方人才开始作为征服者面对自然。[42]

如果对殖民主义的空想家来说，问题在于构想一个永恒的（eternal）东方，以便在时间的帮助下进行征服，那么对于图齐来说，则是为了在其中防御西方的子虚乌有（thin air），而去想象独立于时间之外的（timeless）东方。无论是空想家，还是反乌托邦分子，都对东方感兴趣；最终，东方似乎成了一种原材料、资本[43]，或最珍贵的商品——意义。把亚洲人构想成原初的存在——正如在"人性尚未被腐蚀"[44]的西藏——允许人们用质朴的颜色在其上作画，并谴责欧洲人不得不居于其分崩离析的世界中。因此，图齐写了如下文字："我们所引以为豪并热切希望的对科学的确信，使空气变得如此稀薄，以致我们难以呼吸；放射出如此明亮的光线，以致我们头晕目眩。但是当神秘的阴影被除去，梦幻的花蕾也被掐断时，生命之树便会枯萎消逝。"[45]介于浪漫主义者和嘲笑启蒙运动的后现代主义者之间，他对西方的病态感到不满，这种病态杜撰出了一个人类思想史上罕见的新词："知识分子"（intellectual）。在印度，知识界常常处于附属地位，在意识之外的世界不是被否认，而是在协调的进程中被美化了[46]；在西方，即使反智主义也是知性的，它从一个妄想走入另一个妄想，被单一的思想牢牢禁锢，并且远离了上帝和自然。与此相反，印度的反智主义可以被认为是一种神秘主义，它不再用一个幻想来代替另一个幻想，而是真正地抛却了知性。[47]

🌀 在战争中

对知性的抛却可能会导致——虽然不是一定，我们将在后文中看到——对政治的忽视。图齐忽略了认为权术之学是唯一真正的学问的斫婆伽派[48]，而认为像尼赫鲁（Nehru）[与甘地（Gandhi）不同，他不了解自己的人民]这样的改革家，是因为西方的影响，才试图去以理性剪除存在于人们身上的复杂性，用哲学代替宗教，并用一种新的不愉快和专断的方式，亵渎了信仰的宁静。图齐在一段讨论东方学家关于非暴力的意识形态与时代需求间产生的冲突的文字中，列举了一个又一个自相矛盾之处，并写道，在印度有一群想复制西方道路的人，在讨论并想要实施暴力，包括为了解救不幸者而在社会阶层间发生的暴力，因此，他们不像阿朱那（Arjuna）那样，他在俱卢之野（Kurukṣetra）大战前不愿去作战并杀害自己的同胞。但是，随后图齐又不得不补充说，阿朱那当然参加了大战，因为大神提醒了他生命法则的无情与他作为刹帝利种姓的责任，还有，最重要的，造物的无法消解的瞬息性（the implacable evanescence of created things）。那么，当"非暴力是最高的法"（ahiṃsāḥ paramo dharmaḥ）并非事实时，人们怎样调和印度的最高准则与阿朱那之战呢？答案似乎可以通过黑天（Kṛṣṇa）的存在而得出：更准确地说，是由阿朱那并非孤军奋战的事实得出，因为黑天与他并肩战斗，并引导着他。[49]因此，最高的法则似乎就不是非暴力（ahiṃsā），而是被正确引导的战争。在早些年一篇关于印度电影的文章里，图齐已经提醒年轻的印度人，克己——激情慢慢燃烧——并不是献身的唯一形式，它也可以通过使激情变得澎湃和在为有魔力或神圣的思想服务中消灭"自我"来达成。[50]

政治与战争的主题，在图齐关于印度和西藏的文章中显得相对不那么重要，但在他关于日本的著作中，则是核心内容。图齐于 1937 年以官方身份访问了日本，参加了一个文化机构的开幕典礼，并发表了关于他在西藏的考察的演讲。[51]图齐写日本的文章多数发表于 1937—1943 年，更多是属于报告文学与宣传性作品，而非学术研究。也是在这些关于日本的文章中，图齐以综合了东方意识形态与时代需要的方式，来讨论佛教——禅宗佛教。因此，在 1939 年出版的《禅和日本民族的性格》（*Lo Zen e il carattere del popolo giapponese*）中，日本被认为是在所有的东方国家中精神财富超越了物质力量的一个。基于他关于此前一年出版的铃木大拙的《禅宗及其对日本文化的影响》（*Zen Buddhism and Its Influence on Japanese Culture*）一书（这本书中禅宗与事实上全部日本文化都被不加区别地同等对待）[52]的评论，图齐把禅宗描述为日本人性格形成中最有效的精神思潮（spiritual currents）。[53]在战争已经发生或行将到来的年代，需要人们通过一系列的有机的象征（organic metaphors）来展望社会，禅宗被认为给人们以一种新的价值观，这种价值观重视的是人之所以为人，而并非其职业或社会地位。[54]但是这样将人从社会约束中解放出来，不仅仅是从形而上学的角度来被理解，因为一旦人放弃了日常装束，他就变成了"一群人中的人，走向人人平等的死亡的军队中的战士"。[55]图齐以类似于西田几多郎以及铃木大拙同时代的努力方式[56]，再次运用"经验"的概念，否认了禅宗的系统性："禅……并非一个系统，一个系统是可以被解释、定义和讨论的。不像禅，禅是靠体验的（Zen is lived）。"在"神秘主义"的概念化中十分常见并在对禅的研究中尤其得到关注的，对于经验与直观的修辞[57]，使得图齐宣称，所有的神秘主义体

169

系都是依靠体验的："它们不靠逻辑来说服别人，而是基于一种内在的体验，这种体验从我们生活的黑暗处神秘地产生，将黑夜变为白天，使得一旦我们为它所感化，便觉得是在另一个崭新、光辉而极乐的世界中重生了。"[58]

图齐坚持认为，禅和其他神秘主义体系的区别在于，禅不是要超越现世，而是在现世中寻找永恒。因此，在永恒的状态下（sub specie aeternitatis）看待世界，当时的意识形态（即日本卷入对中国的战争的需要）能通过去绝对化的禅宗而得以绝对化。图齐求助于神秘主义通过使生死同一来抑制人的求生本能的陈腔滥调，并非是对禅的误读，而是事实上步了武士道精神创造者的后尘[59]；这种神秘主义的老生常谈，与由法西斯主义者们（更早些时候则是由浪漫主义者们）所鼓吹的对英勇牺牲的狂热崇拜相结合，现在能用来为国家的需要服务。[60]与此相似，在 1940 年出版的《现代日本及其精神危机》（Il Giappone moderno e la sua crisi spirituale）中，图齐充满敬意地提到武士的训练者禅宗僧人，以及禅宗的直接、自发地向军事的转型。[61]

在《禅和日本民族的性格》一书中表达的观点，在 1941 年 1 月至 1943 年 8 月发表于《大和》（Yamato）月刊（这本刊物致力于加强日本和意大利之间的文化联系）的系列短篇报道和战时出版的两本小册子《武士道》（Il Buscidô）和《日本人》（Il Giappone）中得到了更加有力的论证。[62]对于《大和》这本他在 32 个月中发表了十数篇文章的杂志来说，图齐不仅是撰稿人，也是贯穿这份杂志始终的三位编委会成员之一。事实上，杂志的第一期中有一封来自日本大使的信件，信中提到，这本杂志的创办，是"意大利科学院的荣誉成员——朱塞佩·图齐阁下倡议的产物"。在同一封信中，大使还断言，没有什么人比意大利人更能理解日本精神，正如日本人能更好地凭直觉来理解法西斯主义一样。[63]图齐发表在《大和》上的文章，有某些细节值得注意，因为它们篇幅短小、属于报告文学性质，不带有学术性的研究方法和意图，表达了作者在意识形态和宣传方面最纯粹的目的（在《大和》中还有四幅图齐身着法西斯军服参加官方集会的照片[64]）。

第一篇文章表面上是在写日本音乐，事实上是关于亚洲和欧洲对待自然的方式的决定性区别的深思：在亚洲，人与万物一起沉浸于自然中，因此，人们可以发现包括流行的歌舞伎音乐在内的日本音乐，已经没有了一种反映人们既不能控制也无法摆脱的宇宙力基本运转的悲剧性特征。[65]图齐在 1941

年 1 月——欧洲开战 16 个月后——写道，这就好像是国家（事实上只是那些法西斯国家）的需要，必须被表达为宇宙的需要一样。他在那段时间的所有作品都带着一种被美学化了的，同时也极深刻的悲观色彩：一种不仅被历史而且被宇宙游戏——更多地是游戏（līlā）而非幻觉（māyā），但这是一个可怕的游戏——所囚禁的感觉。这种对宿命论的美化，在他为《大和》第二期杂志所写的文章《四季节律》（"Il ritmo delle stagioni"）中再次出现了，在另外一篇关于日本诗歌和绘画中的雪的文章中也是如此；而在那些从讨论音乐（这仍然是一种文化上的创作）改为讨论一个季节的文章中，图齐回到了他的执念之一：在东方如此活跃的一种对宇宙节律的感受，这个感受在日本表现为一种更为具体的形式，因为被神道教（Shinto）和禅宗教化了的日本人，对生命有一种无阶级的、一元的认知。[66]被法西斯政权用其精湛技艺培育出的、对暴力的美学化，在一篇关于在罗马展出的关于日本儿童的绘画的文章中再次得到了表述。在这篇发表于 1942 年 5 月的短文中，对艺术的直觉感知，与战争的冷酷、崇高以及武力的一贯正确性（the infallibility of one's sword）并行不悖。[67]

　　在同样出版于 1942 年的《武士道》一书中，图齐用与他早些时候描写西藏相类似的方式，将日本表述为凭借其用贫穷来进行苦修而形成的精神财富，成了现代历史中的一种力量。这种据称在欧洲十分普遍的、在图齐关于印度同西藏的著作中已经出现过的对于生命的分裂的怀疑，被用来与日本的情况进行比较；在日本，精神教育使人从作为抽象的智力和自然的机械化结合的致命后果的分裂中拯救了出来。[68]和禅宗一样，武士道也不能被定义，因为词语在逻辑上的严密性不足以包含人的意愿。武士道不是一种书面的规则，而是一种生活方式：对历史的世界的颂扬和赋予幻觉以神圣意义的勇敢尝试。[69]包括乔凡尼·詹蒂莱（Giovanni Gentile）的"纯粹行动"（*atto puro*）[70]在内的意大利法西斯意识形态的核心组成部分，在前工业时代的日本——这并非不合理，因为武士道精神在德川幕府时期（Tokugawa shogunate）已经被提出了——以及中世纪的意大利也存在。中世纪的骑士精神在意大利和日本，以无情的纪律、荣誉和献身的严格性，成功地控制住了朝向战斗的基本冲动。在日本，人们能看到两种宗教的合作：一种是武士道，它作为纯粹行动，创造了世界和传统延续之间的共同参与；而禅宗以生命冲动的自发性取代了无常和随意。[71]武士道的纯粹行动和禅宗假定的自发性，使图齐宣称，在思想的曲折性与果断地、像剑一般锋利又像箭一般绝无虚发地创造历史的行动之间，有着一种天生的抵触。[72]这种现在被通过武士道和佛教加倍神圣化了的自发的行动，令图齐得以宣称，在国民和士兵之间没有区别，正如在战争与和平之间，不存在使其连续的方法：我们所认为的和平，不过是风暴在酝酿时的宁静，是默默地为战争做准备。[73]

对图齐来说——他1915年12月1日应征入伍，在前线作战，并于1917年成为陆军中尉[74]——战争似乎代表了它对许多退伍老兵所做的：它是现在这个时代中冷漠的理性和对人情的否定的解毒剂。这个在战争中被所有政府坚持不懈地理想化的共同感，在战后被进一步加强，当右翼理论家们——尤其是自由军团（Freikorps）的成员——仔细培育能被用于抵抗社会主义的反抗的共同性和献身[75]的神话时。尽管在战败国中，对于在这个满目疮痍的世界中，被认为十分流行的、对于英雄主义精神的怀念尤其强烈，这种怀念在意大利——这个国家尽管得到了一些土地，但是所谓的"凡尔赛叛变"，促成了它作为"无产阶级的国家"的神话的形成——也有所体现。因此，当图齐，当他宣称在对战争——在作为"内在体验"（inner experience）的战争中，从荣格对战争的美化中借来的一个称号[76]——的歌颂中，人能超越短暂的个人存在，并像英雄和圣者们一样，从时间的统治中将自己解放出来。[77]这种想要从时间中逃离（让我们想起了"历史的恐怖"，这在另一位研究古代的意识形态学者伊利亚德的作品中无处不在[78]）和超越短暂人生的渴望，能够通过为祖国而牺牲和使自己的思想、愿望与行为服从于民族利益而达成。[79]

但是，就像在研究禅宗时一样，最终使图齐着迷的似乎是死亡本身。这种迷恋令他更接近罗马尼亚军团（Romanian Legionnaires）的神话般的事迹，以及与仅在墨索里尼的意大利被发展出的对英雄主义的颂扬相比，更接近于德国浪漫主义者所使用的夸张形象[80]，也使得他把与死亡的遭遇描绘成英雄主义的巅峰，而把武士道描绘成通向死亡的开端。[81]在对死亡的礼赞中，他写道，日本的英雄们将不再孤独：他们用永恒观念的语言与其他英雄——那些在太平洋战争中，以及那些在北非和苏联草原的战场上倒下的人们——进行对话。[82]同样地，在他为倒数第二期《大和》——在墨索里尼入狱前不久——所写的文章中，人们为保卫阿图（Attu）岛的牺牲使图齐可以抛开取自书本的例子，而代之以反映武士道与武士精神的真实事例。在图齐为《大和》写的最后一篇文章（最后一期本应于再下一个月，即 1943 年 8 月出版，而非按惯例来说的 1943 年第 11 期，这象征法西斯统治的第 21 年墨索里尼丧失了权力）中，他对武德（military virtues）的歌颂达到了顶峰，正如他写的那样，宣誓效忠（homage）必将转变为沉默，因为这样的经历在精神上是如此崇高恢宏，以至于语言会冒渎它们的神圣与庄严。[83]

对于现世的需要，还在 1943 年出版的《日本：历史传统和艺术传统》（*Il Giappone，tradizione storica e tradizione artistica*）一书中得到了表现，据其序言称，这本书的产生，源于一个愿望，就是为意大利读者提供对于分担意大利军事努力的人们之复杂性和精神财富的一个简要介绍。然而，这本书中的大部分内容，只是在重述图齐此前已经发表一些文章的内容。例如关于禅宗的一章，就与 1939 年的文章中所写的内容重复。而另外关于日本人的艺术鉴赏力的一章，包括了东西方之间对于自然的态度的对立，就又回到了已经在《大和》中表达过了的看法。[84]

🌀 精神的政治

东方主义的意识形态，通过将人们寻求转变的文化中的政治生活异域化（exoticization）来实现他们的模糊化的任务。这至少有两种方法：可以靠否认一个集团的政治生活的特定存在，或是从另一方面来看，政治可以被表达为背叛和阴谋无法涉足的世界。[85] 图齐选择了第一种方法。我们已经看到，在《现代印度的精神危机》（*La crisi spirituale dell'India mederna*）中，他怎样将具有甘地精神的、真正印度的方式，跟尼赫鲁的从西方引进的新奇的方式进行对比。[86] 在 1948 年考察西藏的记录中，他说他还没有最终强调西藏的政治，由于如果有什么东西是他强烈厌恶的，"那就是无处不在、无时不有的政治"[87]。但当他提到，中国的西藏想要强化与印度的联系时，他似乎是在暗示政治在西藏仍然是未知数，"政治中的礼节，即政党们的派对与庆典的旋风也会在西藏开始，人们将失去他们的超然态度，并参与到争斗中。这些争斗会在自由的名义下使他们沦为奴隶，因为真正的自由仅仅属于人，并且其他的东西也无非是背叛和破坏"。现在，图齐在否认他早先写到的关于痛苦和动物性的内容后——尽管即使到了 1940 年，他也认为痛苦可以产生精神上的财富[88]——认为"中世纪的氛围仍然笼罩着西藏……尽管在表面上……它仍然使人们比起西方的生活方式来说有更大的掌控"[89]。

在一篇表面上关于西藏的文章中，图齐在一开始，似乎是要提供一个对于质朴宁静的由人组成的社区（Gemeinschaft）和一个无人情味的社会集团（Gesellschaft）之间经典区分的标准范例，他成功地证明了什么能被理解为是对集团主义（corporatist）、社会主义，或是民主国家的职责，而这些都与一种对作为人的君王（personal master）的渴望相伴而来："国家（State）不是一个四处刺探、控制你所有作为的匿名的暴君……在西藏，国家是你可以亲身并且像常人一样接触到的几个人……在任何时间，如果要给我一个抽象地称为国家，或是民主，或是那些不能让我觉得被绝望地奴役于它们之手的东西，我宁可要一个君王。人确实出生在不幸之中，只有圣者或诗人才能在某种程度上通过挣扎来远离这种不幸。"[90]而在现实中，因其学者身份，如果图齐未始终如一地将僧人和僧团的政治作用纳入考虑，或是不仔细检视僧团内部争辩的政治功能和意义，他就无法写作藏传佛教的历史。他在其他关于古代西藏的宗教王权的研究著作中做到了这一点，并且在他的伟大的、综合性的关于西藏宗教历史的著作——《西藏的宗教》（*Die Religionen Tibets*）[91]——中也再次做到了，而在这本书中，他还用一种直接明了的方式，

对诸如供养僧团系统的经济支出和僧团的经济活动等问题进行了介绍。[92]

事实的真相是，图齐卷入了政治中：首先，是和所有人——尤其是学者们——同样，在意识形态层面；其次，是在他作为意大利科学院[93]的成员、意大利中东和远东研究所（IsMEO）[94]的组织者和《大和》[95]的创办者的活动中。这座有着最高学术标准的研究院凭借其珍贵的《罗马东方学丛书》（Serie Orientale Roma）而闻名——乔凡尼·詹蒂莱是第一任主席，任期从 1933 年一直到 1944 年，他在佛罗伦萨被游击队员杀害前。[96]詹蒂莱是早期法西斯政权中墨索里尼的教育大臣，同时也是萨罗共和国（Republic of Salò）——德国人从监狱中救出墨索里尼之后，在北意大利成立的共和国——的政府成员，他不仅仅是一个制造者——由克罗齐（Croce）与早期纳粹的海德格尔[97]相比——他不仅仅是"自我"（ego）、"国家"、"行为"（act）

以及诸如此类的事物最终无足轻重的思考的制造者，或是唯物主义、抽象概念和实证主义的众多反对者之一。[98]詹蒂莱实际上是法西斯主义的官方哲学家，这一身份赋予他的观点一种历史的具体性，它使得人们去考察那些在其他场合显得空洞的概念，如"纯粹行动"，以及根据法西斯意大利的内外政策来考虑"具体逻辑"（logo concreto）与"抽象逻辑"（logo astratto）之间的区别。

詹蒂莱在对党国进行描述[99]的时候所营造出来的氛围，让人想到一种通常被具体化地称为"神秘语言"的事物。[100]对于詹蒂莱来说，国家所具有的不仅仅是绝对的道德价值：当他声称国家是个人化的个性，但是是摆脱了那些不重要的差别和个人利益的一种个性时，国家获得了一种超个人的神秘状态。在看似描绘"自性"（Atman）和"梵性"（Brahman）之间在《奥义书》中的同一性（Upanishadic identity）的内容中，国家——它的本质被认为是意志、天才和合乎道德的行动——被表达为对于那些已抛弃表面特征的个人来说，是最本质的实体。[101]就詹蒂莱而言，法西斯是这样一个系统：在其中通过意志和行动被创造出来的真实和有形的自由，替代了抽象和假象的自由[102]；意大利的人们是通过国家——它与精神最终是难以割离的——和法西斯主义来离开假象的自由，并实现自我的团结和觉悟的。[103]根据詹蒂莱的说法，个体认识自己是通过党国——考虑到正如墨索里尼所坚称的，国家是由党国创造的，而不是与之相反[104]——这样一种方式，即使党国的意志和个体的意志合二为一，即使这一过程中包含了暴力——像法西斯主义这样的神圣的暴力，而非个人的暴力。[105]随着暴力达到了顶点，战争也成了法西斯主义信条的核心，根据这一信条，和平既不可能，也没有用处，因为只有战争才能将所有人的精力带入最高的紧张状态，并给有勇气面对它的人们留下高贵的印记。[106]

人们可能会因为受到诱惑，而认为是詹蒂莱为三四十年代图齐的文章中可以见到的、英雄主义的爆发与对现代世界的谴责提供了哲学基础——如果不是因为一个事实，那就是从一个假设的纯法西斯主义的角度出发，正是这种哲学基础的观念，会被认为是背叛了运动在本质上的、实践的（praxical）性质。尽管如此，我们在图齐的作品中见到的这些观念，并不是由詹蒂莱发明的，他只是将它们系统化了。就像全都在逃避启蒙（Enlightenment）的恐怖统治的詹蒂莱、图齐和西方知识界的大部分人一样，他们屈服于图齐在其他地方研究大乘佛教的实体化时写到的，随着名相（nomina）变为神力（numina）的过程[107]，我们在坚信据称不曾被经济动机[108]和纯粹理性（mere reason）所污染的纯行动的英雄主义与神圣不可侵犯，以及因此而甘愿为了精神党国（the Spirit-State）的利益而牺牲自己和他人的时期中，将会遇到它们。

🌀 和平时期

在詹蒂莱死后三年，并在自己停止教学工作很短一段时间后，图齐于1947年成了意大利中东和远东学院的负责人。[109]他在战后不再写研究日本的文章，而把巨大的精力投入到对西藏的研究。他对于佛教的观察，似乎从三四十年代的英雄主义，转变为对慈悲心的强调。现在，图齐的关注在于使西方了解到一个"亚洲的人道主义"（Asian humanism），它"不像我们的（人道主义）那样富攻击性"，"不维护人的尊严，以便建立一种草率与短暂的霸权"，而是"一种精神的人道主义"[110]。抛开他早先在欧洲和亚洲成为人的方式上所作的清楚区分，图齐在《东方和西方的印象》中写道："无论在欧洲还是在亚洲，人们都能找到完全相同的造物，带着相同的矛盾与希望，同样着迷于时间和对永恒的向往。"[111]

1956年5月30日，在意大利中东和远东学院佛诞日庆典上的讲演中，图齐谈道："伟大的人们（the Great）不是权力的代表，不是沉浸于眼泪和鲜血中、被欺骗了的（deluded）历史创造者；他们是那些能在变化与动荡中不停流淌、持续如一的生命之河的河床中，重新发现永恒的、不受腐蚀的纯净性（the incorruptible clarity of the Eternal）的人。"[112]现在，在战争的恐怖之后——当他曾写道，菩萨不仅牺牲自己、普爱众生，更是一个披甲战斗的英雄[113]——他把大乘的顶点描述为"这种愿望，我会说是一种渴望的不安（the yearning anxiety），是想要去救助那些深陷在痛苦与爱欲的交缠（这种交缠取代了圣者的独立的形象）中受苦的，渴望有一个能牺牲自己、普度众生的人来使自己得以解脱的人们"[114]。当图齐提到菩萨时所使用的形象的转变——从一个披甲的英雄到渴望解救所有有情众生的圣者——是巨大的，这一转变不只暗示了图齐在政治态度上的转变，还表明了正因其极端性，理想的作用才能被以与之截然相反的方式来解读。事实上，一旦人们将菩萨的慈悲心概念化为无边无际的，这种慈悲心就能被用来解释自身，不仅是在通常情况下就其本身而论人们会认识到的慈悲，而且还不得不被解释为暴力。因此，包括杀生（甚至是僧人的杀生）在内的行为，能被认为是终极的慈悲，因为它们能被解释为将受害人从暴力行为——这些行为可能会使犯错者在地狱中不得不受到难以言喻的惩罚——中解救出来。在这种语境中，菩萨的自我牺牲可以被理解为，他为了阻止人们犯下罪过，而强迫自己做暴力的事情，并为此接受惩罚的自愿，尽管事实上，杀害一个潜在的杀人犯将是无量功德（gāmbhīriyaśila）的例证，在业力的形式中会积累极大的功德。[115]

对于理解那些围绕处理现实问题（例如暴力与战争）的文本时所发生的困难，图齐是意识到了的。因此，在记录了他 1952 年去尼泊尔考察过程的《木斯塘之旅》（*Journey to Mustang*）中，他用以下文字，描绘了他见到那些第二次世界大战期间在欧洲参战的尼泊尔人时的反应："我必须说，我觉得这样的相遇是令人痛苦的……我感到羞愧，因为我是这样一个不能带给这些人战争艺术以外的任何其他事，并将他们带到异乡去杀戮与被杀戮的世界的成员，这个世界并不为这种奴隶贸易感到羞耻。最关键的是，它并未懂得自己精心编织的谎言的耻辱之处，这种耻辱以精巧文辞建造浮华的表象，以掩盖政治的自负与本身力量中的自私自利。"[116] 但是，除了为欧洲政权对尼泊尔雇佣兵的利用感到痛惜之外，他也提醒我们——很可能也是在提醒他自己，"像所有宗教一样，当关系到维护自身利益时，佛教能通过由全世界的神学家巧妙地自由支配的微妙诡辩，来为战争正名。强词夺理的学者们能揭示经文中的段落如何使严酷而不可避免的必要性，甚至杀生（自然是为了救赎罪人）被合法化，因此，他们不会被可怕而难以弥补的内疚而玷污。他们不为这些是晚出的内容，并且佛陀的教导完全是和平主义的事实所妨碍"[117]。尽管图齐主要考虑的是僧人们为捍卫佛教而采取的行动，他也可能参考了佛教更为主要的合法化了的角色，尤其是国王将自己描述为一个菩萨以及佛法的保护者的情况（例如在南亚）。在这些地方，要区分维护国家利益——即精英们的利益——和法的利益，即使并非不可能，也十分困难。

在《东方和西方》（*East and West*）杂志的佛诞特刊中，还包括了另一篇文章《佛教中的阳刚之气》（"Spiritual Virility in Buddhism"），这篇文章在十五年甚至三十年前就该发表了。尽管其作者尤利乌斯·埃沃拉（Julius Evola）[118]并非佛教学者，他作为东方学者的幻想仍然值得提及，因为人们在这些幻想中，可以找到以原始形态出现的、反对民主并且有助于法西斯主义的佛教意识形态。并且，在《佛教中的阳刚之气》一文中，佛教的教义以一种与图齐战后的观点如此截然相反的方式被表达，以至于看上去就像埃沃拉写这篇文章的目的，并不是为了反对图齐——这是不太可能的，考虑到图齐是当时在世的最伟大的佛教学者之一，并且也是意大利最伟大的佛教学者，而埃沃拉则不是——而是对图齐作品（当然，是他在战时以一种感情夸张得多的方式写成的作品）的幽灵般的、残忍的回声。与图齐佛诞日庆典讲演中关于普世慈悲的观点相反，埃沃拉相信佛教在本质上是自发的（initiatic）、贵族政治的和反民主的，他宣称大乘佛教和佛教稍早期的形式是"对佛陀言论的篡改（falsification），一个变质了的版本，不适用于那些昂首挺胸的、具有男子气概的人，而适合那些萎靡不振、寻求解脱和精神慰藉的人"[119]。正如预料所及，他将禅宗和武士道作为针对那些"单方面接受不作恶和敬畏所有生命形式的教条的人们"[120]的反例。在最为法西斯主义的传统中，佛教对他而言，不是"一个包括了人道主义与不加区分的爱的、病态而感情脆弱的世俗道德体系"。事实上，"就像佛教在其中得以成为一种自成体系的宗教的方式，和更坏的，即佛教在其中被设想与接受为一种民主的、人道主义的道德的方式一样，它们应该被正确地理解为对于真理的空前的玷污"[121]。

为了宣称他的佛教起源于贵族统治的观点，埃沃拉以一种类似于有关佛教的堕落的观点以及自19世纪中期以来在欧洲学界广泛流行对于起源的关注的方式来行事。[122]然而，对埃沃拉而言，对佛教的原始状态的探求，不是将我们带入一种精神平静的状态，而是带入了一种据称未经玷污的教义，而这种教义支持了作者对法西斯主义未经改造的信奉。但是我们应该记住，或许人们觉得他的立场令人反感，但在对佛教的军国主义化观点的宣传中，埃沃拉的行为，与图齐在《木斯塘之旅》中所描写的那些虚构的神学家，与沙夫（Sharf）所研究的禅宗意识形态学者，或是与那些亚洲国家的领导者——他们多是佛教徒，在自认为是佛法的追随者的同时，还忙于针对邻国的血腥的军事计划——并无太大的不同。

◎ 乌托邦中的意识形态

如果人们试着把图齐对佛教的观点放入远景中考察，甚至将在 20 世纪大约前 50 年里，欧洲学者宗教研究中与之平行发展的内容也纳入考虑，在图齐的研究中不断重现的主题——在真实状态与人为状态之间的终极对立——能被视为对于一种正在消失或已然逝去的生活的渴望的重要组成部分，这种渴望根据推测植根于传统与必然性中，同时也是对另一种已然固化的生活的拒绝——但是，像阿诺·梅尔（Arno Mayer）已经向我们展示的那样，这并非全盘拒绝[123]——被无根性（rootlessness）所侵蚀。这一现象的原因，能在发生于欧洲的作为工业化与迅速的城市化[124]的结果的一系列混乱中，或者更早，在法朗兹·波克诺（Franze Borkenau）称为"制造时代"（manufacture period）的时间段之中被找到。[125]夹在一个建立在依据自然节律工作的行将消失的农业[126]世界，与一个相对更少依赖这种限制的工业世界之间，19 世纪末 20 世纪初的保守学者们似乎明确表达了对于社会中那些在新秩序中无所适从的领域的恐惧，在此过程中，他们似乎比其他人更为充分地感受到了这种恐惧与怀念。这种渴望并不是想要回到旧的生活方式：它期待的是在旧世界正得其位的特定美德，因为就像在自然的节律与土地的节律之间曾有着必然联系一样，旧的生活方式被视为建立在一种必然性上，它在拥有完整性的同时，也有着物理与有机的完整适应性。与此相反，城市和工业生产的快速增长，抛开其大量的特征不谈，有着可以被认为是临近非现实的某种可能性。因其与季节相对，城市可能是别样的，就像工业制造的产品也可能是别样或完全不同的。这一情况对于交易来说也是如此：它与交易者的一致性越来越少，它正在变得——就像我们自身一样——明显地植根于自身。

抽象交易、计算和雇佣劳动：它们被认为是一种现实的完整性，在其中所有事物——尤其是一个人的社会地位及借此获得财富的方法——曾经都有自己的位置，而现在，这一位置被抽象概念和专制所取代了。这一情况对于体验来说也是成立的：尽管体验从来不真正属于人自身，当自我变得比以前所简单认为的更加不稳定这一现象显著时，体验的自我在回想中变成了现实的唯一真实的依据，而体验则变成了目标。然而，为了真正地进行体验，人们不得不去体验那些不屈服于无常而专制的时间，并且脱离了宇宙节奏的东西，如果那是不可能的，体验就只能在时间之外发生。体验者也不能是脱离于时间之外的、非宿命的自我，他通过与宇宙合一或是与社区、国家、民族同一，来抛弃其主观边界。那么，另一种方案是体验宇宙，或自然的，甚至是党国的，在时间之外的独立性：这是宗教学者的任务，去展示这种体验在过去是如何发生的；而研究异域文化的学者的任务，则是去找出它在当下是如何存在的。

但就像它们只与感知或体验的形式中的转变有关一样，去追随当代的潮流，并且接近这些改变，则将会是一个错误。这些改变发生于一个资源和力量——它们常常是有限的——必须通过争夺才能得到的世界里。北意大利最大的威胁是有组织的劳工们，包括城市的和农村的，尤其是在博谷（Po Valley），正如利特尔顿（Lyttelton）所形容的，这里正是资本主义农业发展和法西斯主义"起飞"的地方。[127]因此，这一威胁最终是马克思主义的：马克思主义作为自觉的领悟，除了自然的真实——在任何情况下其多数是人类的创造——之外，唯一的真实是劳动与财富之间的联系，其他所有的社会关系都是通过劳动产生的社会原因的一个令人费解的过程中出现的。人们可以说，所有非宿命的过程都缺乏物质，尽管它们是真实的——在佛教因明学家的理解里，产生影响的东西，就是真实的。[128]马克思主义只能被行动组（squadre d'azione）——它能结束红军（the reds）的政治活动——无情的力量所战胜，并且被一种将绝对行动的无理性与机会主义的唯意志论、彻底的宿命论成功结合的哲学所击溃。由一个非人为的经验者来经验，用无言之言来描述，发生在无时之时的、不可论证的经验，将能阻止知识分子用心险恶的活动。

在20世纪初起源的宗教学研究（Religionswissenschaft）——从魏玛（Weimar）的神学家到伊利亚德、图齐和杜梅齐尔（Dumézil）——和包括其极端形式，即法西斯主义在内的政治保守主义之间的密切关系的根源，需要在此进行探索。[129]这并不意味着起源于20世纪前十年的宗教学研究，必然被当作法西斯主义的；然而，这意味着我们必须懂得，它出现在一种所有社会阶层中均发生变化的环境中，并且是一种与这些变化达成妥协的尝试。实业家和军事战略家，跟政治家和哲学家们一样，不得不想出面对现代性的方法。在这种劳动分工中，这是留给具有想象力的建筑师们，即人类学家、宗教学者和东方学家们去探索，同时也是去想象关于他者的王国——地理的、世俗的与经验的这一王国——能够发挥很多方面的功能。增加真实的区别——尤其是关于对时空的认知，和在个人、社区以及自然之间的关系的内容——所有这些，都是一个漫长历史过程的产物，它们的任务之一，就是建造一个独立于时间之外的王国，其地理与人的对应部分，能被任意占用与开掘。而另一个与其互补的任务，则是划定一个区域，其功能类似于那些充满逆转仪式与神秘话语的地方：在这个区域里，人们可以逃离被管控的世界——哪怕只是一刻，或是在此对这个世界进行审判和谴责。这些假想的空间的另一功能，曾经——并且现在也是——与前面的功能同样重要：不仅仅标示了原材料与廉价劳动力等资源，甚至那些伪自由或乌托邦的前景的起源，更是对于个人意识形态状态的强化刺激因素的确认。由直接体验、沉默与死亡构成的对一个非西方世界的梦想，能与东方自浪漫主义时代开始得到表达的、相似的陈述联系在一起。[130] 对于一个有机的、接近于自然节奏的东方的表述，能被用来重新振兴那些在梅奈纽斯·阿格里帕（Menenius Agrippa）[131] 的时代之前就活跃着的欧洲的本地神话题材，并有助于通过将工人们留在原位，来抵抗来自社团主义政府的敌人。沉默与不能言传的经验，能被用来服务于一个不能向那些将被命令去杀戮与被杀戮的人们提供其他理论的政府。

在所有这些案例中，被舶来的东西有着与西方相当的地位，尽管这并不一定是如同武士道的意识形态或者种姓（jāti）制度这样原始的形式。使这些舶来的观念变得有效与必要的，是它们的气氛，用费边（Fabian）的话来说，就是它们在"同时性"（coevalness）上的缺失。[132] 东方主义不仅仅是创造了一种无法缓和的对立局面——如同萨义德[133] 所强调的——更能作为一种渠道，西方精英通过这种渠道，能够使用因其是西方在空间、世俗甚至是本体论上的他者，所以能作为乌托邦的前景的表达，来装备他们的意识形态武器库。转向詹姆逊（Jameson）关于意识形态的观念，不管它多么卑鄙，意识形态像佛性中的胚胎期一样，在自身中带有改变形态的可能性[134]，我们必须坚持，正是因其乌托邦成分，意识形态化的过程才能发生。如果没有了乌托邦的方向，没有了对于整体与安逸或狂喜与英雄主义的许诺，这一过程就会使保持意识形态机器的运转变得不可能。[135]

在图齐的案例中，这种情况因他曾经是一个佛教学者的事实而复杂化了，佛教在其早期形式中强调了——这种强调在之前不曾发生，此后也极少出现——因果的过程，使我们所有的精神建构服从于一个彻底的、非现实化的过程。但是就其自身来看，它是十分重要的，因为这会展现出，像图齐这样有智慧的一个人——尽管他宣称极其厌恶纯粹的理性活动——他受启蒙运动的影响如此之深，以至于他不得不在自己研究印度哲学认识论与逻辑学的过程中，寻找这些令人敬畏的过程的外在限度，而与此同时，他还在研究密宗的整合化的理想，并参与到了法西斯主义的乌托邦意识形态的宣传活动中。因此，图齐关于禅宗的英雄主义的诠释，以及他同法西斯政权的热心合作，不应该仅仅被看作政治上的机会主义[136]，而应该被看作对于一个支离破碎的现代世界的深深敌意：和许多其他人一样，他似乎曾在一段时间内相信，通过对暴力的歌颂和将个人的意志化解为国家的意志（最终就是党国的意志），人们就能够超越——就像英雄和圣者合为一身的成道者（Siddha，悉达）一样——时间与个人意志的虚假限制。所以，图齐的东方主义是一个特殊的产物，在其中，对现代性的深深不满，使得他去想象一个这样的东方，在其中他总是能找到——在此过程中他一直在反驳自己——在西方已经不复存在的完整性。他的东方学，构建了一个当他想要逃离时间的统治时随时准备接受他的、独立于时间之外的王国；但是这个虚构的王国中，也隐藏着权力与暴虐，其最纯粹的形式存在于日本，在那里十分发达——如同图齐与铃木大拙宣称的那样——它是神道教与禅宗巧妙结合的产物。作为研究异域的学者，图齐的其中一个任务——他称之为他的"小而无害的游戏"——是在法西斯主义统治时期，为国内带来这样的非理性存在，以强化党国的意识形态机制。

[注释]

我想要对唐纳德·洛佩兹对于本章初稿所提出的批评与建议表示深深的感谢。

[1] "Questo sarebhe allora il mio gioco, in attesa che la breve onda che io sono, suscitato per caso e per breve incorporamento sull'oceano della vita,

scompaia de nuovo nella mai spenta agitazione de quello, per dar luogo ad altri labili flutti: gioco innocuo e modesto, come altri in plù impegnativi e pericolosi giochi si trastulla," 参见 Giuseppe Tucci, *Tra giungle e pagode* (Roma: Libreria dello Stato, 1953), p. 120。译为 *Journey to Mustang*, 1952, Bibliotheca Himalayica, Series 1, vol. 23 (Kathmandu: Ratna Pustak Bhandar, 1977), p. 85。

[2] 图齐的相关传记信息，参见 Raniero Gnoli, *Ricordo di Giuseppe Tucci*；卢奇亚诺·毕达克（Luciano Petech）、法比奥·萨阿比（Fabio Scialpi）和杰瓦那·盖卢比·瓦劳瑞（Giovanna Gallupi Vallauri）所提交的论文，见 *Serie Orientale Roma* 55 (Roma: Istituto Italiano Peril Medio ed Estremo Oriente [IsMEO], 1985); Luciano Petech, "Giuseppe Tucci (1894—1984)," *Journal of the International Association of Buddhist Studies* 7 (1984): 137)。图齐有关哲学、语言学、历史学和考古学文章的选集，最初发表在 1921—1962 年，还有一篇目录索引（发表于 1911—1970 年的 284 篇作品），见 Giuseppe Tucci, *Opera Minora* 2 vols., Università di Roma, Studi Orientali a cura della Scuola Orientale, vol. 6 (Roma: Dott. Giovanni Bardi Editore, 1971), 1: xi‑xxiv。修改后的目录索引（1911—1983，共 360 篇），见 Gnoli, *Ricordo di Giuseppe Tucci*, pp. 57‑79。另一部涉及宗教与文化研究的选集，最初出版于 1927—1940 年，见 Giuseppe Tucci, *Forme dello spirito asiatico* (Milano and Messina: Casa editrice Giuseppe Principato, 1940‑xvii)。图齐作为一名学者——尤其是一位老师——的影响力，可以通过两本纪念他的文集反映出来：*Gururājamañjarikā. Studi in Onore di Giuseppe Tucci* 2 vols. (Napoli: Istituto Universitario Orientale, 1974) *Oriental Iosephi Tucci Memoriae Dicata* edenda curaverunt G. Gnoli et L. Lanciotti, Serie Orientale Roma 56 (Roma: IsMEO), vol. 1 (1985), vol. 2 (1987), vol. 3 (1988)。有关图齐在意大利的佛教研究的转变中所起的作用，参见 Oscar Botto, "Appunti per una storia degli studi buddhisti in Italia," in *Oriantalia Iosephi Tucci*, 1: 175‑89。

[3] 关于尝试去定义"宗教"的困难性，参见 Gustavo Benavides, "Religious Articulations of Power," in *Religion and Political Power*, ed. G. Benavides and

M. W. Daly（Albany，N. Y.，1989），pp. 1 - 12，197 - 202。

［4］关于佛教作为一种"宗教"的地位，参见 Martin Southwold，"*Buddhism and the Definition of Religion*，" *Man*，n. s.，13（1978），362 - 79。

［5］这个问题最近安德鲁·塔克（Andrew Tuck）做了研究，见 *Comparative Philosophy and the Philosophy of Scholarship：On the Western Interpretation of Nāgārjuna*（NewYork，1990）。可惜的是，塔克只是从思想史的角度来研究"格义"（isogesis），而忽略了社会—政治力量在对人们关于宗教与哲学系统的理解和应用中所施加的影响。

［6］Giuseppe Tucci，"Linee di una storia del materialismo indiano，" in *Memorie della Reale Accademia dei Lincei，Classe di Scienze Morali，Storicbe e Filologicbe*，serie 5，vol. 17（1923），pp. 243 - 310；serie 6，vol. 2（1929），pp. 667 - 713；除了 pp. 687 - 713，重印见 Tucci，*Opera Minora* 1：49 - 155（参见 p. 54）。

［7］Tucci，"Linee，" p. 71. 图齐把 daṇḍanīti 译作"君权的政府"（il governo dello scetro）。关于"王权"在印度背景下的适用性，参见 Émile Benveniste，*Le vocabulaire des institutions indo-européennes*（Paris：1969），2：29 - 33。关于 daṇḍanīti，参见 Louis Renou and Jean Filliozat，*L'Inde classique*（Paris-Hanoi，1953），vol. 2，par. 1591 ff.；and Heinrich von Stietencron，"Zur Theorie von Ordnung und Strafe im alten Indien，" in *Entstehung und Wandel rechtlicher Traditionen*，ed. W. Fikentscher et al.（Freiburg and München，1980），pp. 537 - 55，esp. 545。图齐写了一篇关于唯物论派的文章，见他的 *Storia della filosofia indiana*（Bari and Laterza，1957；1977 年再版，Roma and Bari：Editori Laterza 2 vol. ）；参见 2：86 - 93，"Le scuole materialistiche"。

［8］Giuseppe Tucci，trans.，*In cammino verso la luce di Çāntideva*，从梵文译为意大利文（Torino：Paravia，1925）（未见）。

［9］Giuseppe Tucci，trans.，"Studi mahāyānici Ⅰ：La versione cinese del Catuhçataka di Āryadeva confrontata col testo sanscrito e la traduzione tibetana，" *Rivista degli studi orientali* 10（1923—1925）：521 - 63。

［10］Giuseppe Tucci，trans.，"Le cento strofe/Catacāstra，testo buddhistico mahāyāna，tradotto dal cinese，" *Studi e materiali di storia delle religioni* 1

(1925)：66 - 128，161 - 89. 他也发表了英文翻译，见 *Pre-Dinnāga Buddhist Texts on Logic from Chinese Sources*，Gaekwad's Oriental Series 49（Baro-da：Oriental Institute，1929），pp. 1 - 89。虽几经努力，图齐的《佛教》（*Il Buddhismo*，Foligno：Campitelli，1926）仍然未能出版（耶鲁大学图书馆可能藏有一份副本）。在奥斯卡·博托的《意大利佛教史研究》中，称《佛教》一书"巧妙的佛学总结，令人钦佩的博学"（magistrale sintesi del pensiero buddhistra，mirabile per la vastità della erudizione che la sostiene）。另一方面，毕达克在《朱塞佩·图齐（1894—1984）》的讣文中，将该书评价为"或许仓促，但不失为有益的尝试"。

[11] 图齐确实曾用过"神秘主义"来指代中观派，参见 *Two Hymns of the catuḥ-stava of Nāgārjuna Journal of the Royal Asiatic Society*（1932），pp. 309 - 25，esp. 310）。在此我们不可能讨论在研究中观派的著作中"神秘主义"一词的使用，经典的研究如：Stanislaw Schayer，*Ausgewählte Kapi-tel aus der Prasannapadā*（Krakowie：1931），p. xxiii，" Das mahāyānistische Absolutum nach der Lehre der Mādhyamikas," *Orien-talische Literaturzeitung* 38（1935），cols. 401 - 15，esp. 402，and "Notes and Queries on Buddhism," *Rocznik Orientalistyczny* 11（1935）：206 - 13，esp. 208）；Poul Tuxen， "In What Sense Can We Call the Teachings of Nāgārjuna Negativism?," *Journal of Oriental Research* 11（Madras，1937）：231 - 42，esp. 231；J. W. de Jong，*Cinq chapitres de la Prasannapadā*（Leiden，1949），p. 14，and "Le problème de l'absolu dans l'école Madhyamaka," *Revue philosophique de la France et de l'Étranger* 140（1950）：323 - 27，esp. 327（英译："The Problem of the Absolute in the Madhyamaka School," *Journal of Indian Philosophy* 2 [1972]：1 - 6，esp. 6）；关于狄雍，参见 Jacques May， "La philosophie bouddhique de la vacuité," *Studia Philosophica* 18（1958）：123 - 27，esp. 129 - 30，狄雍对此的回应及评论，见 *Candrakīrti Prasannapadā Madhyamakavrtti*（Paris，1959），in *Indo-Iranian Journal* 5（1965），再版见 de Jong，*Buddhist Stud-ies*（Berkeley，1979），pp. 535 - 39，esp. 536 - 37；Tilmann E. Vetter， "A Comparison between the Mysticism of the older Prajnāpāramitā and the Mys-

ticism of the Mūla-Madhyamaka-Kārikās of Nāgārjuna," *Acta Indologica* 6 (1984)：495 - 512，esp. 509。总的来说，"神秘主义"一词在中观派的语境中是适用的，只要不将这个词仅仅理解为某种感情状态或具体经历，而是对概念化过程中界限的探讨。贝纳维德斯对这些界限的探讨，最终似乎包括了面对或经历所有概念意义中矛盾的以及首先是重复冗赘的特征，见 G. Benavides，"Die absolute Voraussetzung von Sein und Nichts bei Nāgārjuna und Nicolaus Cusanus，" *Sein und Nichts in der abendländischen Mystik*，ed. Walter Strolz (Freiburg, Basel，and Wien，1984)，pp. 59 - 71。

［12］ Giuseppe Tucci, *L'Oriente nella cultura contemporanea*，lettura tenuta all'IsMEO il 13 febbraio 1934 - xii (Roma，IsMEO)，pp. 7 - 8，9。

［13］ Ibid.，pp. 18 - 19："因为在现实中，当东方能利用西方科学天才已经创造的成果的时候，后者却不会在精神道路上追随前者。"同样的原因可以见 Tucci，"Oriente ed Occidente，" in *Atti dei Convegni della Fondazione A. Volta* (1933)，Ⅱ bis，pp. 424 - 30，再版见 Tucci，*Forme dello spirito asiatico*，pp. 3 - 11，see pp. 10 - 11。

［14］ Tucci，*L'Oriente*，pp. 20 - 21. 也可参见 Tucci，*Forme dello spirito asiatico*，p. 11。

［15］ Tucci，"Alesandro Csoma de Kőrös，"（在弗兰克-约瑟芬娜大学，克卢日-纳波卡的演讲），发表于 *Acta Philosophica* 1 (1942)：3 - 20，再版收录于 *Opera Minora*，2：419 - 27，see p. 419。

［16］ Tucci，"*Peregrinazioni nel Tibet centrale*，"见他的 *Forme dello spirito asiatico*，pp. 191 - 215，see 193. 也可参见 Tucci，"A Propos East and West：Considerations of a Historian，" *East and West* 8 (1958)：343 - 49，esp. 346. 西藏作为向往的对象的近期例子，如 Siegbert Hummel，"Ars Tibetana：Bildbetrachtungen，" *Antaios* (1963)：80 - 112，esp. 80。

［17］ Tucci，*Teorie ed esperienze dei mistici tibetani*，Il Pensiero religioso 4 (Cittá di Castello，1931). 再版于他的 *Forme dello spirito asiatico*，pp. 170 - 82，see p. 180，但是了解大多数印度哲学流派的观念中的宇宙实在，请参见 Tucci，*Storia della filosofia indiana* 1：29。

［18］ Tucci，*Forme dello spirito asiatico*，p. 195："西藏人有着孩子般

的天真、真挚的笑容和单纯的性格。"

[19] 关于"常态的现世定位"（the temporal anchoring of normalcy）和西方对于时间的建构变化的研究，见 Eviatar Zerubavel，*Hidden Rhythms：Schedules and Calendars in Social Life*（Chicago，1981；重印于 Berkeley，1985）。时空观念的巨大变化及其作为一种现代性理论产生的后果的相关论述见 Stephen Kern，*The Culture of Time and Space，1980—1918*（Cambridge，Mass．，1983）；and Anthony Giddens，*The Consequences of Modernity*（Stanford，Calif．，1990）。关于测量尼泊尔和阿萨姆之间距离的非现代方法的例子，参见 Tucci，*Journey to Mustang*，pp. 24 - 25。

[20] 对一个由工具理性（instrumental reason）控制的世界的拒绝，在左翼及右翼对启蒙运动的批判中都很常见。这种反对的态度体现于 Arno Mayer，*Dynamics of Counterrevolution in Europe，1870—1956*（New York，1971），p. 48。对法兰克福学派（Frankfurt School）的立场的批评，参见 Paul Connerton，*The Tragedy of Enlightenment：An Assay on the Frankfurt School*（Cambridge，1980），esp. pp. 71 ff．，pp. 109 - 31。

[21] "同时代的否定"（denial of coevalness）的功用非常详尽的讨论见 Johannes Fabian，*Time and the Other：How Anthropology Makes its Objects*（New York，1983）。

[22] 关于"填充物"，参见 Wayne Proudfoot，*Religious Experience*（Berkeley，1985），pp. 127 - 33。这一问题应被放在"空形式"（empty formula）语境中来讨论，遗憾的是，它在用英文写成的神秘主义研究著作中被忽略了。参见恩斯特·托匹茨（Ernst Topitsch）的许多著作，特别见"Über Leerformel. Zur Pragmatik des Sprachgebrauches in Philosophie und politischer Theorie," in *Probleme der Wissenschaftstheorie. Festschrift für Viktor Kraft*，ed. E. Topitsh（Wien，1960），pp. 233 - 64。也可参见 Michael Schmid，*Leerformel und Ideologiekritik*，Heidelberg Sociologica 11（Tübingen，1972）。

[23] 关于决定论，参见 Christian Graf von Krockow，*Die Entscheidung. Eine Untersuchung über Ernst Jünger，Carl Schmitt，Martin Heidegger*，Göttinger Abhandlungen zur Soziologie 3. Band（Stuttgart，1958）。 *186*

克洛考的分析对于后现代法国及其不可救药的北美洲追随者，以及 20 世纪 20、30 年代德国的决定论都同样适用。

[24] 经典的例子见 Rudolf Otto, *Das Heilige. Über das Irrationale in der Idee des Göttlichen und sein Verhältnis zum Rationalen*（1917 年第 1 版，1963 年再版于 München），and *Das Gefühl des Überweltlichen*（München，1932）。对这一观点的批评，参见 Proundfoot, *Religious Experience*，and Gustavo Benavides, "The Quest for Experience and the Rejection of Modernity"（提交美国宗教学年会的论文，旧金山，1992 年 11 月 21 日）。

[25] 关于以空想的方法来举行宗教仪式，参见 Jonathan Z. Smith, *To Take Place: Toward Theory in Ritual*（Chicago and London，1987），pp. 102 - 3。

[26] Tucci, "Indirizzi filosofici nell'India contemporanea," *Bulletino dell'IsMEO* 1（1935）：183 - 90，重印于他的 *Forme dello spirito asiatico*，pp. 124 - 141，see pp. 136 - 37："事实是重复的，但我们对其并不了解，因为没有任何一个公式，能够在它冰冷的程式中涵盖用于定义流动的宇宙的言语，就是在宇宙这个永恒的物体中有生命活动着。事实除了看到和听到的东西之外，再无其他，是直接感受的东西，而并非用公式计算得来。"

[27] Tucci, *Forme dello Spirito asiatico*，p. 177. 图齐和瓦尔特·海希（Walther Heissig）都曾强调过潜在的无以传达的体验的中心性，参见 Tucci, *Die Religionen Tibets*，pp. 1 - 291；Walther Heissig, *Die Religionen Tibets und der Mongolei*，Die Religionen der Menschheit，and 20（Stuttgart：Kohlhammer，1970）。经编者许可，由古斯塔沃·格拉瑟博士（Dr. Gustav Glaeser）由意大利文原稿译出。关于神秘的体验，参见 8、130 页。

[28] 关于喇嘛教意识形态的隐义，参见本书中唐纳德·洛佩兹的文章《喇嘛脚下的外国人》。

[29] 图齐：《亚历山大·乔玛·科罗施》，见《短文集》（第 2 卷，426 页）："喇嘛教是诺斯替教（印度）的扩张，是对于其精神的机械化的形式主义……"

[30] 图齐：《中部西藏旅行记》，见《亚洲精神形式》（201～202 页）："西藏的修行主义是一个十分庞大的苦行主义体系：规范、纪律、准则榨干

了人们的精神资源。"关于祈祷中语音超越感觉的重要性，参见图齐：《木斯塘之旅》，57页。西方学界对关于佛教僧团怠惰、愚昧和不道德的记载的讨论，参见 Philip C. Almond，*The British Discovery of Buddhism*（Cambridge and New York，1988），pp. 119－23。

［31］图齐：《亚洲的精神形式》（201页）："对于西方人来说，西藏是神 *187* 秘主义者的地方，这在几世纪前的某一个时间段里或许是真的。"在《丛林和宝塔之间》（65页）或《木斯塘之旅》（45页）中，图齐描述了一个加入他的探险队的圣人（sādhu）是怎样变成"无恶不作的流氓"（a first-class scoundrel）的过程。

［32］图齐：《亚洲的精神形式》（200～201页）："由于中国政府管理不当，西藏处于极度的贫困之中，对于这种贫困，拉萨以及现在当权的神职人员，并不知如何弥补其中的差距，以满足人们的需求，因为他们害怕任何形式的革新。"几十年后，在《宗教的西藏》（322页）中他写到，明显缺少社会同情心是西藏宗教的一个值得注意的特点。

［33］图齐：《亚洲的精神形式》（202页）："西藏是贫穷的，但是，事实上那里发生的这样的贫穷为他们带来了精神上的财富。然而现在，贫穷变成了一种不幸，不幸在于堕落和羞耻：认为那些容忍贫穷的人是令人羞耻的；认为那些遭受贫穷，并且每日看着自己人类神性消失殆尽，直到人类与兽类相互混淆，是种堕落。"

［34］图齐：《亚洲的精神形式》（213页）："药品的发现更多是出于本能，而并非科学，就是借助这种不自觉的把握，生病的动物能够找到自然中对其有益的药草。"

［35］Tucci，"La crisi spirituale dell'India moderna，"见第26次意大利皇家学院（Reale Accademia）会议，1940 - xviii（Roma，p. 17）。也可参见图齐：《木斯塘之旅》，36页。

［36］Tucci，*La crisi*，pp. 12 - 13. 关于印度哲学中善与恶的问题，在他的《印度哲学史》（2：309）中略有涉及。

［37］Tucci，*La crisi*，p. 8.

［38］将乡村印度理想化背后的原因，见 Eric Wolf，*Europe and the People without History*（Berkeley，1982），pp. 251 - 52。

［39］参见 Ronald Inden，*Imagining India*（Cambridge and Oxford，1990），p. 132。

［40］参见 Giuseppe Tucci，"Il Giappone moderno e la sua spirituale," in his *Forme dello spirito asiatico*，pp. 233 – 59，esp. 259。

［41］图齐：《现代印度的精神危机》（9 页）："出于这种不确定性，我们应该效仿日本人的做法：他们放弃了聪明才智，按照西方的方法耕种，但在他们的工作和精神生活之间建立起一道良好的屏障。"

［42］Tucci，"Il Giappone moderno," pp. 256 - 57.

［43］时间之外的印度在工业革命的资金筹措中所扮演的角色，见 Andre Gunder Frank，*World Accumulation，1492 - 1789*（New York and London，1978），pp. 135 - 66。

［44］Giuseppe Tucci，*To Lhasa and Beyond：Diary of the Expedition to Tibet in the Year 1948*（Roma：Librevia dello Stato，1956；再版，Ithaca，N. Y.：Snow Lion 1987），p. 130。初版为《拉萨：到达和超越》（*A Lhasa e oltre*）（Roma：Libreria dello Stato，1950），未曾查阅到这一版本。

［45］Tucci，*To Lhasa and Beyond*，pp. 129 - 30. 这已用来驳斥 18 世纪启蒙学家的一种常谈，参见 Klaus Epstein，*The Genesis of German Conservatism*（Princeton，N. J.，1966），p. 72："他们也被抨击为缺乏对于感情、神秘与人类事务中传统的认识，并无视宣扬国家情感的一个失衡错乱的民族。"

［46］Tucci，*Teoria a pratica del mandala，con speciale riguardo alla moderna psicologia del profondo*（Roma：Ubaldini Editore，1969）. 第 2 版据之前 1949 年意大利第 1 版和英文版（*The Theory and Practice of the Mandala*）（London：Rider & Co.，1961）15 页（引文根据 1969 年第 2 版）. 相反，自《大悲空智大教王经》（*Hevajaratantra*）和《萨罗哈诗集》（*Doha of Saraha*）摘录的引文 125 页的内容，充分地表达了对物质和精神的世界不相分隔的状态的渴望。

［47］Tucci，*La crisi*，p. 10.

［48］参见注［7］。

［49］Tucci，*La crisi*，pp. 19 - 20，23.

［50］Tucci，"Il cinema indiano," *La lettura* 38（1938）：350－57. 再版见《亚洲的精神形式》，159～169 页，尤其见 167 页。

［51］这次考察的相关描述见 Karl Löwith, *Mein Leben in Deutschland vor und nach* 1933. *Ein Bericht*（Struttgart，1986），pp. 112－13. 曾在日本执教的洛维特被迫离开德国，他描绘了一幅《法西斯主义伟人图齐》（die faschistische Eccellenza Tucci）的有趣的肖像。我在此要感谢芝加哥大学出版社的一位匿名读者，是他提供了这本书作为参考资料。

［52］对铃木大拙的《禅与日本文化》（*Zen and Japanese Culture*）第 2版（Princeton，N. J.，1979）的批评，见 Paul Demiéville, *Orientalische Literaturzeitung* vol. 61, cols. 92－94; and Demiéville, *Choix d'études bouddhiques*（Leiden，1973），pp. 496－97. 戴密微指出了铃木大拙书中前后矛盾、夸大以及明显的错误之处，并提醒读者注意书中对于军国主义的歌颂。也可参见 R. J. Zwi Werblowsky, "Some Observations on Recent Studies of Zen," in *Studies in Mysticism and Religion Presented to Gershom G. Scholem*（Jerusalem，1967），pp. 317－35，esp. 320－21。肖勒姆自己也曾提出禅宗的非道德主义，参见 "Zen-Nazism?" *Encounter* 89（February 1961［xvi，2］：96）；也可参见 Arthur Koestler："Neither Lotus Nor Robot," *Encounter* 89（February 1961［xvi，2］：58-59）。有关铃木大拙对禅宗背后的意识形态与隐喻的研究，参见罗伯特·H. 夏夫在本书中所写的文章《日本民族主义的禅宗》。

［53］Tucci，"Lo Zen e il carattere del popolo giapponse," *Asiatica* 5（1939）：1－9；see p. 1.

［54］Tucci，"Lo Zen," p. 2. 可作参照的观点见 George L. Mosse, "Fascism and the Intellectuals," in *The Nature of Fascism*，ed. S. J. Woolf（New York，1968），pp. 205－25，esp. 222："法西斯主义坚信凭借能力与职责而非凭借身份来进行阶级划分：社会中所有成员都是潜在平等的。"亦见下注［128］。

［55］Tucci，"Lo Zen," p. 3.

［56］西田几多郎、铃木大拙与久松真一对于经验的关注的内容，在夏夫的《日本民族主义中的禅宗》（*The Zen of Japanese Nationalism*）中都得

到了检视。即使图齐很大程度上是凭借铃木大拙的《禅宗及其对日本文化的影响》(*Zen Buddhism and Its Influence on Japanese Culture*)一书，来进行他关于禅宗的讨论，然而他对于经验的概念和日本意识形态学者所提出的概念之间的汇聚点，却并非这种影响的产物：图齐和日本护教论者是在这样一种语境——在其中，缺乏内容的经验被认为在意识形态上是必要的——进行讨论的；也可参见注［22］和［23］。

［57］将新词"keiken"和"taiken"译作"经历"(erleben)和"经验"(Erlebnis)，参见 Shart，"The Zen of Japanese Nationalism"。

［58］图齐：《禅宗和日本民族性》，3 页："因此，禅并不是一个体系：一个解释、定义、讨论的体系。禅并非如此，禅是有生命的。这并不意味着：因为一切神秘主义体系都是有生命的，我并非想借助逻辑来说服你们，而是通过理论经验做出如此的论述。"

［59］参见保尔·戴密微：《佛教与战争》("Le bouddhisme et la guerre")一文，即勒农多(G. Renondeau)《日本武僧史》(*l'Histoire des moines guerriers du Japon*)一书的附言(mélanges publiés par l'Institut des hautes Études Chinois，1［Paris，1957］，pp. 347 - 85)；重版于戴密微的《佛学论文选集》(*Choix d'études bouddhiques*，pp. 261 - 99)。

［60］Tucci，"Lo Zen,"p. 5. 有关平田笃胤(Hirata Atsutane)在生与死之间的关系上的观点，参见 H. D. Harootunian，*Things Seen and Unseen: Discourse and Ideology in Tokugawa Nativism* (Chicago and London，1988)，pp. 28，169 - 70；也可参见注［80］和［81］。

［61］Tucci，"Il Giappone moderno e la sua crisi spirituale,"p. 240.

［62］《大和：意大利—日本月刊》(*Yamato: Mensile Italo-giapponese*)(第 1 年第 1 期，1941 年 1 月 xix，至第 3 年第 8 期，1943 年 8 月)。此杂志可在国会图书馆查阅，但第 1 年第 4 期，1941 年 4 月 xix，和第 3 年第 5 期，1943 年 5 月 xxi 缺失。也可参见 Tucci，Il Buscidô，Biblioteca popolare di cultura politica 21 (Firenze: Felice Le Monnier，1942 - xx)，and *Il Giappine: Tradizione Storica e tradizione artistica*，Studi asiatici，collezione a cura dell'Istituto per il Medio ed Estremo Oriente diretta da Giuseppe Tucci (Milano: Fratelli Bocca Editori，1943)。

［63］ *Yamato*，anno I，n. 1，gennaio 1941 - xix，p. 4.

［64］ *Yamato*，anno II，n. 5，maggio 1942 - xx，p. 127；anno II，n. 7，luglio 1942 - xx，p. 177；anno III，n. 1，gennaio 1943 - xxi，p. 15；anno III，n. 4，aprile 1943 - xxi，p. 93.

［65］《关于日本音乐的印象》（Impresioni sulla musica giapponese），见《大和》（第 1 年第 1 期，1941 年 1 月 xix，21～22 页，特别是 22 页）。可以参照图齐：《木斯塘之旅》，36。

［66］《四季节律》（Il ritmo delle stagioni），见《大和》（第 1 年第 2 期，1941 年 2 月 xix，44 页）；也可参见《日本诗歌与绘画中的雪》（La neve nella poesia e nella pittura giapponese），见《大和》（第 1 年第 12 期，1941 年 12 月 xx，364 页）。

［67］ "Disegni infantili giapponesi," *Yamato*，anno II，n. 5，maggio 1992 - xx，pp. 128 - 29，esp. 129.

［68］ 图齐：《武士道》，1～26 页，参见 7 页。该书的第二部分（27～51 页）"战争前线的军事建议"（Consigli ai militari sui fronti di battaglia），由日本空军武官森昭清水（Moriakira Simizu）上校翻译（也载《大和》，第 1 年第 9 期，1941 年 9 月 xix，265～267 页）。

［69］ Tucci，*Il Buscidô*，p. 8.

［70］ 有关詹蒂莱的"纯行动"，参见 Jean Toussaint Desanti，"Gentile et les origines philosophiques du fascisme," in *Éléments pour une analyse du fascisme*，ed. Maria-A. Macciocchi（Paris，1976），1：115 - 27。

［71］ 图齐：《武士道》，9 页。与之相似的比较，包括武士与普鲁士官员、日本式的勇气与德国式的英雄主义、日本人对祖先的崇拜与德国人的种族理论"以及很多愚蠢的行为"（und andere Torheiten mehr），都被 1937 年爱德华·斯普朗格（Edvard Spranger）在日本的巡回演讲中提到，见 Löwith *Mein Leben in Deutschand*，p. 113。

［72］ 图齐：《武士道》，9～10 页："对于因行动的直接性以及思想的曲折而产生的自然的反对，甚至厌恶之情来说，这样的行为具有两面性：从一方面说，是在情感与理智之间的摇摆不定，有意图却又停止，服从于考虑以及虚假的表象，并不能产生结果；从另一方面看来，这样的决定、确信，像

190

剑一样的锋利，如箭在弦般不会失败，这是能够创造历史的行为。"

[73] Ibid. ，p. 15.

[74] 参见 Gnoli, *Ricordo di Giuseppe Tucci*，p. 45。

[75] 参见 George L. Mosse, *Fallen Soliders*：*Reshaping the Memory of the World Wars*（New York and Oxford，1990）。

[76] Ernst Jünger, *Der Kampf als inneres Erlebnis*（Berlin，1922），再版于他的 *Sämtliche Werke*，Band 7（Stuttgart，1980），pp. 9 - 103；有关战争作为"体验"（experience）与实际上作为"狂喜"（ecstasy）的内容，参见 pp. 39，48，54。应该指出的是，永格将这本书献给了他的兄弟，为了"纪念兰格马克战场上的相遇"；有关笼罩在兰格马克战场上的迷雾，参见 Mosse, *Fallen Soldiers*，pp. 71 - 74。此外，强调与在此提到的主题平行的、关于永格的讨论，参见 Dagmar Barnouw, *Weimar Intellectuals and the Threat of Modernity*（Bloomington，Ind. ，1988），pp. 194 - 230。

[77] Tulli, *Il Buscidô*，pp. 16 - 17，也可参见 p. 21。

[78] 在伊利亚德的自传中，曾有几次提到图齐，参见 Mircea Eliade, *Autobiography* vol. 1，*1907—1937*：*Journey East*，*Journey West*（San Francisco，1981），esp. pp. 200 - 202，and vol. 2，*1937—1960*，*Exile's Odyssey*（San Francisco，1988），p. 144；也可参见 Mircea Eliade, "Giuseppe Tucci 1895 [*sic*]—1984," *History of Religions* 24（1984 - 85）：157 - 59。麦克·林斯科特·里基茨（Mac Linscott Ricketts）提到了伊利亚德和图齐之间的友谊，见 *Mircea Eliade*，*The Romanian Roots 1907—1945*，2 vols. ，East European Monographs 247（Boulder，Colo，1988），pp. 310，345 - 346，1372 n. 1。关于伊利亚德"历史的恐怖"观念背后的历史成因，参见 Carlo Ginzburg, *Storia notturna. Una decifrazione del Sabba*（Torinc，1989），p. 183，n. 70。

[79] 图齐：《武士道》，23 页："朝向小山谷的每种次要的想法、意志和行动。"

[80] 关于科德雷亚努（Codreanu）和罗马尼亚军团对待死亡的态度，参见 Eugen Weber, "Romania," in *The European Right*：*A Historical Profile*，ed. Hans Rogger and E. Weber（Berkey and Los Angeles，1965，pp. 501 - 74，esp.

522 – 23，532 – 34）；Zeev Barbu，"Psycho-Historical and Sociological Per- 191
spectives on the Iron Guard, the Fascist Movement in Romania," in *Who
were the Fascists*, ed. S. U. Larsen et al. （Bergen，Oslo and Tromsø，
1980）。关于"西班牙和罗马尼亚的法西斯主义神话"（mitologia fascista in
Spagna e in Romania）的论述，见 Furio Jesi，*Cultura di destra*（Milano），
pp. 30 – 38）。我们应该记住，死亡的概念既是圣事，也是回归到浪漫主义和
中世纪女性神秘主义（Frauenmystik）的与死亡的婚约，参见 Gerhard Kai-
ser，"Patriotischer Blut-und Wundenkult," chap. 9，2d ed.（Frankfurt am
Main，1973）*Pietismus und Patriotismus im literarischen Deutschland：Ein
Beitrag zum Problem der Säkularisation*，pp. 124 – 38，特别是 136 页上所
给出的例子。

　　［81］图齐：《武士道》，16 页："（生活，）当四周充满了武器的噪声，像
是要在同自己截然相反的事物中找到归宿，与其抵抗死亡的逼近，倒不如将
其视为世界上的一个奇迹，从中体会到欣喜的感觉。"此段应和伊利亚德在
《罗马尼亚人：东部拉丁美洲》（*Os romenos*，*latinos do oriente*，Lisboa，
1943，p. 75）中对于死亡的描述，以及荣格的《作为内心经验的战斗》
（p. 54）相对照。

　　［82］Tucci，*Il Buscidô*，pp. 25 – 26.

　　［83］"Gli eroi di Attu，" *Yamato*，anno III，n. 7，luglio 1943—xxi，
pp. 145 – 50.

　　［84］Tucci，*Il Giappone*，*tradizione storica e tradizione artistica*，
pp. v，53 – 67，105.

　　［85］关于这两种方法的结合，可以在格尔茨（C. Geertz）对巴厘岛政治
的研究中找到，参见 *Negara：The Theatre State in Nineteenth Century Bali*
（Princeton，N. J.，1980）。

　　［86］参见注［49］。

　　［87］参见 Tucci，*To Lhasa and Beyond*，p. 11；and R. Gnoli，*Ricordo
di Giuseppe Tucci*，p. 9。

　　［88］参见注［33］。

　　［89］Tucci，*To Lhase and Beyond*，p. 134.

[90] Ibid. ，p. 134. 这一段有许多对莱奥帕尔迪（Leopardi）的仿效；关于图齐对诗人的崇拜之情，参见 R. Gnoli，*Ricordo di Giuseppe Tucci*，p. 10。

[91] Tucci，"La regalità sacra nell'antico Tibet," in *The Sacral Kingship/La regalità sacra*，Studies in the History of Religions 4（Leiden，1959），pp. 189 - 203；see esp. 189 - 90，and *Die Religionen Tibets*，pp. 54 - 58，127，179 - 81，et passim.

[92] 图齐：《西藏的宗教》，22 页，关于供养僧人的费用问题；25 页，关于僧团的扩张对国家政权的威胁；178 页，关于包括借贷在内的、僧团和僧人个体的经济活动。

[93] 有关意大利皇家学院，参见 Michel Ostenc，*Intellectuels italiens et fascisme（1915—1929）*（Paris，1983），pp. 252 - 264；"东方哲学家朱塞佩·图齐"（le philosophe orientaliste Giuseppe Tucci）在 63 页被附带提及。关于图齐对导致皇家学院关闭的政治阴谋的看法，参见 Tucci，*To Lhasa and Beyond*，p. 9。

[94] 有关研究所的建立，参见 R. Gnoli，*Ricordo di Giuseppe Tucci*，pp. 21 ff. ；Botto，"Appunti per una storia degli studi buddhisti in Italia," pp. 183 ff. 。也可参见 Eliade，*Autobiography*，2：144。

[95] 参见注 [62]。图齐在《短文集》第 1 册参考书目第 11 条中，曾提到了《大和》；也见 R. Gnoli，*Ricordo di Giuseppe Tucci*，p. 57："在《大和》（1941—1943）这本杂志的目录中，并不包括那些日常印刷中出现的条目，以及一些偶然的或是为了简单推广的条目。"

[96] 关于詹蒂莱，参见 Manlio di Lalla，*Vita di Giovanni Gentile*（Firenze，1975）；Sergio Romano，*Giovanni Gentile，la filosofia all potere*（Milano，1984）。关于 1944 年 4 月 15 日他在佛罗伦萨的死亡，拉腊在书中 456~457 页有所提；罗曼诺在书中 299 页之后也有论述。可参考格诺利：《纪念朱塞佩·图齐》，21 页："詹蒂莱生前一直担任学院的远东研究所所长，从 1947 年到 1978 年则由朱塞佩·图齐担任同一职务。"

[97] See Alastair Hamilton，*The Appeal of Fascism：A Study of Intellectuals and Fascism*，1919 - 1945（New York，1971），p. 146；Adrian Lyttelton，*The*

Seizure of Power：Fascism in Italy，*1919—1929*（London，1973；2d ed.，1987），p. 243. 关于对于詹蒂莱的政治哲学观点的一个有趣的——必要时也是隐喻的（cryptical）——参考，参见 Étienne Balázs，"Entre révolte nihiliste et évasion mystique：Les courantes intellectuels en Chine au Ⅲ^e siècle de notre ère，" *Astatische Studien/Ètudes asiatiques* 2（1948）：27 - 55，esp. 31 n. 6. 有关詹蒂莱的内容，见其中关于清谈（ts'ing-t'an/ causeries pures）的讨论。

[98] 法西斯主义对实证论和唯物论的排斥，可以在贝里托·墨索里尼签署的关于《法西斯的教条》（Fascismo-Dottrina）的官方解释中找到，即使詹蒂莱在《意大利科学百科全书·文学艺术卷》（*Enciclopedia Italiana di Scienze*，*Lettere ed Arti*，1932 - x，14：847 - 51，see p. 847）已经写得很明显了。关于詹蒂莱对实证论的反对，参见 Zeev Sternhell，"Fascist Ideology，" in *Fascism：A Reader's Guide*，ed. Walter Laqueur（Berkeley and Los Angeles，1976），pp. 315 - 76，see pp. 322，338 - 39。

[99] 法西斯主义者对于法西斯主义与法西斯政权的官方态度，见 Mussolini/Gentile，"Fascismo-Dottrina，" p. 848。

[100] 与神秘主义概念的非实体化运用密切相关的例子，参见 Hubert Cancik，"'Wir sind jetzt eins.' Rhetorik und Mystik in einer Rede Hitlers（Nürnberg，11. 9. 1936），" in *Zur Religionsgeschichte der Bundesrepublik Deutschland*，Forum Religionswissenschaft Band 2（München，1989），pp. 13 -48。

[101] 参见乔凡尼·詹蒂莱：《什么是法西斯主义》（Che cosa è il fascismo）（1925 年 3 月 8 日在佛罗伦萨 16 世纪大厅举行的会议），重新发表于他的《什么是法西斯主义：话语与争议》（*Che cosa è il fascismo*，*Discorsi e polemiche*）（Firenze：Vallecchi Editore，1925），9～39 页，特别是 34～36 页上题为"道德国家"的部分。也可参见墨索里尼与詹蒂莱：《法西斯的教条》，848 页："（法西斯主义党国的）形成及其对全国人民生活方式的渗透。"关于詹蒂莱认为党国"作为一个内在的实体，在其成员的头脑中被不断生成"的观念，参见 Lyttelton，*The Seizure of Power*，p. 369。

[102] 参见詹蒂莱《什么是法西斯主义》26 页中关于"国家概念"（Il

concetto di nazione）。也可参见 Ernst Nolte, *Der Faschismus in seiner Epoche* (München-Zürich, 1984; 1st ed., 1963), p. 309; and Lyttelton, *The Seizure of Power*, p. 403。关于虔信派教徒所持的类似概念，可参见 Gerhard Kaiser, "Freiheit und Dienst," *Pietismus und Patriotismus*, chap. 8, pp. 109 - 23; see esp. 113, 122; cf. also p. 227。

[103] Gentile, *Che cosa è il fascismo*, p. 12. 也可参见 Jean Toussaint Desanti, "Gentile et les origines philosophiques du fascisem," p. 121; 关于个人和集体在法西斯主义中的关系，参见 Sternhell, "Fascist Ideology," pp. 344 - 47。

[104] 关于墨索里尼、国家与党国，参见 Sternhell, "Fascist Ideology," p. 356。

[105] 参见 Gentile, "La violenza fascista," in *Che cosa è il fascismo*, pp. 29 - 34; and Desanti, "Gentile et les origines philosophiques du fascisme," p. 126。

[106] 参见墨索里尼、詹蒂莱：《法西斯的教条》，849 页："法西斯者并不考虑永久和平的可能性及实用性。他们拒绝这种隐藏着放弃战争心理，以及在牺牲面前表现懦弱的和平主义。只有战争能够让人类的能量发挥到极致，对于那些有能力面对它的人来说，是一个超群的标志。"诺尔蒂对此进行了总结，见 *Der Faschismus*, p. 310。也可参见 Lyttelton, *The Seizure of Power*, p. 333。

[107] "Nomina numina," *Myths and Symbols: Studies in Honor of Mircea Eliade*, ed. Joseph M. Kitagawa and Charles Long (Chicago and London, 1969), pp. 3 - 7.

[108] 参见 Mussolini/Gentile, "Fascismo-Dottrina," p. 849："法西斯主义者仍然并且一向考虑神圣性及英雄主义，因而，在行动中不掺杂经济动机，无论远近。"图齐在自己的作品中经常提及圣者与英雄，或是圣者、英雄与诗人三者。

[109] 原因并不清楚，参见格诺利：《纪念朱塞佩·图齐》，24 页："在战争期间，以及战争刚刚结束后的很短的一段时间里，很多事物的影响力都不复存在，脱离到意大利之外，就连教育也是这样，因为在 1944 年教育就被愚蠢地取消了。"

［110］Tucci，"Buddha Jayanti，" *East and West* 7（1957）：297－305，esp. 304.

［111］图齐：《东方和西方的印象：一个历史学家的思考》，343～349页，特别是 344 页，亦可参见 346 页；《印度哲学史》，第 1 册，6～7 页。

［112］Tucci，"Buddha Jayanti，" pp. 297－305，esp. 297.

［113］图齐：《佛教和人类》（Il Buddhismo e l'uomo），见《亚洲的精神形式》，61～65 页，尤其见 62 页："菩萨不仅爱他自己，而且懂得自我牺牲，还同自己做斗争。他是一个英雄，一个身穿盔甲的隐藏的斗士。"尽管图齐所指的是一种精神的战斗，但他所使用的意象十分准确地描述了 1940 年在意大利广泛流行的观点。

［114］Tucci，"Buddha Jayanti，" p. 302.

［115］参见 *La somme du Grand Véhicule d'Asaṅga*（*Mahāyānasaṃgraha*），éd. et tr. Étienne Lamotte，Bibliothèque du Muséon 7（Louvain，1938－39），2：216："菩萨依其本领，若犯死罪，如杀人等，不会招致谴责，却积累无比功德，迅速获最上与圆满觉悟。"戴密微在讨论大乘佛教为暴力所进行的辩护中，也引用了这段文字，参见《佛教与战争》（Le bouddhisme et la guerre）（379～380 页），以及他的《佛学论文选集》（293～294 页）。戴密微自无著（Asaṅga）的《瑜伽师地论》（*Yogācārabhūmi*）（T. 1579，xli，517b）中引了一段文字，其中无著提到，如果菩萨见到一个恶棍准备去杀害许多人，或是准备去犯下会使自己堕入无间地狱（ānantarya）的罪过，他应该对自己说："如果能杀死此人，我坠入地狱这有什么关系？这也不是必须注定下地狱。"也可参见 "The Definitive Vinaya"［Sūtra 24，Taishō 310，pp. 514－19，由菩提流支（Bodhiruci）译为汉文］，英文版见 *A Treasury of Mahāyāna Sūtras*，ed. Garma C. C. Chang（University Park，1973），pp. 263－79，esp. 268，and 278n. 10。

［116］Tucci，*Journey to Mustang*，p. 27：see Tucci，*Tra giungle e pagode*，p. 41.

［117］Tucci：*Journey to Mustang*，pp. 55－56；原文参见 *Tra giungle e pagode*，p. 78。图齐在注［113］中引用《摄大乘论》（Lamotte，p. 216）时提到了这段内容。关于适用于菩萨的"增上"（superior morality/ adhiśīla），参看

194

拉莫特的《维摩诘经》[*L'Enseignement de Vimalakīrti（Vimalakīrtinirdeśa），* Bibliothèque du Muséon，51（Louvain，1962）]，再版见 Publications de l'Institut Orientaliste de Louvain（Louvain-la-Neuve，1987），p. 415。将此处所讨论的佛教的发展与罗伯特·埃里克森（Robert P. Eriksen）在《希特勒统治下的神学家》（*Theologians Under Hitler*，New Haven，Conn.，and London，1985）所做的分析进行比较，是有价值的。

[118] 关于埃沃拉，参见 Jesi，*Cultura di destra*，pp. 89 -102。

[119] Julius Evola，"Spiritual Virility in Buddhism，"*East and West* 7（1957）：319 - 26，esp. 319（斜体部分）。

[120] Ibid.，p. 322；cf. also p. 323.

[121] Ibid.，pp. 325，326.

[122] 参见 Almond，*The British Discovery of Buddhism*，pp. 37 - 40，95 - 96。有关纯粹所进行的一般性讨论，参见 Garsten Colpe，"Die Vereinbarkeit historischer und struktureller Bestimmungen des Synkretismus，"*Synkretismus im syrisch-persischen Kulturgebiet*，Abhandlungen der Akademie der Wissenschaften in Göttingen，Phiologisch-hisorische klasse，3. Folge，no. 96，ed Albert Dietrich，（Göttingen，1975），pp. 15 - 37；重版见 Carsten Conlpe，*Theologie，Ideologie，Religionswissenschaft. Demonstrationen ihrer Unterscheidung*（München，1980），pp. 162 -85，esp. 176 - 77。

[123] 参见 Arno Mayer，*The Persistence of the Old Regime：Europe to the Great War*（New York，1981）。

[124] 关于城市的发展的内容，参见上书，69 页及以后。有关现代性的广泛含义，参见 Marshall Berman，*All That is Solid Melts into Air*（New York，1982）；Matei Calinescu，*Five Faces of Modernity*，2d ed.（Durham，N.C.，1987）；也可参见注 [20]。

[125] Franz Borkenau，*Der Übergang vom feudalen zum bürgerlichen Weltbild. Studien zur Geschichte der Philosophie in der Manufakturperiode*（Paris，1934，reprint Darmstadt，1980）；他对机械主义的世界观的讨论及对其进行的定量评价，与我们的议题尤其相关，参见 9 页及以后。

[126] 关于 20 世纪早期农业在欧洲的重要性，参见 Mayer，*The Per-*

sistence of the Old Regime，pp. 7ff.，23ff. 。关于法西斯主义者对于城市化的谴责，以及墨索里尼为乡村性的辩护，参见 Lyttelton，*The Seizure of Power*，pp. 352 -54。

［127］参见 Lyttelton， "Italian Fascism," in *Fascism*，ed. Laqueur，pp. 125 - 50，esp. 130。利特尔顿用更多的细节来描述了北部意大利的经济与政治状况，见 *The Seizure of Power*，pp. 37ff.，60ff.；也见 Mayer，*The Persistence of the Old Regime*，pp. 24，30 - 31。关于法西斯主义在本质上作为对社会主义的回应，以及法西斯行动队组织（squadrismo）的内容，参见 Lyttelton，*The Seizure of Power*，pp. 188 - 89，280。

［128］Dharmakīrti，*Nyāyabindu*，Ⅰ，15；参见 Theodor Stcherbatsky，*Buddhist Logic*（Leningrad，1930；New York，1962）2：36，cf. 1：69。

［129］关于魏玛时期到伊利亚德在宗教理论中的意识形态背景的讨论，参见 Benavides， "The Quest for Experience and the Rejection of Modernity"。在这一语境中十分重要的是布鲁斯·林肯（Bruce Lincoln）对杜梅齐尔的研究：《构建过去和未来》（Shaping the Past and the Future）、《国王、叛党与左翼们》（Kings，Rebels，and the Left Hand）、《神话研究中的神话和历史：一份关于乔治·杜梅齐尔的晦涩文本及其语境和潜文本》（Myth and History in the Study of Myth：An Obscure Text of Georges Dumézil，Its Context and Subtext），收录于纪念伊利亚德的书：《死亡、战争和牺牲：关于意识形态与实践的研究》（*Death，War，and Sacrifice：Studies in Ideology and Practice*）（Chicago，1991）。

［130］关于政治中浪漫的、非理性主义的方面，参见 Epstein，*The Genesis of German Conservatism*；Kaiser，*Pietismus und Patiotismus*；Jacques Droz， "La destruction des valeus rationnells," chap. 1 of *Le romantisme allemand et l'état*（Paris，1966），pp. 19 - 49。

［131］关于那些可能起源于希腊的、被认为是梅奈纽斯·阿格里帕（Menenius Agrippa）所作的神话传说中提出的，将社会看作一个有机体的观念，参见 Wilhelm Nestle， "Die Fabel des Menenius Agrippa," *Klio：Beiträge zur alten Geschichte* 21（1927）：350 - 60，重版见 Hans Kloft ed.，*Ideologie und*

Herrschaft in der Antike（Darmstadt，1979），pp. 191 - 204。有关浪漫主义的例子，参见 Gerhard Kaiser，"Neuplatonismus, Mystik und organische Staatslehre,"*Pietismus und Patriotismus*，chap. 10，pp. 139 - 59；Droz，*Leromantisme allemand et l'état*，pp. 44 - 47；也可参见注 [54]。

[132] 参见注 [21]。

[133] 参见 Edward W. Said，*Orientalism*（New York：Vintage，1979），p. 328。

[134] Fredric Jameson，*The Political Unconscious*（Ithaca，N. Y.，1981），pp. 286 ff. 关于法西斯主义，参见 p. 291n. 10。

[135] 曾经在相关叙述中属于某种"神秘"层次的、投身于保守或是革命活动之间的摇摆，在古斯塔沃·贝纳维德斯《同一性、非同一性和神秘性》（The Identical，the Non-identical and the Mystical）中得到了细致的考察，这篇论文提交于 1990 年 11 月 18 日在新奥尔良召开的美国宗教学会（American Academy of Religion）的年会上。

[136] 有关的例子，参见 Erich Frauwallner，"Der arische Anteil an der indischen Philosophie"，1938 年 8 月 30 日上午为德国波恩第九届"东方学日"（Orientalistentag）所作的报告，发表于《维也纳东方学学刊》 （*Wiener Zeitschrift für die Kunde des Morgenlandes*）（1939 年，第 46 期，267～291 页，特别是 267～268、290～291 页）。作为 20 世纪最著名的佛教学者之一的弗劳瓦尔纳，其职业生涯的介绍，见 Gerhard Oberhammer， "Erich Frauwallner：1898. 12. 28—1974. 7. 5," *Wiener Zeitschrift für die Kunde Südasiens* 20（1976）20：5 -17。弗劳瓦尔纳试图在《印度哲学中的雅利安成分》一书中对印度哲学进行时期的划分，这一尝试被恰当地评价为："迄今首次，也是最后一次，根据可靠的实物知识而进行的对印度哲学划分时期的尝试。"（9 页）奥博哈姆为其老师运用种族理论作为一种解释性原则而感到遗憾："将种族理论作为这个时期的内在解释原则而引入，是弗劳瓦尔纳屈服的那个时代的错乱。"（Oberhammer："Erich Frauwallner," pp. 5 - 17）

东方的智慧和灵魂的治疗：
荣格与以印度为代表的东方

路易斯·O. 戈梅斯（Luis O. Gómez）

林蕾 译　梁珏 校

> 实验心理学……已竭尽全力争取成为没有心灵的心理学。
>
> 然而，对精神性神经官能症的调查已毫无疑问地证实了……精神因素……是导致病态的核心要素。[1]
>
> 我发现现代人心中对传统观念和继承而来的真理存在着一种根深蒂固的厌恶……抑或是他们无法调和科学的和宗教的世界观，抑或是基督教的真理已丧失它们的权威性以及心理学意义上的正当理由……于一人为恶之物，于另一人却为善。那究竟佛为什么就不能同样是正确的呢？[2]

词源学、惯用法和经验告诉我们，为保存一件藏品，博物馆馆长必须修复它，并因之而进行再创造。这不仅适用于艺术品管理者，亦同样适用于文献学者。而决定修复多少即为过量的标准，对于这两种职业来说都是非凡的挑战。然而，我们也许要问，对灵魂管理者也是如此吗？或许对于那些声称了解灵魂确切边界的人来说，要清楚有多少需要修复又有多少需要保存并非难事；但是，当灵魂治疗的实践者被迫使在一个没有灵魂的世界里实践这种治疗的艺术时，会是怎样的情形呢？或者，更令人困惑的是，当他处于有许多灵魂的世界中——而这些神和灵魂的概念从俗世与多元文化的指缝间溜走，他又会怎么做呢？

在篇首的引文中，荣格似乎曾就这些问题纠结过。在他早期关于宗教心理学的论文中，他试图找出一种可"调和科学与宗教之观点"的灵魂治疗的新概念。尽管并未表述于这些论文中，但我们由后见之明便昭然可识，荣格一直在寻找一种宗教权威的新形式，目的是为了给他的心理学一个宗教意义上的正当理由，同时也是为了给宗教找到"心理学意义上的正当理由"（或许还可以是为了给荣格自己对那些"基督教教条"的理解找到正当理由，而这些正是那些需要新的正当理由的教条）。[3] 而在这些复杂的求索的背后还隐藏着另一个假设前提：由于现代人的宗教信仰被各种嘈杂的声音削弱，要走出这种相对论困境需要在考察相矛盾的声音的同时，从中做出一个个人的（并且是相对而言的）抉择。因此在其 1928 年发表的论文中，在"于一人为恶之物，于另一人却为善"的表述之后紧接着"那究竟佛为什么就不能同样是正确的呢"的说法，便并非偶然了。

然而，鉴于荣格本人走入"东方智慧"的漫长旅程，最后一句话的表述尤其值得警惕。我们是否可以将此处看作一个可能的疏漏，即荣格在此无意识地表达了自己关于佛教及亚洲的矛盾心理？如果这种怀疑是可信的，我们又应该如何来解释这种矛盾心理呢？正如同过去是东方主义历史学家面前孱弱的猎物一般，荣格同样受到来自后现代东方主义者猎手们的威胁，甚至他的辩护者之一也曾描述他关于亚洲的著作是"不连贯且颇为外行的"[4]。在这一点上荣格成为众矢之的，而正因此我亦将沿着这一争论的线索向前追寻，直到它直指本文的目的，即探究我们能从荣格的东方主义中学到什么。东方主义偏见及殖民主义心态的现实存在无疑是值得注意的，但我更感兴趣的是这些偏见和心态是以何种形式在荣格身上体现出来的。我着迷于此人身上的矛盾性：他既是自己想象中的亚洲的保护者，又是其贬低者。我惊讶于他的这种矛盾性之深，并且在他深奥难解的思维悬想之下，我发现荣格为了在"自我"中寻找到"他者"的一席之地而激烈斗争，以期使得"自我"通过"他者"得到成长，并得以保存原本的自我。这种犹疑的态度正是本章所要讨论的主题，因此，我将大量涉及荣格对那些被他归入诸如"东方"或"东方人"的原始文本及象征符号的矛盾态度。

我将避免纠缠于其心理学理论的实证基础的问题。尽管他和他的支持者们反复重申其心理学理论的实证基础[5]，但荣格的思辨心理学仍时时成为现代实证心理学家诟病的对象。对他们而言，荣格的"毫无疑问地证实了……精神因素……是导致病态的核心要素"这一过度自信的断言，说好听点是令人困惑，说难听点就是可笑。这一信念似乎与"将宗教这种神秘存在视为某种灵魂的晚近替代物能够使宗教得到解释并合理化"的想法紧密相连。"精神因素"这一措辞本身无论是以哲学意义还是实证意义来讲，都是存疑的。[6]然而更令我感兴趣的是，荣格将同一概念用于支持宗教性的病因学及神经官能症的宗教治疗法了。[7]我会考虑荣格对此模糊概念的使用和滥用，我也将讨论荣格对"精神因素"的求索是如何既反映了宗教追求，又反映了在试图吸收他者经验进入相一致的自我与现实时人们所要面临的困惑。[8]

简言之，尽管人们对卡尔·古斯塔夫·荣格的著作的反应由近乎崇拜的赞扬到近于诅咒的轻蔑，褒贬不一，在下文中我将乐意尝试将荣格视作"被困在没有灵魂的世界里的灵魂的主事者"并对其作品进行兼有同情和批判的反思。精读其一些作品后我是这样理解的。荣格将心理治疗师理解为灵魂的主事者，同时又认为宗教（及牧师的角色）多少有些问题——这二者之间的冲突可见于前文引用的两篇论著中的第一篇，即 1932 年 5 月他于斯特拉斯堡（Strasbourg）举行的阿尔萨斯教牧会议（the Alsatian Pastoral Conference）上所作的发言。这篇演讲稿出版于英文版的《荣格文集》[9]并被冠以一个难以理解的标题：《心理治疗师或神职人员》（*Psychotherapists or the Clergy*）。我猜测这大概是译者出于把标题定位为问句或类别选择的考虑；而原文则紧随此次演讲后在苏黎世以小册的形式付梓发行，并被冠以一个富有暗示性的标题《心理疗法与灵魂治疗的联系》（*Die Beziehungen der Psychotherapie zur Seelsorge*）。[10]

其实早在 1928 年发表于《伦理》（*Ethik*）的名为《精神分析与灵魂治疗》（"Psychoanalyse und Seelsorge"）[11]的文章中荣格便已讨论过同一问题。在这篇早期的论文中，荣格试图将心理疗法与牧养关怀截然区别。他将前一种方法描述为"一种医疗性的干预，一种旨在揭示无意识层面的内容并将之整合到意识层面的心理学技术"；而以"一种基于对信仰基督教式的忏悔声明的宗教影响"将牧养关怀随意打发了。稍后，在 1932 年影响更为广泛的一篇文章中，荣格则明确地对宗教可作为一种治疗方式这一点给予了更为肯

199

定的评价。文中宗教明确地成了荣格灵魂治疗法（几乎已经到了称之为"灵魂救赎"似乎更为确切的程度）的模型：

200

> 为了报复（个人的）理性对她所施的暴力，愤怒的自然只等待着阻隔崩塌的瞬间，届时以毁灭来压倒自觉的生命。早在最为古老和原始的时代，人们就已意识到了这种威胁，一种对灵魂的威胁。为了武装自己以对抗这种威胁并治愈已造成的伤害，人们发展出宗教的且具有魔力的办法。这就是为什么医者总是同时兼为神父：他是灵魂和肉体二者的拯救者，而宗教是治愈精神疾病的系统方法。这点尤其适用于两个全人类最伟大的宗教：基督教与佛教。一个受难的人不会因他自己的臆想而得到帮助；只有对超凡者来说，被揭示的真理可以将他从悲惨的状况中解脱出来。[12]

这篇文章含义丰富并体现出荣格的许多矛盾心理及隐藏观点。这段话中那些包括隐喻修辞和夸张手法的语言似乎与现代科学话语相去甚远，而与神学话语更为接近。对于自然的具有浪漫色彩的矛盾心理与作为"灵魂和肉体二者的拯救者"的理想化的巫医与神父（这也正是荣格的自我认同），都是荣格为宗教现象、语言和修炼方法所假设的复杂身份的组成要素。[13]

此外，在这段话中，荣格对他自己相对于佛教和"东方"的位置显示出基本的矛盾性和模棱性。一方面，他笼统地评述"宗教是治愈精神疾病的系统方法"；另一方面，他又把心理治疗法置于优于宗教的位置。一方面，他利用西方文化与宗教的权威性来支持自己的"自我"概念；另一方面，他又以"东方的"宗教和文化的权威性为基点批判西方的个体观。反过来，他又用西方模式来批判自己对"东方"的构建。终于，荣格从这一模棱性中获得了成功——他不仅将自己为读者所创造的两个世界连接了起来，更成了超越二者的存在。

早在1928年的一篇论文中荣格就曾公开表示自己凌驾于萨满、巫医、神父、基督徒以及佛教徒之上的优越性，而这里他又含蓄地重复了同样的观点。在稍晚的那篇论文中，他以一种独特的视角来解读弗洛伊德，并以此来同时为科学心理学和基于灵魂实体的心理学这二者辩护，并论证了其观点的科学基础：

> （对于 19 世纪的医学来说，）心灵这种精神实体是不存在的，实验
> 心理学已竭尽全力争取成为没有心灵的心理学。
>
> 然而，对精神性神经官能症的调查已毫无疑问地证实了，作为
> 导致这些病态的核心要素的（神经官能症背后的）有害元素
> （Noxe）正是精神因素。因此，它（这一因素）自身也必须同遗传、
> 性格、病毒感染等其他已被承认的致病因素一样，得到认证。[14] 所
> 有试图把精神因素简化为生理因素的尝试都已被证明是误入歧
> 途的。[15]

201

这里荣格微妙却明显地将自己的新心理学所提出的实体等同于某种心灵
实体的形式，这种等同被荣格进一步用来构建一种几乎无异于救赎的心理健
康的模型。荣格的话语含蓄而犹豫，但却毫不含糊地表达了这两种拯救形式
的结合：

> （一种治疗法）是由独立生命所唤醒并接管了精神人格的指引
> 功能的原型所带来的，如此便以它无效的愿望与奋斗取代了自负。
> 就像一个信教者会说：指引来自上帝。对于大多数患者我会极力避
> 免这种方法，尽管它很机巧，因为这会过多地让他们想起那些需要
> 首先摒弃的东西。[16]

一定有人会问，这种"机巧的方法"是一种比喻的表述吗？"上帝"是
原型的另一种表达吗？心理治疗只是一种灵巧的手段，或者更宽容地说，是
一种灵巧的手段（*upāya*）吗？[17] 无论我们的回答是什么，事实上荣格的这
些概念化过程都掩盖了一个事实：病人的矛盾心理与不轻信也同样存在于他
本人的思想中。荣格的许多论著言辞高调，其讨论命题所揭露的普遍真理也
正是荣格自身的写照。其中一篇荣格虽是以第三人称叙述，实际上却是在体
现作为第一人称的自己：

我发现现代人心中对传统观念和继承而来的真理存在着一种根深蒂固的厌恶……他们每个人都认为我们的宗教真理已多少变得有些空洞了。抑或是他们无法调和科学的和宗教的世界观，抑或是基督教的真理已丧失它们的权威性以及心理学意义上的正当理由。[18]

不过最后那句话只是段落的一部分，而这一段落则是以揭示另一个争议而收尾的：不同的宗教真理的冲突，以及不同的文化世界的碰撞，而这种碰撞在荣格看来可能是不同种族之间的。"原罪，"荣格总结说，"已经成为一种十分相对的概念：于一人为恶之物，于另一人却为善。那究竟佛为什么就不能同样是正确的呢？"[19]

尽管对于很多人来说，荣格拥护着作为心灵咨询和宗教延伸的心理治疗，也拥护着作为东方智慧的西方对映体的心理学，然而荣格本人对宗教，尤其是发源于亚洲的宗教的立场却很不明晰。种种原因的存在使得这一矛盾的出现并不令人惊讶：荣格与亚洲的邂逅是一种"东方学家式的邂逅"；考虑到他所处的文化社会环境及历史时代，这种情况便成为必然。

但是，称之为"必然"仅是尝试着对荣格多一分理解，而并非在论证其立场的正当性。我无意维护荣格那些不值得为其辩护的立场——当他的矛盾心理已变为模棱两可，或是在当下那些试图避免他被指责为纳粹同情者的、已几近词穷的论辩中，连那些模棱两可都已变为闪烁其词的时候。[20]在这些成问题的修辞变化中，我们还必须考虑到，荣格尝试将其关于人类社会中"自我"与"个人"的极富个性的观点，表述成为一门客观中立并且基于实证的科学。这种观点终归是带有宗教性质的，并明显是有意取代宗教的，尽管它从未真正取而代之。[21]在后一类型的论点中，我们会发现荣格趋向于用一种特殊的宗教观作为他本人心理学理论的基础或合理性解释。这一企图建立其个人理论范例的战略行动既包括他对佛教以及瑜伽的模糊概念的利用，更包括对心理学调查客体的利用，而他对前者的利用程度远不及后者。积极地说，这能为荣格以整体出现的个性化概念提供论据；而反过来消极地说，则是为其理论设定一个底线。

考虑到荣格凌驾于众多亚洲宗教及一般意义宗教研究者之上的权威性，他对于亚洲同时具有的积极与消极看法就很值得思考了。荣格的支配力自然不及他那拥有持续且无处不在的影响力并最终疏远的老师——一位即使已丧失精神病医师与心理治疗师的广泛支持，却仍更加坚持其批判理论的大师——弗洛伊德。然而当弗洛伊德理论在疾病分类学、心理治疗学、人类学，甚至超心理学等方面的权威被逐渐侵蚀时，荣格理论的许多基本假设也因此遭到破坏。[22]虽然如此，两人的心理学理论在文学批评家及宗教学学生中仍有极高的威信：弗洛伊德似乎更受批判理论者欢迎（最近拥护他的社会科学家在减少），而荣格则受到神话艺术家和宗教历史学者的偏爱。但是荣格还为更广泛的人群代言，他们是来自不同的宗教意识形态和传统背景的崇拜者、教徒和修习者——从古代神话的当代复兴到佛教冥想，从诺斯替教到信仰式宗教——这一点为弗洛伊德所不及。

尽管极易被指责为沉溺于将心灵进行浪漫主义的神秘化以及私自挪用宗教象征主义，荣格还是设法将自己与19世纪以及后启蒙时代的宗教实证主义观点区别开来了。荣格坚信，他并不怯于承认宗教象征主义在他的心理学理论中扮演的主要角色，同时也并不轻蔑地将宗教象征"仅仅"作为一种潜伏于更深层次的性意义的症状或表象。但是这种观点的独创性是需要付出代价的：欧洲人对于异域文化（exotica）和秘传奥义（esoterica）的热爱以及他们对非西方世界的浪漫主义观点变得与这种观点紧密相连。

荣格将他本人及其心理学维持在宗教敬畏（当人们无意识地部分复原了它关于真实性和神秘性的古老光环）与所谓的科学的置身事外（当宗教真理被完全地理解为一种精神上的现实）之间。讽刺（就算不是自相矛盾）的一点是，这一伟大创举一方面成为荣格在对待有组织性的宗教时的矛盾性的原因之一，另一方面却又是成就了他经久不衰的影响力的原因之一。[23]

在某些方面，荣格处于一种进退两难的窘境中，正如他在《印度能教给我们什么》（"What India Can Teach Us"）一文中对佛陀的定位。在此文中，荣格这样陈述：

> 佛陀曾说过悟道者甚至可以是他所信奉的神的导师和救赎者（而非摒弃神的愚者，正如西方"启蒙"将拥有的一样），并且佛陀尝试将这种说法变为现实。（对于他自己的文明来说）这无疑是太过超前了，因为印度人的心灵根本还未准备好将诸神整合于自身到

这种让诸神在心理意义上完全依赖于人的精神状况而存灭的程度。佛陀自己在获得如此洞见的同时，成功地在一个精神世界完全膨胀的过程中做到了不迷失自我——这简直就是个奇迹。[24]

从这段话可以推测出荣格将自己的地位等同于佛陀。然而，他对佛陀的倾慕并不是无条件的，其对亚洲的尊崇也不是不存在疑虑与矛盾的。事实上，"东方的联系"在他思想发展过程中的重要性并不能被简单地理解为知识性的影响。

在与弗洛伊德极不愉快地决裂之后（这段关系终止于 1913 年），荣格过着几乎离群索居的生活。在随后的一段黑暗时期中，荣格有近十年处于"创造性疾病"[25]的状态。这一"所有本质性的问题都已明确"[26]的时期本应该是荣格终于得以发现"东方思想"的时期，然而在此期间荣格的个人发展与知识进步逐渐迂回潜入到了西方和东方的象征主义中。他思想的源头及其对他思想造成的影响已远非"发现东方思想"的措辞所能表达——实际上要复杂得多。诚然在这一形成时期，他发展出了个性化（individuation）理论的核心内容，并且在试图引入曼陀罗（mandala）来分析自己的梦境与幻想的过程中，他发现可利用曼陀罗对自我结构进行全新的阐述。然而这些推测和引申却更多地将他领向了诺斯替教和西方炼金术，而非任何可被称为"东方思想"（*Memories*，*Dreams*，*Reflections*，pp. 200 - 206）的存在。

在接下来的一段时期（约为 20 世纪 20 年代—30 年代中期），荣格在自我分析时修习某种形式的瑜伽以使自己平静。而他本人在提及这些修习时十分隐晦，甚至含糊其词。根据贾菲（Jaffé）的记录，荣格在谈及这些修习时常使用"某种"作为限定语：

> 我经常如此心烦意乱以至于需要练习某种瑜伽以控制自己的情绪。不过既然我的目标是弄清楚我自己的内部状况，这种修习我只进行到内心足够平静可以继续对无意识的研究工作即止。只要再次复归到平静的自我，我便会停止这种对情绪的抑制，并让图像和内心的声音重新开始发生作用。而另一方面，印度人则通过练习瑜伽彻底抹去各种精神内容与图像。（p. 177）

那些年里荣格还简单地涉足了《易经》（pp. 373 - 377）的奥秘：他与《易经》的德文译者卫礼贤（Richard Wilhelm）结交，后者于 1928 年将所译中文论著《太乙金华宗旨》（*The Secret of the Golden Flower*）的德文版的手稿复件赠予荣格。荣格对此书极为着迷，他认为他从中发现了曼陀罗象征理论的独立证明。具有讽刺意味的是，卫礼贤则感到他"通过中国发现了荣格"（如我们将看到的，这是一个有趣的对影响力的逆向陈述）。然而这篇文章更为重要之处在于它将荣格引向了不同的方向，而这或许是一个远离东方的方向——荣格似乎是在读完卫礼贤的译本后才开始关注炼金术的。在《回忆·梦·思考》一书中他的探索感，确切地说是自我探索感，被概述如下：

> 读完《太乙金华宗旨》之后，我才开始了解炼金术的本质……我委托一位慕尼黑书商替我搜集所有他能经手的炼金术方面的著作。不久我收到这本……《炼丹术（卷二）》（*Artis Auriferae Volumina Duo*，1593）。
>
> 我将此书闲置达两年之久，偶尔我会翻看一下这本书的图画，每次我都会想："天哪！简直是一派胡言！完全无法理解这玩意儿！"
>
> 没有阿里阿德涅（Ariadne）赐我以线团走出迷宫，我花了相当长的时间才在炼金术的思维过程中寻得理解路径……这是一项占用我长达十多年时光的任务。
>
> 我随即发现分析心理学以一种最为奇特的方式与炼金术不谋而合。在某种意义上，炼金术士们的体验即是我的体验，他们的世界即是我的世界。这当然是一个重大的发现：我无意中寻找到我的无意识心理学在历史上的对应物。（*Memories，Dreams，Reflections*，pp. 204 - 205）

205

因此对东方的发现更多的是作为一剂催化剂。在同一时期，荣格游经北美时发现了普韦布洛（Pueblo）印第安人，又在第二次赴非洲的旅程中试图洞悉肯尼亚埃尔贡人（Elgonyi）的古老智慧。[27]据《回忆·梦·思考》一书所言，荣格的印度之行并非由他本人提出；在那里，他将自己拘束如"曲颈瓶中的胎儿标本"。《太乙金华宗旨》将荣格引入炼金术的知识路径中，但这是西方的炼金术，而非中国式的。此后他的工作主体围绕着各种西方的原始资料——关于炼金术的，关于诺斯替教的，以及关于基督教神学、宗教仪轨及象征体系的。20世纪30年代后期到40年代前期，荣格深入地研究了西方炼金术，他的自我分析、诺斯替教研究以及炼金术研究全都凝聚在了其心理学理论最具原创性的部分中——个性化、集体无意识、原型理论以及无意识的转化。

尽管如此，荣格对"东方"的兴趣并未消失。虽然他的心理学和宗教心理学应被理解为他对西方灵性与秘传奥义的理解的衍生品（这一说法也曾不止一次被人提起[28]），但忽略荣格对亚洲的兴趣在其理论形成过程中所起的作用仍是错误的。用荣格自己的话说："印度于我并非浮光掠影"——他自己的质疑（"印度并非我的任务……你在印度做什么？"）总是被他对于自己的亚洲研究的认可（印度是"引领我实现目标的道路上不可否认的重要一环"）[29]所抵消。早在1912年，即荣格引入曼陀罗及接触《太乙金华宗旨》之前，他在心理学理论中就运用了印度的隐喻及象征。卫礼贤"通过中国发现荣格"并非偶然，1921年荣格也撰写了关于中国象征主义的文章。[30]他与卫礼贤以及随后与印度学家海因里希·齐默尔（Heinrich Zimmer）的友谊，也同样在荣格的研究著作中留下了清晰的印迹——荣格经常与他们以及其他参与爱诺思研讨会（the Eranos Seminars）的杰出东方学家们一同享有公众的瞩目。更具有历史性意义的是，荣格在亚洲宗教研究方面留下很深印记，尤其是在亚洲宗教思想和与之相比荣格影响较少的宗教修行是如何在西方世界被吸收与同化等方面。正如韦尔（Wehr）所提及的那样，将荣格归入"东方路径的肤浅支持者"[31]之流是一个错误；但与此同时，低估荣格对东方主义及其半个姐妹——比较宗教（Comparative Religion）的贡献，以图抹去荣格在这两个领域令人印象深刻的学术成就所起到的模范作用，也同样是错误的。不管这种影响有多么不健康，他的这些贡献（哪怕仅仅是催化剂式的作用）显然产生了不可忽视的深刻影响。仅仅考虑到他的参与在爱诺思研讨会上的重要性（他14次被该会邀请）——在那里他与具有不同背景与兴趣（诚然他们大多数来自欧洲）的顶尖专家们相互切磋，再考虑到研讨会的产物［《爱诺思年鉴》（Eranos Jahrbuch）］的巨大影响，人们必须承认荣格对该研讨会的预定目标，即促成东西方之间的沟通与理解所作的杰出贡献，至少他通过创造这样一种交流对话及共通词汇的假象达成了这一效果。[32]

忽视荣格对亚洲象征符号的自我认知感是同样严重的错误，这种认知与对亚洲的距离感在他身上交替出现。比方，荣格将卫礼贤《太乙金华宗旨》译本的问世视为"共时性"（synchronicity）的完美事例，因为当时他也正潜心于他那在今天已闻名遐迩的曼陀罗城。在那曼陀罗城图下方荣格写道："此画作于1928年，画中为那座戒备森严的金色之城。当是时，来自法兰克福的卫礼贤将有着千年历史的中国古籍赠送于我，该古籍正谈及此黄色之城，即不死之躯的萌芽。"[33]

然而，就荣格对于施加在崇拜亚洲的西方人身上的任何来自亚洲或他自身的影响的了解程度来看，他是一个踌躇而谨慎的代理人。此外，他既谈不上是一个"东方思想"的皈依者，也算不上一个亚洲宗教的学者。那些就荣格理论或其个人追求发表看法的人们已经比他本人更多地谈及他对亚洲的兴趣——而这一评论同样适用于本章。相比于荣格本人的谨慎姿态，他的心理学学生及其学派的追随者总是对亚洲宗教表现出更大的兴趣与热情——并且他们对荣格心理学和"东方灵性"之间的联系的神秘化也都更甚于荣格。不过，荣格对亚洲主题的应用以及他的谨慎态度（抑或闪烁其词）都是值得从西方的亚洲观发展史的角度仔细推敲的——其价值不应次于亚洲的西方观的研究。人们同样可以利用荣格的著作来质疑西方学者——抑或在此特指精神治疗师——在对待传统、传统象征、传统合法化和神秘化，尤其是对待制度化宗教时，仍旧模棱两可的态度。

207

荣格为伊文思·温慈编辑的《西藏大解脱经》（*Tibetan Book of the Great Liberation*）所作的《对〈西藏大解脱经〉的心理学评论》便是他矛盾性的一个例证，而这种矛盾性也成为同时体现他的天分和无力从当地语境出发把握亚洲文化的一个缩影。例如他将英文编者所谓"真心一如"[34]的概念认为是"先验地与上帝同一"，并写道：

> 无可调和的轮回（Saṃsāra）与涅槃（nirvāṇa），在真常心中合为一体，此真常心终究为我们的本心。[35]这命题到底是源于深挚的谦逊还是狂妄的自大？它是指真常心就仅是我们的本心，还是说我们的本心即为真常心？答案无疑是后者。并且从东方的眼光来看，

这并非妄言；……尽管对于我们来说，这相当于宣布"我乃上帝"。这是一种不可否认的"神秘主义"经验，并且在西方人看来是非常令人生厌的；但在东方，它衍生于从未与本能母体断绝联系的心灵，具有不同的价值。东方的集体内向型态度不允许感官世界切断它与无意识的关键联系；精神上的现实从未被严肃地反驳过……这一点尤其体现在它强调精神现象（如关于幽灵和鬼魂等）的可信性的这一方面。[36]

着迷于19世纪的种族与文明理论，荣格在区分不同的非西方群体时曾有过颇为为难的时期。整个亚洲只是一个"东方"，而它与非洲及土著美洲的概念几乎没有显著差别。[37]因此，他的非西方宗教的模型是所谓的原始人心态。因此，他将"亚洲之心"比作"原始人"之心：

对于这一事实我唯一能想到的类比是原始人的心理状态，这些原始人以一种最令人费解的方式混淆了梦境和现实。我们会很自然地在称东方之心为原始这件事情上犹豫，因为亚洲非凡的文明和内部差异一直令我们印象深刻。但原始人之心仍是它的母体。[38]

显然，荣格沉迷于莱维·布吕尔（Lévy-Bruhl）以及自己部分从弗洛伊德处继承而来的心理原始状态概念。然而要注意的是，即使在此处（即使时至今日）在精神分析学者当中，"原始"一词仍然带有贬损的意味——它通常是和病理学联系在一起的。我们必须记得荣格自己并不赞同弗洛伊德对待"心灵现象"、鬼魂与幽灵等所谓原始的巫术心理的实证主义研究方法。[39]因此对他来讲，这种"原始"象征着一种力量，但这种力量具有两面性。而上述即是其所谓阴暗面，同时也是未被察觉的一面，但是它是一个必须得以理解和接受且不可或缺的维度，尽管在探索它时我们仍必须保持谨慎的态度。总之在荣格对"东方心理"的描绘的这一侧面上，亚洲给予了一个优于欧洲的条件：

西方仅仅是培养了原始性的其他方面，即以抽象为代价精确审慎地观察自然这一方面。我们的自然科学是原始先民令人震惊的观察力的缩影。我们只是在惧怕被事实否定的前提下，在他们的基础上加上了少量的抽象。东方则不然，他们在培养原始性的精神方面的同时也培养了一种过度的抽象。事实固然能讲述好故事，但除此之外也没什么了。

因此，如果东方认为真常心遍布众生体内，那么这样的说法不比欧洲人对事实的信仰更加自大或谦逊。这些事实大抵来源于某人的个人观察，甚至有时连观察都说不上，而是依赖于诠释。所以他对于意识的过多抽象的恐惧是合理的。[40]

荣格在此处构建的二分法并不仅仅是一种描述，它也树立了荣格在东方与西方、在不完全科学与不完全瑜伽之间的中间媒介的角色。

回过头来参考他论文的其他部分和他的一些主要著作[41]，他毫不含糊地表明了对西方心理学和瑜伽的诟病：

我不止一次提到，从基本人格感到意识较少的心理层面的转变过程催生了一种解放性的效果。我也曾粗略地描述过会导致人格转变的超验功能，并且强调自发的无意识补偿的重要性。另外，我还曾指出，此为瑜伽所忽略的关键性事实。[42]

十分有趣的是，瑜伽的（同时也可能是"东方人的心理工具"[43]的）这一不足正是荣格认为西方人不应修习瑜伽的原因所在。

然而，荣格对佛教瑜伽的利用重要性已超出了将其作为一个稻草人的程度。他组织论点的方式可以很大程度上说明，他和我们当中很多与他一道或同他相似的人是如何构想和了解"东方"的。即使对于像荣格这样打算返回到欧洲去寻找最终答案的人，亚洲也已经成了一个不可不经仔细考虑就轻易忽略的声音，一个极有可能提供救世良方的声音。因此从他对东方的观点来看，我们了解到治愈的理念是如何与我们的自我和非我观念相联系的，以及它又是如何与文化身份的构成因素和威胁因素的概念联系起来的。

最后一点是在理解作为一名心理学家和一位有见地的文化批评家的荣格

时的核心。如果灵魂治疗与常态自我的文化构建紧密相连，那么一名心理治疗师便能清楚表达那些常规并能发展出做这两件事之一的能力（或宣称拥有这种能力）：将破碎的自我复原为这一文化常态的应然原初状态，或将人们引向更为完满的自我。西方心理治疗师常常兼有萨满与巫医的许多职责，因此他们必须具有识别某种文化常规的能力。而且在某些情况下，考虑到可能造成病理和反常状况的个体差异的存在，他们还应具有构想出具有充分弹性的常规的能力。[44]因此从一方面来说，这种治疗能力隐含着一种清晰定义人类身份的能力；而另一方面，也要求治疗师具有识别人类适应性潜能的能力。

　　表面上，荣格似乎运用了这些假设并贯彻了这样一个目标，即令今后的一代代人记得亚洲宗教的心理学或是从亚洲宗教文本中发现智慧与治疗能力的方法。但他的著作最终仍是为自己的心理学发声，而亚洲的治疗力量终究来自于荣格自己对人类心理的理解。他总是步不离亚洲的原始资料，几乎整段地突出它们异域的玄秘特征，甚至是在那些他试图利用它们的时候。这一过程在他的《东方冥想的心理学》（"The Psychology of Eastern Meditation"）[45]一文中体现得尤为明显。通过对此文的解读我将指出荣格的挪用和异化策略。[46]

　　此文以评论的形式发表于"东方圣典"丛书中的一部，即后来人们所知的《佛说观无量寿佛经》（*Amitāyur-dhyāna Sūtra*）的 1894 年英文译本中，这也是此经首次出现在西方受众的面前。[47]荣格将这部经典解读为一部瑜伽修行的指南，他开始讲解瑜伽并在一定程度上使西方读者易于理解这种他认为不仅不同于欧洲（dem Europäer ungewohnte），且事实上是陌生而难以接近的（fremdartig und unzugänglich）文化。[48]按照在荣格的时代很普遍的思考模式（现在这种观念在学术圈之外或许依然很有市场），荣格提出，所谓的印度思想似乎无关乎外部的、经验性的现实，而是诉诸内省的。我们不应试图批评荣格作品中的这种刻板印象。荣格反复重申的"假设存在一种为亚洲之心所特有的心理学"的刻板印象之实质，是一种种族的心理学（这里"文化"并非关键词），这种心理组织结构使得亚洲人在超越欧洲常态的同时，又被局限于其中。

　　尽管在此之前或许荣格业已形成对印度及印度心理学的看法，我们仍必须注意对他的观点具有重大影响的、对时代精神有着最忠实反思的荣格的好友海因里希·齐默尔的著作。在荣格关于印度的文章的背后，总有齐默尔的声音隐约可闻。我们必须将齐默尔从瑜伽的角度对印度文化所作的诠释作为荣格关于东方冥想心理学的论述的基本前提。效仿齐默尔的《艺术形式与瑜伽》（*Kunst form and Yoga*），荣格如此解释印度肖像学的"奥秘"：

> 印度思想与（艺术）形式仅仅出现于感官世界，但无法从中产生。虽然它们的表现形式时常是非常强烈地诉诸感官的，但它们最为真实的本质即使并非超感官的，也是无感官性的。印度灵魂（Seele）以美化的形式或带着现实的悲怆所创造出来的东西，并非肉体声色之中任一感官的世界或人类的激情。相反，这是一个具有某种形而上性质的次然世界（under world）或超然世界（over-world），陌生的形式正是通过这种形而上性质而逐渐转化为熟悉的尘世景象的。[49]

荣格在次然世界和超然世界之间的摇摆或许正反映了他的不确定，但我们应该看看这表面的犹豫背后究竟隐藏了别的什么东西：并非那么多的惊奇和迷惑，而是一种疏离感。这种将印度视为超人还是次人的犹疑态度在荣格自己的评论里得到了最好的解说："如果仔细观察南印度的卡塔卡利（Kathakali）舞者令人印象深刻的神灵扮演，你不会发现任何自然的姿态。一切都是如此怪诞——既次人又超人。"[50]

或许有人会因这类言论而认为荣格从未听说过非写实艺术形式或艺术化的惯例，抑或他从未亲身观赏过歌剧或芭蕾舞表演。当然，也可以做别种解释。并非荣格在自己的文化中没有接触过艺术形式的规约化和造型化，而是他倾向于将印度视为一个存在于不可类比或相近的领域的完完全全的他者，更不用说与他自身所处的欧洲领域有任何重叠之处了。他者总是异己的、外界的，不是高等就是低等，总是不自然且不近人类。最后，他者变得古怪。[51]在荣格这里，一道深渊割裂了自我与他者两个世界。自始至终，他始终在著作中反复详述这道鸿沟。

然而，虽然荣格承认自己无法接受他者作为任何他者以外的身份存在，但这并不代表他的所有立场。荣格也在他者、在印度中寻找自我确认……正如人们需要从自己不被视为自我的那些别的部分得到认知，否则这些部分仍然保持他者身份——不可理解且不可接受。因此荣格强调，尽管全然陌生，印度仍在深层心理中表现出某些与欧洲人相同的特质，并且这些特质也是西方（和全世界）人类心理重要而绝非病态的方面。因此，那些起初对欧洲观众来说显得突兀的艺术和宗教形式，"对于印度人来说如此现实而无丝毫梦幻感。它们以一种近乎恐怖的强度触发我们内心深处某种难以言喻的情绪"[52]。如果这对印度人来说并非梦境，我将回到这究竟是谁的梦境的问题上来。不过在此之前我们要问，为何我们会将这一梦境视为恐怖而难以言喻的？显然荣格是在论证这样的问题：这片"东西方"之间的共同阵地（交集）在东方是表面的现实；而在西方，即使不是自我的最黑暗面，也是隐藏的自我层面。如荣格以其标志性的一本正经陈述道，"那些我们至为羞愧地将之隐藏的东西正是印度最为神圣的象征符号"［此处毫无疑问是在谈论约尼（yoni）和林伽（lingam）］。[53]这些陈述必须在了解荣格坚持的"印度人"活在无意识世界中并"感到自己超脱了善与恶"的假设的背景下才能被正确地理解。[54]

据荣格所言，这个层次更深但也成问题的心灵的维度对欧洲人来说显得那么陌生，而对印度人来说却是如此自然。这是瑜伽和冥想（dhyāna）的基础，而二者在他看来都是一种"沉潜"。这一观点无疑是他从德语对冥想的译词"Versenkung"推演而来，但事实上印度并不存在与之完全对等的东西。[55]

利用他著名的对东西方心理的典型性二分原则，荣格通过对亚洲瑜伽的构建表明了在西方心态中什么是独特而不可遗弃的。而与此同时，他通过将亚洲文本与心理学理论等同起来，揭示了一个补充的并被忽略的心灵的维度。尽管如此，他对印度之心的让步总是显得很犹疑，荣格的偏好总是显而易见。因此他开始通过简单归纳来界定瑜伽，而这些归纳显然没有事实根据，无法经受住对他面前的"东方圣典"丛书中的文字的仔细阅读的考验：

> 我们相信实践，而印度人笃信恒常。我们的宗教修行由祈祷、礼拜和颂歌组成，而印度宗教最为重要的修行乃是瑜伽，即深潜至我们所说的无意识状态，而这在他们看来则是所崇敬的至高无上的

明识。瑜伽是印度之心最为传神的表达，同时它也是一直被利用来
达至这种特殊的心理状态的手段。[56]

我们不禁疑惑，一个人如何能在缺乏某种独立检验的情况下，将他人的
心理状态描述为"无意识的"，且全然不顾其本人自称处于某种"有意识状
态"（事实上是"至高无上的明识"）的事实。但这确是一个迷人的文化理论
（为了维持该文化的心理习惯所必需的持续的心灵修习），也是一个迷人的对
文明的归纳，在这种文明中似乎只有极少数人专注于任何可被称为瑜伽的修
行，更不用说具体某种形式的瑜伽了。[57]

尽管荣格已意识到瑜伽名目下修习方式的多样性，但他仍倾向于假设它
们都指向一个共同的目标。[58]他对瑜伽的词源理解是正确的，这一词语确实
指某种羁束与克制的形式，而这种约束类似于基督教对傲慢（superbia）与欲
望（concupiscentia）的控制。但荣格并无意探求瑜伽的我们所谓的行为意义或
直接意义（此处我们缺乏更好的术语）。他全心全意地致力于从亚洲思维中
发现与他的个性化理论的相同或哪怕只有一丁点的相似之处。基于此，荣格
想要证明：关于瑜伽的种种说法没有解释他所理解的无意识的角色，但这些
说法碰巧证明了他们意识到了无意识的存在，并且西方世界在分析心理学出
现以前对无意识是毫无所知的。

为贯彻这一思想，荣格开始就所谓的《佛说观无量寿佛经》进行详细分
析。此文本仅以中文的形式留存下来，题为《观无量寿经》，但荣格却以高楠
顺次郎（J. Takakusu）在其 19 世纪译本《佛说观无量寿佛经：无量寿佛的冥想
之经》（*Amitāyur-dhyāna Sūtra：The Sūtra of Meditation on Amitāyur*）
中错误地重构出的梵文题目来指称该文本。[59]这部常以英文化的标题 *Medi-
tation Sutra* 《冥想之经》被引用的经文现在被看作一部"伪造"的中国佛教
文本[60]：尽管此经自称为一部印度经典文本，事实上它是一部相对较晚的中
国或中亚作品。[61]尽管它自称为一部"观"经（冥思？……观想？），但我们
并不清楚它是在何种意义上被视为此类型作品中的一员的——事实上就我们
目前所知并不足以准确定义这一类型。[62]尽管如此，荣格仍将此书定位为一
部关于冥想的文本；而正如当时许多印度学家一样，荣格理解此词只是"瑜
伽"的同义词而已。[63]因此，荣格视此书为"一部能让人深刻洞见瑜伽精神

过程的瑜伽文本"[64]。

　　此书在日本被当作信仰式佛教（就像荣格所认为的"属于所谓有神佛教的地区"）的一个主要资源[65]；而对中国及日本非净土宗的佛教徒来说，这是一部关于观想的经文，概述了观想的主题。可能在后一种意义上，我们可以认为这种对此书的"瑜伽式的"应用，与其说是"指南"的来源，毋宁将之视为冥想主题或观想对象的宝典。荣格关于此书与印度冥想的传统相联系的论断并非全然不着边际；然而尽管此书看起来只是观想主题的列表，荣格却从这些主题本身发现了瑜伽修习过程的某种结构。

　　我们理解此文的困难之一在于它的不连贯。如果将这个故事框架作为参考标准或诠释基础，我们必须考虑到这是一个关于背叛和悲惨失望的故事：阿阇世王子囚禁了他的父亲频毗娑罗王，并试图将他饿死。当阿阇世发现他的母亲韦提希王后偷偷给频毗娑罗王送饭时，他将王后也关押了起来。悲痛中的韦提希王后没有放弃对佛陀的信仰，她祈求佛陀保佑。于是佛陀在她面前显身，她祈求佛陀为她指引一片没有烦恼的乐土。[66]随后在这部经的主要部分中，佛祖便教给她观想无量寿佛的乐园或净土的方法。最后他告诉她世人如何能转生在这片净土，这个没有苦难的极乐世界。在结尾处，韦提希王后作为众多聆听佛陀教法而欣喜极乐的受教者之一，仅被再提到过一次。[67]

　　这个故事似乎是对俄狄浦斯故事的一个有趣的反转。事实上日本精神病专家小此木启吾（Keigo Okonogi）谈及阿阇世情结时将之归为一种日本人的情结（也许是一种他自己的反东方主义）。[68]我们不禁疑惑是什么使得荣格忽略了这个故事中所明显含有的亲子间竞争，以及孩子不能回报父母养育之恩的意味；我们亦疑惑为何荣格选择忽略如此鲜明的困苦、希望、恩佑和怜悯的主题——所有的主题在东亚的某些解经传统中都占有显著地位。然而即使勉强承认这个故事只是一个借口，我们也不得不思考是否还有其他的基础、标准或模板可以用于理解这部经典。荣格毫不理会这部佛经的神学基础以及净土宗对此经的使用方法，并没有为这种行为做出任何解释。

　　接下来荣格就这部经典的一些观想主题进行了分析。[69]在长篇地引述经文后，荣格以此经中的主题说明为前提，对其修习方法进行了富有想象力的重建。据荣格所言，这一练习过程以实际凝视落日并创建一个余像开始。最初的观想之后则是要求不基于感观印象的对水的冥想。荣格对此书的其他方面作了类似的富有想象力却缺乏历史根据的分析。他最终从此书的细节返回到他本人对此的普遍化概括：

> 尽管对于欧洲人而言这些经文记载都隐晦而难以理解，但这些瑜伽经文并非保存在博物馆里的故纸堆，它仍以各种不同的形式存活于每个印度人的灵魂深处，渗透到他们生活与思想的每一个细节。塑造印度人的精神并加以教化的不是佛教，而是瑜伽。佛教从瑜伽精神中生成，后者造成的历史变革要远比佛陀古老和普遍。[70]

很快，荣格离开佛经回到他自己的理论，经文的主题仅仅是作为其推测的模糊背景而出现的：

> 在此我想对那些时常尝试模仿印度修行与心绪的人提出警告。这样做除了会使我们的西方智慧思维停滞以外别无用处。当然，如果有人愿意放弃一切欧洲主张，不管在与其相关的伦理道德还是客观存在上，成为彻底的瑜伽修行者：于莲花座上结跏趺坐，在菩提树下和于羚羊皮席之上，毁身灭名，终了一生。那么我将承认他以印度人的方式理解了瑜伽。[71]

阅读此段，我们很难不感觉到从中透露出的过度自信，如果这不是在讽刺的话；但荣格在同一篇章中建议道："我们应该看低这些陌生的印度思想与修行，或者将它们蔑视为怪诞荒谬的。"那么这句话中"陌生"一词是什么意思呢？"于羚羊皮席之上，毁身灭名"又有何言外之旨呢？

也许更让人迷惑不解的是，此种论述中缺少一个解释印度的立场并使这种立场合理化的声音。换言之，最令人迷惑不解的是预想中的印度声音的静默。当然，荣格的文章更清晰地反映了荣格的世界，而不是印度。这是一个荣格可以描述印度，而印度历来缺席的世界。印度确实是消极的，并非由于它的存在难以捉摸，而是由于荣格的优越视角从未给来自印度的声音留出一席之地。这篇文章存在一个假设、一个误读的规则，"如果我们希望彻底的理解，我们只能借由欧洲的方式进行"[72]。不用说，这里欧洲的方式必须是

215

荣格的心理学。

接着，荣格回到了构成此经的主要题目的象征符号上来。这些象征被理解为大乘经典中用于描述佛教乐土的一类既定主题和传统意象。这部经文事实上是中亚（或中国）对属于这一类型的两部印度经文［两部《阿弥陀经》（Sukhāva-tīvyūha Sūtras）］作的诠释。[73]《冥想之经》忠实地遵循了这些经典的传统，描述了对极乐世界的具体想象。这些意象以无条理的主题呈现，但据之后的传统判断，它们还是形成了无量寿佛所辖乐土的完整图景。如果要说在这幅图景中缺少什么的话，那就是心理学的含义与解释了。这一传统关注的焦点是一种作为认知（所谓的虚拟现实）形式的观想，或者说是关于接受意象所描绘之现实的信念。不过即使有人假设这里存在心理学的意义，意象的实在性仍需要一个关于这种实在性的解释说明，亦即意象的具体性说明。

另一方面，荣格在寻找心理学意义上的结构与含义。在没有提及任何创造或使用这部经典的传统的情况下，他认为在这部经中太阳和水"被剥离它们的物理客观性"，它们"成为精神实质的象征符号，是个体心灵的生命之源的意象"[74]。荣格推出结论的方法非常简单，他并未仔细考虑这些意象在书中或这一传统中所处的位置，而仅仅从自己对太阳和水的联想出发便概括出这些结论。因此荣格讨论道，太阳作为光和热的施与者，是：

> 不容置疑的有形世界的中心点。作为生命的赋予者，它是神本身，或是代表神的一种意象。即使是在基督教世界中，太阳也是一种颇受喜爱的耶稣的象征。生命的第二源泉是水，这在南方各国尤为明显。在基督教的象征体系中水的意象也很重要，例如天国的四条河川……我还可以由此联想到耶稣在井边和撒玛利亚（Samaria）的妇女谈话的传说……对于太阳和水的冥想总是可以唤起人们对此种或类似的意境的联想，冥想者因此得以从眼前可见的景象转向其背景，亦即转向物质冥想背后的心灵领域。此时他已达至心灵层面，太阳与水已被剥离它们的物质客观性，成为精神实质的象征符号。[75]

在没有任何佛教的含义和应用被提及的情况下，我们就被要求将荣格的心理直觉作为解读此经的密钥。荣格用这种巧妙的手法向我们展现了他的无意识理论："因此对于太阳和水的意义的冥想类似于潜降至心灵的源头，而进入无意识本身。"[76]

荣格并未意识到这本书既没有提及"精神实质"，也不曾暗示过太阳和水是或者象征了"可视景象的前景"。冒险去解释这本令人费解的书及其令人费解的来源是很困难的，不过如果从传统佛教冥想的方式这一方面来理解最初的两个冥想，它们可被看作随后观想的准备工作。它们可作为"一切入"（kr̥tsnāyatana，西方更多知晓其巴利文说法 kasiṇa）的预备。也就是说，如果我们以传统的"佛教瑜伽"为模型来理解它们，那么最初的两个冥想并非象征，而是心灵的技术性准备，是一种集中心神的方法，其目的则是为了使困难的观想过程中心灵更加熨帖。[77] 除此之外，这也有可能是在将太阳或水的观想作为更为精细的观想的出发点，而这在印度修持仪轨中是习以为常的。接下来，经文建议冥想者以佛的三十二相或八十种好之一为焦点进行冥想，以使其他意象得以自然流动。[78]

然而在这部经文的文学和供奉的修辞中，太阳有另一个角色，即一个标准的甚至显而易见的代表无量寿佛的意象。在这个意义上，日轮是无量寿佛显身和救赎恩典的保证，而对太阳的观想或持续的回想等同于得到无量寿佛救助。因此信徒们通过反复祈颂无量寿佛之名可赎得无数往生的罪业，"当他弥留之际，可见金色莲花仿如日轮般显现。然后在这一念之间，他立刻自无量寿佛乐土，即极乐净土的莲花中转生"[79]。

该文本的主体致力于细致地描绘（或形象化，取决于如何阅读这段描述）这片乐土。大多数的细节系逐字原搬早前的经文，尤其是两部《阿弥陀经》。想象部分的原始文本与瑜伽或冥想并无联系；即使有人基于一些传统因素推测，通过瑜伽修炼而得净土幻象是有可能实现的，我们也没有任何早期原文可以证明这些意象具有预想中"更深层次的"心理学或哲学含义。它们就以赤裸裸的具体形式站在我们面前，虽然这种具体形式神秘而充满力量——净土是存在的；它是"诸多净土之一，尽管它显然是最好的"，它是像这样的：

见琉璃地，内外映彻[80]。下有金刚，七宝金幢，擎琉璃地。其幢八方，八楞具足。一一方面，百宝所成。一一宝珠，有千光明。一一光明，八万四千色，映琉璃地，如亿千日，不可具见。琉璃地上，以黄金绳，杂厕间错；以七宝界，分齐分明。一一宝中，有五百色光，其光如华，又似星月，悬处虚空，成光明台。楼阁千万，百宝合成。[81]

任何声称该段经文所描述的意象代表精神结构的人不仅需要解释其整体，也应将意象的空间分布，上上下下一一细细分析。他还需解释其余的意象，即分布在上下空间限制之外的物体和感观印象。以上内容不得不经受甄别和解释，况且最为重要的事件存在于上方、高处，而非下方。

出于同样的原因（如果我们将此书看作只有内行才能看懂的心理象征系统的文本），那么净土的对称结构经常被各种亟须解释的意象打破或复杂化。因此，在观想净土时，你须作宝树观：

观宝树者，一一观之，作七重行树想。一一树，高八千由旬（yojana）。其诸宝树，七宝华叶，无不具足。一一华叶，作异宝色。琉璃色中，出金色光；玻璃色中，出红色光；玛瑙色中，出砗磲光；砗磲色中，出绿真珠光……妙真珠网，弥覆树上。一一树上，有七重网。

一一水中，有六十亿七宝莲华，一一莲华，团圆正等十二由旬。其摩尼水流注华间，寻树上下。其声（水流）微妙，演说苦、空、无常、无我诸波罗蜜；（流水声）复有赞叹诸佛相（三十二相）好（八十种好）者。[82]

我们可以继续大段地引述经文的主体，下文还是这类玄奥的文字；但除了那片神奇的土地确实存在以外，我们难以理解任何其他的内在含义。不出意料地，荣格迷恋经文中谜一般的内容，难怪它在使荣格为之着迷的同时又驱使荣格竭力为其中的神秘奥义寻找理性的解释。几乎可以预料的是，他会想到他自己的曼陀罗象征体系、个性化和自我等理论；毕竟这部经文提出了一种对称结构、一个有序的神秘空间，并为一种既有保护性又有融合性的边界所限定。不幸的是，实际上还存在着许多对这部经文言之成理的诠释；但我更想表达的核心观点是，这些荣格所忽略的宗教诠释恰恰并不能导出任何他的心理学的意义。

这部经文自身充满了指向已确立的传统的各种隐喻，而这些荣格都置之不理。它们包括光的意象与广大、开放、宇宙空间的中心位置[83]，以标准造像特征装饰并具有典型形象的巨型佛像和菩萨像[84]，观想概念和念诵佛与菩萨之名号以求消除罪业、得升极乐世界[85]，以及明确的幻象和信仰的等级体系的建立，这些意象并非基于心理学观点，而是基于一种人们转生于无量寿佛之净土的独特方式。[86]

219

然而荣格理解最成问题的经文内容，是他作为"对无明的命运的偏离"而引用的一段，稍后他又将同一句话用在了"佛陀对瑜伽修习的总结"[87]一段。他从未提到这样一个事实：传统将这段话的表述看作佛陀允诺的一种殊途同归的替代办法，其对象是那些本来就有能力修习无量寿佛及其净土的观想的信徒。然而这一段恰是关于那些荣格忽略的人——那些无力修习任何形式的冥想，更遑论瑜伽的信徒们的：

> 彼人苦逼，不遑念佛；善友告言："汝若不能念彼佛者，应称
> 无量寿佛，如是至心，令声不绝，具足十念，称'南无阿弥陀
> 佛'。"称佛名故，所念念中，除八十亿劫生死之罪。[88]

这一段带我们回到了韦提希王后的最初请求，她向佛陀无助地告解并表达转生于无苦之地的愿望。经文的这一维度——作为叙述、信条、象征符号的宝库——为荣格所无视。

除此之外，还有太多荣格所提出的简单结构无法或没有尝试解释的象征与主题：净土的菩萨，琉璃铺就、金光交错之境地，以及七宝华树；更不消说这部经文与冥想太阳和水的含义（这是荣格的议题）毫无关联的事实；更别说此经文并未提及沉潜，极乐净土在西方，这并不是一部关于将自我消解于某种原动力或源头的文本；等等。尽管如此，荣格仍向着他的目标继续前行：

此处可看出东方与西方之心（Geist）的巨大差异，这与我们之前所遭遇的关于高低祭坛的区别相同。西方人追求上升（Er-hebung），东方人重沉潜和吸收（Versenkung oder Vertiefung）。外在现实及其物性和重量对欧洲人的掌控（anzupacken）似乎远比印度人来得强有力和犀利。因此欧洲人追求将自己标举（sich...zu er-heben）于世，而印度人则欣然回归于母性自然的幽深之中。[89]

对于荣格的解经方式的根本假设来说，不幸的一个事实是，经文中没有任何暗示收缩进入母体子宫的内容。[90]对荣格的理论来说，同样不幸的一个事实是，经文中隐藏的信条概念与在印度普遍确立且极其重要的天堂乐土（佛境）信仰关系密切，而人们对超脱的渴望通常被理解为"上升"而非沉潜。透过文学主题与宇宙观，对于乐土的笃信与某种存在阶梯紧密相连，在这里灵魂的上升代表精神的进步，光明和超然的意象代表纯净——总之，没有任何暗示沉潜、黑暗或无意识的内容。须弥山的形象、庙宇和朝圣地的结构和布局同样与天国乐土的宇宙观相联系。在这一系列的意象中，乐土总是高高在上的，而处于下方的都是与精神进步和超然相对的最普通的动觉等价物（Kinesthetic equivalent）。在中亚和东亚（以及在《观无量寿经》中）发展出的净土观念来自关于这些乐土的宇宙观，而对它们的描述往往是通过与地狱的鲜明对比来实现的。[91]

但荣格对此经的解析并不止于此，因为他也利用此书作为其批判西方，同时也批判印度的借口。正如他对伊文思·温慈的《西藏大解脱经》所作的心理学评述一样，荣格这样指摘西方在内省方面的无能：

人们对内心潜藏的可怖之物——我们的个人无意识怀有深深的恐惧。因此西方人更乐意告诉他人"如何去做"。整体的改进开始于个体（甚至自己）概念从未进入过我们的脑海。不仅如此，许多人甚至认为窥视自我内在是一种病态的行为；它使人忧虑不安——一位神学家曾对我如此断言。[92]

然而，关键在于矫正之法在西方而非亚洲。或许它不在传统的西方宗教、哲学以及心理学中，但必定是在荣格的、自言为欧洲式的心理学中。显而易见的是，西方心理学不仅仅是对亚洲瑜伽的补充，事实上它具有与之相同的洞察力："我曾说过我们没有发展出可与瑜伽相提并论的东西，这话并不完全正确。我们已逐渐发展出一套适合于欧洲倾向的专门针对'烦恼'的医学心理学，并称之为'无意识心理学'。"[93] 我们必须假定这里的"烦恼"（kleshas，梵文 kleśa）是指无意识，尤其是"包含心灵的本能力量的来源及（同样包含）控制这些（力量）的形式或类别，即原型"[94] 的无意识。无须解释，这一术语在印度并没有荣格所说的意思，在经文中更与此意无关。[95] 革除烦恼也并非瑜伽的唯一目标，更不是观想净土的目的。《冥想之经》并没有使用"kleśa"（即是并未用到与之对等的中文词语"烦恼"）一词。韦提希只是单纯地渴望逃出苦难——超脱轮回与业报；当然，这些都只是作为逃脱当下在残酷的儿子手中所受之苦的附带效果。她的目标是逃向一片纯净之地，或至少是这样一个世界的完美幻象。面对佛陀，她表明不愿再停留在这个世界的态度：

> 此浊恶世，地狱饿鬼畜生盈满……我只愿未来不闻恶声，不见恶人。今向世尊，五体投地，忏悔求恩。唯愿……佛力教我观于清净业处。[96]

把针对烦恼的瑜伽理论应用于此处的宗教语境中是不合适的，正如把由此产生的幻象阐释为在西方传统中受压抑或无视的无意识的体现一样。但其重要意义在于荣格曲解烦恼这一概念时所隐含的意味：这一隐义显而易见，欧洲人（无论他或她是谁）并不需要瑜伽——心理治疗足以胜任。然而我们还注意到，即使承认西方心理学可以"专门处理烦恼"，甚至承认这一方法可等同于瑜伽，但是以任何一种方式将瑜伽（至少是《冥想之经》）看作等同于西方精神分析和分析心理学的任何一种治疗手段或理论都是牵强的。当我们往下读到荣格欲将之等同于瑜伽的那种治疗手段其实就是弗洛伊德的精神分析，并且他承认弗氏精神分析所要解决的问题经文确未涉及时，这点就更为清楚了。"弗洛伊德倡导的运动肯定了人类心理阴暗面的意义及其对意识的影响，并时时关注这一问题。弗洛伊德心理学所关注的事物，正是这本

221

222

书未曾谈及并设定为早已解决的问题。"[97]如果经文"未曾谈及"阴暗和无意识，我们又是如何知道它将之"设定为早已解决"的；如果这本书并未论及这两个关键的分析心理学原则，荣格又是如何在稍后得出结论"瑜伽之洞见和心理学研究结果高度一致"[98]的呢？

　　这种沉默被解释为瑜伽修行者对"烦恼于我们来说意味着道德冲突这一点一无所知"。这一冲突的缺失（如果荣格得以更深入地解读经文中的故事框架，他将会意识到这一点）大概可以说明，瑜伽修行者能够在西方人只能通过心理学达至的方面更进一步，但遗漏了个性化过程中一个重要的层面。[99]而人们借由这一步骤进入无意识层面。我们可以猜到，荣格将经文中的风格状琉璃之地理解为某种形式的曼陀罗的代表，但这是一种不存在于任何技术性印度感观的曼陀罗，而是出于荣格专业理解的曼陀罗：

　　　　我们的西方心理学有能力科学地建立一个存在于无意识中的深层统一，在这一点上，它已达至与瑜伽相同的境界。诚然形形色色的神话主旨因无意识的发现而得以论证，它们本身就具有多重性形式。但它终结于一个同心的或放射状的体系（这些主旨的体系），它构成了集体无意识的中心或实质。需要注意的是瑜伽之洞见与心理学研究结果高度一致，我替这一中心象征选择了一个梵文术语"曼陀罗"，意为"环"。[100]

　　没有考虑佛教曼陀罗的形制、组织和传统诠释（与荣格曼陀罗的布局模式可能相同亦可能不同），没有考虑净土曼陀罗（不用说，与荣格曼陀罗之布局毫无相同之处），也没有考虑经文所指示的净土布局——荣格想当然地认为"瑜伽之洞见与心理学研究结果高度一致"。

　　这里并不是说净土（或瑜伽修行者所谓"三昧地"）不能被设想为受保卫的圣域或神之领地。我并不想贬低荣格对于宗教空间和自我之间联系的见解，我批评的目标乃是隐含在先前引用的两个关键表达中的主张：（1）"西方心理学事实上已达至与瑜伽相同的境界"；（2）"瑜伽之洞见与心理学研究结果高度一致"。这些结论并非来自相应的经文，事实上，也非来自荣格对经文的解析。我们甚至可从文章中看出荣格个人对此的疑虑，而这一点在他行文接近尾声时尤为突出。荣格试图将佛陀于莲花座上结跏趺坐的意象强归于他的坛城理论[101]，他意识到经文中并没有出现那种魔环，因此他必须转而求助于他将曼陀罗（环）看作十字架（四位一体的化身）之变形的理论，于是他毫无顾忌地将净土与基督教十字架和佛教万字饰（swastika）联系起来。[102]

　　但我接下来要论证的是，这不是简单的由学问差而导致的犹豫——更多是出于另一种担忧，一种因自我确认的需要而产生的矛盾心理。在此篇及另一些相关论文中——尤其是因为它们都与异域的他者相关——都可以发现荣格心中关于自己和 20 世纪的西方的幻象。荣格将西方文明的第三个发展阶段，即当代的发展时期称为"心理学阶段"，在这一方面诱人而略带掩饰地表达了人们对异域和神秘文化的渴望。与其说这是对宗教权威与科学公正的心理学超越，不如说是对宗教和科学权威二者的新神秘化。但荣格依然凭借其人类文明的"心理学阶段"之概念稳居于这一新时代的中心。尽管使用印度瑜伽作为借口和假象，荣格仍享有发表其对西方宗教与文化的个人观点的空间，因为我们也可以说通过对"他者的神话"的研究而建立或透露的权威，本身就是一种对其自身的整合与肯定的权威。"东方思想"作为借口和假象出现——或者更确切地说，作为自我概念的追加证明"资料"出现。

　　当然，反过来利用荣格的权威去重建或宣称某一亚洲宗教传统的权威性亦是完全可能的。一个对"东方主义"不无讽刺意味的扭曲是，佛教和瑜伽在"荣格的观念里"成为那些亚洲宗教修习的采纳者的心理疗法。经过荣格思想的重构与挪用，这些亚洲式的修行被再重构与挪用。"如果我们希望彻底地理解，我们只能借由欧洲的方式进行"[103]的基本假设甚至业已毫无保留地为亚洲自己所接受了。但是此处的这一说法——欧洲方式必须是荣格的心理学，或者说他的心理学某种程度上已成为放眼欧洲以外世界的特许方式——终会被众多企图从亚洲和西方心理学中寻找破碎西方文化身份的重建之路的人们所采用。

　　为了利用亚洲和荣格这两个外来的权威，人们必须放弃文化与自我的想法——关于荣格和亚洲宗教的浩繁卷帙中的一篇文章是这种曲解的典型例证，这里我选择了一位清晰又忠实于这一原则的作者作为说明。拉德米拉·莫阿卡宁（Radmila Moacanin）的《荣格心理学与藏传佛教：西方与东方的心灵之路》（*Jung's Psychology and Tibetan Buddhism：Western and Eastern Paths to the Heart*）一书既体现了作者在结合运用荣格与亚洲权威中体现出的深刻的个人特点，又显示出这一尝试所固有的知识性困难。[104]

考虑到佛教、荣格以及荣格本人的西方权威来源（这里我们假定为诺斯替教）的三重权威，莫阿卡宁毫不含糊地陈述道："极其明显地，佛教和诺斯替基督教的象征体现出同样的内心体验，以及，无论其追随者信仰其中何者，他们对超越意义、空间、时间的本质追求是相同的。"[105]但这种言论在维护三重标准的同时，也赋予了某种特定的（即使不是个体的）西方传统和态度以权威。因此，在如此调整荣格给修行亚洲冥想的西方人的告诫之后，作者采用了"藏传佛教徒"的变化不定的权威的声音，并肯定道：

> 藏传佛教**督促**西方人不要丢弃他们自己的文化价值。事实上正确理解自己的文化并将其深深植根于心中——**他们会说**——是得以进入并获益于一种外国传统修习的前提。仅仅理解其字面意义而不对象征和仪轨本身的内在意义加以理解的危险也是存在的，这将使你在修行中误入歧途并迷失方向。[106]

可能有人会问：那么到底为什么要学习藏传佛教呢？答案似乎是：因为西方的价值观中终究缺少某些基本的感观（此处是一个对荣格修辞的有趣运用）。按照莫阿卡宁的解释[107]，西藏对没落时代的理解可与西方对 20 世纪危机的理解相比较。附和荣格和佛教的观点，她建议的解决方法是某种自我解脱；接着她又补充说：

> **据荣格所言**——西藏佛教徒亦如是**说**——改变必然先由个体开始，在他们的心灵之中，这是他们最有力的工具。**对荣格来说**，这代表了自知、了解心理阴暗面（包括无意识和意识层面），以及调和两极……"行动有赖于正确的思考，并且……治疗与改善世界除由个人自己开始外别无他法。"**荣格说**。正确的行动与思考，不正是 2500 年前佛陀所**教授**的吗?[108]

"不正是 2500 年前佛陀所教授的吗？"这一反问意在要求我们表示赞同。这是对荣格本人"那究竟佛为什么就不能同样是正确的呢"这一问题的有趣附和——如果撇开荣格在其中表现出的矛盾心理不谈。如果不对此采取怀疑态度，那么我们又该如何对待荣格自己的在看待印度瑜伽修习（对于荣格来说这几乎包括所有印度的精神形式）时的矛盾心理呢？莫阿卡宁这样回答："荣格怀疑西方人从瑜伽修行中学习的将超脱作为解脱方法的努力，只是为了逃避道德上的责任。"[109]接着，没有给出任何可解释这个浅表论点产生的逻辑或具有解释性的原文作为过渡，莫阿卡宁展开了她关于保持佛教对西方人及亚洲人的权威地位的论述，尽管荣格对此持保留态度："佛教与心理学体系一样是在伦理道德方面最为发达的。伦理问题及个人责任总是毫无例外地成为其哲学体系和修习中不可或缺的部分，这点适用于所有流派当然也包括佛教的密宗。"[110]尽管这一论断并未完全解决荣格提出的问题（不管它们的历史学、语文学、人种学以及心理学价值如何），这类说法多少起到了修辞性的功能。这些说法提出了一种特殊的解释荣格的方式，在这种解释方式中，荣格成了佛教正统思想和正统修行方式的一种标准范式，但也中和了荣格本人的矛盾心理，使他的权威断言失去效力。这些说法竭力消除他者的模棱性以及他者的不确定的权威，而这当然也包括莫阿卡宁和她的读者们。

讽刺的是，这就是荣格的观点在解释"东方的"材料的过程中最为普遍的应用方式。荣格的文章提供了挪用亚洲宗教思想的权威，而文章本身和荣格本人则被忽略了。在这样一个理想的正义被扭曲的场合，荣格的著作为挪用权威付出了代价——被挪用的声音以新的生命又返回到荣格身上。这是一个完全可以预见的结果。也许这便是对一部经典的功能性定义：一种不再以当初的时代环境被解读，却永远保有权威性的文本。然而，在当下佛陀和荣格都代表了经典文本。历史学家没有理由将自己任命为荣格正统的保卫者或超然的宗教激进主义者。但问题的关键不在于此，而在于我们从所有这些东西当中学到了什么？

第一种有趣的观点认为我们不应责难莫阿卡宁，因为她不过是做了荣格曾经做过的事而已：通过借用因为在时间、空间或文化上的疏远，而呈现部分权威性的他者之权威的存在（时不时也包括他者的声音）来巩固自己的观点。在大众普遍开始诉诸对遥远文明和经典原始文本的迷恋这一有趣的转变过程当中，在西方经典与宗教经文相遇之时，出生于这种或那种西方传统中的我们中的一部分人，发现了利用某个遥远文化之古老权威的便利。另外还有一些人，他们或来自一个非西方传统，或在过去曾闯入一个非西方传统而后回归现代西方。他们试图寻求一种有效性，这种有效性可证明他们从非西方过去中获得的权威是新的、西方的，或者科学的。本章所讨论的例子中，第一种类型的追寻者尝试从亚洲佛教和瑜伽中发现自我，第二种类型则通过荣格来发现亚洲。

也许我们甚至会认为荣格是回归西方的，回归于一个不过是用客观的科学伪装其表面，而终究属于荣格个人的宗教。在这个可能是"异域的""陌生的""东方"，我看见了自己。在准确反映的情况下，我对原典表示赞同；而当它开始扭曲时，我便怪罪于镜子。我对于自我之权威的追求要求我从他者中看到自我——反映，而非扭曲；然而意象还是必然地被扭曲了，否则会缺少说服力、确定性和权威性——它就会过于明显地成为自我的延伸。他者是用来确认熟悉感的，或者是使那些起初陌生的事物变得熟悉起来（弗洛伊德式的冲动被个性化理论的种种框架所驾驭；"怪异的""令人难以置信的"印度神话和仪轨被理论的魔力所转变）。

尽管有人可能会反对这种解读，但我相信荣格本人对此表现得比我们所承认的还要坦率。因此，在我个人认为是荣格态度最明确的陈述即荣格著、贾菲编辑的回忆录的一段文字中，他愉快地回忆道：

> 在那时我已阅读过大量关于印度哲学与宗教历史的材料，并深信东方智慧的价值。但我必须进行这次旅行以形成我自己的结论，并且躲藏在自己的世界里，就好像曲颈瓶中的胎儿标本一样。印度如梦如幻般影响着我，因为我过去一直在，并且现在也仍在寻找我自己，寻找只属于我的真实。[111]

227　　在另一非凡的洞见和坦诚显现的时刻，荣格承认他并未见到印度的梦，而是他自己的："在印度的生活并未缩回脑中，它仍以全身躯的姿态生活着，难怪欧洲人会觉得这宛如梦幻：完全的印度生活对他们来说只有在梦中才能显现。"[112]要是他能把最后一句话中表达出的自我认识也运用到前两句的开端中该多好！或许只需简单地说"在我自己的梦中，印度的生活并非……"，然而荣格有意识的梦只能带他远离印度。这成为他在印度最后的梦，也是被他看作一个（远离印度的）转折点的梦。他自己写下的结论如是说：

> 这个梦以专横的姿态一扫之前我对印度所有的强烈印象，并将我推回已被我长久忽略的对西方的关注中，这种关注之前表现为对圣杯的追寻以及对点金石的寻找之中。我被带离印度的世界，并被提醒印度并不是我的最终任务，而只是路程中的一段——尽管它是重要的——这条路将引领我接近目标。这个梦好像在问我："你在印度做什么？为你自己和你的同胞们寻找你们急需的治疗者，即救世主。我们的状况岌岌可危。你们全都处在过去数个世纪所建树的一切可能毁于一旦的紧迫危机之中。"[113]

荣格似乎恢复了一种文化归属感和使命感。梦中的关键象征符号是圣杯（unum vas），这显示出荣格亦已意识到自己的治疗者角色。他关于统一体的种种概念（如个性化、圣界和四位一体）被视为炼金术师的药（una medici-na）与石（unus lapis）。但这个梦及其解释，如果确如他在 1961 年追溯的那样发生在 1938 年的话，实际并未阻止荣格在接下来的数年中继续尝试以别的方式进犯东方主义。[114]他的洞见并未使他离印度足够远到能质疑自己对印度及印度资料的利用，而它们都曾被他用来支持自己的观点。

荣格没能超越这一点而进行自省或许可以归因于其模棱两可的包容性（我相信前述分析已足以概括这一点了），但也反映出两个历史条件：西方殖民主义的衰落，以及 19 世纪时人们以东方主义的话语来理解这一衰落的努力。在回忆录中我们找到了这样一段文字，它说明了这两个条件即是荣格如此坚持东方主义式的推测的理由。这段话在一个层面上表明荣格以他人思想定义自己的情绪与想法，并得以在由此产生的矛盾中生存的能力；但另一方面这一片段也显示了他蒙恩于东方主义馈赠的程度：

> 我情绪之强烈程度说明桑奇（Sanchi）佛塔对于我来说有着非常关键的意义。佛教的一个新的侧面在我面前显露出来。我将佛陀

的生命理解为已突破重围并完全掌控了这一凡人之生命的自我实体。对于佛陀来说，自我立于诸神之上，它是一个统一的世界，代表着人类存在和整个世界之实质……佛陀洞悉了人类意识的宇宙创生式的尊荣；因此他清楚地看到了，一旦有人将这道灵光熄灭，世界将陷入虚无。叔本华的伟大成就正在于他也认可这一点，或者说独立地重新发现了这一点。[115]

佛陀也可以是正确的……然而这只能在他与欧洲达成一致的前提下成立——不用说，这是荣格定义下的欧洲。或者更确切地说，佛陀的教义（如同炼金术）可以变得易于理解，条件是他的教义必须是瑜伽的教义，并且这些瑜伽教义至少代表了荣格的超心理学的一个方面。

根据某种不严谨的拉康学派的观点[116]，我们可以认为存在着一种真正是他者的自我的映像，只要它是一个整体意象；而这一整体代表或整合了主体关于自我的经验碎片。但我们也可将这一过程看作聆听真实他者的第一步，而不仅仅是一场镜子的游戏。然而，只要在这一真实他者是一种分裂力量的情况下，当人们听见外部的声音在传达自己的信息时，他们便拥有了这种力量。但是当这种外部的声音越发清晰以至于越发不像自己的声音时，人们开始被迫远离这种声音。[117]

无怪乎荣格会一面赞扬印度，一面又疏远之。例如谈及佛陀关于疾病的观点时，荣格说："在我们的文化领域中，受难者与病人可以自佛教精神的原型中获益良多。"但他不可避免地加上了一个条件从句"不管它看起来多么陌生"[118]。尽管他承认一个宗教传统在其源文化中可以起到多么具有批判性甚至侵略性的作用，也因此了解构成一种文化想象的声音之多样性，他却坚持只听见一种声音。于是荣格坚持将他自己和西方世界同印度的"内向"疏离开来——全然无视印度的非内向因素以及西方世界和他本人的内向因素。与此同时他又称赞印度"瑜伽"的价值——在荣格那里乃是指一种"内向的"修习。

荣格不时地对亚洲表现出夸张的仰慕，他对亚洲宗教的神秘化（当然，在这一意义上，他基本对任何宗教都表现出了类似的行为），并且他将自己对非西方事物的怀疑以及对西方事物的坚持结合起来——所有这些行为都是在与他者对峙时的问题的绝佳范例，而这些问题即使我们的方法论再圆融巧妙也依然无法回避。要从荣格对亚洲的神秘化中挑错是很容易的，今天有许多人会这样做，并且我在本章中也做了同样的事。有人也许还会从他矛盾的另一面指摘——他放弃其作为一个理性的、外向的、积极乐观的典型欧洲人的自我形象时的犹豫。批判任一方面都不是什么困难的工作，但解决如何能够在遭遇自我和他者时不陷入这两个极端之一，却并非易事。考虑到荣格所处的时代思想环境（包括国家社会主义、无意识的发现、科学西方的幻灭），他的矛盾性是情有可原并在意料之中的。但这只在后见之明中成立。由于缺少这样一个观察我们自己的模糊性的有利位置，无法用理解荣格和他的时代的方式来清晰地理解自己和自己的时代；而如今我们的情况也许与荣格并没有太多的不同。我们可以对荣格的曼陀罗城城墙里的每一块石头吹毛求疵，但是我们无法证明此刻我们不是在建造一堵类似的城墙。

因此我们要问，在以《东方冥想的心理学》为代表的一系列荣格关于亚洲的著述中，东方主义偏见和隐含的殖民立场是如何定义的。由认可到挪用再到疏远的三部曲清楚地概括了这一立场。承认异域文化的权威性，接着假设这种权威属于自己，最后再断言将其与他者相分别的差异——这位欧洲人通过这样的方法来维持对亚洲的控制。

然而一定有人会问，在所有企图对亚洲权威进行理解和交流的尝试中究竟有多少"殖民主义"的因素始终存在，更别说挪用的情形了。我们对自己研究的宗教与经文的权威的挪用（或者说是滥用）又达到了何种程度。我要说，即使假设如今学术态度普遍中立，避免任何评价与估计中的问题，我们仍然在重复做着同样的事。我们所有胸怀抱负的学者们都一定要小心隐秘的东方主义（crypto-Orientalism）的危险信号——那可以是一种沐浴于我们的文本的光辉并利用它们达成我们的个人目标的意愿，可以是一种企图告诉我们的对象他们思考的究竟是什么的欲望，还可以是一种拒绝任何带有同情色彩的参与的冲动。一个有趣的理论范式与文化还原主义、批判性的理解与非难式的误解，它们之间的分界线究竟在哪里？或者说，对我来说似乎更成问题的是，我们应该将以下三者之间的分界线画在哪里：（1）复述一个传统，即使是以带有尊重的方式进行；（2）批判并带有创造性地审视它；以及（3）利用自身的文明改造并挪用"异域的"文化。

230

由荣格的作品勾勒出的东方主义式的谬见于我们自己也是一个警告，但这并不会妨碍我们批判地看待他的观点。我们批评他是因为他希望通过这种新出现的权威以获得对这一传统的支配，并最终否定他人利用这一传统的权利。另一个问题在于，荣格把神圣的、共有的权威改造成了世俗的、个人的权威的能力。文化本来的神圣性消失了；或者说，甚至得不到承认。同样地，这一文化丧失了其独一无二的原本特质。尽管荣格清楚地划分了东方与西方，他仍在文章中消除了二者的特性，并无视了亚洲文化中组成其原始材料存在背景的解经和修习传统的多样性。

荣格东方主义的缺陷自然而然地反映了所有欧洲人面对非欧洲文化时的矛盾心理（排外与崇外交杂），但实际上这些矛盾在任何自我与他者相遇时总是无法回避的。例如我们可以在被殖民者对殖民者的反应（如拉丁美洲原住民对美国和欧洲的认识）中，或者在具有更为复杂的权力差别的关系（如日本人对美国与欧洲的理解）之中识别出这种情绪。如果我们能抑制住自己面对荣格及其生活时代——面对一个痴迷于维也纳、贝拿勒斯和柏林的瑞士人——时的优越感，如果我们能够克服我们业已摆脱"殖民主义"和"东方主义"危险的错觉，我们也许可以从荣格的个人追求以及他想要理解人类宗教狂热的理论实践中，发现我们自己试图理解自我与他者的努力——这里的自我不完全表现为一种虚构的"内在"，它同时也表现为最陌生的他者；而这里的他者也不只存在于遥远之处，它同样也存在于我们内心深处最亲切的部分。在大略读过荣格可能会令人产生种种怀疑的著作之后，有人一定会好奇，是否他的矛盾心理与人们遭遇他者时所发生的普遍矛盾心理不尽相同。

此外，如果我们将这一评论个人化，一定有人会好奇是否他的矛盾心理与每一次灵魂治疗的诚实努力所必然带来的矛盾心理也有所差别。这又联系到最后一个关于荣格和我们对他的东方主义的评判的怀疑，因为荣格对权威性话语的占有还有两个别的相互紧密联系的维度。首先，通过将个人无意识（鉴于这一概念的抽象性和空洞性，我们可以放心地假设这一概念对荣格来说是很个人而又具有矛盾性的）转换为集体无意识（一个来自异域却切近的概念）来宣称其来自瑜伽的权威，荣格同时也宣称了对个人无意识的权威。从某种意义上来说，为此他必须尽力获得无意识的权利，亦即类似于操持人类心灵和思想的精神力量。这暗示了荣格掌控权威的第二个方面：回到这篇文章先前讨论过的一个话题，荣格不仅是一个文本和象征符号系统的专家，也是一名治疗者。这样一来，他要以自己所声称的对权威的掌控与其他治疗者所声称的对权威的掌控相竞争，还要与纠缠病人的鬼怪精灵相竞争（于是他也要与病人竞争对权威世界观以及病人自身的掌控）。荣格的困境便成了当一个并非纯粹虚构的萨满遭遇新的鬼怪精灵和新的治疗者时所出现的困境。他必须击败他们并解除他们的力量。荣格必须声称其掌控了佛陀的智慧及其他类似的东西。

西班牙探险家阿尔瓦·努涅斯·卡韦萨·德·巴卡（Alvar Núñez Cabeza de Vaca）曾迷失于北美墨西哥湾沿岸的土著部落之中，他发现自己不仅要被迫接受新的语言和习俗，还要接受新的治疗方法。如果我们相信他自己的说法[119]，他成了一名技艺高超的萨满巫医，甚至治愈了那些美洲本土巫医无法治愈的病人。他甚至宣称他曾使一名死亡的年轻妇女复活！他的生平被托多罗夫（Todorov）理想化，而在最近的一部埃切瓦里亚（Echevarría）导演的电影里，他更被塑造成了一个早期的反殖民主义者和多元文化主义者。阿尔瓦本人的描述就更加矛盾了：虽然他是用从美洲原住民老师那里学来的传统手法治疗他人，却还是反复念诵万福玛利亚以确保他的努力得以成功。要辨别出这说法在多大程度上是意在取悦西班牙当权者的浮夸之辞是很困难的（后来他跟国王以及宗教裁判所之间的不和说明他或许比他的话所表现出来的更特立独行）。但阿尔瓦的描述是这样一个绝妙的例证，它说明了在不同文化的交汇点，在有影响力且具有潜在破坏性的社会与政治力量的交汇处，占有富于竞争性的治疗（或精神）能力的权威的紧迫性。

我认为荣格亦在做着类似的尝试。这一尝试回应了语言的需求（即我们在自己的语言范围内所讲的语言）以及文化冲突和交流的一般需求。但在治疗者被要求将破碎的心智重新拼接完整的精神治疗中，这种在接受与理解之前就挪用并取代的做法是存在严重问题的。在这里需要被修复的东西，从定义上来说是患者自己的文化的一个实体，治愈的结果是通过患者自己所操的语言的力量实现的，这一实体将被复原到患者自己社会中的一个位置上。然而，荣格宣称我们所修复和再发现的远不止这些。治疗师渴望修复人之整体，一个真实而健全的自我，一个无论何时何地都被认为是真实且健全的自我（类似于曾被称为"被拯救的灵魂"的东西）。因此当遭遇新的或外界的

232

治疗技术，或是声称具有权威的治疗能力的个体出现时，治疗者便产生了去取代或征服、贬低或挪用这种新的力量的冲动。

这种迫切性自然而然而不可避免地出现，随之而来的是与占有真理和权威相关的问题：何时对治疗权威的使用会变为仅是为了取得权威的行为？或者，更有趣的是：我们能否通过击败或征服这两种形式达到与下述情形同样的效果：我们将力量让与一个本与我们相竞争的体系，通过这样来统驭该体系，此时它将会拥有超乎其真实程度的力量。换句话说，为了利用瑜伽的力量，荣格将其转化为一种治疗术。一方面，这消融了瑜伽本身的力量，并将它置于一个荣格感到自己能把握和统治的领域中；另一方面，荣格又将瑜伽转变为西方心理学的潜在对等物，并赋予它在西方宗教和心理学话语体系中从未得到过的尊贵地位，以此来提升瑜伽的力量。在我看来，荣格尝试达成的是前者，但他这样做的同时也得到了后一种结果。正如他的许多崇拜者所主张的，总体来讲荣格使得亚洲宗教传统具有了更强大的力量，他的综述中的那些不准确因素也变成了一张福毯。这两种运动都说明了这种挪用和疏远过程的复杂性；它们也共同构成了东方主义的两个不同方面，而东方主义——与相应的西方主义一样——拒绝消亡。

[注释]

以下缩写将用于注释中：

BS　"博林根丛书"（Bollingen Series），Princeton，N. J.，Princeton University Press（1966 年以前由 Pantheon Books，New York 出版）。

CW　"荣格文集（英文版）"（*Collected Work of C. G. Jung*），trans. R. F. C. Hull，ed. H. Read，M. Fordham，and G. Adler，in 20 vols.，作为"博林根丛书"第 20 辑出版（1953—79）。

EJ　"爱诺思年鉴"（*Eranos Jahrbuch*），演讲于阿斯科那（Ascona），由 E. J. Brill，Leiden 出版。

GW　"荣格文集（德文版）"（*Gesammelte Werke*），（1958— ）。

MS　《冥想之经》（*Meditation Sutra*），印于《真宗圣教全书》（*Collected Sacred Texts of Pure Land Buddhism*，日语题为 Shinshū Seikyō Zensho）（Kyoto，1941）第一卷。

〔1〕C. G. Jung，*Die Beziehungen der Psychotherapie zur Seelsorge*（Zürich：Rascher，1932/1948），p. 7. 这本小册子载有荣格于 1932 年 5 月在斯特拉斯堡举行的阿尔萨斯教牧会议（Alsässischen Pastoralkonferenz zu Straßburg）上发表的演讲的原文。它于 1933 年首次被翻译为英文。这一哈尔（Hull）的译本刊载于 "Psychotherapists or the Clergy," CW, 11, § 490 -91. 大多数情况下对卡尔·荣格著作的引用都会使用《荣格文集（德文版）》（缩写为 GW）以及收于 "博林根丛书" 中的《荣格文集（英文版）》（此版本被认为是该文集的英文标准译本，缩写为 CW）中的段落号。但有些材料难以在这两本文集中找到，或是我无法获得。一旦认为有必要脱离标准的英文翻译或有必要直接引用德文原文，我会列出我所参考的德文版（如果它在 GW 中的段落与 CW 中的不同，或者当我无法获得它在 GW 中的页码时，我会说明在 GW 中的页码）——这样，即使援引或翻译了德文版，我的引用仍然会提供最为普遍的英文版的出处。在上面的引文中，我根据荣格的未分段的德文版 *Beziehungen der Psychotherapie zur Seelsorge*（1932）稍稍改动了哈尔的译文，因此以双重方式注明出处——页码据德文版 GW，段落按照英文版本 CW。荣格著作的文本史给研究者带来了有趣的挑战，他的著作被视为经典，因此常常被描绘为永恒不变之真理的不可或缺的代表。关于将《荣格文集》当作确凿的材料来研究荣格思想的进化过程的局限性，以及荣格著作的编辑与修订带来的问题，参看 P. Homans，*Jung in Context：Modernity and the Making of Psychology*（Chicago：University of Chicago Press，1979），pp. 27 - 28. 就现有的各个 "权威的" 英文版本，我并未尝试系统化地校对原始文本或系统地考察荣格经典的文本史。

〔2〕Jung，*Beziehungen der Psychotherapie zur Seelsorge*（"Psychotherapists or the clergy"），pp. 20 - 21；CW, 11, § 516. 哈尔将 Daseinsberechtigung 一词翻译为 "justification"，即心理学意义上的 "存在的合法性"（legitimation for their existence），如果换成更普遍的说法就是心理学意义上的存在理由（raison d'être）。

〔3〕荣格对基督教的同情并非秘密，不过这种同情是非教会的（或者可以说是私人的）基督教，就如同他的佛教是一个非常私人的、遥远的，以及谨慎的佛教。他所理解的基督教亦染上了他所学习并喜爱的炼金术神秘主义

的色彩。霍曼斯（Homans）认为荣格是"否定"基督教精神的，但也承认荣格的宗教心理学带有一种"明显的基督教的影子"（Homans, *Jung in Context*，pp. 186 - 87）。

［4］J. J. Clarke, *In Search of Jung*：*Historical and Philosophical Enquires*（London：Routledge，1992），p. 87. 韦尔承认荣格在西方理解亚洲文明与精神的进程中所起的作用，但他反对将荣格看作"一个东方路线的肤浅的支持者"，尽管如此，他也承认荣格对待其他传统的态度总的来说是轻率不加选择的（Gerhard Wehr, *An Illustrated Biography of C. G. Jung*, trans. from the German by Michael H. Kohn［Boston：Shambhala，1989］，pp. 83，87）。然而，这一让步是只针对西方传统的："我们无法忽略他对他时代的精神之路的判断的某些批评……西方的宗教教育，除中世纪后期炼金术以外，总是被人不加甄别地扔作一堆……这样的混为一谈是令人遗憾的。"（Wehr, *An Illustrated Biography of G. G. Jung*, p. 87)韦尔认为荣格区分了亚洲的各个宗教传统，我将在本文中对这一论点提出异议——尽管我只需要向那些对亚洲宗教传统不熟悉的读者证明这一点。

［5］例如，Wehr, *An Illustrated Biography of G. G. Jung*，pp. 83 - 84。

［6］"精神因素"（psychic factor）这一概念并非荣格主要术语之一，但"心灵"（the psyche）一词则是关键概念。他在著作中对"精神"（Psyche）和"灵魂"（Seele）二词的使用是相互交替且可互换的。

［7］Jung, *Beziehungen der Psychotherapie zur Seelsorge* （"Psychotherapists or the Clergy"），p. 23；CW，11，§ 519. 不过我们讨论的这一段含义有些模糊："这就是为什么我始终认为患者为我带来的宗教性问题是真实的并且是导致神经官能症的可能病因。"（Deshalb nehme ich die religiösen Probleme，die mir der Patient vorlegt，*durchaus* als eigentlich und als mögliche Ursache der Neurose.）当然，斜体是我个人所加，以突出这个在哈尔译本中被遗漏的用词。

［8］要在荣格这样或那样的含混言辞中挑出他对纳粹的同情同样也是十分容易的。我并不否认这种努力的正确性，也同意荣格的这种矛盾性确实令人感到不安，但在本文中我并不打算纠缠于这个问题，只有在与我要讨论的问题密切相关时我才会提及他与纳粹的联系。

［9］CW，11，pp. 327 - 47，§ 488 - 538.

［10］我所能得到的德文文本（Jung, *Beziehungen der Psychotherapie zur Seelsorge*，1932）是 1948 年荣格在苏黎世的出版商 Rascher Verlag 以小册形式付梓的。既然这一版本将版权标注为 1932 年，我猜测这本是对原版的再版。我无法获得它在 GW 中的版本的拷贝。

［11］C. G. Jung, "Psychoanalyse und Seelsorge," *Ethik：Sexual-und Gesellschafts-Ethik* 5，no. 1（1928）：7 - 12；trans. by Hull as "psychoanalysis and the Cure of Souls," CW，11，pp. 348 - 54，§ 539 - 52.

235

［12］Jung, *Beziehungen der Psychotherapie zur Seelsorge*（"Psychotherapists or the Clery"），pp. 33 - 34；CW，11，§ 531.

［13］如果只考虑到荣格这些声明的表面价值，人们很难为他关于宗教与宗教专家的功能的断言辩护。

［14］毋庸多言，荣格的疾病分类学和病理学观念在今天的大多数精神健康专家眼中是过时的，无论他们在先天—后天之争和药物—谈话疗法之争中的立场如何。亦参见注［17］。

［15］Jung, *Beziehungen der Psychotherapie zur Seelsorge*（"Psychotherapists or the Clery"），p. 7；CW，11，§ 490 -91.

［16］同上。

［17］我们很难界定荣格在心灵的本体论地位及谈话疗法中的语言指涉性等问题上的立场。或许我们可以说他的观点是摇摆不定的，或者微妙而复杂的。为公平起见，我们必须同时考虑到他那些似乎收回了隐含的本体论声明的言论。这一声明可以从一些关键词句中隐约看出，例如，"心灵作为一种精神实质"（"Die Seele als eine geistige Substanz"——哈尔在翻译时为"实质"一词加上了引号）。然而在同一篇文章中，尽管有些犹豫，荣格首先便提出心灵可能并非一种实质，而心理治疗的话语是一种虚构：

> 理论上生物治疗在对神经官能症的治疗上已完全失败，而精神的方法则可以奏效，就好像它们是腺体的提取物一般。正如目前所知，要影响或治疗的神经官能症并不能从近侧一端，即从腺体的运作开始，而是从较远一端，即心灵入手，就好像心灵本身即是一种

实质。例如，适当的解释和安慰的言语对病人可以起到类似于治疗效果的作用，它最终甚至可能影响腺体的分泌。医生的话，确实只是空气的震动，但它们的特质来自医生的特殊精神状态。他的言语只有在它们传达了某种意思（*Sinn*）或有重要性（*Bedeutung*）时才能奏效……但"意思"一词是某种心理或精神性的（*ein geistiges Etwas*）东西。你如果愿意的话也可以称之为一种虚构。尽管如此，这种虚构使我们得以影响疾病的进程，而它远比化学制剂来得有效。我们甚至可以影响人体的生化进程……虚构、幻象、观点可能是我们能想到的最无法触摸和不真实的东西，然而它们却是精神甚至心理学领域最为有效的存在。［Jung, *Beziehungen der Psychotherapie zur Seelsorge*（"Psychotherapists or the Clery"），pp. 9 - 10；CW，11，§494］

在这段引文中，我只就哈尔的英译里个别我认为掩盖了其中重要的细微差别、含糊以及矛盾之处做了改动（上文的斜体文字）。首先，我尽可能多地保留哈尔的原文，因为我认为他的翻译往往要比我优美得多。其次，且更为重要的一点是，对于我认为有争议的一些术语，我会着重标出我与他理解的不同之处。我并未考察哈尔所参考的戴尔（Dell）和贝恩斯（Baynes）的译文，因此我无法肯定其中有多少哈尔独创的成分。

[18] Jung, *Beziehungen der Psychotherapie zur Seelsorge*（"Psychotherapists or the Clery"），p. 21；CW，11，§516.

[19] 同上。

[20] 冒着白费力气的风险……我想指出，无论是荣格的诋毁者还是捍卫者，都把人们假定的荣格对纳粹的同情看作一个有罪或无罪的问题，并将这一问题与这样一个非历史性的、非此即彼的、道德性的选择问题紧密联系起来：要么荣格就是一个彻底有罪，并对纳粹采取纵容默许态度的人；要么他就是一个在道德意义上完全无辜，并强烈反对纳粹的人。但是，如果我们考虑到个人在他或她所处的历史环境下所能做选择的局限性，那么以上两种极端观点都是不正确的。我们或许应该说荣格在当时的立场既不应该被认为是一个值得人们效仿的模范，但也显然不是一个共犯。我既不赞同罗森茨维

格（Rosenzweig）所提出的荣格阅读过《我的奋斗》并借鉴了其中一些想法的论断［Saul Rosenzweig, *Freud，Jung，and Hall the King-Maker：The Historic Expedition to America（1909）*（Seattle：Hogrefe & Huber Publishers，1992），pp. 70-77］。这并不是说我们确定荣格未曾读过此书，但他对于犹太人的偏见可见于多数德语使用者（包括希特勒和荣格）。这种偏见来自于数目庞大的反犹太著作，这些著作的反犹太主旋律已有几百年历史。至少可以这么说，我们可以从荣格在理解非欧洲和非日耳曼世界的过程中的纠结，窥见他的种族优越感，但他作为“雅利安人的骄傲”并非根源于一种有意识的种族歧视立场，而是源于一种对欧洲殖民主义和种族中心主义的集体性历史的无意识的参与——这一历史包括荣格在个人层面上对其祖父在泛日耳曼运动中的积极参与的强烈认同感。荣格对纳粹主义罪恶的视而不见与整个世界当时的视而不见并没有很大区别，但基本上无法被定性为纳粹同党。早在战争初期他曾确实希望纳粹会带来一些好事，但这是另一回事，并显示了荣格本人的阴暗面（他的“阴影”），这一点亦为他的支持者所承认。或许我们最好将荣格对纳粹德国的态度理解为支吾搪塞，或更宽容和仁慈些看，只是无知、矛盾和迷惑罢了。问题在于他花费了相当长的时间才冷静下来，而到他最终清醒也不曾认真解析过他这一阴暗疯狂的一面；问题并不只在于直到他之后的、迟来的反省，愧悔的言辞已拖欠得过于长久，更严重的问题是这些言辞不如当时时势所要求的那样有力和直言不讳。毕竟，如果我们参考之前报道中他在 1946 年对犹太教拉比利奥·拜克（Leo Baeck）所说“好吧，我一不小心犯了个错”的言论中的漠然态度［G. Scholem, in Aniela Jaffé, *From the Life and Work of C. G. Jung*，trans. R. F. C. Hull（New York：Harper & Row，1971），p. 98；我没能参对原始德文文本 *Aus Leben und Werkstatt von C. G. Jung：Parapsychologie，Alchemie，Nationalsozialismus，Erinnerungen aus den letzten Jahren*（Zürich：Rascher & Cie，AG，1968）］。我们可知荣格直到战后仍未充分理解他用自己具有代表性的抽象语言所称作的“德国的‘灾难’”之严重性［C. G. Jung，"Nach der Katastrophe," *Neue Schweizer Rundschau*，n. s.，13（1945）：67-68；重印见 Jung，*Aufsätzä zur Zeitgeschichte*（Zürich：Rascher & Cie.，1946）；以及 *Zivilisation im Übergang*（Olten & Freiburg im Breisgau：Walter-Verlag，

1974），pp. 219 - 44（§400 - 43）；英文译本见 CW，10，pp. 194 - 217；重印见 Jung，*Essays on Contemporary Events：The Psychology of Nazism*，trans. R. F. C. Hull，with a new foreword by Andrew Samuels（Princeton，N. J.：Princeton University Press，1989），pp. 50 - 73]。甚至荣格的忠实维护者贾菲（*From the Life and Work*，1971，pp. 78 - 98）也承认，荣格"寄希望于（在国家社会主义影响下的）德国能得到卓有成效的发展，并且在国家社会主义发展的早期他愿意给它一个机会"（p. 88）。

[21] 我们可由里夫（Rieff）的声明看到这种立场的一个极端的版本[Philip Rieff，*The Triumph of the Therapeutic：Uses of Faith After Freud*（Chicago：University of Chicago Press，1966），p. 87]，他宣称所谓的信奉的治疗（里夫声称这种治疗属于"宗教类的疗法，其对象是灵魂"）和科学的精神治疗（这种治疗据说较为"温和"，并且给"人们带来洞悉的力量，这种力量会提升他们选择的力量"，但是"无意告诉他们应该选择什么"）二者是截然不同的。我并不是在论证实证科学是纯粹基于实证的，而是在论证荣格以科学的神话作为自己的观点的权威性的来源，同时并没有完全地承认作为一种知识分子理想的科学的局限性和制约科学的种种因素。

[22] 尤见于 A. Grünbaum，*The Foundations of Psychoanalysis：A Philosophical Critique*（Berkeley and Los Angeles：University of California Press，1984）；and "Precis of *The Foundations of Psychoanalysis：A Philosophical Critique*," *Behavioral and Brain Sciences* 9，no. 2（1986）：217 - 28 [在此文中格伦鲍姆（Grümbaum）总结了他在 1984 年的论著中的讨论作为开篇的讨论和述评，讨论见 228～266 页；他的回复见 "Authors's Response：Is Freud's Theory Well-Founded?" 266～284 页]。最近，可见于美国精神分析学会年会上他发表的文章 "Meaning Connections and Causal Connections in the Human Sciences：The Poverty of Hermeneutic Philosophy,"（New York，1986），*Journal of the American Psychoanalytic Association* 38，no. 3（1990）：559 - 77。

[23] 正如他之后的许多人，荣格对弗洛伊德的肤浅的理性主义的看法也有些过激，这迫使他在之后不得不小心翼翼地维持自己在心理学解释和心理学简化论之间的平衡。罗伯特·A. 西格尔（Robert A. Segal）在他的文

集 *Religion and the Social Sciences：Essays on the Confrontation*，Brown Studies in Religion，no. 3（Atlanta：Scholars Press，1989）中的几篇文章里敏锐地揭示了荣格要维持这种定位的一些困难，尤见 "Erik Erikson：Psychologist or Historian of Religion?"（pp. 63 - 66）and "The Social Sciences and the Truth of Religious Belief"（pp. 75 - 86）。另见 C. G. Jung，"Psychological Commentary on *The Book of the Great Liberation*，" CW，11，§760-63 的开头几段。此文撰于 1939 年，但直到 1954 年才出版，见 W. Y. Erans-Wentz，ed.，*The Tibetan Book of the Great Liberation*（London and New York：Oxford University Press，1939/54），pp. xxix-lxiv。 *238*

[24] C. G. Jung，"What India Can Teach Us，" CW，10，§1003. 这篇短文原以英文出版于 *Asia* 39，no. 2（1939）：97 - 98。

[25] D. M. Wulff，*Psychology of Religion：Classic and Contemporary Views*（New York：John Wiley，1991），p. 417.

[26] C. G. Jung［& Aniela Jaffé］，*Memories，Dreams，Reflections*，recorded and ed. Aniela Jaffé，trans. Richard and Clara Winston（New York：Pantheon，1973；1st ed. 1961；as reprinted by Random House/Vintage Books，New York，1989），p. 199；引用页码（1989 年编辑本）已于文中标出。这是 *Erinnerungen Träume Cedanken*，Aufgezeichnet und hrsg. von Aniela Jaffé，Sonderausgabe，2. Aufl.（Freiburg im Breisgau：Walter-Verlag Olten，1984，copyright 1971；1st German ed.：Zürich：Rascher Verlag，1961）的英文译本的 "最终修订版"。尽管这部著作经常被看作荣格一人的作品，我对 "安尼拉·贾菲整理并编辑" 一语极为重视。

[27] 关于这次美洲之行，参见 Jung and Jaffé，*Memories，Dreams，Reflections*（1961/73），pp. 247 - 53——关于他早些时候的更著名的一次美洲旅行，见 Rosenzweig，*Freud，Jung，and Hall the King-Maker*。实际上他的第一次非洲旅行是 1920 年赴北非的旅行，第二次是 1925 年前往肯尼亚［Jung and Jaffé，*Memories，Dreams，Reflections*（1961/73），pp. 238 - 46，253 - 71］。

[28] H. Coward，*Jung and Eastern Thought*（Albany：State University of New York Press，1985），esp. pp. 4 - 13；Homans，*Jung in Context*，pp. 1，17，

186 - 87；Wehr, *An Illustrated Biography of C. G. Jung*, pp. 74 - 88；Wulff, *Psychology of Religion*, pp. 434 - 40.

[29] 这两段短小的引文来自 Jung and Jaffé, *Memories, Dreams, Reflections* (1961/73), pp. 284, 282, 而上下文是荣格对他的 1938 年印度之旅的回忆。这段记忆已隔至少 20 年之久, 其内容可能更多地来自虚构和重建（如同人的很多记忆一样）。尽管如此, 这段描述与荣格的大多数关于印度和东方的论著的表述相一致, 如上注 [26] 提及的论著, 尤其是在他赴印度不久印于 1939 年的短文。对这篇荣格与贾菲的重要文章的更多引文, 请参见本文结尾。

[30] 荣格将"道"作为中国中庸之道的象征, 见 *Psychologische Typen* (Zürich：Rascher Verlag, 1921), pp. 229 -33, trans. and rev. R. F. C. Hull in CW, 6, 1971, pp. 214 - 18, § 358 - 70. 他的主要根据似乎是独逸生（*Deussen*）的哲学史, 但英文译本大量引用了威利（Waley）翻译的《道德经》（Arthur Waley, *The Way and Its Power*, London：Allen & Unwin, 1935）。带有一个附录的 *Psychologische Typen* 德文版作为 "9. revidierte Auflage," GW, 6, 1960 (CW, 6, §§ 401 - 20) 随后出版。我用的是德文第九版和 1990 年英文平装本, 后者是 1971 年哈尔修订本的重印本。

[31] Wehr, *An Illustrated Biography of C. G. Jung*, p. 83.

[32] 研讨会的目标陈述于《爱诺思年鉴》第一期, 这一期的主题为"在东方与在西方的瑜伽与冥想"（Yoga und Meditation im Osten und im Westen）："爱诺思研讨会的目标是成为西方与东方之桥梁。我们一直很清楚这一理想所面临的挑战, 以及建立一个使这一目标能在知识与精神领域（auf geistrigen Gebieten）发生的空间需要。因此, 若干年后, 爱诺思研讨会诞生了。" [EJ 1 (1934)：5] 这个研讨会, 更确切地应该说是"会议"（Tagungen）, 由奥尔加·弗勒贝-卡普坦（Olga Fröbe-Kapteyn, 1881—1962）创办。她于卡萨爱诺思组织了这一研讨会, 会议在她所建造的一处隐居地举行, 此地紧邻她在莫夏（阿斯科纳附近）的别墅, 就在马焦雷湖上, 瑞士—意大利边境旁。研讨会经常在花园里举行, 偶尔也在称为卡萨加布里埃拉的弗勒贝的别墅里举行。第一次爱诺思研讨会召开于 1933 年, 一年后会议进程以《爱诺思年鉴》形式发表。除荣格外, 研讨会有六名成员：三名学者是西方宗教的专家, 另

三位则是杰出的东方学家海因里希·齐默尔（Heinich Zimmer）（海德堡）、李斯·戴维斯（C. A. F. Rhys Davids）（巴利圣典协会）和鲁雅文（Erwin Rouselle）（法兰克福）。研讨会持续召开，《爱诺思年鉴》也连续出版，直到1969 年，即荣格去世后的第八年。

［33］这一曼陀罗被重建并附了题词，参见 Aniela Jaffé, ed., *C. G. Jung：Word and Image*, BS, 97, no. 2 (Princeton, N. J.：Princeton University Press, 1979), p. 93；初版见 *C. G. Jung：Bild und Wort* (Freiburg-im Breisgau：Walter-Verlag Olten, 1977)。亦参见 Jung and Jaffé, *Memories, Dreams, Reflections* (1961/73), pp. 197 - 98，关于一个导向曼陀罗的梦境的讨论以及荣格对梦的分析。"共时性"一词无疑是荣格式心理学的术语，在《回忆·梦·思考》中，该词指向 1928 年的事件时被加以引号。然而该词的出现晚于 1928 年的事件，或者至少其被公开地正式提出是在荣格收到卫礼贤的礼物之后很久——这一术语的使用方法与荣格在其占星学著作中对其进行的使用方法类似，可能迟至 1951 年才出现（参见"On Synchronicity" Jung's，见于 EJ 20，印刷于 1952 年，但也包含 1951 年的作品）。"共时性"一词被作为一种超出因果律的解释类别而提出——例如，参见"Synchronicity：An Acausal Connecting Principle" and "On the Nature of the Psyche"两篇论文，均见 Jung, *The Structure and Dynamics of the Psyche*, CW, 8, 1960。

［34］Jung, "Psychological Commentary on *The Book of the Great Liberation*," (1939/54), p. 198 多处。

［35］我遵从当代惯例将 saṃsāra 一词的拼写作了改动。荣格的文本按照伊文思·温慈写作 saṇgsāra。

［36］Jung, "Psychological Commentary on *The Book of the Great Liberation*," (1939/54), pp. liv - lv.

［37］我并不清楚荣格对于美洲的看法，但总体上他将欧洲（而非总体而论的西方）视为与东方相对的概念。

［38］Jung, "Psychological Commentary on *The Book of the Great Liberation*," (1939/54), p. liv.

［39］本文不允许我对荣格心理学的积极贡献作详细论述，我仅在将他与弗洛伊德在承认宗教具有适应机能的问题上的犹豫做对比时简述之。可以

说弗洛伊德与荣格的长处与短处可概括为弗洛伊德继承了理性主义和启蒙运动，而荣格则是受了德国宗教与浪漫主义传统的深刻影响。与弗洛伊德不同的是，荣格倾向于承认宗教的适应性价值，同时神话、象征符号和仪轨在他看来是产出完整成熟的个体的进程中的重要因素。这并不是说由于弗洛伊德否决了荣格对神话和超心理学的理解因此可认为他不受这种存在的不可思议的异常魅力吸引，事实上他常常流露出对此种力量的着迷，这种作用于荣格和弗洛伊德的魅力造成了被压制的宗教和魔法的回归，它们在科学的伪装下再次兴起。我从弗洛伊德对梦境和动作倒错（parapraxes）的观点中看出这种着迷的情绪，例如——显然，人们将对潜在力量之信任置换（或驱除）为无意识，于是信仰的回归便被掩藏。然而，当阅读诸如托多洛夫（Todorov）所谈到的西班牙人对阿兹特克人（Aztec）"迷信"的报告时，人们会不可避免地产生一种认同感，节选如下：："每一个略微脱离常规或超出既有秩序的事件，都被解读为另一事件，并且通常是不幸的事件将要到来的预兆（这意味着在这个世界中没有随机发生的事件）。例如如果一个罪犯变得抑郁，这即是一个凶兆，因为阿兹特克人对这种事情的发生没有任何预期。或者这种凶兆也可以是在某个特殊时刻鸟的鸣叫，或者老鼠穿过庙宇，或者有人说漏了嘴，或是（做了）一个特别的梦。"（Tzvetan Todorov, *The Conquest of America：The Question of the Other*, trans. R. Howard, New York：Harper & Row, 1984）众所周知，弗洛伊德对降神会十分着迷，而在大西洋彼岸的威廉·詹姆士也正被类似的现象吸引。

[40] Jung, "Psychological Commentary on *The Book of the Great Liberation*,"（1939/54），p. lv.

[41] 参见同篇文章中的一段［Jung, "Psychological Commentary on *The Book of the Great Liberation*,"（1939/54），pp. xliv-xlvi］，引用到例如《心理学类型》［H. G. Baynes, trans., *Psychological Types*（London：Kegan Paul；New York：Harcourt Brace，1923）］和《变形的象征》（*Symbols of Transformation*, CW，5，1952）。第二篇的完整标题是 *Symbols of Transformation：An Analysis of the Prelude to a Case of Schizophrenia*, 2d ed., trans. R. F. C. Hull.。这篇文章占据整个 CW，5（Princeton, N. J.，1967；1st ed.，1956）；译自 *Symbole der Wandlung* 4th ed.，rewritten, of *Wandlungen und*

Symbole der Libido（Zürich：Rascher Verlag，1925）。这部作品在德文初版 *Wandlungen und symbole der Libido*（Leipzig and Vienna：Denticke Verlag，1912）问世之后经历了较大的改动，其英文初版为 *Psychology of the Unconscious*（New York：Moffatt Yard & Co.，1916）。

［42］Jung，"Psychological Commentary on *The Book of the Great Liberation*，"（1939/54），p. lv.

［43］同上。

［44］参见 Mary Douglas，"The Healing Ritual"，Man，n. s.，5，no. 2（1970）：302 - 8。虽然这篇书评十分短小，却明确表达并解释了关于治疗与文化规范的关键问题。类似的问题在其他一些著作中被更为细致地讨论，并附有人种学及心理学数据，例如：Atwood D. Gains，*Ethnopsychiatry：The Cultural Construction of Professional and Folk Psychiatries*（Albany：State University of New York Press，1992）；Arthur Kleinman，*Patients and Healers In the Context of Culture：An Exploration of the Borderland between Anthropology，Medicine and Psychiatry*（Berkeley and Los Angels：University of California Press，1980）；*Rethinking Psychiatry：From Cultural Category to Personal Experience*（New York：Free Press；London：Collier Macmillan，1988），and *The Illness Narratives：Suffering，Healing，and the Human Condition*（New York：Basic，1988）；Arthur Kleinman and Byron Good，eds.，*Culture and Depression：Studies in the Anthropology and Cross-cultural Psychiatry of Affect and Disorder*（Berkley and Los Angeles：University of California Press，1985）；Anthony Marsella and Geoffrey White，*Cultural Conceptions of Mental Health and Therapy*（Dordrecht：D. Reidel，1982）；Richard A. Shweder and Robert A. Levine，eds.，*Culture Theory：Essays on Mind，Self，and Emotion*，Social Science Research Council（U. s.）Committee on Social and Affective Development during Childhood［Cambridge（Cambridgeshire）and New York：Combridge University Press，1984］；James W. Stigler，Richard A. Shweder，and Gilbert H. Herdt，eds.，*Cultural Psychology：Essays on Comparative Human Development*，University of Chicago Committee on Human Development (Cambridge and New York：Cambridge University Press，1990)。

[45] C. G. Jung，"Zur Psychologie östlicher Meditation." 段落标注同德文重印本 *Zur Psychologie westlicher und östlicher Religion* (Zürich：Rascher Verlag，1963)，pp. 603 - 21 (§§908 - 48)，及哈尔的英译本，题为 "The Psychology of Eastern Meditation," in CW，11，pp. 558 - 75 (§§908 - 48)。这篇论文最初以演讲的形式发表于东亚文化之友协会 (Gesellschaft der Freunde ostasiatischer Kultur)，演讲在 1943 年 3 月到 5 月分三次进行（分别于苏黎世、巴塞尔、伯尔尼），并于同年发表于 *Mitteilunen der Gesellschaft der Freunde ostasiatischer Kultur*，5：33 - 53。之后又以德文形式见于 C. G. Jung，*Symbolik des Geistes*：*Studien über psychische Phänomenologie*，mit einem Beitrag von Dr. phil. Riwkan Schärf (Zürich：Rascher Verlag，1948)，pp. 449 - 72（无段落号）。C. 鲍曼 (C. Baumann) 对本文的英文翻译也收录在 1948 年为纪念阿南达·K. 库马拉斯瓦米 (Ananda K. Coomaraswamy) 而出版的文集中，这一版本我未能参阅。

[46] 我没有仔细查阅他关于这一论题的其他著作，其中有一些也应接受细致的考察，但它们可用与这一文本类似的分析方式处理（事实上在这些论著中主题与措辞近乎逐字逐句的重复）。尽管如此，我们不能在无视其他著作的情况下着手处理这一论题，尤其是荣格具有开创意义的 "Commentary on *The Secret of the Golden Flower*" (first published in German in Munich，1929；1st English edition，1938；rev. ed.，1962；CW，13，pp. 1 - 56)。相关材料可从荣格那五年间的其他文章中选择："Psychological Commentary on *The Tibetan Book of the Dead*" (first published in German，1935；first English version，Oxford，1957；CW，11，pp. 509 - 26)；"Yoga and the West" ［作为第三部分发表于罗摩克里希纳百年诞辰纪念专刊 *Prabuddha Bharata* (1936)，CW，11，pp. 529 - 37］；标题鲜明的论文 "The Dreamlike World of India," *Asia* 39，no. 1 (1939)：5 - 8，CW，10，§ 981 - 1001；"What India Can Teach Us" (1939)；"Psychological Commentary on *The Book of the Great Liberation*" (1939/54)；Suzuki, *Introduction to Zen Buddhism* 的前言（最初以德文形式作为齐默尔的德译本的前言发表，1939；1st English ed.，1949；CW，11，pp. 538 - 57)。这些短文之后是

"The Psychology of Eastern Meditation"（Zur Psychologie östlicher Meditation）（1943/63）；荣格给海因里希·齐默尔的 *Der Weg zum Selbst*：*Lehre und Leben des indischen Heiligen Shri Ramana Maharshi aus Tiruvan namalai*（Zürich：Rascher Verlag，1944），作的序言标题为 "The Holy Men of India"。这些文章中约有一半是作为一些最受欢迎并最具影响力的，由欧洲或亚洲作者所写的关于亚洲宗教的著作的英文译本的序言而发表的。因此这些文章的体裁给予了荣格本人除此之外无法拥有的宗教和亚洲的评论权和资格，也赋予了他对西方的东方学家一类读者的影响力。在一种迷人的共生关系中，荣格心理学乘着西方迷恋东方之势而起，而东方亦乘着西方人对心理学的兴趣的高涨而得到更高的地位，尤其是被视为宗教的替代品并相信自身将完全被科学证实的心理学（具有讽刺意味的是，荣格本人也曾提及这一转变）。

[47] 该书仅存唯一的中文版本《观无量寿经》。日本佛学研究先驱高楠顺次郎（Junjirō Takakusu）的译本见于 Friedrich Max Müller ed.，E. B. Cowell，Friedrich Max Müller，and Junjirō Takakusu，trans.，*Buddhist Mahāyāna Texts*，The Sacred Books of the East，49［Oxford：Clarendon，1894；reprint，Delhi：Motilal Banarsidass，1965，1968（作为重印的整系列的"东方圣典"丛书中的一部分）；New York：Dover，1969（作为 *Buddhist Mahāyāna Texts*，ed. E. B. Cowerll et al. 单独一卷出版）]。高楠将他所翻译的中文原本的题目称为 *Amitāyur-dhyāna-sūtra*：*The Sutra of the Meditation on Amitāyus*。

[48] Jung，"Psychology of Eastern Meditation"（Psychologie östlicher Meditation）（1943/63），§908.

[49] 同上。齐默尔亦同样假设东方与西方之间的裂缝应借由某种形式的心理学理解来弥补［Heinrich（Robert）Zimmer，*Kunstform und Yoga im indischen Kultbild*（Berlin：Frankfurter Verlagas-Anstalt AG，1926），pp. 7 - 8；reprint，with a preface by Friedrich Wilhelm（Frankfurt am Main：Suhrkamp Verlag，1976）；English trans. and G. Chapple and J. B. Lawson，in collaboration with J. M. McNight，*Artistic Form and Yoga in the Sacred Images of India*（Princeton，N. J.：Princeton University Press，1984）]。他的

243 著作很可能启发荣格想到首先为欧洲人所想象的（一个同质的东方与一个同质的西方）两种文化领域的不同可由"观物与观心"（äuβeres Sehen und inneres Schauen）（Zimmer，*Kunstform und Yoga*，pp. 45ff.）间的对比来概括。齐默尔花费了大量精力来解释为何"观物"看上去确实存在于印度文化中，方法则是假定并试图证明印度的艺术形式是一种内心或冥想模式的映射（"das innere Schaubild"；Zimmer，*Kunstform und Yoga*，pp. 29 ff.）。这一假说为荣格全盘接受，并在齐默尔"印度的各种宗教图像是且仅是冥想图"（"Das Kultbild is ein yantra und nur ein yantra"；Zimmer，*Kunstform und Yoga*，p. 31）的明确表述中找到了臻于极致的表达——西方创造艺术，印度创造瑜伽的宗教图像。关于齐默尔本人的思想发展和文化根源，参见 Margaret H. Case，ed.，*Heinrich Zimmer*：*Coming into His Own*（Princeton，N. J.：Princeton University Press，1994）。齐默尔和荣格（尤其是荣格）对印度所进行的区分内与外的相对评估过程无疑是源自西方，尤其是基督教思想的。最近对西方"内向性"的历史回顾，见 Charles Taylor，*Sources of the Self*：*The Making of the Modern Identity*（Cambridge，Mass.：Harvard University Press，1989）。这种将人类经验的评估过程倒转（以使内向性代表撤退与自我中心性，使外向性代表生活的肯定与理性）的行为，是一种对灵性与感官不可见的内部之光的含蓄的否定——它肯定了积极的科学，并反对了信仰和冥想式的灵性。这一倒转被其"作为疾病分类学一类的据称缺乏道德与精神判断的自恋"（注意，并非"自负"）的外表进一步强化。此外，内外经验的区别从哲学和历史角度来讲都很成问题，并且已然成为心灵哲学辩论的对象。

[50] Jung，"Psychology of Eastern Meditation"（Psychologie östlicher Meditation）（1943/63），§ 908.

[51] "古怪"（bizarre）一词本身从词源学上看极为有趣。在英语中它的意思是"非传统的、怪异的"，通常指极度反传统的表现或装扮，并通常与荒唐和怪诞不经相联系。这个词似乎是来自法语或意大利语，它在这两种语言中同样表示"奇怪"的意思。然而它却是由西班牙语 bizarro 变形而来，原意为"勇敢的、英勇无畏的"（它的西班牙语词源本身很可能来自巴斯克语 bizar，意为作为男子汉气概和尊严的标志的胡须）。那些在西班牙人看来即

使不是气派的也是英勇无畏的、勇敢的表现，在法国人和英国人看来无疑是怪异的！……在荣格看来，或许正和卡塔卡利的舞的优雅既是次人一等的又是超人的是一个道理！

［52］Jung，"Psychology of Eastern Meditation"（Psychologie östlicher Meditation）（1943/63），§909.

［53］Jung，"Psychology of Eastern Meditation"（Psychologie östlicher Meditation）（1943/63），§911. 参照荣格如何微妙地嘲笑他的印度教的消息提供者的过分拘谨，见 Jung and Jaffé，*Memories，Dreams，Reflections*（1961/73），p.278。

244

［54］Jung，"Psychology of Eastern Meditation"（Psychologie östlicher Meditation）（1943/63），§911；Jung and Jaffé，*Memones，Dreams，Reflections*（1961/73），p.276.

［55］Versenkung，如同英文"全神贯注"（absorption）与"失神"（trance），是西方神秘主义和灵性主义的概念，绝非来自印度。至少在佛教冥想理论中，沉潜之心是压抑或迟缓的（lina-citta），并受困于一种所谓的冥想的缺陷。在《东方冥想的心理学》（Psychologie östlicher Meditation，1943/63，§911）中，荣格将所谓的西方高祭坛与他设想中的"古代印度庙宇"（alten indischen Tempeln）作对比，后者有着沉入地下2～3米深的神坛并被推定为与冥想（dhyāna）具有相同来源和功能。他将后一个术语注释为"Meditation und Versenkung"，荣格指的或许是在印度教寺庙中时不时存在的地下室。我的同事马达夫·德什潘德（Madhav Deshpande）（电子交流，August 15，1993）向我描述了位于浦那市郊区的一座象头神（Genesh）庙宇地下的一个这样的房间。我自己并未亲见这样的房间，但那环绕着比睿山（Mount Hiei）延历寺（Enrakuji）的神坛的下陷的地板在我脑海中闪现。

［56］Jung，"Psychology of Eastern Meditation"（Psychologie östlicher Meditation）（1943/63），§911.

［57］值得注意的是，荣格辩白说对印度文明的理想化并非他一人所为，而是部分地反映了他从消息提供者那里受到的影响。于是荣格被引导着去相信每个印度的住宅都有一个专供冥想的房间，他还将这个主意带回了他在瑞士的家。

[58] Jung,"Psychology of Eastern Meditation"(Psychologie östlicher Meditation)(1943/63),§912.

[59] 见上文注[47]。在数目浩繁的高楠版译文的翻印本中,我参考了 Müller, ed., and Cowell et al., trans., *Buddhist Mahāyāna Texts*。最近的一部翻译是 Meiji Yamada et al., *The Sūtra of Contemplation on the Buddha of Immeasurable Life*,trans. and annotated by the Ryukoku University Translation Center,under the direction of Meiji Yamada(Kyoto:Ryukoku University,1984)。同样还有许多中文原文的印本。我所用的文本(此后缩写为 MS)印于 *Collected Sacred Texts of Pure Land Buddhism*(Shinshū seikyō zensho)(Kyoto,1941)的第一卷;出处按这一版本的页码标注,但为英语读者方便起见,随后也附有高楠的英译本的段落号。我对文本的种种变体或因净土宗内部解经传统的不同而导致的诠释不同不作任何评判——尽管这很吸引人。

[60] Kōtatasu Fujita,"The Textual Origins of the *Kuan Wu-liang-shou ching*:A Canonical Scripture of Pure Land Buddhism," in *Chinese Buddhist Apocrypha*,ed. Robert E. Buswell,Jr. (Honolulu:University of Hawaii Press,1990),pp. 149 – 73.

[61] 严格地说,此处用"伪造"(apocryphal)一词不够精当。"次经"(pseudepigrapha)一词或许更为确切些,尽管它本身仍有一些问题。

[62] 中文的"观"("看,仔细地看")这个词在非术语的中文中,意为观看与观察的行为与相应的效果,也就是说是看这个动作的未完成体或进行体。在宗教文献中,这个词有多种用法,从对宗教真理、物件或图像的仔细观察或考察到沉思和观想,然而也同样可指种种看到神灵显灵的体验。这些看到神灵显灵的体验常常被称作三昧,这一术语同样表示"心的彻底的平静与集中"。于是,那些描绘了惊人的幻象(比如净土)的文本总是在暗示只有那些有着极为深刻的心理集中力或专心程度的人才能看到这些幻象。尽管缺乏理解"观"这一术语的背景与专业含义的能力,荣格还是抓住了这一暗示。

[63] 无论是文本本身还是高楠都未就"冥想"的话题作讨论。这一术语或许只是高楠在翻译中文的"观"一词时,试图将其追溯到某个"梵文的

原词"的结果，而这次尝试并不是那么恰当。

［64］Jung，"Psychology of Eastern Meditation"（Psychologie östlicher Meditation）（1943/63），§912.

［65］同上。

［66］MS，p. 50；Takakusu§5.

［67］MS，p. 60；Takakusu§32.

［68］Keigo Okonogi，*Nipponjin no Ajase-konpurekkusu*（Tokyo：Chūōkōronsha，1982），and *Edipusu to Ajase*（Tokyo：Aonisha，1991）. 克莱茵式的（Kleinian）解释也同样适用于该故事，同时我们也不难将它与青少年心理学联系起来。当然，西方与日本的恋亲冲突间的文化差异问题不同于对俄狄浦斯及阿阇世故事的心理学意义和应用问题。同样具有参考价值的是马丁·斯坦顿（Martin Stanton）针对俄狄浦斯式恋母情结理论的女权主义批评所作的有用且简练的讨论，以及他附上的参考书目［Elizabeth Wright，*Feminism and Psychoanalysis：A Critical Dictionary*，advisory ed. Dianne Chisholm，Juliet Flower MacCannell，and Margaret Whitford（Oxford：Blackwell，1992），pp. 290 - 96］。我的朋友伯克利东本愿寺的今井亮德（Imai Akinori）住持向我介绍了小此木的著作。今井住持既是一位成就非凡的教牧顾问，又是一位荣格心理学的忠实读者。

［69］荣格对净土宗思想草率大意的处理令人困惑不安。他甚至提到了圣餐会："值得注意的一点是，在阿弥陀佛的崇拜中，存在着一种以面包作为牺牲的圣餐会。"参见 Jung，"Psychology of Eastern Meditation"（Psychologie östlicher Meditation）（1943/63），§912.

［70］Ibid. ，§933.

［71］同上。

［72］Ibid. ，§934.

［73］这两部《阿弥陀经》由穆勒（Müller）翻译，见 Müller，ed. ，and Cowell at al. ，trans. ，*Buddhist Mahāyāna Texts*。也见上文注［47］。

［74］Jung，"Psychology of Eastern Meditation"（Psychologie östlicher Meditation）（1943/63），§935.

［75］同上。

［76］同上。

［77］尽管我认为这是一种合理的解释，但我并不认为该文本只能被理解为瑜伽修习手册。我更倾向于将它理解为一种文本类型的一部分，在这类文本中，已知的冥想方式被用来为进行宗教仪轨之文学想象提供权威性的借口与根据。换言之，该文本将瑜伽式的觉悟的权威主题作为其乐土之幻境的无妄、真实或权威的基础。不用说，之后的中国传统将这部经典的冥想主题作为冥想的对象。我想说的是，这部经文亦可被解读为关于佛教文学想象、宗教信仰程度及来世论佛教的综合体系的一部分。

［78］MS, p. 58；Takakusu § 18.

［79］MS, p. 65；Takakusu § 30.

［80］我不能肯定高楠所译的 lapis lazuli（中文"琉璃"）一词就是指日本传统中的天青石。它也许是某种形式的绿宝石、绿玉或金绿宝石。

［81］MS, p. 52；Takakusu § 10.

［82］MS, pp. 52, 53, 53 - 54；Takakusu § § 10, 12, 13.

［83］MS, pp. 56 - 57；Takakusu § 18.

［84］MS, pp. 57 - 58；Takakusu § 18.

［85］例如，MS, p. 59；Takakusu § 18。

［86］MS, p. 60；Takakusu § 82ff.

［87］Jung, "Psychology of Eastern Meditation"（Psychologie östlicher Meditation）（1943/63），§ 926.

［88］MS, p. 65；Takakusu § 30.

［89］Jung, "Psychology of Eastern Meditation"（Psychologie östlicher Meditation）（1943/63），§ 936.

［90］我们应该注意，即使我们承认将我们视自然界为母系的观念与印度神祇的概念等同是恰当的，作为母系意象的神的概念并未以任何形式出现在构成此经背景的宗教传统中。荣格经常使用"自然"一词，但他似乎并没有意识到这一概念的文化具体性，例如他曾说的"（印度人）希望从自然中解脱出来"［Jung and Jaffé, *Memories*, *Dreams*, *Reflections*（1961/73），p. 276］。这个词被早期印度学家不恰当地用来作为梵语"本相"的等价概念。

[91] 马里奥·雅各比（Mario Jacoby）［*The Longing for Paradise*：*Psychological Perspectives on an Archetype*，trans. from the German by Myron B. Gubitz（Boston：Sigo，1985）］在他将荣格心理学发展到对乐土的信仰的解释前，他对理解这一信仰的尝试要更为合理。不幸的是，雅各比并未考虑亚洲的净土概念。另一不同的由荣格理论透视乐土信仰的角度（但并未将之归为乐土的意义问题），可参见 Peter Bishop，"Jung，Pure Land Buddhism and Psychological Faith,"*Eastern Buddhist* 22，no. 2（1989）：1 - 13。

[92] Jung，"Psychology of Eastern Meditation"（Psychologie östlicher Meditation）（1943/63），§940. 不用说，印度与中国的经典冥想体系并不与任何形式的对内在人类心灵的凝视相关，亦即并非荣格在这里所说明的或是他在自我分析的年月里所修习的那种概念。这里没有提到无意识，而对梦与幻想的诠释标准亦不同于分析心理学的要求。荣格不是唯一的在理解一种陌生的宗教系统的基本语言和规则前尝试用心理学来简化它们的心理学家。出生和教育都远比荣格更接近印度的苏迪尔·卡卡（Sudhir Kakar）也还固守着精神分析的自由联想的过程与瑜伽的头几个阶段极为相似的观念。不过他承认在胜王瑜伽的最后阶段"将之与精神分析相比较已无可能"［Sudhir Kakar，*Shamans*，*Mystics and Doctors*：*A Psychological Inquiry into India and Its Healing Traditions*（Boston：Beacon，1982），p. 25］。

[93] Jung，"Psychology of Eastern Meditation"（Psychologie östlicher Meditation）（1943/63），§941.

[94] C. G. Jung，"Die Struktur der Seele," GW，8，1967［文章的扩大版首见于*Europäische Revue* 4（1928）］；英文翻译见 CW，8，1960，§342。参照 Jung，*Psychologische Typen*（*Psychological Types*）（1921/60），p. 525f.，§915ff；CW，6，§837ff。

[95] 烦恼并不是纯粹、简单的激情，更不是冲动和本能，而是一种态度与先入之见，它们介于憎恶与误解的想法与认知方法之间。传统瑜伽的定义，见*Yogasūtra*，2：3 - 13。

[96] MS，p. 50；Takakusu §5.

[97] Jung，"Psychology of Eastern Meditation"（Psychologie östlicher Meditation）（1943/63），§941.

[98] Ibid.，§945.

[99] 荣格曾在别处更为强烈地表达了相同观点，其言辞之激烈以至于我们只能将之理解为一种对他自己所构想的印度、瑜伽和佛教的控诉（虽然对佛教的控诉不那么明显），见 Jung and Jaffé, *Memories*, *Dreams*, *Reflections* (1961/73)，pp. 276 - 77. 在这里，讨论"西方"或"东方"对烦恼的评估当然在很大程度上是没有实际意义的，因为《冥想之经》并未用到这个词。然而人们不得不好奇，当一个术语的范围和细节未得到正确理解时，比较两种文化的评估的不同究竟能得到多大的成果呢？

[100] Jung，"Psychology of Eastern Meditation" (Psychologie östlicher Meditation) (1943/63), §945.

[101] Jung，"Psychology of Eastern Meditation" (Psychologie östlicher Meditation) (1943/63), §948.

[102] 尽管这篇论文创作并发表于1943年，即第二次世界大战期间，当时连瑞士与纳粹德国的军事和外交往来也陷入困难，荣格仍未提及这场战争和卍字饰作为纳粹符号的身份。如果在这一时点上他已经开始对纳粹的政策和行动持比较强的保留意见，我很难相信他会认为自己关于卍字饰的符号意义的理论不存在任何问题。说得好听一点，他出于对未来后果的恐惧选择了放弃这一论题；说得难听一点，他还没有意识到他早年对纳粹恐怖行为的"暂缓的判断"是错误的。

[103] Jung，"Psychology of Eastern Meditation" (Psychologie östlicher Meditation) (1943/63), §948.

[104] Radmila Moacanin, *Jung's Psychology and Tibetan Buddhism*：*Western and Eastern Paths to the Heart* (London：Wisdom Publications, 1986).

[105] Ibid.，p. 96.

[106] Ibid.，p. 97. 在此处以及接下来的引用中，我用斜体①表示出那些表现出权威语态和明显的语态变化的表述。我邀请我的读者也这样处理我的这篇论文，以享用并批评我将荣格的语态穿插在印度的语态中的写法。当

---

① 即书中黑体。——译者注

然，我主要是想就方法论稍稍狡辩一下："穿插的"语态不等于"混杂的"或"确定的"语态。

［107］Ibid. ，p. 98.

［108］Ibid. ，p. 99. 莫阿卡宁在这里引用的这段文字来自荣格的 *Two Essays on Analytical Psychology*，CW，7，p. 226。关于类似的对荣格内省理论的讨论，参见 J. Marvin Spiegelman and Mokusen Miyuki，*Buddhism and Jungian Psychology* （Phoenix，Ariz.：Falcon，1985）。

［109］Moacanin，*Jung's Psychology and Tibetan Buddhism*，p. 99. 这里莫阿卡宁应该指的是《对〈西藏大解脱经〉的心理学评论》。但文中荣格的种种说法已超出道德责任问题的范围；这些说法既继承了较早的"Psychologie östlicher Meditation"中的犹豫，同时也显示出了明显的疏离态度，并同样为荣格心理学的语态和那些难懂的黑话提供了权威性，这种权威使荣格可以站在一个比瑜伽更高的位置发言。问题涉及的段落（"Psychological Commentary on *The Book of the Great Liberation*"，1939/54，pp. lv-lvi；CW，11，§§802-3）如下：

> 假如一个欧洲人能彻头彻尾地改变自己，像一个东方人一样生活，并接受这一过程可能带来的一切相关的社会、道德、宗教、思维和审美责任，那么，*他*也许可以从这些教义中受益。但你不可能同时既是一个好的基督教徒（不管是在信仰、道德或是理智意义上），而又同时修习真正的瑜伽：在看过众多的实例之后，我对这一点表示极度怀疑。麻烦在于，西方人无法像抹去近程（Short-Legged）的回忆那样抹杀掉他的历史……如果你能忍受安坐于菩提树下羚羊皮上，或于寺院中度过余生，不受政治骚扰，安全不受威胁，那么我会认为你的案例是有可能成立的。但如果我们是在谈论名流云集的伦敦梅费尔区或是纽约第五大道的瑜伽，或任何电话可以通达的地方，它不过是一种精神上的赝品而已。
>
> 若是将东方人的精神状态也考虑在内，我们自可认为这种教义是有效的。但除非有人想从世界飘然远去，永远遁入无意识之中，不然仅有教义是无效的，至少不能达到我们期待的效果。因此对立

249 面的联合是必要的，而借着超验机能以使外向和内向调和的艰巨任务就尤为必要。

人们可以就这段话发表种种长篇大论。我们在此只需提出一个疑惑就够了：为何荣格并没有对祈祷与斋戒做出相似的评论——这两种行为在西方的隐士与现代的俗家信徒中是极为普遍的。

[110] Moacanin, *Jung's Psychology and Tibetan Buddhism*，pp. 99 - 100. 比较荣格众多的相反论断，例如，前面注 [99] 和 [109] 中的引文。

[111] Jung and Jaffé, *Memories，Dreams，Reflections*（1961/73），pp. 274 - 75.

[112] Jung, "The Dreamlike World of India," CW，10，§ 988. 我不敢肯定我能理解荣格在这里所说的"心"（mind）和"身躯"（body）的确切含义，但我怀疑他在使用一种与他的印度之"形式"与"肉体"总是精神之象征这一主要论断相反的殖民式的刻板印象（"当地人"是"靠身体力量的"，"我们"是"靠智力的"）。我要说，讽刺的是，荣格竟然为那些印度文化中要求我们"过分地"撤回到"脑内世界"的方面所吸引。他也很享受这种指向抽象精神世界的撤回或自我封闭。这也部分地解释了为什么对他感兴趣的是人文学者而非实证科学家。

[113] Jung and Jaffé, *Memories，Dreams，Reflections*（1961/73），pp. 282 - 83.

[114] 参见上注 [46]。这段回忆的最后发生在贾菲抄写和编辑 *Erinnerungen Träume Gedanken von C. G. Jung* 第一版的日期，即 1961 年（见上注 [26]），也就是在这一年，荣格去世。

[115] Jung and Jaffé, *Memories，Dreams，Reflections*（1961/73），pp. 274 - 75.

[116] Jacques Lacan, *Écrits*，trans. Alan Sheridan（London：Tavistock，1977），pp. 1 - 7，83 - 86，307 f.

[117] 此语境中的"他者"（the Other）包括内在的他者，或那些不被看作自我的一部分并需要协调和修复的自我部分。关于这一观点的力作，见 R. K. Papadopoulos，"Jung and the Concept of the Other," in *Jung in Mod-*

ern Perspective，ed. R. K. Papadopoulos and G. S. Saayman（Hounslow，Middlesex：Wildwood House，1984）。然而我对这个问题的看法并不像帕帕多普洛斯（Papadopoulos）那样乐观，他在论文 88 页中断言："他者原型（概念的）的表述……（自我）结构的原则由于其开阔的文化和人文视角而被理解……这一表述亦被用来说明个体化的发展进程。因此荣格试图使他者分离出来，并得到认识的问题逐渐揭示了个体达至自我的整个辩证的进程。如同维特根斯坦的梯子，这种问题为早前的表述提供了必要的台阶；然而一旦攀爬至他者的问题，中心从自我（Ego）转变到本我（self）……这个梯子应被抽去，因为此时的中心已是本我，所有个性最终联合并形成整体，再没有任何问题存在，也没有任何'他者'。"

[118] C. G. Jung, "On the Discourses of the Buddha," publisher's prospectus for *Die Reden Gotamo Buddhos*，trans. K. E. Neumann（Zürich，1956），CW，18.

[119] Alvar Núñez Cabeza de Vaca，*Relación de los naufragios y Comentarios*，*de Alvar Núñez Cabeza de Vaca*，*ilustrados con varios documentos inéditos*，Colección de libros y documentos referentes a la historia de América，tomos 5-6（Madrid：V. Suárez，1906），1：78 - 83，107. 卡韦萨·德·巴卡的 *Los naufragios* 最初于 1542 年以 *La relacion que dio Aluar Nunez Cabeca de Vaca de lo acaescido en las indias*，*en la armada donde yua por gouernador Pamphilo de Narbaez*，*desde el ano de veynte y siete hasta al ano d'treynta y seys* 为标题出版于萨莫拉。第二版于 1555 年出版于巴利亚多利德，其中包括第二部著作《评论》（*Comentarios*）——一部就卡韦萨·德·巴卡在巴拉圭所进行的探险的叙述。之后这两部书经常以 *Relación des los naufragios y Comentarios* 为标题合印出版，但前一部 *Relación* 更多以 *Los naufragios* 知名。以两个姓中的第二个（例如卡韦萨·德·巴卡）来称呼作者是很普遍的做法，这对操西班牙语的人来说也是一样。此书有多部英文翻译，例如，*The Journey of Alvar Nunez Cabeza de Vaca and His Companions from Florida to the Pacific*，*1528 － 1536*（New York：Allerton Book Co.，1922）。该版本为范尼·班德利尔（Fanny Bandelier）根据巴卡本人叙述翻译，同时附有尼斯的马科斯（Marcos）神父的报告和门多萨总督的信

件，由阿道夫·班德利尔（Ad. F. Bandelier）编辑并作序。这一译本最近多见于 *The Narrative of Alvar Nunez Cabeza de Vaca*（Barre，Mass.：Printed for the Imprint Society，1972），该版本由范尼·班德利尔翻译，约翰·弗朗西斯·巴农（John Francis Bannon）作序，Michael McCurdy 整理，附有奥维多（Oviedo）版已佚的圣多明哥的西班牙政府的联合报告，由杰拉德·泰森（Gerald Theison）翻译。

拜倒在喇嘛脚下的外国人

唐纳德·S. 洛佩兹（Donald S. Lopez, Jr.）

李梦妍 孙鹏浩 译　梁珏 张凌晖 校

> 当试图拍摄害羞的当地人时，最好掩盖这个事实：真正的镜头正对着他们。一个装在相机侧面并与当地人成直角的假镜头，会使他们觉得自己是安全的，而真正的镜头被手掩盖着，直到最后一刻。
>
> ——《人类学的记录与询问》（*Notes and Queries on Anthropology*，1929）

本文将会在探求东方学家和喇嘛的关系中思考最后时刻的急迫感、对当地人视而不见但暗中观察其场所的急迫感和控制表述的急迫感。我对于"东方学家"这个词的定位，在浅显的意义上，把它当作研究东方的专家，然而我也认识到，萨义德在他评论的文章中引出该词拥有更为深刻的内涵是毋庸置疑的。这些内涵与藏传佛教研究学者产生共鸣，而藏传佛教在 20 世纪后半期才在西方学界中取得正式的学术地位。这一地位的获得很大程度上受了中国人驻和管理西藏（1950 年开始）的影响，这影响加速了已经十分急迫的任务：保护传统的西藏文化，以及保护被视为西藏最宝贵遗产的藏传佛教——在其消失之前。这一任务已经有一大部分被这一代西方藏传佛教研究者所承担，他们的保护方案，由于下面将要探讨的原因，使他们与流亡的喇嘛建立了关系，而流亡的喇嘛被看作濒危文献的本土保护者。

252　　　这里将要探讨的正是这个关系，一个明显具有双重矛盾情绪的关系。因为当代西方藏传佛教学者是萨义德所描述的东方学遗产的继承人，那是一份以怀旧的渴望和一种厌恶为特点的东方学遗产。佛教研究像它的先辈印度学一样，很大程度上是一种藏书家的传统（bibliophilic tradition）：首先关注源于古典时代的文本的收集、校订和翻译，而这个古典时代经常是定义不明的，它的流动边界只把现代排除在外。欧洲（和之后的美国）的东方学家坚信不疑：古典时代已经一去不复返了，给他们留下了保存和照料通常以文本和艺术品形式出现的古典时代的文化遗产的任务；现代亚洲人允许古典时代流向忘却的边缘，因此他们失去了对于遗产的所有权。这些权利几乎一直是通过殖民占领的过程被让渡给东方学学院的。因而，人们看待东方的过去，是以怀旧之情，而对它的现在，则以轻蔑的眼光。

　　　这些情绪在涉及西藏时，很大程度仍在发挥作用，但是带着更深的意识形态的外壳，这些外壳很多来自西藏从未受到西方势力的直接殖民占领的事实。因此，西藏变成了欧洲人渴望和幻想的独特焦点。相似的怀旧和厌恶当然存在，因为西藏作为保存散佚的梵文写本和在时间的摧残中保留下来的精确的藏文译本的贮藏所一直被垂涎三尺。同时，随着欧洲对"原始佛教"的构建，处于西藏外围的欧洲旅行者和殖民官员所看到的修行被认为是对佛陀理性教义的令人厌恶的污染。佛教的理性教义受到鬼神崇拜和僧侣政治（sacerdotalism）的污染，以至于它们根本不再能够被准确地称为"佛教"，而变成了"喇嘛教"。

　　　但是持续于19世纪和20世纪的是另外一个幻想：不仅仅看见了保存在西藏的文本，而且看见了藏传佛教文化自身作为一个存在于时间之外的实体，把它自己的永恒的古典时代放在了高高的喜马拉雅要塞塔中。现在这个永恒的文化处在巨大的危险之中，有这样一种担心：暴露在时间中会使它的内涵枯萎，就像敢于离开香格里拉的人的躯体一样。因此，似乎特别需要保护被粗鲁地带到历史中的西藏文化，这是一个过于重要的任务以至于不能单独交给流亡的喇嘛。下面我将思考意识形态的交汇（部分地通过对于我在20世纪70年代末作为研究生所做的"野外考查"的思考），正是它导致了这个

253　　表面上独一无二的必要性被反复重申。为了表明对于了解西藏的急迫感，已有相当长的历史，我将通过展示一些它的历史进程中的重要时刻来开始这篇

文章。呈现一段西方藏传佛教研究的历史并非我的目的，我更愿意顺便留意一些西方人处在喇嘛面前的象征性的时刻，有时站着，有时坐着，当代藏传佛教的研究者是这些象征性时刻的不可避免的继承人。

伊波利托·德西德里（Ippolito Desideri）

第一个在拉萨定居的天主教会牧师似乎是于 1716 年 3 月 28 日到达的耶稣会（Jesuit）牧师伊波利托·德西德里。他在那里停留了五年直到收到来自罗马的命令：西藏传教区从耶稣会的管辖中除去，并且交给嘉布遣会（the Capuchins）。[1] 在他返回意大利的旅途中，他开始写作《西藏历史记录》（Notizie Istoriche del Thibet），一部有关他在西藏旅行以及西藏宗教和文化的记述。[2] 这是一部充满传教激情的著作。他在前言中写道，西藏的"宗教，建立在毕达哥拉斯体系上，与其他任何一个宗教如此完全不同，以至于应该被了解以便遭受质疑。我自以为这些记录会引起有学问的人驳斥这个由迷信的错误构成的新混合物，并且鼓励一些人去帮助那个国家"[3]。然而，这也是 20 世纪之前欧洲人关于藏传佛教教义所作的最系统、最详细的记述。

尽管他的公开的动机是驳斥西藏人的错误宗教并且引导他们通向真正的信仰，但是德西德里享受拉藏汗（Lha bzang Khan）的资助和友谊。拉藏汗是和硕特（Khoshuud）蒙古部落的首领并且自称西藏之王（King of Tibet）。1717 年夏天，德西德里获得许可居住在拥有约 5 000 僧侣并且是当时格鲁派"三大寺"之一的色拉寺。有很多关于他在色拉寺学习的问题仍要被继续探讨，尤其是色拉寺对于他创作伟大著作的重要性。这部藏文著作有 500 多页，名为《关于轮回和空性的观念问题——由白头喇嘛伊波利托献给西藏学者》（Questions on the Views of Rebirth and Emptiness, Offered by the White-headed Lama Called Ippolito to the Scholars of Tibet）。[4] 这里我们要暂停一下，先来思考出自《西藏历史记录》的关于他在色拉寺学习状况的一段文字：

> 我偶尔参加他们的公开辩论，尤其是我全身心投入学习中并且真
> 的试图明白那些最深奥的、最微妙的、最错综复杂的被他们称作

254

Tongba-gni 或者空（vacuum）的论述。这些论述不是基于一种物质的或哲学的意义，而是基于一种神秘的、智慧的意义；他们真正的目的是排除和彻底否定任何非创造的和独立存在的个体，从而有效地废除任何上帝的观念。当我开始学习这些论述时，被任命为我的上师（Master）的学者（doctor）宣称他不能解释这些论述或者不能使我明白它们。考虑到这只是阻止我获得关于此问题的任何真正知识的借口，我反复请求他解释我在没有帮助的情况下无法理解的内容。看到我决不会相信他没有能力，以及像他说的一样，只有一些领袖和最博学的喇嘛能够教我，他给我带来了其他的老师，并且宣称如果我找到任何一个能够阐明这些复杂的、深奥的问题的人，他将会非常高兴。事实上，我们两人都找了几个非常有威望的上师和学者，他们都给了我同样的答案。然而，我决定试图找到包含在这些论述中的真正含义，看到人类的帮助没有效果，我向上帝，光明之父祈祷。我只是为了上帝的光辉从事这项工作，我又一次全身心投入到单独的学习中。但是，我没有发现任何东西。又一次，我最认真地阅读，但仍是同样的结果。然而，我相信"功夫不负有心人"（labor improbus omnia vincit），我重新鼓起勇气从头开始。我仔细思考每一个单词，但是仍徒劳无益。简要来说，我继续着我的工作直到乌云被一道微弱的光刺透。这唤起了我最后能够沐浴光明的希望。我读，反复读，并且钻研，感谢上帝，我不仅明白并且完全掌握了（一切荣耀归上帝）所有微妙的、复杂的、深奥的问题。这些问题对我如此必要和重要，以至于我必须了解。[5]

255

德西德里似乎已经总结出，如果他打算使西藏人皈依天主教，他必须驳斥他们声称是最精深的哲学宗旨——空性（śū-nyatā, stong pa nyid）教义。但是为了驳斥它，他必须首先理解它。他表现出迫切需要获得这种理解，仿佛他的使命的所有成功都依赖它，并且将被它阻碍，直到获得这种理解。然而，为了获得理解，他发现自己在西藏寺院的学者面前处于一个矛盾的地位：他无法驳斥他们，除非他理解了他们的教义，然而没有他们的帮助，他又不能理解他们的教义。就是说，他有他自己的急迫的日程，去追求那些没有他心中的对手的帮助就无法完成的事。欧洲人在喇嘛面前的这种矛盾将会在接下来的几个世纪中持续。

德西德里最初因色拉寺的格西（dge bshes，西藏寺庙学院的最高学位）不愿意向他解释空性教义而受阻。考虑到格鲁派经院哲学的传统，及其拥有的讨论终极（ultimate）的专业词汇，他们口中的爱莫能助看起来高度可疑，所以必须寻找其他的动机。在格西们所守的菩萨戒中可以找到一个经文上的动机，其中他们被禁止"向未受训练者传授空性学说"（ma sbyangs stong nyid bstan），这通常被解释为，空性学说不应该传授给那些可能会受其惊吓的人。但是德西德里通过拉藏汗的命令被允许进入寺院，西藏人带着某种鄙夷的态度看待拉藏汗，因为他流放了第六世达赖喇嘛并且令他踏上前往清廷的致命之旅。拉藏汗被推翻而且就在德西德里搬到色拉寺的那年被一个敌对的蒙古部落杀死。一个更实际的动机似乎是格西们想要阻止外来的辩论者——其赞助者夺取了达赖喇嘛的宝座——理解他们认为是最无懈可击的哲学立场。

迫于主人的勉强，德西德里诉诸自己的神并最终获得回报。然而，值得注意的是，这里关于发现他所使用的措辞（rhetoric of discovery）可能没有反映他自己的"体验"而可能只是来自一部他的主人所提供的关于空性的著作。这是某种处理方法的一个早期例子，通过这种处理方法，东方学家的修辞由他的"主题"修辞所塑造。这部著作名为《缘起颂》（rTen 'brel stod pa），一部空性教义的赞歌，由格鲁派的"创始人"宗喀巴（Tsong kha pa，1357—1419）所造。在这部著作（并且通常被熟记）的结尾，宗喀巴写道：

> 那些无法理解教法之类的人们，像野草一样极为不安。当我察觉到这点，我跟随着学者尝试了多次，一遍又一遍寻求（了解）您（即佛陀）的意图。在学习过我们和其他派别的诸多文本之后，我的思想被一连串的疑惑所折磨。您预言，龙树（Nāgārjuna）诸多如茉莉花园般的文本将会阐释您的无上乘如何断离有与非有之边界。（这些文本）如同巨大的带有无瑕智慧的曼陀罗，无碍地穿过经文的天空，消灭有落边思维之心的黑暗，被吉祥月（candarkīrti）称如白色光环的流利解释照亮。当我通过我上师的仁慈意识到这点，我的心获得了

256

安宁。[6]

这里，与德西德里的描述一样，我们发现了对于极度困难的空性教义的绝望感以及理解它的冲动，一份与诸多大师学习大量文本后饱含真挚努力的报告。最后是一些通过神圣老师的恩典获得启发和理解的景象。

但是，德西德里神父的著作很快被忘记了，很大程度上是由于发生在庇护六世（Pius VI）和七世（Pius VII）统治下，1773 年至 1814 年对耶稣会的镇压所引起的耶稣会档案馆的混乱，直到 20 世纪它们才为人所知。1754 年，嘉布遣会在拉萨的传教活动停止了。1793 年，清朝皇帝下旨控制西藏与外邦的交流，以此关闭了边界。从那时起，直到现在，欧洲人与喇嘛的进一步关系一直处在边界地带。

亚历山大·乔玛·科罗施(Alexander Csoma de Kőrös)

与 18 世纪欧洲中产阶级以及随之而来的民族主义同时兴起的是对民族语言和文献不断增长的兴趣以及促进，并伴随着对拉丁语重视程度的减弱。同时，语文学假设语族和语系的存在，不断寻找所有语言产生的源头。这些趋势也触及到了匈牙利。但是匈牙利语不同于它的邻居，既不是日耳曼语或斯拉夫语，也不是罗曼语。学者推测匈牙利人和匈牙利语起源的共识是，关注东方，关注匈奴人和阿瓦尔人，可能还要关注土耳其人。一个有显著语言天赋的特兰西瓦尼亚人（Transylvanian）亚历山大·乔玛·科罗施（1784—1842）（据说他学了 17 种语言），把"找到我们祖国的不清晰的起源"当作他的任务。1819 年的下半年，他开始探索，于一年后到达德黑兰。根据他对阿拉伯语源的研究，他开始坚信，于今天塔里木盆地——当时叫作布哈拉（Bokhara）——的维吾尔部族中将会发现他祖先的古代家园。朝着这个目的地，他途经阿富汗和旁遮普，于 1822 年到达克什米尔。他又花了一年的时间在斯利那加（Srinaga）和拉达克（Ladakh）的首都列城（Leh）之间来回穿行，徒劳地寻找他能够加入的旅行队以前往叶尔羌（Yarkand）。正是在一次旅行中，他碰巧遇到一个独自沿着相反方向旅行的欧洲人。这就是威廉·穆尔克罗夫特博士（Dr. William Moorcroft），一位兽医，官方上担任"东印度公司上亚细亚（Upper Asia）使团马场的负责人",也是一位似乎充当了自封为英国政府间谍的探险家。他观察并汇报英属印度边界的喜马拉雅地区小邦国的政治形势,而且,如果可能,阻止它们与俄国（"大博弈"的早期参与者）之间可能进行的任何接触。[7]穆尔克罗夫特劝说乔玛延缓他对匈牙利语起源的探寻,以学习藏文,他写道:"获得语言知识自身并非不具有商业,或可能的政治价值。"[8]他们达成共识:乔玛在斯利那加自学一年藏文,之后在西藏用一年时间,便可学会藏文。

他于1823年6月到达拉达克,在穆尔克罗夫特推荐的一位喇嘛的指导下开始学习。乔玛在接下来的七年中在西藏西南边境的多个地方一直致力于这项事业,有时与喇嘛一起,有时一个人,"喇嘛的懒散和粗心令我失望"[9],有时有英国的薪水,有时没有财源。在这期间,他完成了他称之为他"对（印度的）（英国）政府的沉重义务",编写了一部藏英字典、一部藏语语法书和一部9世纪伟大的佛教术语摘要《翻译名义大集》（*Mahāvyutpatti*）的英文翻译。除了这些伟大的著作,就像马克斯·穆勒在1862年评论的那样,"这样一片宗教文献的丛林——我们会认为那对喇嘛们和达赖喇嘛们来说是最好的储藏所——即使对于一个能够徒步从匈牙利旅行到西藏的人来说,也太巨大了"[10]。1830年,他离开西藏前往加尔各答,在《孟加拉亚洲学会会刊》（*Journal of the Asiatic Society of Bengal*）[11]的赞助下发表了这些著作和大量关于藏传佛教文献的文章。在字典的前言中,他辛酸地写道:

> 尽管藏语的学习并没有构成作者最初计划的一部分,而是由天意带到西藏后才被建议的,因已故的穆尔克罗夫特先生的慷慨帮助,他得到了学习藏语文献的种类和起源是什么的机会,但是他愉快地从事着收集关于同一主题的更加可靠的信息,寄希望于这能够充当他的工具,以实现他当前的目标,也就是,他关于匈牙利人起源和匈牙利语的研究……在熟悉了藏文翻译中佛教著作的术语、精神和大致内容后,字典的作者很高兴地发现自己找到了一个进入整个梵文文献——最近已经成了整个欧洲学界非常喜爱的一门学问——的便捷途径。对于他自己的民族,他骄傲地宣布,将会比其他任何欧洲民族更加胜任梵文的研究。匈牙利人将会从梵文的研究中发现大

258

量的信息，关于匈牙利人的起源、礼仪、风俗和语言。因为梵文的结构（如同其他印度方言的结构）与匈牙利语最为相似，而与西方欧洲（occidental Europe）的语言结构非常不同。[12]

但是对梵文和孟加拉语的进一步研究使他确信他错了。1842 年，他从加尔各答出发向锡金行进，并打算途经拉萨到他推迟了很久的目的地——塔里木盆地。他因疟疾死于大吉岭。[13]

他与穆尔克罗夫特的巧遇推迟了他对自身的文化源头的寻找，但是导致了他从事可以派生不同种类的研究（如同研究的影响）。乔玛今天被称作"藏学之父"。甚至，为表彰他在发现藏传佛教中的贡献，1933 年日本大正大学（Taisho-University）官方认定乔玛为菩萨（bodhisattva）。[14]

如果我们在乔玛身上发现了关于西藏学术研究的最初时刻，他仍然是那种会被萨义德叫作"有天赋的业余爱好者"的人，他们不在欧洲的大学工作，而是在"野外"，本例中则是在西藏边境的不同地点，但是从未到过拉萨，似乎只有与一个喇嘛的勉强合作。由乔玛探寻匈牙利人起源所代表的民族主义利益，与由穆尔克罗夫特坚信藏语知识将确实有利于英国人所代表的帝国利益的一致，导致称作"藏学"的学科和专业的产生，因为到了 19 世纪中期，东方学研究的中心已经从东方转移到欧洲的大学。[15]

受过良好的希腊语和拉丁语训练的欧洲佛教学者，通过评估梵文和巴利文文献，创造了他们自己的"古典佛教"的版本，因为这些文献与创教者相对接近。[16]这些学者中极少数人在他们的职业生涯中曾经到亚洲旅行：那是不必要的，因为他们在他们的图书馆中拥有佛教。这有违于在文本上精心制作的古典印度佛教——如今已经适时地死去，因此无法辩驳欧洲人的认识：亚洲，斯里兰卡、中国和日本的佛教被判定是派生的、有缺陷的和堕落的，它们的信徒是不可靠的解释者、不足道的后代、佛陀崇高真理——现在已经传给欧洲学者——不合格的承担者。1793 年对廓尔喀的战争结束后，清朝皇帝乾隆下旨，官方上对外邦人关闭西藏——这个在地图上位于印度和中国的空白之地。不同于亚洲其他各地，西藏从未被置于欧洲殖民势力的统治之下（特别是在认识论的意义上）。然而，西藏在欧洲人的佛教创造中将会有它自己摇摆不定的处境。

🔵 奥斯汀·瓦德尔 (L. Austine Waddell)

奥斯汀·瓦德尔,又一个有天赋的业余爱好者,利用他从 1885 年到 1895 年作为一名英国官员在锡金的职权,收集了有关藏传佛教尤其是有关仪轨和大众信仰的大量信息。在这期间,他发表了《藏传佛教或曰喇嘛教》(*The Buddhism of Tibet, or Lamaism*)。在这部著作的前言中他写道,他能够获得如此大量的信息,是通过在大吉岭购买"一个喇嘛庙连同它的附属品"并且让仪轨师(officiants)向他解释他付钱让他们表演的仪轨。通过让锡金的僧侣和喇嘛们相信他正在实现阿弥陀佛的化身将会从西方到来这个预言,他能够进一步了解他们的"秘密"。[17]这个再现的对殖民征服者的描述,让人联想起柯蒂斯(Cortés)和库克船长(Captain Cook),使瓦德尔拥有对优越性的双重宣称:一方面,他是无量光佛的化身;另一方面,他比那些容易受骗的僧侣和喇嘛更明白,他不是。[18]因此,虽然他在西藏的边境度过了大部分生涯,渴望着进入拉萨那个中心地区,但他采取了既控制又轻视他的信息提供者的态度,而且通过使喇嘛们相信他最终是他们当中的一员来保证他的权威。带着西藏人对他的信任——通过喇嘛们接纳他进入神殿而得到保证,瓦德尔通过向他的欧洲观众吐露他的骗术保持与西藏人之间的距离。他对藏传佛教的权威是这样建立起来的:通过让西藏人相信他是一个佛教徒(甚至是佛),同时向他的欧洲读者保证他不是。[19]

260

不同于德西德里和乔玛,瓦德尔是在东方学家的事业正辉煌的时刻开始写作的。他并没有像他们一样,试图描述仍是巨大谜团的部分,努力获得一个藏传佛教的清晰、合理的图景。对于瓦德尔,图景是清晰的,他的措辞是理解式的,即把藏传佛教置于佛教历史的主要叙事(master narrative)中。尽管他仍是一个业余爱好者,但他继承了被欧洲专业的东方学家普遍接受的观点,即根据维多利亚时代的佛教历史观,藏传佛教显然被刻画成终点:在早期几个世纪的手足情谊后,印度佛教从一个没有任何迷信和仪式的理性的、不可知论的信仰起源,走上了一个无法阻挡的退化过程。随着大乘佛教的兴起,原始佛教的不可知论的理想主义和简单的道德观被"带有诡辩的虚无神秘主义(a mysticism of sophistic nihilism)的投机的有神论体系"所代替。然而,另一个退化随着瑜伽修行派的兴起而出现，由于仍不清楚的原因，瑜伽修行派被带着特别的反感看待。"而且这个瑜伽寄生虫，自身包含着密教的病菌，紧紧抓住它的寄主并且迅速发展它的巨大的分支，这些分支压碎并且祸害着大多数仍保留在大乘佛教中的纯正佛教血统的短暂生命。"[20] 如果这还不够，当原始佛教纯洁的本质在印度随着密教的兴起再一次被污染时，污染的进程仍在继续。

正是这仅有的原始佛教的影子，迟到地传入西藏，并在那里被进一步掺杂了西藏人的鬼神崇拜："喇嘛教崇拜（cult）由很多被我比较全面地描述为根深蒂固的鬼神崇拜所构成。因为喇嘛教仅仅被用佛教的象征符号体系浅薄地、不完美地粉饰一遍，在其下面，邪恶的多神论迷信秘密出现了。"[21] 对于瓦德尔，大部分藏传佛教的仪式是下贱的装模作样，并且藏传佛教文献"绝大部分是单调的语言荒漠和陈旧的垃圾，但是喇嘛们狂妄地相信所有的知识都锁在他们陈腐的经典中，除此之外，没有什么值得认真关注"[22]。喇嘛教因此处在从源头开始的长期污染和退化过程的最低点。[瓦德尔进行他的研究的同时还担任了大吉岭地区的卫生助理专员，并于 1898 年在《印度军队军医官科学论文集》（*Scientific Memoirs by Medical Officers of the Army of India*）发表了《毒蛇是自体中毒的吗？》（"Are Venomous Snakes Auto-toxic?"）。]

藏传佛教因此被瓦德尔看作东方学思想体系的一个复杂剧本（a complex play）中的双重他者：随着梵文和巴利文文本的发现和翻译，佛教被西方人当作浪漫东方学（认为欧洲的灵魂救赎在于东方的智慧）的他者（the other）而发明和控制。这个他者被称作"原始佛教"，在维多利亚时代被描绘成一个"理性的宗教"。西方佛学家成为"古典传统"的真正的、合法的保护者。藏传佛教于是被构建为这个他者（"原始佛教"）的他者。它不是理性宗教的产物而是印度文献传统退化（即大乘佛教和密教）的产物。因此，有一种力量的连接被用来创造退化的藏传佛教，或者更恰当地说，"喇嘛教"。就像很多在其之前和之后的人一样，瓦德尔把喇嘛教比成罗马的天主教，以作为进一步谴责的策略。在谴责中，"喇嘛教"变成"教皇制度"的替代品。已经丢失了原始佛教精神的西藏人，现在正在僧侣政治的压迫下以及僧侣的剥削下遭受痛苦，这些是英格兰早已摆脱掉的。但是这并不是一个简单类比：巴利文佛教对于藏传佛教如同英国国教对于罗马天主教。它更是一条策略：贬低遥远的尚未被征服的他者，又通过把它与附近早已被征服的他者比较，通过把它们与英格兰的过去和现在的欧洲对手和爱尔兰属国贬为一类而征服了这二者。[23]

我们在瓦德尔身上发现了一种中心—边缘话语的混合、表面和本质隐喻的混合、起源和进化的混合。有时佛教仅仅是一个被粗鲁地置于西藏鬼神崇拜之上的虚饰。在别处，原始佛教的本质隐秘地存在于西藏偶像崇拜的层累之下。几乎没有这样的时刻：瓦德尔承认佛教对西藏人文明化产生的影响。"有些令人满意的是，"他写道，"发现很多上层喇嘛表现出许多原初体系的精神。"尽管他有明显的轻视，但是瓦德尔相信在西藏有一些由异教徒们所拥有的东西，这些东西还不是他的，也不仅仅是他的，尽管他比其他任何欧洲人都拥有得多。对他来说，西藏的佛教仍然保存了"大量佛陀亲自教授的体系中更崇高的哲学和伦理学。喇嘛们有打开大量佛陀教义的意义的钥匙，这对欧洲人来说几乎无法获得"[24]。

这种内心的困扰在他渴望到达拉萨的迫不及待中显而易见。在《藏传佛教或曰喇嘛教》（*The Buddhism of Tibet，or Lamaism*），一本比荣赫鹏的远征早十年的考察锡金大部分地区的书的前言中，他叙述了他写这本书的资格："作为为数不多的已经进入大喇嘛（Grand Lama）领土的欧洲人，我花了几年的时间学习由喇嘛教的僧侣解释的该教的现状，为了这个目的，在最接近拉萨的地方我能感受到这座圣城的脉搏在当地居民的大型社区中跳动，很多当地居民在 10 天或 12 天前才离开拉萨。"[25] 瓦德尔曾于 1892 年试图伪装成西藏朝圣者，带着藏在他的转经筒里的勘测工具进入拉萨，但是被挡回了。1904 年，他终于到达了禁城，不用再伪装成一个佛教朝圣者，也不用假装成阿弥陀佛的化身，而是穿着英国上校的制服。他是荣赫鹏远征军中的首席医学官员，在达成他得到一份与英国的贸易协定的目的之前，这支远征军至少造成了 1 000 名西藏人死亡。在 1905 年出版的《拉萨及其奥秘》（*Lhasa and Its Mysteries*）中，瓦德尔对这次战争进行了长长的叙述，还忍不住添加了一份附录，其中他列举了最近其他欧洲旅行者距离这座圣城还有多远〔柔克义（Rockhill），110 英里；保尔上尉（Captian Bower），200 英里；泰勒小姐（Miss A. Taylor），12 天的行程〕，当然这暗示着，不同于他们，他已经到达了他的目的地。

在这里，我们看到了出自顶层和底层之间关系的游戏。在这场游戏中，等级中的统治者（此例子中是英国）因为权威和地位的原因试图消灭从属者，即他者（这里是西藏），但是无法这样做，因为为了那个地位他最终要依靠他者。因此，瓦德尔想要把藏传佛教当作喇嘛教——他所控制的"原始佛教"的退化——而摒弃掉。但是他无法抛弃它，因为正是藏传佛教的存在使得"原始佛教"以某种方式变得原始。不是彻底地消灭底层，反而是他者被象征性地吸收为顶层，成为它的原始的经常被色情化的幻想生活的组成部分。[26]处在苦恼的怀疑——西藏人确实拥有一些他所缺乏的对佛教的神秘理解——中的瓦德尔似乎是这样认为的。

他对于未被殖民的西藏的态度是显而易见的。他从 1898 年在锡金边境时起，似乎一直把西藏看作一个不愿让他看透的诱人女子；当他 1905 年跟随荣赫鹏最终到达西藏时，他把西藏描绘成被他蹂躏和贬低的俘虏。当他——一位赶跑大喇嘛的军官——站在边界时感觉被驱使着到达的地方，可以被站在中心的他所轻蔑地抛弃：

> 被几个世纪的浪漫所包围，拉萨这个"永生的"大喇嘛的秘密城堡，被无法理解的神秘覆盖着，矗立在世界屋脊，诱惑着却拒绝着我们最勇于冒险的旅行者走进她紧闭的大门。带着未解之谜的一切魅力，这个神秘的城市俘虏了想象，作为地球上最后的神秘之地，作为东亚的麦加，这座僧侣的城市，在那里"活佛"被封为神，永久地统治着由出家僧侣组成的帝国。这些出家僧侣像学院老教师一样编织着沙绳①，或者温和地转着他们的转经筒，在恍惚的冥想间歇中低声念他们神秘的咒语，驱逐恶魔。但是现在，在这个重大的藏历木龙年（1904），"文明"精灵王子（the fairy Prince）已经把她从睡梦中唤醒，她紧闭的大门被损坏，她神秘的黑色面纱被掀起，以及被长年封锁的神龛，连同对它的荒诞崇拜和被剪下假冒光环的被偶像化的大喇嘛，已经放弃了神秘，在我们西方人的眼前失去了魔力。[27]

---

① 指做没有价值、没有结果的事。——译者注

不把西藏当作一个堕落的信仰而埋葬，而是声称"宣告一颗也许会持续很长时间，或许几个世纪，朝这片迷人的土地和有趣的人民散发它温和光辉的新星在东亚升起"是英国的使命，这样瓦德尔结束了英国入侵西藏的描述。[28]尽管瓦德尔希望，但是西藏从未在英国的殖民控制下。然而他仍然能够在对喇嘛教的描述中构造一个对西藏意识形态上的统治，这可能充当英国殖民统治的必要的先决条件。很多关于藏传佛教的同样的描述出现在过去 40年的中文话语中，并不是一个巧合，对西方来讲那是中国入驻、统治和管理西藏的一个正当理由。

◎ 流亡的西藏人

人民解放军于 1950 年入驻并接管西藏，以及西藏的动乱和随之而来达赖喇嘛于 1959 年逃亡印度，除了给西藏人带来的灾难外，也给西方构建藏传佛教带来巨大的转变。接近70 000西藏人成功跟随达赖喇嘛分别于 1959 年和1960 年流亡，估计其中有 5 000—7 000 人是僧侣，占西藏僧侣人口的很小一部分（大约 5%）。1974 年，在印度重建格鲁派三大寺（哲蚌寺、色拉寺和甘丹寺）的尝试开始了。印度政府不愿意把当时大约 10 000 西藏难民安置在一个地方，而更愿意给他们提供遍及整个次大陆的无人想要的大片土地。当僧侣们搬到南方时西藏的居士已经做了一些清理丛林的初步工作。哲蚌寺（Bras' spungs）和甘丹寺（dGa' ldan）被重新建在卡纳塔克（Karnataka）西北，相距三英里。新的色拉寺（Se ra）被建在更南的地方，接近迈索尔城（Mysore）。这些寺庙被建在西藏难民的农业开拓地之中，在印度政府内务部恢复局（the Department of Rehabilitation of the Home Ministry）的管理下，并被宣布为外国游客禁入区域。在这样的体系下，甘丹寺被称为一号喇嘛营，哲蚌寺被称为二号喇嘛营。在早期，情形非常艰难，僧侣们住在帐篷中，每天清理丛林使它变成玉米地。

这些寺院发现它们自己处于一个新的位置。寺院的规定已经禁止僧侣耕种土地，表面上为了防止意外杀死昆虫。在西藏，寺院一直是最主要的财产所有者，雇用佃农耕种青稞地。但是在南印度，藏传佛教的僧侣们拿起了犁，后来开上了拖拉机，被轮流分配在地里熬夜，准备打鼓敲锣来驱赶毁坏玉米地的大象。到 1980 年，哲蚌寺、甘丹寺和色拉寺已经各自建起了神殿、大经堂和约 300 僧侣的住房。在每个寺院，大约 100 个僧侣来自西藏，另外的 200 个是从当地难民社区来的年龄在 8—18 岁之间的男孩。寺院的角色在流亡中不可避免地改变了。寺院不再是其影响力甚至为达赖喇嘛所畏惧的富有而强大的机构了。它们不再享受政府的支持或者富有的居士施主的捐助。它们并不缺乏新僧侣，因为难民家庭很乐意让他们的孩子进入当地寺院，在那里他们将会得到教育、衣物和住所，并且仍然可在周末回家。但是，不像在西藏，被要求成为终身僧侣，这里的年轻人仅仅是沙弥，经常依他们父母的建议在受具足戒之前宣布放弃誓言，重新回到世俗的生活，在地里劳作。这些大的寺院，实际上，变成了寄宿学校。

265

　　西藏人的大流亡在西方藏传佛教研究的历史上也开启了一个新的时代。在 20 世纪 60 年代，来自欧洲大学的学者，例如赫伯特·冈瑟（Herbert V. Guenther）和大卫·赛福特·鲁埃格（David Seyfort Ruegg）到印度与西藏难民学者一起做佛教文本的翻译工作。随着伊文思·温慈于 1927 年翻译的一部他命名为《西藏死亡书》（*The Tibetan Book of the Dead*）的藏文文本成为 LSD 圣典的一部分以及达兰萨拉（Dharamsala）成为亚洲朝圣途中的必停之站，外界大众对于藏传佛教的兴趣也迅速增长。1965 年，罗伯特·瑟曼（Robert Thurman）成为第一位受戒为藏传佛教僧人的西方人。很快，很多欧洲和美国的男男女女也动身前去。1961 年，欧美第一个佛教研究的博士项目创立于威斯康星大学。到 1975 年，哥伦比亚大学、华盛顿大学和弗吉尼亚大学有藏传佛教的终身教职学者，在这些大学中，研究生在国防教育法的支持下接受政府的奖学金学习藏文。

　　同时，美国国会图书馆在可敬的金·史密斯（E. Gene Smith）的指导下，赞助出版了此前不为人知的上千本藏文文献。根据出版法第 480 条，由难民出版的本土的藏文著作被收集在美国各储备图书馆中，在这样的情况下，印度政府亏欠美国的巨额债务（因为用于缓解饥荒的美国小麦的运送）将由书籍的形式偿还。具体地，印度出版的每本书籍的指定数量的副本将会被提供给国会图书馆，然后国会图书馆把这些书分配给各个储备图书馆。通过这种方法，长期神秘的西藏档案魔法般出现在美国大学图书馆的书架上。

　　这期间，当前的危险形势以及它与"1959 年之前的西藏"（pre-1959

Tibet）如何不同被不断提及。变化确实是巨大的。尽管拉萨在此之前曾被军队占领并且达赖喇嘛曾为了躲避军队而流亡，然而这次是达赖喇嘛流亡最长的一次，并且对西藏佛教机构的损害也比历史上任何一次严重得多。 *266* 激烈的变化已经出现，这些变化在藏传佛教的西方学生中引起的反应并不能通过简单地考虑当年的事件来解释；并不只是变化这一事实带来了如此反应。[29]

佛经中有一个盲龟的故事，它独自居住在大海深处，每 100 年才浮出水面来呼吸空气一次。海洋的表面浮着一只金色的轭。经中说，当龟进行时隔百年的呼吸时，头穿过了轭，也比被禁锢在轮回中的生命转世成为有幸碰到佛陀教义的人更加平常。在佛陀的化土转生为人被比作一粒稀有的珍珠，很难被发现，一旦被发现，会有巨大的价值。因为只有在人体中才能穿过解脱之路。西方的佛教学生从他们研究的佛教文本中吸收了这一具有急迫感的修辞（rhetoric of urgency）。吸收佛教理念的努力标志着西方对于西藏的急迫（urgency）的历史进入了一个新的阶段。这里，不同于德西德里和瓦德尔，学习的目的不是在意识形态的战斗中打败藏传佛教；相反，佛教教义被同情地视为有价值的，因为它对当代世界的拯救力量，以及在保护它的运动中所收集的关于它自己的神话。在佛教文本中频繁提及转世为人的极其稀有，以及通过"吸取它的精华"充分利用这一生的必要，而且在一个人被既无可避免又无法预测的死亡摧毁和在恶趣中转生之前，找到佛法并进行修行的必要。

在亚洲的佛教社会，有关佛法衰败的传统教义已经被引用了 2 000 年。它宣布世界已进入了一个堕落时代（an age of degeneration），在这期间所有佛教的经文会从世界消失，唯一可求助的是宣扬恶兆的教派的特殊教义。在堕落时代的最后一个阶段，所有佛教文本将会消失，僧侣们藏红花色的僧袍将会变成白色（居士长袍的颜色）。最后，佛陀火化后的所有舍利——牙齿、骨头、指甲、头发——将会从它们的舍利函、浮屠（stupa）和塔（pagota）中挣脱并且魔法般到达菩提迦耶，在那里他们将在佛陀得道的树下重新集合。它们将会在化成火焰并消失之前被神灵最后一次礼敬。[30]

同时，关于西藏的不同种类的西方神话上演了。其中之一来源于这样一个事实：西藏保存了世界上最大的印度佛教文献的翻译文库。但是这个文库 *267*

中著名的《甘珠尔》（*bKa'gyur*）和《丹珠尔》（*bsTan'gyur*）并不仅仅保存在西藏。1829 年，常住尼泊尔皇宫的英国人布莱恩·霍顿·荷吉森获得了一套完整的木版印刷本并且把它们存放在东印度公司的威廉堡学院。北京版西藏大藏经于 1956 年在日本出版，并且在西方非常普及。更加有影响力的是一部长期不为人知的极具潜力的"本土西藏文献"，它有潜力从边缘带来藏传佛教研究的新领域。西藏处于亚洲两大文明的边缘，并且被二者边缘化。对印度人来说，它是一个穿过山脉，在冈仁波齐峰（Mount Kailash）之外的遥远地方，佛教的班智达（Panditas）在那儿逃避穆斯林入侵者。对中国人来说，它是一片荒蛮之地，它的宗教不是佛教而是喇嘛教，那个有争议的术语"喇嘛教"（Lamaism）的源头。西藏人有早已失传的梵文文本的精确翻译。但是藏传佛教并没有凭它自身的资格被认为是佛教思想的主要支流之一；相反地，藏传佛教的信徒被贬低为充当其极高保护区的监护人的角色，他们自己的修行通常要么被指责为一个复杂的退化过程的产物，就像瓦德尔的观点一样，要么被赞美成有心灵感应的圣人——在大洪水之后的时代中，亚特兰蒂斯智慧（Atlantean wisdom）的保护者——的天上的居所，如同神智学者的看法一样。朱塞佩·图齐，20 世纪最杰出的藏学家，在回忆他 1948 年在西藏的旅行时写道："在西藏，人还没有瓦解；人仍然完全扎根于不了解过去与现在有何区别的集体无意识中。"[31]

　　这一观点在 1959 年的大逃亡之后开始改变，变得在神智学主题上更基于历史。把西藏看作封闭社会的观点在殖民时代如此吸引且困惑着欧洲旅行者，现在则成为藏传佛教比其他任何一个宗教更加可靠的一个理由。西藏从未像印度和东南亚一样被殖民，也不像中国内地和日本一样曾对西方"开放"，也从未经历过类似于 1911 年和 1949 年在中国内地发生的革命，也从未试图像日本自从明治以后那样采取西方的方法。相反，我们看到，随着寺院强迫十三世达赖喇嘛关闭拉萨的英语学校，使他放弃训练一支现代军队的计划，通过宣布踢足球的人就是在踢佛陀的头来阻碍欧洲体育的传入，西藏抵抗了所有的外来影响。

　　所有这些意味着西藏的佛教是纯洁的，这种纯洁性很大程度上来源于西藏人自己经常引用的与源头的联系。和其他佛教传统一样，西藏人很大程度上将权威性的所有权基于世系，对于他们来说，他们声称 1959 年在西藏传授的佛法能够不间断地追溯到 11 世纪。那时，西藏主要教派的创始人历尽艰险游历至印度，跟随孟加拉、比哈尔和克什米尔的大师学法，这些大师自身就是能够追溯到佛陀教法的直接接受者。此外，这些传承，带着教诫（一种师徒相传的对于神圣文献不成文的解释），本质上是口头的。引人注目的是，很多 11 和 12 世纪的西藏旅行者也是译师。现在，传承处在灭绝的危险中。关于此事有一些天启似的东西，好像西藏人——永恒王国中永恒智慧的长期守护者——已经从他们的雪域庇护所中被粗鲁地推入历史，在历史中，时间将终结，一同终结的还有他们的智慧。为了使口头的传统不丢失，不锁在年老的快要死去的流亡喇嘛的头脑中，它必须被传承下去，但是愿意或者能够承担这项任务的西藏人少极了。那些留在西藏的人似乎不见了，中国人民委员批评佛教瑜伽修行者。[32] 而那些在印度的西藏人，不得不对付现代性的严重打击，就像人们常写的那样，他们来自这样一个国家：甚至在 12 世纪都没有马车轮子而只有法轮和守护轮，没有马车而只有通向解脱的多种隐喻之乘。[33] 如果这还不够，年轻的西藏人受到物质主义、民族主义和摇滚乐的诱惑，似乎对他们的宗教正在失去兴趣。准备接受这个任务的似乎只有一个团体：美国的研究生。

◎ 响应召唤

于是出现了一种奇怪的汇合：藏传佛教在流亡中显得更加突出的支配权与欧美新兴佛学家的意识形态。[34] 这就是我 1974 年在弗吉尼亚大学开始藏传佛教研究生学习时的情况。1977 年，我开始了学位论文计划，这个计划是对印度中观学派的研究，主要利用 17 和 18 世纪西藏的宗义书（doxography）。在我调查的过程中，我参与了各种各样关于西藏和藏传佛教的神话，一些是西藏的，一些是西方的。我在回忆的时候才能认出它们来。

研究生做所谓的"田野调查"，是弗吉尼亚大学佛教研究对博士学位的一项要求。即使有可能去西藏，似乎也没有什么意义：大多数寺院已经被毁，剩余的僧侣在"文化大革命"期间还俗。人们反而会选择印度，流亡喇嘛居住的地方，仿照 11 世纪西藏人的旅行，离开家乡踏上去印度的旅途，在那儿获得教法，收集文本。我们也会旅行去印度，不是去向早已丢失了佛

269

教的印度人学习，而是向西藏人，那些悲惨地被迫离开佛教保存之地来到佛教诞生之地的人学习。

就像德西德里发现必须理解空性教义，他才可能转变西藏人的信仰，就像乔玛·科罗施急迫地寻找匈牙利语的起源，就像瓦德尔感到迫切地要穿过边界进入拉萨，因此我的研究似乎也有某种迫切：我需要尽快学习读藏文和说藏语，以便能够参与保护有灭绝危险的西藏文化。德西德里、乔玛、瓦德尔以及我的迫切并不仅仅是巧合，或者甚至是互相模仿；他们是拥有共同指示物的充满急迫感的传承的组成部分，这一共同指示物被标上"西藏"这个词，乃西方构建的一个危险处所，一个脆弱的源头和保护区，从周边依然被看作一个永恒的中心，依然被同时带着怀旧和轻视的态度所看待：有对于藏传佛教已经丢失的秘密的怀旧，也有对于流亡藏人——作为监护人，若没有我们的帮助，无法胜任保护他们自己文化的任务——傲慢的轻视。他们被看作不够格的文化守护者这件事，与其说是来自这个不同的时代（他们发现自己已经处于这个时代），不如说是来自这个事实：他们被要求保护的文化不是他们的产物，而是我们的产物。

众所周知，格鲁派三大寺在南印度被重建，很多大学者在那里，但是还没有人去那里研究过。我的指导老师在写他自己的学位论文时曾和一些西藏的学者一起工作。这些学者中的大部分与哲蚌寺的郭芒扎仓（sGo mang）有联系。这也是我的传承，我选择了一部 17 世纪郭芒扎仓的最著名学者的著作，作为我论文的基础，而且我决定在流亡人群中对这一文本最精通的专家的指导下研究它，他那时正担任位于南印度的郭芒扎仓的住持。

像其他研究生一样，我的兴趣不在于对藏传佛教的实修，或是它的机构，或是它的历史，做出更世俗的表述，而在于我们称作哲学的东西——格鲁派经院哲学悠久传统的产物和历史上著名的格西课程中的训练内容。经院的课程要用将近 20 年的时间完成，这些课程围绕对印度五个文本的系统学习而创立。这些文本涉及逻辑学、宇宙论、认识论、寺院戒律和开悟之法等主题，要求记忆。对于一个已经完成课程的学者来说，记住几千页的文本和关于它们的解释，并不稀奇。成功完成课程的僧侣被当作格西，他们被认为拥有进入佛陀教义最深刻主题的洞察力，正是这一洞察力，如今处于消亡的危险中。为了这个世界，我试图及时抓住、保留并保护这些知识。当时，这似乎是一个高尚的任务，比研究瓦德尔已经分类的加持仪轨和除障仪轨的种类高尚得多，他的描述只会倾向于加强藏传佛教受巫术困扰的观念。关注这类著作似乎更加可取：它们会使藏传佛教合法化，显示藏传佛教也有哲学，这些哲学，不像它的比较世俗的仪轨，不是由文化决定的，而因为它对于永恒问题的深刻洞察力，应该被置于西方经典之旁甚至之上。

这就是任务，方法是翻译。不是字句的翻译，那大概不需要离开美国的舒适生活就能完成，而是意义的翻译，并以喇嘛的口头解释加强和补充。但是我的目的非常不同于前一个世纪的东方学家，如马克斯·穆勒1862年所描述的他们的目的：

> 居住在印度的梵文学者比那些在这个国家或者法国和德国的致力于研究婆罗门古代文学的学者享受着可观的优势。……在我们总会遇到多少有些学识的本地人……这些人，之前依靠国王（Rajah）的宽容和人们的迷信生活，后来发现在同乡人中谋生越来越难，并且乐意被任何对他们的古老学问感兴趣的平民或官方雇用。尽管不是在我们用语意义上的学者，并且因此作为语言老师也几乎没有用处，但是他们对于更加高水平的学生非常有用。他们能够使学生做他们适合的工作，用明智的检查监督他们的工作。所有我们伟大的梵文学者，从威廉·琼斯爵士到威尔逊，完全承认当地助手对他们的恩惠。他们在加尔各答、贝拿勒斯和孟买工作时，在身边的是班智达，而不是欧洲学者在每一个难懂的段落不得不查阅的语法书和字典。[35]

我没有去印度把喇嘛用作一个活字典，就像东方学家在19世纪已经做过的那样，尽管那也是他的价值的一部分。而且，喇嘛的解释不会成为本雅明对于神圣文本所规定的印在行间的翻译，而是一个看不见的注释；不是来源于来世文本的翻译，而是，凭借喇嘛的话语，对作者意图的异质同形的（isomorphic）译文，它们由老师口头地传给学生，最终能追溯到作者自身。作者依次根据他的老师所传授的内容写下他的文本，这些内容当然可以追溯到佛陀。

271

对西藏文化的这一特殊看法，回顾起来，与以各种方式称作救助民族志（salvage ethnography）、救赎民族志（redemptive ethnography）或民族志田园诗（ethnographic pastoral）的东西似乎同类。乔治·马库斯（George Marcus）谈及被他作的"救援模式"时说，在这个模式中"基础上的变化迹象是明显的，但是民族志学者能够抢救一种处在转变边缘的文化状态"。这里，在变动中的文化真实性的当前幸存的元素，被置于以时间或空间命名的保护所，例如现代时期之前的"黄金时代"或者遥远的未被污染的场所。[36]民族志学者的任务是，在文化将要灭亡的时刻用笔表现它，就像我试图在喇嘛的智慧向历史屈服之前抓住它。

首先必须到达那里，这就需要申请资助。我被告知印度政府不擅长处理牵涉和西藏人共事的项目，也绝不会批准一项提议在德里和贝拿勒斯之外与西藏人共同研究的计划。因此，有必要开始很多掩饰和假装的第一步了。接近秘密学问的道路似乎仍然是关闭的，即使是在西藏以外。所以我打算与德里大学的学者学习公元 2 世纪梵文文本的一章，德里大学设有印度唯一的佛教研究系。一收到资助，就有必要决定去寺庙的最佳方法。这所寺庙坐落在一个限制外国人进入的区域，如自乾隆统治之后的西藏。我被建议向拥有对寺院（官方上称作喇嘛营）的管辖权的内政部恢复科递交申请。然而，重要的是，我不能泄露我是政府资助的研究生（最重要的是，我被告诫，不能被内政部恢复科怀疑是人类学家），而要把自己扮成一个为了践行自己的宗教而想参观寺庙的佛教居士。新德里的尊者达赖喇嘛办事处给我提供了表达出这个意思的一封信，我把这封信交给相关部门的主管，他建议我可以申请一个月的通行证，但是处理通行证要花几个星期。伪装起作用了。几个星期结果成了几个月，在那期间我设法与达兰萨拉和德里的僧侣一起学习。令人沮丧的是，这些僧侣要么很年轻，大部分训练是在离开西藏后接受的；要么在错误的经院，不属于我的文本作者的特定传承。在每种情况下，我所学到的都是有用的，但是我感觉，是不真实的。对我来说，去南边是很有必要的，穿上伪装的衣服，穿过边界进入限制区域，那里生活着年老的僧侣，他们教法的传承还没有因进入外国人的耳朵而被玷污。

🌀 在寺院

1979 年 2 月 4 日，我乘出租车到达了一个叫作蒙德戈德（Mundgod）的地方，它靠近位于印度西南部卡纳塔克邦的胡布利（Hubli）镇。在蒙德戈德有"难民版本"的藏传佛教格鲁派三大寺院中的两个：甘丹寺和哲蚌寺。这两座寺庙的原始位置在拉萨周边，分别住着 5 000 和 12 000 名僧侣，其中哲蚌寺是世界上最大的佛教寺庙。在 1979 年，这两大寺院——现在被正式称作一号喇嘛营和二号喇嘛营——又分别住着约 300 名僧侣，他们大多是孩子。在一段时间里，我被陪同着在寺院各处与不同的高僧见面，有住持、前任住持和转世喇嘛。他们告诉我，我千里迢迢来到这里想要见到的郭芒扎仓的住持不在此处，他被叫去调解迈索尔（Mysore）附近的西藏农民之间的土地争议了。他要一个月后才会回来，我不得不计划停留六周。

对每一个我见到的喇嘛，我都作解释，我来这里是要与这位住持学习这一特定的文本，他们也都适时地对这一文本的难度和住持的广博学养发表自己的意见。有时我被领到一个比棚屋大不了多少的地方，在里面石头地面的中间，坐着一个年老的僧侣。他只穿着暗黄色的"禅"裙和老人们常穿的那种无袖的白色内衣。他是哲蚌寺另一个经院的前住持。在西藏，这两所经院之间有着长期的政治和学术竞争。我讲述了我早已准备好了的前来的理由，解释说我到这里是为了向另外一个经院的住持学习。他看上去似乎并不介意，说所有喇嘛教授的东西几乎是一样的，唯一的区别在于举例时，有的用柱，有的用瓶（这是藏传佛教因明学中的两个典型例子）。"这二者都是无常的。"我回答道，以显示我在佛教哲学方面的知识。他笑了。这位前住持现在把一天的时间都用在教学上，为六个不同的班级讲课，这六个班级的成员从学习佛教认识论基本原理的 10 岁的孩子到学习僧团戒律之秘传准则的 40 岁的僧侣都有。那天的晚些时候，晚饭之前，我在寺院到处走动，一天的功课已经做完，当我遇到这位前住持时，他穿着全套僧袍，他站起来比我高，看起来非常令人敬畏。他拉着我的手，我们开始一起散步，走向他要参加的一个晚上的集会。"我这些天太忙了，"他说，"但是无论你想学什么我都会教你。"我的主要信息提供者已经来到了我的身边。

273

我所描述的完全可以转化为人种学的词汇。该田野工作者第一次到达现场，与当地社会中的主教适当接触，学会了一些交际礼节，挑选了一个当地的信息提供者，并且建立起至关重要的融洽关系。但是这一关系是不同范畴层层叠加的产物，只能通过在分界边缘的某种滑移来实现。我是一个外国人，一个居士，一个相对而言还算富有的美国人，也是一个学生。他是一个西藏人，一个僧侣，一个在印度的难民，一位流亡中的著名学者和退休住持。作为一个外国人，我已经进入了藏传佛教主要寺院中心之一——但仅是处在避难中的它。这在 1959 年前的西藏似乎是不可能的，但现在寺院是一个没有国籍也不复拥有曾经的巨大财富的组织。我在这里受到欢迎，但我怀疑主要因为我是一个潜在的施主，寺院管理机构常常要求我支持建筑计划，购买彩券，翻译捐款倡议书。我经常被某个喇嘛邀到精心准备的饭局，在最后都要请求我做他们的 (sponsor) 施主——他们知道的不多的英文单词之一。

同时，有一种对我出现在一个我事实上不应出现的地方的不满情绪。这位前任住持是经院里三个非常受尊重的学者之一，也被强烈要求担当老师。他一整天的时间都用在他的小房间里有时多达 20 个僧人的课堂上。他现在已经同意每天教我一个半小时，这打乱了他和学生们的时间表。我的课几乎总是私下进行的，另外有一个僧侣偶尔坐在里面。当我来上课，站在房间外等的时候，一个僧侣会说："因吉（inji）到了"，他不用更恰当的指代"外国人"的词汇"phyi rgyal ba"（一个来自外面王国的人），而用"inji"对应"English"的藏语单词，它至少从荣赫鹏入侵——西藏文化记忆中与西方人最重大的遭遇——的时代开始就被用来指称所有欧洲人和美国人。

但我不是完全的他者，因为我讲他们的语言。1851 年，埃文斯-普理查德（Evans-Pritchard）在强调熟练掌握当地语言的绝对必要性时写道："为了理解一个民族的思想，一个人必须用他们的符号进行思考。"1982 年，马库斯和库什曼（Marcus and Cushman）列举了人种学写作的九条惯例，最后一条就是"作者用他者之语言讨论自己能力时的谨慎"[37]。藏语通常被划分成宗教语言（chos skad）和日常语言（phal skad）两类，我所学习的几乎全是前者，因此，我通过努力，能够理解和参与专业学术话题的讨论，但是只能用最简单的词语来描述诸如在美国的生活这样的话题。作为一个外来者而能够说藏语，哪怕只是一点儿，在蒙德戈德也是颇为罕见的。这一罕见之事因这样一个事实而更加不同寻常：我，一个外国人，并且是俗人，能够谈论，尽管是吞吞吐吐地，并且想要学习僧侣们学习的东西。

西藏社会中，僧俗角色之间有一条十分明显的界限。这个界限在流亡中似乎更加僵化了。在西藏，拉萨周围三大寺的僧侣中仅有四分之一参加了经院课程，并且他们中只有一小部分能在初级阶段之后继续学习。其余的僧侣则从事不同的职业，或者被寺院雇用，或者从事自己的生意：有以取悦寺院保护神为职的，有做饭和沏大桶西藏茶的，还有承担维持秩序工作的。这些维持秩序的就是声名狼藉的僧兵（ldab-ldobs），在西方僧团制度中找不到准确的对等者，他们是介于体格健壮的兄弟会和警察部队之间的一类人。[38]

居士们用钱、粮食、茶或酥油，向寺院或单独某个僧侣进行供奉。他们能够在公共节日和讲法中享有转世喇嘛的加持，也能够花钱请喇嘛念经，或进行保佑或者驱邪的仪式，或通过各种占卜提供关于未来的建议。越来越多富裕的居士捐款印制文献，或给予寺院的经院和僧房大量供奉，其中的每一个僧侣都会得到奶茶、糌粑（烘烤的青稞面，是西藏人饮食的主食）和少量的钱。居士学习经院文献或者讲经院语言——居士们带着些许骄傲地视之为难以理解的——是很少见的。僧俗之间的职业分工在流亡中改变了：几乎所有的僧侣都参加了某些级别的学术课程。与此同时，寺院拥有的土地也不再像在西藏时那样由佃农耕种，而是由僧侣自己耕种。年老的僧侣有时为减少了的学习时间感到惋惜，这强化了他们如今在流亡中与在 1959 年之前的西藏之间的差别，那时时间似乎总是够用。

因为我曾在弗吉尼亚大学学习，那里的佛教研究项目在某种程度上是模仿寺院课程而设立的，我接受过一些学者僧人的教导；我已经学习了一些相同的文献，尽管是在非常不同的语境下。就是这些很少的共同语汇使得我们能够交谈。对我来说，向前住持谈论柱和瓶都是无常的，表明了我对规则的了解，使我在有限的意义上成为一个局内人。僧侣们想知道的第一件事，就是我是否学习过 "mtshan nyid"，或许能被译为 "教理学"（dogmatics），对这种神秘话语的掌握能决定一个人在寺院的地位。这就是他们定位我的方式。然而，作为一个来学习中观（西藏人认为这是所有哲学派别中最精深的学问）的外国人，我既不是僧侣，也不算居士，有时，我会觉得自己被推向其中一个方向。一天，当我和一位住持交谈，那时另外一个僧侣正在给他剃头。剃完后，我被邀请坐

275

276

在椅子上。我能够通过说明我已经结婚〔用通俗的话表达，而字面意思是"我拥有一位贱生"（nga la skyes dman yod）〕来拒绝这样的建议。当我询问自己能支持哪些项目来提高僧侣的居住环境时，我总是被引向一些传统的信众所扮演的角色，如印刷经籍，浇铸佛像，或者供奉一项仪式：在这项仪式中，我会为每一个僧侣的早茶付钱，然后走过集合的僧侣行列，给每人一卢比（在那时约等于八美分）。在《从焦虑到方法》（*From Anxiety to Method*）中，乔治·德弗罗（George Devereux）探究了他称为"被引发的反移情"（elicited countertransference）的问题：在这样一种情况下，参与观察者（participant-observation）无法认识到"他的观察对象强迫他进入一种预先分配好的、强求一致的、根据他们自己的需要来选择的状态"[39]。依我的现状，我不愿意接受这个最明显能使我的学习合理化的角色，即僧侣的角色，而愿意接受一个佛教居士的角色，一个对仪式和建筑项目进行布施的角色，尽管我觉得钱花在饮食和卫生上更好。

因为所有这些行为，我被认为是非常富有的。确实，我后来被告知，当时富布赖特博士论文国外研究奖助学金（Fulbright Doctoral Dissertation Research Abroad Grant）每个月的津贴超过了印度总理的工资。虽然我前来是寻求他们的智慧，坐在喇嘛的脚下，我却握有很多权力，僧侣们会依从我的那些他们可能感觉无法拒绝的要求（通常为了书）。尽管他们在学术传统上感到自豪，但他们却似乎对如下事实感到困惑：一个来自美国——在他们的想象中近乎佛教净土的地方——的人，会想要居住在他们干燥多尘的、连他们自己也感觉不甚得体的小寺院中。我的解释是，我来到这里，是为了写一本能使我在美国教授佛教的书。但这反而使他们更加困惑。一个教义知识如此有限的人，他在辩经场上看上去不比一个智力迟钝的十五岁小和尚好多少，却将要成为一个美国的佛教教师——这似乎引致了一种怀疑，很快，我自己也开始难以相信了。

在我第一次（一共两次，第一次六个星期，第二次四个月）在寺院停留的末尾，我已经等待很久的郭芒扎仓的住持终于返回了寺庙。他同意和我一起阅读我的文本，但是当我第一次去上课，打开录音机时，他却表示反对。录音机是我记录那些珍贵的口头解释的重要工具，没有它，我的大部分计划就没有意义了。但是他坚持拒绝我录音，解释说他的假牙使他的声音失真，他不想保留下那种声音。我只能问问题和记笔记。他似乎始终对这一过程感到无聊，想方设法转换话题——常常转到他正在写的一本关于茶的书。他对我的最主要的兴趣，似乎在于我能用几种语言说"茶"这个单词，以及这些词可以怎样被音译为藏文。

因为喇嘛没有牙而被禁止录下他声音的我，现在把希望放在另一个经院的前住持身上。为了与这两个互相竞争的经院都维持良好的关系，我同时也继续偶尔拜访郭芒经院的住持。现在，我每天下午到前住持的房间，一直等到他的课结束，然后再进去，鞠三个躬，坐在他前面的地板上。他坐在一个一英尺高的、铺着藏式地毯的平台上，这个平台也经常是他的床。在我们的前面有一张小木桌，他把文本放在上面，我则把麦克风放在文本的旁边。文本打开着放在我们的中间，麦克风紧挨着它，记录着让写作更生动的话语。在简短的闲聊后，他会问我我们上一次停在哪里，然后从前一页开始，重读一遍他前一天读过的，有时十分详细，以至于在有些情况下我们只能比前一天的进展再多几行。这一过程大约持续90～100分钟。

他的方法是先仅仅从大声读句子开始，有时读两次，然后进行释义——这通常只不过是把动词从古典形式变为口语形式。如果他关于这个句子没有什么可说的，他会继续，除非我打断问他问题。通常，在继续之前他会问"这样可以吗"，以确定我是否理解了。他所读的文本是我挑选的，一部18世纪的宗义书，它提供了印度佛教哲学四个学派教义的综合。它是一部非常著名的著作，但是不被包括在格鲁派任何一个经院的标准格西课程中。前住持手中没有这个文本，我并不确定他是否读过或是否为了准备课程事先读过，因为他有时似乎对文本中的一些语句感到吃惊或者疑惑。在这样的情况下，他会在第二天解答它们，很显然是在前一天晚上思考过。他在一些主要经典（论述正是基于这些经典）上积累的知识，使他可以详细地解释那些他认为非常重要的观点。他会格外详细谈论那些在格西课程中受到特别重视的主题，解释它们是如何被一个经院理解，这种理解又如何与另外一个经院形成对比，以及这些争论点在经院之间是如何被辩论的。我很少说话，除了问简单的问题或者请求他重复一些我错过的东西。[40]当我累了，我会在不加理解的情况下听他陈述，因为我知道我能倒回去听录音，并且——如果依然感到困惑的话——我能第二天再来提问。当他说"我们停在这里可以吗"时，当天的课程便结束了。有时，课程的内容超出了我提前准备的那些，我就会询问"是否可以停止在这里"。特别长的那些课程会因我没有带来足够的磁带而停止。他会给我一种叫作榨橙汁（Orange Squash）的饮料，一种人工合成的、掺水后饮用的浓缩果汁。我总是道歉，说外国人不喝这种饮料，因为它会让我们生病，他便会叫一个小和尚到寺院的厨房给我们买一小壶甜奶茶。奶茶会在几分钟后被送过来，我们用锡杯喝茶并且聊天，他常常会跟我讲西藏寺院的生活。

大多数日子我都在房间里度过，看书、写作。这里确是一个寺院，有很多前住持参加的集会、仪式和辩经，这就使得我们的课程被取消，我经常会为此而感到沮丧。寺院有一个我从来不能完全理解的日程表和月历。我大部分的打字是伴随着 500 个僧侣在离我房间 50 码的正殿里念经的声音完成的。他们的节奏被高鸣的号角、敲打的鼓、撞击的铙钹和大喇叭嘹亮的号角声所强化。就是在这种情境下，我进行着这一文本的英文版的写作。

正是在那里，我试着综合两种非常不同的权威模式。在我试图据为己有的藏人的视角中，对口头言语的投入似乎是巨大的。对我来说，坐在喇嘛的脚下，是在模仿一部佛经的场景——"如是我闻，一时佛在灵鹫峰，与大比丘众及大菩萨众俱"，这一场景在所有要求学生将老师想象为佛陀的教导中都被唤起。从老师口中聆听话语的中心地位，在所有地方都十分明显。如"lung"一词，被用来翻译梵文的"āgama"［一般英译成"scripture"（经文）］和"vyākarana"（如在 lung bstan 中），它有两层含义：一是佛的"解释"（通常是对于某个问题）；二是"授记"，尤其是他关于某个弟子将于遥远的将来中的某个确定的时间成佛的预言。但是最常见的是，当西藏人说起接受"lung"时，他们指的是一个仪轨，在其中，一个人获准参加某种"禅"定，或是通过聆听作为修行基础的文本来学习它。聆听通常通过快速阅读的形式来完成，喇嘛用一种几乎不可能理解任何意思的速度快速诵读文本。但是，重点不在于领会意义，而在于学生听到他的老师从自己的老师那里所听到的东西，而这些东西又是老师的老师从他自己的老师那里听来的；这种不带任何解释的文本传播，是对原始的参与（a participation in origin），是一种被福柯（Foucault）形容为"从伪饰的重复之梦内部激起的：在其视野之内也许只有出发时的东西——不过是照本宣科"[41] 的注释。当经典被背诵时，一些相似的东西似乎在寺院和社区处于危机时上演。108 卷佛陀语录从寺庙中它们的位置上拿出来，被抬着绕行寺院。僧侣们诵读这些语录，并非齐声朗读，而是各自进行，每一个僧侣读一卷中的不同部分，用最大的声音来朗读，与此同时，他的同伴们读其他部分，直到经文的每一页都被读过（在我待在寺院期间，为了加速雨季的来临举行这样一个仪式）。研习文本的传统也存在着，仅仅诵读是不够的；一个僧侣必须从他的老师那接受关于文本的口头指导，而这位老师也已经在过去得到过这样的指导。

佛教研究，就像它在西方所发展起来的那样，表面上优待一个非常不同的权威中心。佛教研究已经长期专注于文本上，需要用语文学不断发掘，用比较哲学详细解析，而不再需要活着的佛教徒。佛教研究的先驱，像路易斯·瓦莱·普森（Louis de la Vallée Poussin）、马克斯·穆勒和亚瑟·韦利，他们作为翻译者，以及 19 世纪的一个假设——从亚洲古代文献中恢复已丢失或被这一大洲上的现代居民所损毁的经典传统是西方学者的任务——的参与者，在自己卓越的事业生涯中，从未去过亚洲。这一假设的残留依然存在着，而学者的首要任务仍是构建一个他所选择的文献的合校本（critical edition），这些文献可能会被翻译，也可能不会。以这样的视角看，佛教僧侣的短命的言语几乎没有分量，因为，如果不能被置于文献中，它们的有效性该怎样判断呢？

280

我只能在两个传统之间进行协调，一个传统把话语视为权威，另一个则尊崇文献，就像我现在开始写将会被认为是我自己的文本的东西，这是建立我在西方学术界权威的方法。我坐在打字机前，根据我从喇嘛那里所学到的知识来翻译藏文文献，试着把他的注释纳入我的译文里。确实，对于基本领会这些文字的含义这一表面上看来很简单的任务来说，他的注释是必不可少的，因为像其他诸多文献一样，我所翻译的这篇文献，是广大的主题相互关联（intertextual）而又神秘的佛教教义世界中的一部分，这些文献有着丰富的隐喻，没有喇嘛的话语就无从理解。但是，在翻译之外，还有一个如何处理他对文献的大量详细解释的问题。我打算为这篇译文写一引言，来探讨他所提出的观点。这篇由录音内容构成的引言最终超过了译文自身的长度，使得译文实际上变成了一篇附录，一篇对他的注解的补充。他的话语很明显深深植根于学术文献中，而且为了满足佛学研究对于参考文献的要求，我竭力想要查出注解的书面出处，发现他所说的已经被记录在一本书中。这最终通常是可行的，但是仍然有一些似乎是他自己——他不是任何文本的作者，至少在佛学的意义上——的观点。我以这些观点为经纬，开始组织自己的文本，记下我白天听到的话语，晚上重复聆听，但是这时是听他从录音机扬声器里发出的、不见其人的声音，并把这些话语译入我的英语文本中。但是应当如何来为它们作注释呢？我最终决定以"耶协图丹（Ye shes Thub brtan）的口头注释"为脚注。尽管它们是仅为我一个人所听到并录在便宜的录音带里，录音带在多年后碎裂了，也就是在这些年里他去世了。我从听者的角色变成记录者、抄写者、翻译者，最后是作者的角色，喇嘛的名字被不受重视地放在了开始的致谢和最后的脚注中。

然而，当书写不仅仅被狭义地视作一项技术和一项引发新的知识实践进而创新社会意识生成方式的机制（如写作在佛教历史中同样重要[42]）之时，喇嘛口传的释论已然自成文本。在广义上，写作也被当作这样的一项技术：更为无形的、普及的，以及制度化的实践。正是从广义上来看，我们可以认为，即使喇嘛的话语从未以藏文字母的形式刻成浮雕，或者反着刻在木板上，即使它们从未被译成英文并且被我用打字机印到纸上，它们仍然已经被书写下来。如果书写被看成"符号的持久载体"和记录言语的手段，使得言语能够在原叙述者缺席以及人们不明其意图时被重复，那么所有的语言符号都是书写的一种形式。[43]在这座寺院里，原讲话人——生活在18世纪的我所译的文本的作者——并不在场，正如被视作所有佛教论说源头的原讲话人，即佛陀自己，也不在场。佛陀已经涅槃，他的符号却四处传布。喇嘛仅仅提供了一个对那些话的注释，却包含了无声的宣布：通晓那个原讲话人的意思。[44]基于我在连续传承世系中的地位，我也有任务造一份释论，一份福柯意义上的释论。"注释就话语所表达的和所欲表达的质疑话语，试图揭开话语中的使之获得自我认同的更深层的含义，一般认为更接近其本质真理。换句话说，在陈述已被陈述了的内容时，一个人必须反复陈述从未被陈述过的内容。"[45]我的假设是，由上师传授给弟子的本质意义，目前正通过对释论无尽的详细解释，由该上师传授至该弟子。而且，我有义务通过翻译，通过键入所指（signified）的"无穷储备"，完成我自己的释论。该任务使得本质意义更接近其自我认同，创造出比所记录的我老师的话语"更为古老同时又更为现代的冗长论说"：更加古老是因为，我能够以我的上师所未能的方式了

解一系列复杂暗示——即佛教哲学——的历史，能够把从他记忆中抽取出的 *282*
引用段落追溯到原始文本，并且把他的版本与原始文本进行对勘，解释差
异；更加现代是因为，我用英文保存这些濒危的释论并将之改造成符合佛学
学科标准的文本，赋予我上师的口述文本以书面形式，使之转化成学术商品
存在档案馆中被评价、分类和保存。因此，我得以参与到佛教神话所描述的
关于译经弘法的重要活动中去，并为自己将佛法从曾被预见到的没落中挽救
出来所做的努力而自豪。然而同时，我所具有的对我的文本的有利观察点，
不在我想象的上师所在的无时间性与历史性的当下的表面上，而用一种 X
光，使我可以深入历史，探究其最为隐秘也是最根本的起源，使我服从一个
权威的同时宣称占有另一个权威，始终无视我既作为其客体又作为其主体的
支配实践（practices of domination）。就像罗伯特·杨所写的："那些通过怀
念逝去的或受压迫的文化来唤起'本土主义'（nativist）立场的人，理想化
这样的可能性：消失的源头可以从原来的繁荣中恢复，同时不会出现源头的
形象——殖民主义者压制的'他者'——本身依照殖民者自己的形象被构建
的情况。"[46]

　　从这个角度看，从事藏传佛教研究的佛学家正面临着一个进退两难的困
境。这个困境源自与文本的关系和与喇嘛的关系。在文本被看作历史客体的
情况下，与文本的关系在伽达默尔的意义上可被称为诠释学的（hermeneu-
tical）。文本是历史客体这个结论是现代学者无论如何必须接受的共识，该共
识的属性和意义仍有待在佛学研究中得以充分界定。在佛学研究中，解释的
原则很少超越翻译的基本问题——试图判断语词的含义。单个文本的翻译仍
然是该领域的首要关注点，也是论文写作中行文的基本惯例。这表明 19 世
纪将佛教视为西方所占有的文献的构想至今仍存在，随着那些成千上万的文
本被逐个从亚洲语言转换成西方语言，挪用的过程被进一步推进了。然而作
为一个挪用过程的事实，不应掩盖佛学研究对那些它试图破解之物的模仿程
度，因为在佛教历史上，最持久而有力的隐喻，是传承的隐喻，是除了造
像、遗迹和经书这些替不在场的佛陀代言的物品之外，还有从上师传至弟
子、跨文化传播的法，是法能够从一种语言被翻译成另一种语言而不丢掉其
本质内涵。法是亚洲扶持译经事业的君王所持有的信仰，而在今天，译经事 *283*
业则由中国和日本的实业家支持。

　　藏传佛教学者的另外一个困境可被称为民族志学的，这是在要求理解他（较少情况下是她）与当代西藏文化间的关系的含义这层意义上来讲的。在藏传佛教研究和古典民族志学之间有一个直接的区别。埃文斯－普理查德在前德里达时代宣称，"原始人没有文本"[47]。西藏人当然有文本，这些文本就是可被称为藏传佛教研究的诠释学困境和民族志学困境的碰撞之处：在阅读文本时，时间使人与文本疏远；在喇嘛的教导下，文化使人与喇嘛疏远。

　　作为文本和艺术品，作为文化客体，佛教可以被欧洲所控制。西藏在保存早已丢失的梵文文本的译文和被长期认为失传而被桑格利德亚英（Sankrityayana）和图齐发现的梵文手稿方面仍然很有价值。同时，正如瓦德尔所描述的，藏传佛教作为印度佛教几乎无法辨认的变体，依旧为学术研究所忽视。即使那些对藏传佛教文献做过广泛研究的人也不知何故认为有必要为西藏佛教文明设定一个古典时代，一个显然十分久远的时代：

> 　　长久以来，大量的上师和学者在寺院中接受教育。他们钻研从印度学到的知识，用注释和释论阐明它，并且忠于印度著名经院一直遵循的诠释系统，中国人和日本人从不这样做……伴随着双重威胁——惯例代替了思想对于真理的独立追求，枯燥的神学代替了对精神重生的渴望——动脉硬化开始了。形式主义和对字符崇拜的趋势逐渐逼近精神性的探索。[48]

　　这是一个欧洲佛学家的看法，他于1948年访问了西藏的寺庙，发现僧侣们阅读、记忆和辩论的内容是长时间被限制在西方独占的范围内的印度佛教哲学的经典著作；而他们的研究在20世纪的西藏被斥为黄金时代谢幕的又一标志。

　　自藏人的大流亡开始，人们不得不又一次面对大量的藏文释论与经注。这是与喇嘛有关的困境。一个来自图齐的相反的看法出现了，将这些文本的口头解释描绘成濒临灭绝的文化珍宝，因为西藏社会已经从一个非历史性的过去推入到被认为难以适合藏人生存的历史漩涡中。现在，在流亡藏人中做研究的西方人似乎经常从事作为文化批评的一种新时代人类学（a New Age anthropology）。这种人类学将旧西藏不仅描绘成田园般的农业社会，还描绘成被赋予了神秘古老的智慧，并受到了佛陀慈悲统治的喇嘛之地。[49]（近年来又加上了西藏的自然环境有益于获得证悟的观点。）西藏因此适用费边所称的"时间政治学"（chronopolitics）：在人类学的审视下，社会被描绘为占据着一种与人类学家相异的时间。[50]1959 年前的西藏被看作独立于时间的文明——孤立于世界之外、拥有永恒的智慧并且未从"集体无意识"中被分化出来，被看作一片未沦陷的土地。随着 1959 年的流亡，西藏文明坠入历史中，那是一个危险和消亡的场所。一旦进入我们的时代，其价值被从永恒中携带而来的东西所衡量。因此，我有兴趣记录那些在西藏受到训练的年老喇嘛的言说，而不是那些在流亡中接受训练的喇嘛的言说，年老喇嘛被他们看作另一个时代的残留和产物。

藏文化一旦被认为在历史的威胁下挣扎求存，救赎的心态很容易从两方面催生。从传统自身的角度来看，存在一种口头传承的有力修辞：言语将被传承下去。这言语是中观哲学的言语，中观被视作最为殊胜的佛教教义，并被格鲁派详细阐述以作为对其独家的判教优胜的宣告。来自另一方面的是佛教研究中早已建立的文本保护的优先地位，因为自从荷吉森的时代以来，抢救已成为将佛教构建为文本对象一项核心活动。手稿被搜寻、发现，并从亚洲带走，使其得以保存，一到欧洲，会被修正语法与抄写的错误，厘定为合校本。这些文本被看作现代亚洲社会的文化制品，然而却是来自于更早的时代，一个古典时代，一个现代亚洲人因长久遗忘而丧失了对其一切权利的时代：那些为腐朽负责的人们，不能以宝藏托付他们。因此，发现西藏僧人学习、记忆与辩论这些译自梵文已有差不多 1 000 年的经典文本，是令人心烦的。西藏人拥有欧洲佛教研究认为是自己的东西，对此的回应即将西藏的传统研究看作艰涩且枯燥的经院哲学而抛弃。

但是另一个策略同样可行。这一策略不附带较为熟悉的东方主义的轻蔑态度，并且从某个角度看来更为道德。这就是我收集口传教法的实践，这在1959 年前很困难，但在流亡后成为可能。在流亡中，西藏的文化资本被公开，供西方评估（为学术机构所支持），正是这种情况下，它才可能被挪用。伴随着抢救那些若非我们的帮助就将濒临灭绝的东西的动机，位于佛学挪用与殖民势力之外的藏传佛教话语，如今可以被利用了。

然而，仅有言语的记录仍然不够。佛学要求这些话语被转化成文本。努力获得喇嘛的讲授带来的正统性同时控制文本的制造，不得不牵涉到塞杜（Certeau）所说的"他者的产物与文本的产物之间的循环"。为了将前任住持的话语转换化成文本，它必须被依次转化成可资引用的资源，一种能够被注解故而能够被他人引用的资源。正是他的话语，被搜寻、发现并从亚洲带走，得以保存；一到美国，他的错误被修正，他的源流被追溯，从而被整理成文本。所有这些都属于佛学家控制经典文库与追溯最后一个典故的永恒追求的一部分。"出发去寻找他者的那个话语（the discourse）——肩负着难以完成的说真话的任务——从远方归来，获得了以他者的名义讲话并控制信仰的权威。"但是，就像塞杜所写的"引用他者的言说而记录下来的话语不会也不可能成为他者的话语。相反，这一话语在接受了寓言（Fable）的授权并在对寓言进行书写的过程中，修改了寓言"[51]。授权给话语的寓言是口耳相传的寓言，他们说其传承能够追溯至菩提树下：这就是西藏的寓言，是在时间中裂开的永恒的舍利匣的寓言。

因此，我的目的并非参与寺院生活，而是取我所需。我所需要的是被寺院视作最珍贵财产的东西，是上师的学识。我去寺院不是为了研究它的结构，或者茶在礼仪生活中的角色，而是试图挪用一些涉及格西精英地位的东西。为完成挪用，我试图从最有学识的在世西藏学者中挑选一位，传授我关于"空"这一甚深要义的教诫。就像布罗迪（Brodie）博士在他的 Mlch 民族志中所写的那样："部落居民被禁止仰望星空——一个巫医专享的特权。"因此，通过我从前任住持处所获得的关于这个艰深要义的私人指导，我取得了一定的特殊地位。色拉寺的格西们不能教授给伊波利托·德西德里的正是这一要义。要么是因为他们"不得向未受训练者教授空性学说"，要么是因为安居于西藏的强大寺院，他们认为没必要吝于教授想要辩驳他们的外国人。他们可能在我身上找到了更加适合最深教义的"根器"；或者更为可信的是，作为穷困潦倒的流亡者，他们期望我的"布施"。这是我所利用的特权，借此我可向寺院中最为卓越的学者之一请求获得私人指导，而这在西藏是不可能发生的，但在印度情形就不同了。他是一个无政府流亡者，生活相对贫困。我来到前大不列颠殖民地，带着印度政府亏欠美国小麦的卢比，带着换来他的知识的卢比。自始至终，老师和学生、喇嘛和弟子、信息提供者和研究生，双方均专注于文本的意义，并且坚信足够的注释能够还原其深义；简言之，双方均关注诠释学，但是其中一方也在关注着从另一方获得些什么。

文化嫉妒能够通过多种方式自我表现：通过轻蔑，譬如将西藏对印度文本的注释的传统当作缺乏远见的机械重复而摒弃；通过幻想，譬如 19 世纪欧洲对西藏的无数描摹；还有通过模仿。而最后一种方式正是我所实践的。我模仿上师和弟子的关系作为创造文本的一种方式。在这一过程中，我同时被佛学的和民族志学的心态所占据。我从前者得到对文本的抬高，以及与此相伴随的，对当代佛教僧侣话语的贬低。从后者那里，我对藏传佛教智慧的命运产生了紧迫感，并感到有义务对其进行保存。为了这个目标，我允许当地人作为我的信息提供者发言，但是最终我把他的言说编织成文本，同时隐藏他的嗓音，模仿文本制造的一种模式。

从根本上来说，我所描述的佛学与民族志学的事业都具有诠释学的性质，因为二者均通过多种方式向更深处探索，以期通达更隐秘的含义。文本被当作将要解读其意义的东西，而前任住持承担了双重功能：作为对文本本身的补充和作为引导我发现、认可及"翻译"已被他所通达的文本含义的权威，提供我所追求的解脱（无论是从轮回之中还是从研究生院之中）。民族志学者拍摄铭文的相机一直对焦在文本上，就像一部将要被拍摄和保存在微缩胶片上的抄本，而此时假镜头废弃的眼睛指向直角的方向，看不到文本产生的环境、文本使用和文本构建中主体的角色，宣称对文本含义的解释权，却忽视了它自己在文本构建中的角色。[52] 对我而言，用来捕捉当地人的是磁带而非相机，令我得以记录并带走喇嘛的声音，并将这些珍贵的口传转变成我的论文，我的无声文本。如果我的喇嘛在这一过程中以某种方式受到欺骗，这一欺骗绝对不会比我想象的——我有某种可能在成为一名亚洲上师的弟子的同时利用这一"经历"去获取成为东方学家的资格，去亲自成为一名亚洲上师——更为严重。皮埃尔·布尔迪厄在他对于参与观察的批评中写道：

> "参与"人类学，出于其自身的立场——当不仅仅被对农业伊甸园的怀旧情绪（所有保守意识形态的原则）唤起时——将人类学的不变量及其最基本经验的普世性视作在卡比利亚或其他地方的农民对于历史情境下的实际问题所给出的实际回答中，寻求永久性答

案以解答宇宙论和宇宙进化论这些永恒问题的充分理由。而这些实际问题是在促成农民们从物质和精神上对世界加以利用的既定状态中强加于他们的。通过从他们存在的真实状态中剥离实践，为了赋予他们外来意图，出于文本效果上的虚伪的慷慨，吹捧失落智慧剥夺了构成他们的理智和存在理由的一切，并将他们锁在"精神"的永恒本质中。[53]

虽然布尔迪厄所描述的是阿尔及利亚的伊斯兰山区社会，但是他的警告同样适用于西藏，这个处于亚洲腹部的山区社会，连同他自己诱惑人的对永恒问题的永恒答案的修辞、对失落智慧的修辞。越过边境进入限制区域直至进入寺院使我很容易就忘记了导致我与喇嘛相遇的交错历史，假装我能够以某种方式挪用他的符号世界，并带着他的心智离开。我把他不得不逃离故土这个历史问题当作我的机会：我能够在其消失之前记录下一个刚被从佛教的（亦为农业的）乐园中驱逐出来的人所说的言语。就西藏的例子来说，来自观察者和被观察的对于诉诸诠释学的强迫感，以及对超越并因此忘记历史情境的强迫感，同样困难，但是抵抗同样重要。

寺院每日生活的最后——在晚间辩经之后、在天黑之后——是背诵的时间。记忆数百甚至数千页的文本是西藏僧人训练中的一个重要环节。为了使这些东西在遗忘之前被记住，僧侣们往往在夜晚单独或结伴绕着寺院的场地走动，大声背诵他们记在心里的文本。同一时刻，我通常在我的房间里的裸露灯泡下打字，房间里的唯一的窗户——一扇装着栏杆的窗户（据说用来防盗）开着，迎入晚风。在他们每夜的巡回中，僧侣们常会一边念诵，一边在窗外停下看我打字。和《活死人之夜》（*The Night of the Living Dead*）中站在窗边的僵尸不同，他们的出现是我所不惧怕的。回想起来，我输入的正是他们所念诵的，窗上的栏杆和多重的声音使我不能将全部内容都记录到纸上，记录到那些其上仍旧可见造纸所用木屑的印度长页纸上。

但是，考察我待在寺院的日子里那些发挥作用的因素不应该以不描述结尾——一种离别仪式，一种缺席的参与——而结束。在弟子离开之前，上师依照传统会开始教授一篇新的文本，那么他的弟子某一天或许会回来听余下的部分。在离开老师之前，弟子依照传统不像在每日教学结束时那样顶礼，表示传授并未结束，只是中断。这表明弟子有可能（至少期待）会在某一天返回寺院再次研读，那时已经不再相信一直以来吸引着我们所有人的既属于他们也属于我们的充满怀旧气息的元叙述（metanarrative）。

[注释]

[1] 嘉布遣会于 1710 年放弃在西藏的传教。然而，在 1716 年 10 月，德西德里到达拉萨后仅仅七个月，三个嘉布遣会神父出现在德西德里在拉萨的住处，通知他：他们已经写信给罗马，要求传教任务属于嘉布遣会，其他教会在西藏一律不被允许。德西德里报告说，他回答道：一旦接到来自 College de Propaganda Fide 的命令，他立即遵从他们的要求，尽快离开西藏。这个命令于 1721 年收到。Francesco Orazio della Penna（1680—1745）是那三个嘉布遣会神父之一，他一直留在西藏直到 1731 年，并编写了一部 35 000 字的藏文字典。这部字典被 F. C. G. Schroeter 于 1826 年翻译成英文，名为《不丹语字典》（*A dictionary of Bhotanta or Boutan language*）。据说他也把《道次第广论》（*Lam rim chen mo*）翻译成拉丁语，译本已失传。有关嘉布遣会在西藏传教的记载，见 Luciano Petech, ed., in *I missionari Italiani nel Tibet e nel Nepal*, vols. 1 - 4（Roma：1952—1953）。

[2] 这部著作见 Petech, ed., in *I missionari Italiani nel Tibet e nel Nepal*, vols. 5 - 7（Roma：1954—1956）。Filippo de Filippi 完成并发表了这部著作的节略英文译本，见 *An Account of Tibet：The Travels of Ippolito Desideri of Pistoia*, S. J., *1712—1727*, rev. ed.（London：George Routledge & Sons，1937）。

[3] de Filippi, ed., *An Account of Tibet*, p. 49.

[4] Mgo dkar gyi bla ma i po li do zhes bya ba yis phul ba'i bod kyi mkhas pa rnams la skye ba snga ma dang stong pa nyid kyi lta ba'i sgo nas zhu ba. 关于保存在耶稣教会罗马广场档案馆（Archivum Romanum of the Jesuits）的德西德里藏文手稿的研究以及关于其内容的简单讨论，参见 Richard Sherburne, "A Christian-Buddhist Dialog? Some Notes on Desideri's Tibetan Manuscripts" in *Reflections on Tibetan Culture：Essays in Memory of Turrel V. Wylie*, ed. Lawrence Epstein and Richard F. Sherburene,（Lewiston,

N. Y.：Edwin Mellen，1990），pp. 295 – 305。另参见 Giuseppe Toscano，"Il concetto di śūnyatā nel Desideri," in *Orientalia Iosephi Tucci memoriat dicata*，eds. G. Gnoli and L. Lanciotti，Serie Orientale Roma 56（Rome：IsMEO，1988），3：1465 – 92。

[5] de Fillipi，ed.，*An Account of Tibet*，pp. 104 – 55.

[6]《缘起颂》这部著作的完整名称是 *Sang rgyas bcom ldan 'das 'jig rten thams cad kyi ma'dris pa'i mdzas bshe chen po ston pa bla na med pa la zab mo rten cing 'brel par 'byung gsung ba'i sgo nas bstod pa legs bshad snying po*，并且出现在德西德里的"杂集"（bka' 'bum thor pu）的第二卷（kha）。参见文集 *Incomparable Lord Tsoṅ-kha-pa bLo-bzaṅ-grags-pa*（*Khams gsum chos kyis [sic] rgyal po shar tsong kha pa chen po'i gsung'bum*）（New Delhi：Mongolian Lama Guru Deva，1978），13a4 – 16a3（Guru Deva，225 – 31）。这里引用的段落出自 15a5 – 15b2。

[7] 关于穆尔克罗夫特在英国于 1912 年"发现"玛法木错湖（Lake Manasarowar）中的角色，参见 Charles Allen，*A Mountain in Tibet*（London：Andre Deutsch，1982），pp. 79 – 100。

[8] József Terjék，"Alexander Csoma de Kőrös：A Short Biography," in *Collected Works of Alexander Csoma de Kőrös*，ed. J. Terjék，vol. 1，*Tibetan-English Dictionary*，by Alexander Csoma de Kőrös（Budapest：Akadémiai Kiadó，1984），p. xxii.

[9] Ibid.，1：xxvii.

[10] Max Müller，*Chips from a German Workshop*，vol. 1，*Essays on the Science of Religion*（1869；reprint，Chico，Calif.：Scholars Press，1985），p. 109.

[11] 为了纪念他的 200 年诞辰，这些著作于 1984 年被再版成四卷。参见 Terjék 编辑的《亚历山大·乔玛·科罗施文集》。这四卷是：（1）《藏英字典》（*Tibetan-English Dictionary*），（2）《西藏语法》（*Tibetan Gramma*），（3）《梵藏词汇表》（*Sanskrit – Tibetan Vocabulary*，对《翻译名义大集》的翻译），（4）《西藏研究》（*Tibetan Studies*）。

[12] Csoma de Kőrös，*Tibetan-English Dictionary*，pp. viii-ix.

［13］全部描述来自 "Alexander Csoma de Kőrös: A Short Biography," pp. vii-xxxvi。另见 Th. Duka, *Life and Works of Alexander Csoma de Kőrös* (New Delhi, 1985)。最近, Géza Bethlenfalvy, "Alexander Csoma de Kőrös in Ladakh," in *Proceedings of the Csoma de Kőrös Memorial Symposium*, ed. Louis Ligeti(Budapest: Akadémiai Kiadó, 1978), pp. 7 - 26; Bernard Le Calloc'h, "Les biographes d'Alexander Csoma de Kőrös," *Journal Asiatique* 272 (1984), pp. 403 - 23, and "Alexander Csoma de Kőrös: Le bodhisattva hongrois," *Revue de l'histoire des religion* 204 (1987): 353 - 88。

［14］参见 Le Calloc'h, "Alexander Csoma de Kőrös: Le bodhisattva hongrois," pp. 353 - 88。

［15］如 Philip Almond 在他的《英国对佛教的发现》(*The British Discovery of Buddhism*) 中所写:

> 佛教, 直到 1860 年, 才存在, 不是在东方, 而是在西方的东方学图书馆和研究所中, 在它的文本和手稿中, 在解释它的西方学者的书桌上。它已经成为一个文本的对象, 通过它自己的文本性被定义、分类和解释。到 20 世纪中期, "在那儿"存在的佛教开始被一个只有它知道佛教曾经是什么、现在是什么且将来应该是什么的西方审视。通过对佛教过去文本的控制, 佛教的本质被看作不是"在那儿", 即在东方, 而是在西方。

参见 Philip C. Almond, *The British Discovery of Buddhism* (Cambridge and New York: Cambridge University Press, 1988), p. 13。关于乔玛之后欧洲西藏研究的杰出调查, 参见 D. Seyfort Ruegg, "The Study of Tibetan Philosophy and Its Indian Sources: Notes on Its History and Method," in *Proceedings of the 1976 Csoma de Kőrös Symposium*, ed. L. Ligeti, Biblioteca Orientalia Hungarica, no. 23 (Budapest, 1978), pp. 377 - 91。

［16］例如, Hodgson 和 Turnor 之间的辩论参见 Hodgson, "Note on the Primary Language of the Buddhist Writings," in *Bengal Asiatic Journal* (1837)。这篇文章被再版, 见 Brian Houghton Hodgson, *Essays on the Lan-

guages，*Literature*，*and Religion of Nepal and Tibet*：*Together with Further Papers on the Geography*，*Ethnology*，*and Commerce of Those Countries*（London：Trubner & Company，1874；reprint，New Delhi：Asian Educational Services，1991），pp. 120 – 26（文中所引出自第一版）。关于梵文与巴利文学术环境争论的一般讨论，参见 J. W. de Jong，*A Brief History of Buddhist Studies in Europe and America*，2d ed.，Bibliotheca Indo-Buddhica，no. 33（Delhi：Sri Satguru，1987），pp. 23 – 36。

［17］L. Austine Waddell，*Tibetan Buddhism*：*With Its Mystic*，*Symbolism and Mythology*，*and Its Relation to Indian Buddhism*（New York：Dover，1972），pp. viii-ix. 该版本是 1895 年版的未删节再版，以《藏传佛教或曰喇嘛教》（*The Buddhism of Tibet*，*or Lamaism*）为名出版。

［18］关于柯蒂斯，参见 Tzvetan Todorov，*The Conquest of American*：*The Question of the Other*，trans. Richard Howard（New York：Harper & Row，1984），pp. 116 – 19，247。关于库克船长，参见 Marshall Sahlins，*Islands of History*（Chicago：University of Chicago Press，1985）。

［19］关于伪装对东方学家的作用，对 Edward William Lane 这一例子的分析，参见 Edward Said，*Orientalism*（London：Routledge & Kegan Paul，1978），pp. 160 – 64；以及 Timothy Mitchell，*Colonising Egypt*（Berkeley and Los Angeles：University of California Press，1991），pp. 27 – 28。

［20］Waddell，*Tibetan Buddhism*，pp. 10，14.

［21］Ibid.，p. xi. 值得注意的是，在 150 年前及殖民时代之前写作的德西德里给出了一个完全相反的评价："尽管西藏人是异教徒和偶像崇拜者，但他们信仰的教义与亚洲（指印度）其他的异教徒非常不同。他们的宗教最初确实来源于古老的兴都斯坦国度，现在通常被称作莫卧儿（Mogol），但是在那里，随着时间的流逝，古老的宗教被废弃并且被新的寓言取代。从另一方面讲，聪明的并且被赋予思考才能的西藏人（Thibettans），废除了教义中很多愚蠢的部分，仅仅保留了看起来似乎包含真理和仁慈的教义。"参见 de Filippi，ed.，*An Account of Tibet*，pp. 225 – 26。

［22］Waddell，*Tibetan Buddhism*，p. 157. 带着这样的观点，瓦德尔忍不住偶尔挖苦一下声称西藏是有心灵感应的圣人的超凡住所，以及大洪水时

期亚特兰蒂斯智慧的保存者的神智学者。当瓦德尔作为荣赫鹏探险队的一员，最终能够到达拉萨时，在他拜见噶丹赤巴（dGa'ldan Khri pa）——作为首脑（head-of-state）在达赖喇嘛逃离后留下与英国人谈判的人——时故意提出了这个观点并问他是否听说过这样的圣人。"关于这个所谓的'圣人'，引出这样一个事实是很重要的，即这位红衣主教，西藏最博学、最有影响的学者之一，与我关于这个主题曾询问过的其他博学的喇嘛一样，对这些人一无所知。"参见 L. Austine Waddell, *Lhasa and Its Mysteries：With a Record of the British Tibetan Expedition of 1903—1904* （1905；reprint，New York：Dover，1988），pp. 409 - 10。

[23] 在欧洲对藏传佛教的表达中，关于使用"喇嘛教"一词的更广泛的讨论，见我的《香格里拉的囚徒》（*Prisoners of Shangri-la*，Chicago：University of Chicago Press），即将出版。

[24] Waddell，*Tibetan Buddhism*，pp. 154，17。

[25] Ibid.，p. viii。

[26] 参见 Peter Stallybrass and Allon White，*The Politics and Poetics of Transgression* （Ithaca，N. Y.：Cornell University Press，1986）。

292

[27] Waddell，*Lhasa and Its Mysteries*，pp. 1 - 2. 除了把帝国的征服行为比作强奸的通常比喻，这里值得注意的是女性的拉萨城和男性的大喇嘛交替成为强奸的受害者，他们一起"已经不得已交出了他们的秘密，在我们西方人的眼中已经魅力不再"。这里瓦德尔的话是对 Sara Suleri 的观点——"对殖民主义的解读与对男性焦虑的批评是多么紧密地结合在一起。"——的解释。参见她的 *The Rhetoric of English India* （Chicago：University of Chicago Press，1992），p. 17。

[28] Ibid.，pp. 447 - 448. 在之后的人生中，瓦德尔对于在文化扩散中浅肤色种族所扮演的角色直言不讳，声称苏美尔和埃及文明的雅利安起源。见他的 1929 年的 *The Makers of Civilization in Race and History* （再版，Delhi：S. Chand，1968） 等著作。

[29] 参见 Raymond Williams，*The Country and the City* （New York：Oxford University Press，1973），p. 35。

[30] 关于佛法的堕落，参见 E. Obermiller，trans.，*History of Bud-*

dhism by Buston，*Part* 2：*The History of Buddhism in India and Tibet* (Heidelberg，1932)，pp. 171 - 80。这部分涵盖对大乘佛经关于该主题的调查，包括启示录似的 *Candragarbhapariprcchā* 的一个译本。另见 Jan Nattier，*Once Upon a Future Time*：*Studies in a Buddhist Prophecy of Decline* (Berkeley：Asian Humanities Press，1991)；David W. Chappell， "Early Forebodings of the Death of Buddhism," *Numen*，27 (1980)：122 - 53。

[31] Giuseppe Tucci，*To Lhasa and Beyond*：*Diary of the Expedition to Tibet in the Year 1948* (Ithaca，N. Y.：Snow Lion，1987)，p. 130.

[32]《瑜伽修行者和人民委员》（ "The Yogi and the Commissar"）是 Arthur Koestler 一篇文章的题目，最初发表于 1942 年。在文章中，他主张非西方世界（包括苏联）的 "社会学分层" 在两个极端之间延伸，一个极端由想要达到改革目的不惜采取任何方法的人民委员代表，另一个极端由消极的怀疑所有现实后果的内省的瑜伽修行者代表。参见 Arthur Koestler，*The Yogi and the Commissar*，*and Other Essays* (New York：Macmillan，1947)。殖民时代东方学家话语平滑地转入到冷战时期的话语的方式被煽动性地分析，见 William Pietz， "The 'Post-Colonialism' of Cold War Discourse," *Social Text* 19/20 (1998)：55 - 75。……参见 Melvyn C. Goldstein，*A History of Modern Tibet*，1913—1952：*The Demise of the Lamaist State* (Berkeley and Los Angeles：University of California Press，1989)。

[33] 关于把西藏当作一个以军事实力为代价从寺院机构的 "整体经济" (general economy) 中消费一般盈余 (general surplus) 的社会的一个有争议的讨论，参见 George Bataille， "The Unarmed Society：Lamaism," in *The Accursed Share*，trans. Robert Hurley (New York：Zone Books，1988)，1：93 - 110。

[34] 根据 Jean Comaroff 和 John Comaroff 的有启发的讨论，我认为 "支配权" 是 "符号与实践、联系与区别、图像与认识论的秩序——来自一个历史中文化领域——被理所当然地认为是自然的、被人接受的世界形态以及栖息其中的一切"，而 "意识形态" 是 "意义、价值和一种能够被概括成 '世界观的信仰的铰链 (articulated) 系统'" （摘自 Raymond Williams，*Marxism and Literature*，Oxford：Oxford University of Press，1977)。参见

Jean Comaroff and John Comaroff，*Of Revelation and Revolution：Christi-anity，Colonialism，and Consciousness in South Africa*（Chicago：University of Chicago Press，1991），1：23‑24。佛教的意识形态在西藏变得有支配权的过程还未被探索。绛曲坚赞（Byang chub rgyal mtshan）在 14 世纪中叶的统治和五世达赖喇嘛在 17 世纪中叶的统治将会是尤其重要的时期。

[35] 参见 Müller，*Chips from a German Workshop*，1：115‑16。

[36] George E. Marcus，"Contemporary Problems of Ethnography in the Modern World Systems," in *Writing Culture：The Poetics and Politics of Ethnography*，ed. James Clifford and George E. Marcus（Berkeley and Los Angeles：University of California Press，1986），p. 165，n. 1.

[37] E. E. Evans‑Pritchard，*Social Anthropology*（London：Cohen & West，1951），p. 79；George Marcus and Dick Cushman，"Ethnographies as Texts," *Annual Reviews of Anthropology* 11（1982）：36.

[38] 参见 Melvyn C. Goldstein，"A Study of the Ldab Ldob," *Central Asiatic Journal* 9，no. 2（1964）：125‑41。

294

[39] George Devereux，*From Anxiety to Method in the Behavioral Sciences*（New York：Humanities Press，1967），p. 234.

[40] 在此意义上，我所做的与人类学家的"访谈"几乎无相似之处。在访谈过程中，"本土元信息传递的所有成分"经常被忽略。对于人类学家使用的访谈方法的评论，参见 Charles L. Briggs，*Learning How to Ask：A Sociolinguistic Appraisal of the Role of the Interview in Social Science Re-search*（Cambridge：Cambridge University Press，1986）。

[41] Michel Foucault，*The Archaeology of Knowledge*，trans. A. M. Sheridan Smith（New York：Pantheon，1972），p. 221.

[42] 见我的 "Authority and Orality in the Mahāyāna," *Numen* 42，no. 1（1995）：21‑47。

[43] Jacques Derrida，*Of Grammatology*，trans. Gayatri Chakravorty Spivak（Baltimore：Johns Hopkins University Press，1976），p. 44.

[44] 关于无知者重获文明者的意图的问题，参见我的 "On the Inter-pretation of the Mahāyāna Sūtras," in *Buddhist Hermeneutics*，ed. Donald

S. Lopez, Jr. (Honolulu: University of Hawaii Press, 1988), pp. 47 - 70。这本书源于我的学位论文 (*A Study of Svātantrika*, Ithaca, N. Y.: Snow Lion, 1987), 通过被列入纽约伊萨卡 (Ithaca) 佛学研究协会南嘉 (Namgyal) 寺院的标准课程, 被确认为对该主题的格鲁派教义的一个权威描述。根据南嘉寺院的手册, 这本书为在传统寺院的设置下用英语系统研究藏传佛教提供了机会。

[45] Michel Foucault, *The Birth of the Clinic: An Archaeology of Medical Perception*, trans. A. M. Sheridan Smith (New York: Vintage, 1973), p. xvi.

[46] Robert Young, *White Mythologies: Writing History and the West* (London: Routledge, 1990), p. 168.

[47] E. E. Evans-Pritchard, *Theories of Primitive Religion* (Oxford: Clarendon, 1965), p. 3.

[48] Tucci, *To Lhasa and Beyond*, pp. 32 - 33.

[49] Robert Thurman 写道, 西藏人"有在世的、不断转世的佛教的'爱神' (God of Love) 的化身照顾着他们, 在政治上和精神上保护他们免于邪恶力量的伤害, 同时在教育上培养他们利用人类现存的珍宝。他们处在自己的最高进化潜能的中心"。参见他的 "The Dalai Lamas of Tibet: Living Icons of a Six-hundred-year Millennium," *Tibet Journal* 8, no. 4 (Winter 1983): 18。达赖喇嘛实际"统治"西藏的年数远远低于一般的想象。根据 Shakabpa 的 *Tibet: A Political History* (New York: Potala, 1984), 从五世达赖喇嘛 1642 年行使世俗权力到 1951 年使西藏成为中华人民共和国一部分的十七条协议可以算出, 在 309 年的时间中达赖喇嘛有 111 年作为西藏的统治者, 如下: 五世达赖喇嘛: 1642—1682; 六世达赖喇嘛: 0; 七世达赖喇嘛: 1752—1757; 八世达赖喇嘛: 1781—1804; 九世达赖喇嘛: 0; 十世达赖喇嘛: 0; 十一世达赖喇嘛: 1855—1856; 十二世达赖喇嘛: 1873—1875; 十三世达赖喇嘛: 1895—1933; 十四世达赖喇嘛: 1950—1951。

[50] 参见 Johannes Fabian, *Time and the Other: How Anthropology Makes Its Object* (New York: Columbia University Press, 1983)。

[51] Michel de Certeau, *Heterologies: Discourse on the Other*,

trans. Brian Massumi，Theory and History of Literature，vol. 17（Minneapolis：University of Minnesota Press，1986），pp. 68 - 69，78.

　　［52］就像皮埃尔·布尔迪厄所写的："没有什么比例如这样一个事实更加自相矛盾的，一生都在为文字争吵的人应该不惜任何代价去努力确定在他们看来客观上模棱两可的、多因素决定的或不确定的符号、词汇、文本或事件——经常流传下来并引起兴趣，仅仅因为它们在为了准确确定它们的'真正'意义的斗争中总是处于危险状态——的唯一真实意义。"参见 Pierre Bourdieu，*The Logic of Practice*，trans. Richard Nice（Stanford，Calif.：Stanford University Press，1990），p. 17。

　　［53］Ibid. ，p. 96.

守望者书目

001　正义的前沿

[美] 玛莎·C. 纳斯鲍姆 (Martha C. Nussbaum)　著

　　作者玛莎·C. 纳斯鲍姆，美国哲学家，人文与科学院院士，当前美国最杰出、最活跃的公共知识分子之一。现为芝加哥大学法学、伦理学佛罗因德 (Ernst Freund) 杰出贡献教授，同时受聘于该校 7 个院（系）。2003 年荣列英国《新政治家》杂志评出的"**我们时代的十二位伟大思想家**"之一；2012 年获西班牙阿斯图里亚斯王子奖，被称为"**当代哲学界最具创新力和最有影响力的声音之一**"。最具代表性的著作有：《善的脆弱性》《诗性正义》。

　　作为公平的正义真的无法解决吗？本书为我们呈现女性哲学家的正义探索之路。本书从处理三个长期被现存理论特别是罗尔斯理论所忽视的、亟待解决的社会正义问题入手，寻求一种可以更好地指引我们进行社会合作的社会正义理论。

002　寻求有尊严的生活——正义的能力理论

[美] 玛莎·C. 纳斯鲍姆 (Martha C. Nussbaum)　著

　　诺贝尔经济学奖得主阿玛蒂亚·森鼎力推荐。伦敦大学学院乔纳森·沃尔夫教授对本书评论如下："一项非凡的成就：文笔优美，通俗易懂。同阿玛蒂亚·森教授一道，纳斯鲍姆是正义的'能力理论'的开创者之一。**这是自约翰·罗尔斯的作品以来，政治哲学领域最具原创性和影响力的发展。**这本书对纳斯鲍姆理论的首次全盘展示，不仅包括了其核心元素，也追溯了其理论根源并探讨了相关的政策意义。"

003　教育与公共价值的危机

[美] 亨利·A. 吉鲁 (Henry A. Giroux)　著

　　亨利·A. 吉鲁 (1943—   )，著名社会批评家，美国批判教育学的创始理论家之一，先后在波士顿大学、迈阿密大学和宾夕法尼亚州立大学任教。2002 年，吉鲁曾被英国劳特利奇出版社评为当代 50 位教育思想家之一。

本书荣获杰出学术著作称号，获得美国教学和课程协会的年度戴维斯图书奖，美国教育研究协会**2012 年度批评家评选书目奖**。本书考察了美国社会的公共价值观转变以及背离民主走向市场的教育模式。本书鼓励教育家成为愿意投身于创建构成性学习文化的公共知识分子，培养人们捍卫作为普遍公共利益的公立教育和高等教育的能力，因为这些对民主社会的生存来说至关重要。

004　康德的自由学说

卢雪崑　著

卢雪崑，牟宗三先生嫡传弟子，1989 年于钱穆先生创办的香港新亚研究所获哲学博士学位后留所任教。主要著作有《意志与自由——康德道德哲学研究》《实践主体与道德法则——康德实践哲学研究》《儒家的心性学与道德形上学》《通书太极图说义理疏解》。

本书对康德的自由学说进行了整体通贯的研究，认为康德的自由学说绝非如黑格尔以来众多康德专家曲解的那样，缺乏生存关注、贱视人的情感、只是纯然理念的彼岸与虚拟；康德全部批判工作可说是一个成功证立"意志自由"的周全论证整体，康德批判地建立的自由学说揭示了"自由作为人的存在的道德本性"，"自由之原则作为实存的原则"，以此为宗教学、德性学及政治历史哲学奠定彻底革新的基础。

005　康德的形而上学

卢雪崑　著

自康德的同时代人——包括黑格尔——对康德的批判哲学提出批判至今，种种责难都借着"持久的假象就是真理"而在学术界成为公论。本书着眼于康德所从事的研究的真正问题，逐一拆穿这些公论所包含的假象。

006　客居忆往

洪汉鼎　著

洪汉鼎，生于 1938 年，我国著名斯宾诺莎哲学、当代德国哲学和诠释学专家，现为北京市社会科学院哲学研究所研究员，山东大学中国诠释学研究中心名誉主任，杜塞尔多夫大学哲学院客座教授，成功大学文学院客座讲座教授。20 世纪 50 年代在北京大学受教于贺麟教授和洪谦教授，70

年代末在中国社会科学院哲学所担任贺麟教授助手，1992 年被评为享受国务院政府特殊津贴专家，2001 年后在台湾多所大学任教。德文专著有《斯宾诺莎与德国哲学》、《中国哲学基础》、《中国哲学辞典》（三卷本，中德文对照），中文专著有《斯宾诺莎哲学研究》、《诠释学——它的历史和当代发展》、《重新回到现象学的原点》、《当代西方哲学两大思潮》（上、下册）等，译著有《真理与方法》《批评的西方哲学史》《知识论导论》《诠释学真理?》等。

本书系洪汉鼎先生以答学生问的形式而写的学术自述性文字，全书共分为三个部分。第一部分是作者个人从年少时代至今的种种经历，包括无锡辅仁中学和北京大学求学、反右斗争中误划为右派、"文化大革命"中发配至大西北、改革开放后重回北京、德国进修深造、台湾十余年讲学等，整个经历充满悲欢离合，是幸与不幸、祸与福的交集；第二部分作者透过个人经历回忆了我国哲学界 20 世纪 90 年代之前的情况，其中有师门的作风、师友的关系、文人的特性、国际的交往，以及作者个人的哲学观点，不乏一些不为人知的哲坛趣事；第三部分是作者过去所写的回忆冯友兰、贺麟、洪谦、苗力田诸老师，以及拜访伽达默尔的文章的汇集。

007 西方思想的起源

聂敏里 著

聂敏里，中国人民大学哲学院教授，博士生导师，中国人民大学首批杰出人文学者，主要从事古希腊哲学的教学和研究，长期教授中国人民大学哲学院本科生的西方哲学史专业课程。出版学术专著《存在与实体——亚里士多德〈形而上学〉Z 卷研究（Z 1-9）》《实体与形式——亚里士多德〈形而上学〉Z 卷研究（Z 10-17）》，译著《20 世纪亚里士多德研究文选》《前苏格拉底哲学家——原文精选的批评史》，在学界享有广泛的声誉。《存在与实体》先后获得北京市第十三届哲学社会科学优秀成果奖二等奖、教育部第七届高等学校科学研究优秀成果奖（人文社会科学）三等奖，《实体与形式》入选2015 年度"国家哲学社会科学成果文库"。

本书是从中国学者自己的思想视野出发对古希腊哲学的正本清源之作。它不着重于知识的梳理与介绍，而着重于思想的分析与检讨。上溯公元前 6世纪的米利都学派，下迄公元 6 世纪的新柏拉图主义，上下 1 200 余年的古希腊哲学，深入其思想内部，探寻其内在的本体论和认识论的思想根底与究竟，力求勾勒出西方思想最初的源流与脉络，指陈其思想深处的得失与转捩，阐明古希腊哲学对两千余年西方思想的奠基意义与形塑作用。

008　现象学：一部历史的和批评的导论

［爱尔兰］德尔默·莫兰（Dermot Moran）　著

德尔默·莫兰为国际著名哲学史家，爱尔兰都柏林大学哲学教授（形上学和逻辑学），前哲学系主任，于 2003 年入选爱尔兰皇家科学院，并担任 2013 年雅典第 23 届国际哲学大会"学术规划委员会"主席。莫兰精通欧陆哲学、分析哲学、哲学史等，而专长于现象学和中世纪哲学。主要任教于爱尔兰，但前后在英、美、德、法等各国众多学校担任客座或访问教授，具有丰富的教学经验。莫兰于 2010 年在香港中文大学主持过现象学暑期研究班。

本书为莫兰的代表作。莫兰根据几十年来的出版资料，对现象学运动中的五位德语代表哲学家（布伦塔诺、胡塞尔、海德格尔、伽达默尔和阿伦特）和四位法语代表哲学家（莱维纳、萨特、梅洛-庞蒂和德里达）的丰富学术思想，做了深入浅出的清晰论述。本书出版后次年即荣获巴拉德现象学杰出著作奖，并成为西方各大学有关现象学研习的教学参考书。本书另一个特点是，除哲学家本人的思想背景和主要理论的论述之外，不仅对各相关理论提出批评性解读，而且附有关于哲学家在政治、社会、文化等方面的细节描述，也因此增加了本书的吸引力。

009　自身关系

［德］迪特尔·亨利希（Dieter Henrich）　著

迪特尔·亨利希（1927—　），德国哲学家，1950 年获得博士学位，导师是伽达默尔。1955—1956 年在海德堡大学获得教授资格，1965 年担任海德堡大学教授，1969 年起成为国际哲学协会主席团成员，1970 年担任国际黑格尔协会主席。海德堡科学院院士、哈佛大学终身客座教授、东京大学客座教授、慕尼黑大学教授、巴伐利亚科学院院士、亚勒大学客座教授、欧洲科学院院士以及美国艺术与科学院外籍院士。先后获得图宾根市颁发的荷尔德林奖、斯图加特市颁发的黑格尔奖等国际级奖项，是德国观念论传统的当代继承人。

迪特尔·亨利希以"自身意识"理论研究闻名于世，毫无疑问，本书是他在这方面研究最重要的著作之一。本书围绕"自身关系"这一主题重新诠释了德国观念论传统，讨论了三种形式的自身关系：道德意识的自身关系、意识中的自身关系和终极思想中的自身关系，展示了"自身关系"的多维结构与概念演进，形成了一个有机的整体。本书是哲学史研究与哲学研究相互结合的典范之作，无论是在哲学观念上还是在言说方式上都证明了传统哲学的当代有效性。

010　佛之主事们——殖民主义下的佛教研究

[美] 唐纳德·S. 洛佩兹（Donald S. Lopez, Jr.）　编

唐纳德·S. 洛佩兹，密歇根大学亚洲语言和文化系的佛学和藏学教授。美国当代最知名的佛教学者之一，其最著名的著作有《香格里拉的囚徒》（芝加哥大学出版社，1996）、《心经诠释》（芝加哥大学出版社，1998）、《疯子的中道》（芝加哥大学出版社，2007）、《佛教与科学》（芝加哥大学出版社，2010）等，还主编有《佛教诠释学》（夏威夷大学出版社，1992）、《佛教研究关键词》（芝加哥大学出版社，2005）等，同时他还是普林斯顿大学出版社出版的"普林斯顿宗教读物"（Princeton Readings of Religion）丛书的总主编。

本书是西方佛教研究领域的第一部批评史，也是将殖民时代和后殖民时代的文化研究的深刻见解应用于佛教研究领域的第一部作品。在对 19 世纪早期佛教研究的起源作了一个概述后，本书将焦点放在斯坦因（A. Stein）、铃木大拙（D. T. Suzuki），以及荣格（C. G. Jung）等重要的"佛之主事者"上。他们创造并维系了这一学科的发展，从而对佛教在西方的传播起了重要的作用。

本书按年代顺序记录了在帝国意识形态的背景下，学院式佛教研究在美洲和欧洲的诞生和发展，为我们提供了佛教研究领域期盼已久的系谱，并为我们对佛教研究的长远再构想探明了道路。本书复活了很多重要而未经研究的社会、政治以及文化状况——一个多世纪以来是它们影响了佛教研究的发展过程，而且常常决定了人们对一系列复杂传统的理解。

图书在版编目（CIP）数据

佛之主事们：殖民主义下的佛教研究/（美）洛佩兹编；中国人民大学国学院
西域历史语言研究所译 . —北京：中国人民大学出版社，2018.5
ISBN 978-7-300-14946-2

Ⅰ.①佛… Ⅱ.①洛… ②中… Ⅲ.①佛教史-西方国家-文集 Ⅳ.①B949.5-3

中国版本图书馆 CIP 数据核字（2011）第 268119 号

佛之主事们
——殖民主义下的佛教研究

[美] 唐纳德·S. 洛佩兹（Donald S. Lopez, Jr.）　编
中国人民大学国学院西域历史语言研究所　译
Fo zhi Zhushimen

出版发行	中国人民大学出版社			
社　　址	北京中关村大街 31 号		**邮政编码**	100080
电　　话	010-62511242（总编室）		010-62511770（质管部）	
	010-82501766（邮购部）		010-62514148（门市部）	
	010-62515195（发行公司）		010-62515275（盗版举报）	
网　　址	http://www.crup.com.cn			
	http://www.ttrnet.com（人大教研网）			
经　　销	新华书店			
印　　刷	北京联兴盛业印刷股份有限公司			
规　　格	160 mm×230 mm　16 开本		**版　　次**	2018 年 5 月第 1 版
印　　张	20.25 插页 2		**印　　次**	2018 年 5 月第 1 次印刷
字　　数	318 000		**定　　价**	78.00 元